Mehr als tausend von der Gestapo verfolgte deutsche Emigranten, unter ihnen die Schriftsteller Alfred Döblin, Lion Feuchtwanger, Heinrich und Golo Mann, Franz Werfel, Walter Mehring und Siegfried Kracauer, der Hitler-Biograph Konrad Heiden und der Maler Max Ernst, wurden 1941 von dem amerikanischen ›Emergency Rescue Committee‹ mit Geld, Pässen und Visa versehen und illegal aus Frankreich herausgebracht.

Die Bedeutung des Komitees und die Dringlichkeit einer raschen Hilfe für die Verfolgten wurden schlagartig deutlich, als am 22. Juni 1940 das deutsch-französische Waffenstillstandsabkommen bekannt wurde: Im Artikel 19 dieses Vertrages verpflichtete sich die französische Vichy-Regierung, »alle in Frankreich sowie in den französischen Besitzungen befindlichen Deutschen, die von der deutschen Reichsregierung namhaft gemacht werden, auf Verlangen auszuliefern«. Das südliche, noch nicht besetzte Frankreich war damit für die deutschen Emigranten zu einer gefährlichen Menschenfalle geworden.

Varian Fry, Organisator des Hilfskomitees in Marseille, berichtet in diesem Erinnerungsbuch von seiner legalen und illegalen Arbeit und den Fluchthilfeaktionen, die stets vor den Augen deutscher Spitzel, mißtrauischer amerikanischer Konsulatsbeamter und französischer Vichy-Polizisten abgewickelt werden mußten. Er schildert den Aufbau der Organisation und die Rettung der Emigranten, schreibt über die Zusammenarbeit mit prominenten Helfern wie André Gide, mit den Kreisen der Unterwelt von Marseille, und erzählt vor allem von den von Hitler Verfolgten, von ihren Ängsten, ihrem entwürdigenden Anstehen vor den Polizeipräfekturen, ihrem Gefühl des Ausgeliefertseins, dem ›staatenlos im Nirgendwo‹ (Walter Mehring).

Auslieferung auf Verlangen liest sich wie ein Kriminalroman. Seine Authentizität ist von zahlreichen Beteiligten bestätigt worden. Zusammen mit den im Anhang angefügten Dokumenten und Fotos kann es als zentrales Buch über diese Jahre gelten.

Varian Fry, geboren 1907, studierte an der Harvard Universität, arbeitete als Redakteur bei verschiedenen Kulturzeitschriften, und ab 1935 als Herausgeber von *The Living Age*, einer einflußreichen Zeitschrift für internationale Politik. 1940 gründeten er und einige Freunde (auf Vorschlag von Erika Mann) das ›Emergency Rescue Committee‹, dessen geheime Hilfsaktionen in Marseille Fry vom 15.8.1940 bis zu seiner Verhaftung am 29.8.1941 leitete.

Auch nach dem Krieg arbeitete Fry bis 1966 weiter für das Committee, das sich nunmehr um die Rettung von politisch Verfolgten aus aller Welt, so etwa aus Korea und Vietnam, kümmerte. Die schlechten Erfahrungen, die er bei der Suche nach Sponsoren machen mußte, ließen ihn allmählich verbittern. Er starb am 13.9.1967 in seinem Hause in Connecticut/USA an »gebrochenem Herzen« – 1966 wurde zu seinen Ehren in Yad Vashem ein Baum in der Allee der Gerechten gepflanzt.

Varian Fry

Auslieferung auf Verlangen

Die Rettung deutscher Emigranten
in Marseille 1940/41

Aus dem Amerikanischen übertragen
von Jan Hans und Anja Lazarowicz

Herausgegeben und mit einem Anhang versehen
von Wolfgang D. Elfe und Jan Hans

Fischer Taschenbuch Verlag

Die Zeit des Nationalsozialismus
Eine Buchreihe
Herausgegeben von Walter H. Pehle

5.–6. Tausend: November 1997

Veröffentlicht im Fischer Taschenbuch Verlag GmbH,
Frankfurt am Main, März 1995
Die amerikanische Originalausgabe erschien unter dem Titel
›Surrender on Demand‹ bei Random House, New York, 1945
© Annette R. Fry, New York
für die deutsche Ausgabe:
© 1986 by Carl Hanser Verlag München Wien
Lizenzausgabe mit freundlicher Genehmigung des
Carl Hanser Verlages München Wien
Printed in Germany
ISBN 3-596-11893-X

*Für Anna Caples und Paul Hagen,
die den Anstoß gegeben haben;
für Frank Kingdon,
der das Unternehmen unterstützt hat;
für Ingrid Warburg und Harold Oram,
die es ermöglicht haben;
sowie für alle diejenigen, die es ausgeführt haben,
in der Schweiz und in Frankreich, in Spanien,
Portugal und Afrika –
selbstlos und manchmal unter Einsatz des Lebens.*

»Ich habe das, was wir für die Flüchtlinge in Frankreich getan haben, immer mit der Pflicht des Soldaten verglichen, der seine verwundeten Kameraden nicht auf dem Schlachtfeld zurücklassen darf. Er muß sie retten, auch wenn es das eigene Leben kostet. Einige werden trotzdem umkommen. Einige werden ihr Leben lang Krüppel bleiben. Andere aber werden genesen, und sie werden bessere Kämpfer, weil sie Schlachtenerfahrung haben. Aber rausholen muß man sie *alle*. Zumindest muß man es versuchen.«

Beamish in einem Gespräch

Vorwort

Dies ist die Geschichte eines Versuchs, demokratische Solidarität zu üben. Die Kapitulation Frankreichs im Juni 1940 war nicht nur gleichbedeutend mit der Niederlage des französischen Volkes, sie schuf auch eine Situation, die zu einer der größten Menschenjagden in der Geschichte führte. Seit der russischen Revolution (und auch schon vorher) war Frankreich das gelobte Land der Exilierten. Wann immer Menschen bei einem Regierungswechsel oder bei einem Überfall einer fremden Macht fliehen mußten – Frankreich nahm sie stets mit offenen Armen auf. Weißrussen und russische Menschewiki; Liberale, Republikaner und Sozialisten aus Italien; Deutsche aller Parteien mit Ausnahme der Nazis; Österreicher aller politischen Schattierungen, von den Monarchisten bis zu den Kommunisten; Spanier aus dem republikanischen bis linksextremen Lager; Tschechen, Polen, Holländer, Belgier – alle fanden in Frankreich Zuflucht.

Mit Hitlers Einmarsch in Frankreich fiel (mit der Ausschaltung der französischen Armee) ein Bollwerk gegen Deutschland und Italien, nach dem Waffenstillstand waren die deutschen Emigranten ihren schlimmsten Feinden auf Gedeih und Verderb ausgeliefert. Demokraten und Linke, gleich welcher Nationalität, hatten wenig Grund, auf die neue, nach der Niederlage an die Macht gekommene reaktionäre französische Regierung zu vertrauen.

Als bekannt wurde, daß das zwischen Frankreich und Deutschland im Juni 1940 geschlossene Waffenstillstandsabkommen eine Klausel enthielt, derzufolge sich die französische Regierung verpflichtete, deutsche Flüchtlinge »auf Verlangen« auszuliefern (Artikel 19), reagierten einige amerikanische Staatsbürger, die über diese Verletzung des Asylrechts zutiefst empört waren, sofort und gründeten aus der Überzeugung heraus, daß sich Demokraten, gleich welcher Nationalität, gegenseitig helfen sollten, das

Emergency Rescue Committee. Der einzige Zweck des Komitees bestand darin, Emigranten, die aus politischen Gründen oder ihrer Geisteshaltung wegen verfolgt wurden, aus Frankreich herauszubringen, bevor sie der deutschen Gestapo, der italienischen Ovra oder der spanischen Seguridad in die Hände fielen.

Nach mehreren Wochen der vergeblichen Suche nach einem Verbindungsmann, den man nach Frankreich schicken konnte, trat das Komitee an mich heran. Ich hatte weder mit Fluchthilfe noch mit Untergrundarbeit Erfahrung, aber ich nahm den Auftrag an, weil ich, wie die übrigen Komiteemitglieder, von der Notwendigkeit demokratischer Solidarität überzeugt war. In Europa hatte ich eine demokratische Regierung nach der anderen untergehen sehen: zuerst in Italien; dann in Deutschland, Österreich und Spanien, und schließlich in der Tschechoslowakei, in Norwegen, Holland, Belgien und Frankreich. Demokratisches Bewußtsein mußte ein internationales Bewußtsein werden, sollte die Demokratie überhaupt jemals Bestand haben. Das war meine politische Überzeugung, und so nahm ich, von emotionalen Gründen einmal ganz abgesehen, den Auftrag an.

Freilich gab es auch starke gefühlsmäßige Beweggründe. Unter den Flüchtlingen, die in Frankreich festsaßen, waren viele Künstler und Schriftsteller, deren Werk ich bewunderte: unter anderem die Schriftsteller Franz Werfel und Lion Feuchtwanger, die Maler Marc Chagall und Max Ernst und der Bildhauer Jacques Lipchitz. Einigen fühlte ich mich, obwohl ich sie nur durch ihre Arbeiten kannte, persönlich tief verbunden; und allen schuldete ich großen Dank für die Freude, die sie mir mit ihrer Kunst gemacht hatten. Jetzt, wo sie in Gefahr waren, fühlte ich mich verpflichtet, ihnen wenn irgend möglich zu helfen, so wie sie mir, ohne es zu wissen, in der Vergangenheit oft geholfen hatten.

Vor allem aber war es meine Sympathie für die deutschen und österreichischen sozialistischen Parteien, die mich bewog, im Sommer 1940 nach Frankreich zu gehen, eine Sympathie, die aus der langen Beschäftigung mit den Prinzipien und der Arbeit dieser Parteien erwachsen war. Besonders beeindruckt hatten mich die großartigen Arbeitersiedlungen, die sie in den Zwanziger

Jahren gebaut hatten. Ich war nicht immer mit den Ideen und Methoden einverstanden, aber nachdem ich die Siedlungsprojekte gesehen hatte, wußte ich, daß die Sozialisten das Herz auf dem rechten Fleck trugen.

Und schließlich wußte ich aus eigener Anschauung, was eine Kapitulation vor Hitler bedeuten konnte: 1935 hatte ich Deutschland besucht und den Geist der Unfreiheit, den das Hitlerregime hervorgebracht hatte, selbst erlebt. Ich hatte mit Nazigegnern und Juden gesprochen, teilte ihre Befürchtungen, begriff ihr Gefühl der Ohnmacht und sah die Ausweglosigkeit ihrer Situation. In Berlin wurde ich auf dem Kurfürstendamm Zeuge der ersten großen Judenverfolgungen, sah mit eigenen Augen, wie sich junge Nazischläger zusammenrotteten und jüdische Cafés demolierten, beobachtete mit Entsetzen, wie sie jüdische Caféhausbesucher von ihren Stühlen rissen, hysterisch schreiende Frauen die Straße hinuntertrieben, einen alten Mann zu Boden warfen und ihm ins Gesicht traten. Nachdem solche Zustände auch auf Frankreich übergegriffen hatten, konnte ich nicht untätig zusehen, solange es auch nur die kleinste Chance gab, wenigstens einige der Gefährdetsten zu retten.

Aus vielerlei Gründen also und aufgrund einer Reihe von Zufällen verließ ich im August 1940 mit einem Geheimauftrag New York in Richtung Frankreich. Viele meiner Freunde hielten meine Mission für gefährlich und einige hatten mich davor gewarnt. Ich verließ Amerika, die Taschen vollgestopft mit den Listen der Namen von Männern und Frauen, die ich retten mußte, und den Kopf voller Ideen, wie ich das bewerkstelligen wollte. Es waren mehr als zweihundert Namen, und viele Hundert kamen später dazu.

Ich fuhr ab in dem Glauben, meine Arbeit innerhalb eines Monats erledigt zu haben. Ich blieb dreizehn Monate, und als ich schließlich – gegen meinen Willen – zurückkehrte, war die Arbeit noch lange nicht getan.

Das Buch erzählt die Geschichte dieser dreizehn Monate und ihrer Folgen. Diejenigen meiner Leser, die schon ungeduldig darauf gewartet haben, die Wahrheit über die Arbeit des Emergency

Rescue Committee in Frankreich zu erfahren, werden jetzt verstehen, warum das alles nicht schon früher erzählt werden konnte: Berichtet wird von illegalen Aktionen, die vor den Augen der Gestapo durchgeführt wurden. Viele von denen, die an diesen Aktionen beteiligt waren, sind in Frankreich geblieben, waren der Gestapo ausgeliefert noch lange nachdem ich auf den sicheren Boden Amerikas zurückgekehrt war. Über meine Arbeit zu berichten, solange die Gestapo in Frankreich operierte, hätte bedeutet, Kameraden und Freunde zu verraten, sie ins Gefängnis und wahrscheinlich in Todesgefahr zu bringen.

New York, Januar 1945 *Varian Fry*

1. Kapitel

Verschwörung im Hotel Splendide

I

Vor dem Bahnhof gab es keine Taxen, aber viele Gepäckträger. Einer nahm meine Koffer.
»Welches Hotel?« wollte er wissen.
»Splendide«, sagte ich.
»Haben Sie ein Zimmer bestellt?«
»Nein.«
»Dann werden Sie wohl auch keines bekommen«, sagte er. »Versuchen Sie es lieber im Hotel Suisse. Das ist das einzige Hotel in der Stadt, wo es noch Zimmer gibt. In Marseille ist alles von Flüchtlingen belegt.«
»Ich möchte es trotzdem im Splendide versuchen«, sagte ich. Wir überquerten die Straße und gingen die große Treppe zum Boulevard d'Athènes hinunter. Das Splendide war das erste große Gebäude auf der rechten Seite. Zimmer war keines frei, aber ich hinterließ meinen Namen mit der Bitte, mir sobald wie möglich eines zu reservieren. Dann gab ich der Hartnäckigkeit des Gepäckträgers nach und ging mit ihm ins Hotel Suisse. Offensichtlich hatte er mit der Hoteldirektion seine Abmachungen getroffen.

Das Hotel Suisse war eines dieser Familienhotels, von denen es in Frankreich nur so wimmelt. Es roch stark nach Kanalisation und Knoblauch. Aber ein Zimmer war frei. Es lag zur Straße mit Blick auf die Gare St. Charles, den Hauptbahnhof von Marseilles. Das auffallendste Einrichtungsstück war ein großes Bidet mit Wasserspülung, das sich kahl und weiß gegen die dunkelgrünen Wände und den mit sechseckigen roten Ziegelplatten ausgelegten

Fußboden abhob. Vom Fenster aus hatte ich einen schönen Ausblick auf die monumentale Bahnhofstreppe, den kleinen, sich unmittelbar anschließenden Park und das Ein-Mann-Pissoir unter dem Bahndamm mit der unvermeidlichen Picon-Reklame.

Nach dem Mittagessen ging ich zum amerikanischen Konsulat. Die Frau hinter dem Schreibtisch im zweiten Stock hatte blond gefärbtes Haar, dunkelblaue Lidschatten und ein unnatürliches Funkeln in den Augen. Als ich ihr sagte, ich wolle in einer Visaangelegenheit den Konsul sprechen, gab sie mir einen Zettel mit einer getippten Adresse und erklärte mir, ich solle den Trolleybus in Richtung Montrédon nehmen. Sie lächelte geziert, während sie sprach.

Der Trolleybus war schon voll, als ich einstieg. Ich zeigte dem Schaffner meinen Zettel.

»Sie werden es schon merken, wenn wir da sind«, sagte er. »Dort steigen nämlich alle aus.«

Als ich mich umsah, merkte ich, daß – dem gehetzten Gesichtsausdruck und dem Zustand der Kleider zufolge – offenbar mehr als die Hälfte der Fahrgäste Flüchtlinge waren.

Der Bus fuhr die breite Avenue du Prado hinunter bis ans Meer, bog dann ab und fuhr etwa 15 bis 20 Minuten an der Mittelmeerküste entlang. Es war ein heißer Augustnachmittag. Landschaft und Klima erinnerten mich an die Küste bei Athen: kahle graue Kalksteinfelsen, dicht nebeneinandergesetzte Strandhäuser, Pinien, Dattelpalmen, trockene Hitze, Staub. Es war so heiß, daß ich Mühe hatte, wach zu bleiben. In Montrédon hielt der Bus, und alle stiegen aus. Der Weg zur Visaabteilung führte eine lange, von Platanen gesäumte Auffahrt hinauf; unter den Bäumen, parallel zur Auffahrt, liefen schmale Bewässerungsgräben.

Die Flüchtlinge hatten es eilig und wirbelten dicke Staubwolken hinter sich auf. Ich blieb zurück und genoß den Schatten der Bäume und das angenehm beruhigende Geräusch des Wassers, das die Gräben hinunter ins Meer floß.

Als ich das große Backsteinhaus am Ende der Auffahrt erreichte, wartete dort bereits eine größere Menschenmenge. Die Flüchtlinge hatten alle Bänke im Wartezimmer besetzt und drängelten sich bis in die Vorhalle; einige saßen auf der Balustrade und ließen die Beine baumeln.

Ich ging hinein und stellte mich an die Tür zum großen Hauptraum. Sie war offen. Ein junger Mann mit einem Hundsgesicht kam auf mich zu und musterte mich mißbilligend.

»Für wen halten Sie sich eigentlich, daß sie glauben, sich hier vordrängeln zu können?«, schnauzte er auf Französisch. »Gehen Sie gefälligst an Ihren Platz zurück und warten Sie, bis Sie an der Reihe sind.«

Als ich ihm erklärte, ich sei amerikanischer Staatsbürger und hierhergekommen, um mich nach den Visa einiger Flüchtlinge zu erkundigen, für die sich mein Komitee interessiere, änderte sich sein Ton augenblicklich.

»Oh, entschuldigen Sie bitte, Sir.« Er sprach jetzt Englisch, mit sanfter Stimme. »Ich wußte nicht, daß Sie Amerikaner sind.« Ich gab ihm meine Karte.

»Wenn Sie bitte hereinkommen wollen«, sagte er, führte mich ins Büro und bot mir einen Stuhl vis à vis einem großen amerikanischen Büro-Schreibtisch an. »Ich werde dem Konsul Ihre Karte bringen.«

Ich setzte mich und wartete. In dem Raum standen fünf oder sechs Mahagoni-Schreibtische und dahinter in mehreren Reihen grüne Metall-Aktenschränke. Durch die großen Erkerfenster konnte ich den Rasen und die Bäume des Château Pastré sehen und dahinter die Berge und das Meer. Aus dem Warteraum klang es französisch und deutsch herüber, das Gemurmel von gut hundert Stimmen. Ich wartete zehn Minuten, bis ein junger Vizekonsul hereinkam und zum Schreibtisch ging.

»Was machen Sie denn hier?« Er schrie mich regelrecht an. »Gehen Sie zurück in den Warteraum, wo Sie hingehören!«

Ich stand auf, ohne ein Wort zu sagen. Zwei Stunden lang saß ich im Warteraum. Dann fuhr ich zurück nach Marseille.

2

Am Abend traf ich mich mit den Werfels zum Essen. Ihre Adresse hatte ich von Werfels Schwester bekommen, die ich in Lissabon getroffen hatte. Sie wohnten unter dem Namen von Alma Werfels erstem Mann, dem Komponisten Gustav Mahler, im Hotel du Louvre et de la Paix an der Cannebière. Im Hotel tat man sehr geheimnisvoll, und ich mußte eine ganze Weile warten, bis man mir schließlich erlaubte, zu ihren Zimmern hinaufzugehen. Als ich dann endlich oben war, erfuhr ich, daß sie mich schon seit einiger Zeit erwartet hatten.

Werfel sah genau so aus wie auf den Fotos: groß, untersetzt und bleich – wie ein zur Hälfte gefüllter Mehlsack. Er hatte schütteres, an den Seiten zu langes Haar und trug einen seidenen Schlafrock und weiche Pantoffeln; den kleinen vergoldeten Stuhl, auf dem er saß, füllte er ganz aus. Er schien sehr froh, mich zu sehen, war aber zugleich ängstlich besorgt, jemand anders könnte erfahren, wo er sich aufhielt. Frau Werfel war viel ruhiger. Sie holte Pralinenschachteln und eine Flasche Benediktiner hervor, schenkte den Wein in Wassergläser ein und reichte sie uns weiter.

Die Werfels waren von Paris nach Lourdes geflohen, wo sie, wie sie sagten, den Schutz der Kirche gesucht hätten. In Lourdes hatte Werfel, während sie dort warteten, einen neuen Roman begonnen: ›Das Lied von Bernadette‹[1]. Als ihnen klar wurde, daß es keinerlei Möglichkeit gab, Frankreich von Lourdes aus zu verlassen, reisten sie weiter nach Marseille, um das amerikanische Visum abzuholen, das dort auf dem Konsulat für sie bereitlag.

Als sie das Visum bekamen, wußten sie nicht, was sie als nächstes tun sollten. Sie hatten ein Ausreisevisum beantragt, aber keine Antwort erhalten. Sollten sie ohne Ausreisevisum abfahren oder besser abwarten? Werfel glaubte, daß er trotz des allgemeinen Ausreiseverbots die Ausreisepapiere würde bekommen können. Seine Frau war dafür, daß sie – wie andere auch – ihr Glück ohne Visum versuchen sollten. Sie wandten sich an mich um Rat und Hilfe.

»Sie müssen uns retten, Mr. Fry«, sagte Werfel. Er sprach englisch mit stark österreichischem Akzent.

»Oh ja, Sie müssen uns retten«, wiederholte seine Frau und füllte mit strahlendem Lächeln und einem »Noch ein wenig Benediktiner, ja?« mein Glas nach, noch ehe ich protestieren konnte.

Wir aßen im ›Basso‹, einem großen und teuren Restaurant am Vieux Port. Während des ganzen Essens redeten die Werfels über die Schrecknisse der Flucht. Nach dem Essen gingen wir zurück ins Hotel, und sie bestanden darauf, noch eine Flasche Champagner zu bestellen, und bei Champagner diskutierten wir über die Möglichkeiten, aus Frankreich zu fliehen.

Ich erklärte ihnen, daß ich gerade erst angekommen sei und noch keine Zeit gehabt hätte, herauszufinden, welche Wege überhaupt in Frage kämen. Sie hatten von Flüchtlingen gehört, die bis zur Grenze gefahren und auch sicher hinüber gekommen waren, aber sie wußten nicht, was mit ihnen in Spanien passiert war. Sie nahmen an, daß die meisten dort verhaftet und dann der Gestapo übergeben wurden. Zudem konnte man auch in Frankreich verhaftet werden, wenn man ohne Genehmigung herumreiste. Aber auch wenn sie in Marseille blieben, war die Gefahr, von der Polizei festgenommen und nach Deutschland deportiert zu werden, nicht weniger groß. Es war alles sehr verwirrend. Was sollten sie tun?

Ich mußte zugeben, daß ich auch keine Antwort wußte, aber ich riet ihnen, im Hotel zu bleiben, bis ich herausgefunden hatte, welche Fluchtmöglichkeiten es gab. Tatsache war, daß ich überhaupt nicht wußte, wie und wo ich anfangen sollte. Meine Aufgabe bestand darin, bestimmte Flüchtlinge zu retten. Aber wie? Wie mit ihnen in Kontakt kommen? Und was konnte ich für sie tun, wenn ich sie ausfindig gemacht hatte?

3

Die Antwort auf diese Fragen mußte ich finden, bevor es zu spät war, und der erste, den ich um Rat fragen konnte, war Frank Bohn. Wenige Wochen nach der französischen Kapitulation war es dem amerikanischen Gewerkschaftsverband gelungen, das Außenministerium zu bewegen, einer beträchtlichen Anzahl von europäischen Gewerkschaftern Notvisa zu bewilligen[2]. Bohn war nach Marseille geschickt worden, um bei der Flucht zu helfen. Er war einer von zwei oder drei Amerikanern, die bereits in Frankreich arbeiteten und deren Namen man mir streng vertraulich kurz vor meiner Abreise aus New York mitgeteilt hatte.

Am Morgen meines zweiten Tages in Marseille suchte ich Bohn auf. Ich fand ihn in seinem kleinen Zimmer im dritten Stock des Hotel Splendide.

Als er auf mein Klopfen die Tür öffnete und ich ihm sagte, wer ich sei und warum ich in Frankreich war, griff er nach meiner Hand, drückte sie fest und freundschaftlich und zog mich förmlich über die Schwelle ins Zimmer.

»Ich freue mich, daß Sie da sind, ich bin so froh«, sagte er im Tonfall eines Wanderpredigers und schüttelte mir kräftig die Hand. »Wir brauchen jede Hilfe, die wir kriegen können. Kommen Sie herein, kommen Sie. Ich bin so froh, daß Sie gekommen sind.«

In dem kleinen Zimmer waren ein paar deutsche Flüchtlinge, sie standen alle, und Bohn stellte mich ihnen vor.

»Das ist Genosse Fry«, sagte er auf Deutsch.

»Genossin Biermann, Genosse Fry. Genosse Heine, das ist Genosse Fry.«

Irgendwie irritierte mich die Anrede ›Genosse‹, immerhin waren wir in Vichy-Frankreich, aber ich schüttelte allen die Hand, ohne gegen den ›Genossen‹ zu protestieren. Dann sagte einer der Flüchtlinge: »Bitte, nehmen Sie Platz«, und alle setzten sich.

»Kann man hier offen sprechen?«, flüsterte ich Bohn zu und schaute dabei auf die Leute im Raum.

»Aber ja doch, alter Junge«, sagte Bohn laut. »Das hier sind alles gute Genossen. Hier können Sie sagen, was Sie wollen.«

»Nun gut«, sagte ich. »Vielleicht können Sie mir zuerst einmal erzählen, wie die Dinge hier stehen und was ich tun muß, um meine Leute herauszubringen.«

»Sehr gerne«, sagte Bohn. »In den meisten Fällen ist das sehr einfach. Unser Vorteil ist das allgemeine Durcheinander. Die Franzosen stellen keinem Flüchtling auch nur ein einziges Ausreisepapier aus. Es ist schon schwer genug, überhaupt einen ›sauf conduit‹ (eine Art Passierschein) für den Weg nach Marseille zu bekommen, um dort das amerikanische Visum abzuholen. Aber die Polizei scheint den Flüchtlingen keine große Aufmerksamkeit zu schenken, und die Gestapo ist ihnen offenbar noch nicht auf die Schliche gekommen. Zum Glück für die Flüchtlinge. So hatten viele Zeit wegzukommen. Bislang haben wir die Erfahrung gemacht, daß ein gewöhnlicher Flüchtling auch ohne ›sauf conduit‹ ziemlich unbehelligt reisen kann. Hat man erst einmal das Überseevisum, bekommt man auch das portugiesische und das spanische Transitvisum; und wenn man die hat, kann man die Grenze zu Fuß überqueren.«

»Werden sie denn nicht verhaftet?« fragte ich.

»Bis jetzt noch nicht«, antwortete Heine. »Die Polizei scheint mit uns zu sympathisieren. Unseres Wissens gibt es sogar einige Grenzbeamte, die Mitleid mit Flüchtlingen ohne Ausreisevisum haben und sie mit dem Zug über die Grenze fahren lassen – vorausgesetzt, kein anderer Beamte ist in der Nähe und bekommt mit, was passiert. Es scheint Glückssache zu sein. Wenn Sie an den richtigen Mann geraten, kommen Sie mit dem Zug über die Grenze. Treffen Sie auf den falschen, müssen Sie laufen.«

»Die Chancen, mit dem Zug über die Grenze zu kommen, sind größer, wenn Sie ein junger Mann sind und so aussehen, als wollten Sie sich de Gaulle anschließen«, ergänzte Frau Biermann, und es klang, als habe sie es mit einer Spur von Bitterkeit in der Stimme gesagt.

»Wenn das alles so einfach ist, warum sind dann nicht schon alle weg?«

»Aus verschiedenen Gründen«, sagte Bohn. »Erstens warten viele immer noch auf Überseevisa. Viele sind noch in Internierungslagern[3]. Und schließlich gibt es viele prominente Exilierte, die sich nicht durch Spanien trauen. Sie haben Angst, dort verhaftet und nach Deutschland deportiert zu werden.«

»Warum benutzen sie nicht einfach falsche Pässe?«, fragte ich. »Sind die so schwer zu bekommen?«

»Nein, besorgen könnten wir welche«, sagte Bohn. »Aber das Problem ist, daß gerade diejenigen, die in der größten Gefahr sind, nicht wagen, diese Pässe zu benutzen. Sie haben Angst, daß sie erkannt und enttarnt werden. Nehmen Sie zum Beispiel einen Mann wie Rudolf Breitscheid. Jahrelang war er einer der bedeutendsten Männer in Deutschland und der Fraktionsvorsitzende der Sozialdemokraten im Reichstag. Er ist überzeugt davon, in Spanien keine fünf Kilometer weit zu kommen, ohne erkannt zu werden. Das gleiche gilt für Hilferding und Modigliani und viele andere.«

»Einen Moment«, sagte ich und holte meine Liste mit den Namen europäischer Gewerkschaftsführer hervor. »Wer genau sind Hilferding und Modigliani?«

»Hilferding war deutscher Finanzminister und Modigliani Vorsitzender der italienischen Sozialisten.«

»Und der Bruder des Malers, wissen Sie, der die Frauen mit den ovalen Gesichtern gemalt hat«, fügte jemand hinzu.

»Sind sie hier in Marseille?« fragte ich.

»Ja«, nickte Bohn. »Sie sind alle hier, und alle warten darauf, daß ich sie rausbringe.«

»Haben Sie eine Idee, wie Sie das machen wollen?«

Bohn beugte sich in seinem Stuhl vor, bis sein Gesicht ganz nah vor meinem war.

»Per Schiff«, flüsterte er so laut, daß alle es hören konnten. »Ich entwickle gerade einen Plan. Es ist zu früh, als daß ich Ihnen mehr darüber sagen könnte. Aber ich halte Sie auf dem laufenden, alter Junge. Ich hoffe, daß die Sache in ein paar Tagen steht.«

»Gut«, sagte ich. »Aber sagen Sie, wie tarnen Sie Ihre Aktivitäten? Bevor ich New York verließ, erzählten mir Paul Hagen und einige andere, die mit der Untergrundarbeit Erfahrung haben, daß man eine Art Tarnung braucht, eine harmlose, einleuchtende Erklärung für das, was man an der Oberfläche und in aller Öffentlichkeit tun muß. Was empfehlen Sie?«

»So etwas braucht man in Deutschland, das stimmt«, sagte Bohn. »Aber hier nicht. Wenigstens im Augenblick noch nicht. Ich habe hier von diesem Zimmer aus operiert und bislang mit der Polizei noch keinerlei Schwierigkeiten gehabt.«

»Wollen Sie damit sagen, daß Sie ganz offen arbeiten?« Der Tonfall meiner Stimme muß eine Enttäuschung verraten haben, denn alle antworteten gleichzeitig. Schließlich setzte Heine sich durch.

»Nicht ganz«, sagte er. »Wenn es um Dinge wie Fluchtwege über die Berge, falsche Pässe oder um Schiffe geht, ist größte Geheimhaltung nötig. Was Dr. Bohn meint, ist, daß wir die Flüchtlinge in diesem Raum hier empfangen, und wenn uns jemand fragt, was wir hier tun, dann sagen wir, wir sind bei der Visabeschaffung behilflich und geben ihnen Geld zum Leben.«

»Und weil das ganz legal ist, kann die französische Polizei schwerlich etwas dagegen einwenden«, erklärte Bohn. »In Wirklichkeit bringen wir die armen Teufel natürlich raus, aber das bleibt unser großes Geheimnis.«

»Wie steht es mit dem Konsulat?« fragte ich. »Sind die Leute dort kooperativ?«

»Großartig!« sagte Bohn. »Ganz großartig! Darüber brauchen Sie sich keine Sorgen zu machen. Sollte uns wirklich einmal etwas passieren, werden das Konsulat und die Botschaft voll und ganz hinter uns stehen.«

»Das überrascht mich«, sagte ich, »denn gestern hatte ich einen ganz anderen Eindruck.« Und ich erzählte, was mir in Montrédon passiert war.

»Das kann schon mal vorkommen«, meinte Bohn. »Wahrscheinlich hat der Laufbursche Ihre Karte verlegt. Oder Harry Bingham war vielleicht gerade nicht da. Er ist der Vizekonsul, verantwortlich für Visaangelegenheiten. Sein Vater war der vorige Senator von Connecticut, und sein Bruder ist, glaube ich, der Herausgeber von ›Common Sense‹. Wie auch immer, er hat ein goldenes Herz. Er tut, was er kann, um uns zu helfen – soweit die amerikanischen Gesetze das zulassen. Der Generalkonsul dagegen ist ziemlich nervös, obwohl ich glaube, daß auch er mit unserem Vorhaben sympathisiert.«

»Alles in allem stehen die Dinge hier also nicht so schlecht, wie man drüben in den Staaten annimmt.«

»Nein«, meinte Bohn. »Aber nichtsdestoweniger müssen wir uns beeilen. Man kann nie wissen, wann die Lage sich ändert. Und wenn sie sich ändert, dann bestimmt nicht zum Besseren.«

»Gut«, sagte ich. »Wie wollen wir nun also vorgehen? Ich meine, wir sollten eine Form der Zusammenarbeit finden, damit wir uns nicht beide die ganze Zeit um dieselben Leute kümmern, oder?«

»Ganz genau«, sagte Bohn. »Ich schlage vor, daß Sie die Schriftsteller und Künstler und die ganzen jungen Mitglieder der verschiedenen linken Gruppen, an denen Sie interessiert sind, übernehmen, und wir uns weiter um die Gewerkschaftler und die älteren Sozialisten kümmern. Bedrich Heine ist Vorstandsmitglied der Sozialdemokratischen Partei und Erika Biermann ist Breitscheids Sekretärin. Wir drei arbeiten zusammen. Einen von uns werden Sie immer in diesem Zimmer antreffen, und Sie können hier gerne jederzeit vorbeikommen.«

»Das ist gut«, sagte ich. »Das heißt also, daß Leute wie Breitscheid, Hilferding und Modigliani Ihre, und Werfel, Feuchtwanger und Heiden meine Schützlinge sind. Haben Sie übrigens eine Ahnung, was aus Feuchtwanger und Heiden geworden ist?«

»Konrad Heiden ist, glaube ich, in Montauban«, sagte Heine. »Aber was aus Feuchtwanger geworden ist, weiß ich nicht. Einige behaupten, er sei in der Schweiz. Im letzten Frühjahr war er im Lager St. Nicolas interniert, aber nach dem Waffenstillstand ist er geflüchtet, und seitdem hat niemand mehr etwas von ihm gehört.«

»Hm, hmmm«, räusperte sich Bohn. »Darüber sollten wir vielleicht besser unter vier Augen sprechen.«

Er stand auf und ging mit mir ins Badezimmer.

»Ich habe Harry Bingham versprochen, niemandem auch nur ein Sterbenswörtchen zu erzählen«, begann er, nachdem er die Tür hinter uns geschlossen hatte. »Aber ich bin sicher, daß er nichts dagegen hätte, wenn ich es Ihnen nun doch erzähle. Es war Harry, der Feuchtwanger aus diesem Lager herausgeholt hat. Er hatte mit Feuchtwangers Frau vorher alles arrangiert, und sie konnte ihren Mann über ihre Pläne informieren. Zum Glück war sie nicht interniert. Ein paar Tage nach dem Waffenstillstand ist Harry mit seinem Wagen zu einem Platz in der Nähe des Lagers gefahren, wo die Männer schwimmen gehen durften. Feuchtwanger hat ihn dort getroffen. Harry hatte Frauenkleider mitgebracht, Feuchtwanger zog sie an, und Harry fuhr ihn zurück nach Marseille«[4].

»Donnerwetter«, sagte ich. »Er ist wirklich ein Prachtkerl. Und wo ist Feuchtwanger jetzt?«

»Versteckt in Harrys Villa.«

»Haben Sie irgendwelche Pläne, wie man ihn aus Frankreich herausbringen kann?«

»Nein«, sagte Bohn. »Habe ich nicht. Er fällt in Ihre Verantwortung, nicht in meine. Aber Sie können ihn auf mein Schiff bringen, wenn Sie wollen.«

»Gut«, sagte ich. »Ich werde die Werfels und die Feuchtwangers auf Ihr Schiff bringen.«

4

Nach dem Gespräch mit Bohn änderte ich meine Pläne. Statt mit dem Fahrrad in Südfrankreich herumzufahren, Flüchtlinge meiner Liste ausfindig zu machen, ihnen bei der Flucht zu helfen und dabei so zu tun, als arbeitete ich im Auftrag eines Hilfswerks, das die Lage der französischen Zivilbevölkerung untersuchte, beschloß ich, mein Hauptquartier wie Bohn im Hotel Splendide aufzuschlagen und die Flüchtlinge zu mir kommen zu lassen. Bohn besorgte mir im Splendide ein Zimmer, das so groß wie seines war, und ich zog noch am selben Tag um. Dann schrieb ich an alle Flüchtlinge, deren Adressen ich hatte, und teilte ihnen mit, daß ich gerade mit einer Nachricht für sie aus den Staaten gekommen sei und bat sie, mich wenn irgend möglich in Marseille aufzusuchen. Von Bohn bekam ich noch weitere Adressen. Mit einigen Leuten meiner Liste hatte er sich bereits getroffen. Über andere hatten er oder seine Helfer Erika Biermann und Bedrich Heine Informationen, die meisten aber wurden noch vermißt. Niemand wußte, wo sie steckten oder was aus ihnen geworden war.

Schon am nächsten Tag kamen die ersten Flüchtlinge auf mein Zimmer. Viele von ihnen waren durch die Hölle gegangen; sie waren nervlich am Ende und vollkommen mutlos. Die meisten hatte man bei Ausbruch des Krieges in Internierungslager zusammengetrieben, nach einiger Zeit wieder frei gelassen und dann wieder interniert, als die Deutschen im Mai ihre große Offensive begannen. In den Lagern hatten sie das Vorrücken der Wehrmacht verfolgt, und oft hatte sich buchstäblich erst in letzter Minute eine Chance zur Flucht ergeben. Die Geflüchteten schlossen sich dem großen Exodus nach Süden an; einige hatten Hunderte von Kilometern zu Fuß zurückgelegt, um den Nazis zu entkommen.

Viele, vor allem die Deutschen und Österreicher, glaubten bei jedem Klingeln, bei jedem Klopfen an der Tür und jedem Schritt auf der Treppe, die Polizei sei da, um sie abzuholen und an die Gestapo auszuliefern. Verzweifelt suchten sie nach Mitteln und Wegen, um sich aus der Schlinge zu befreien, die sich plötzlich um ihren Hals gelegt hatte. Da sie nur ein Ziel kannten – wegzukommen –, waren sie für Betrüger und Erpresser jedweder Art eine leichte Beute. Manche verloren unter dem unaufhörlichen Druck wilder Gerüchte und phantastischer Horrorgeschichten ihre ohnehin schon arg strapazierten Nerven und brachen zusammen. Einige glaubten fest daran, daß die Deutschen zu einer festgesetzten Stunde an einem festgesetzten Tag auch das noch nicht besetzte Frankreich überrennen würden, wahrscheinlich irgendwann in der nächsten Woche. Häufig wußten sie nicht nur genau, wann die Besetzung stattfinden sollte, sondern auch, wieviele Divisionen dafür eingesetzt würden. Sie hörten und glaubten, daß die spanische Grenze gerade von senegalesischen Truppen geschlossen worden sei, um keine Flüchtlinge mehr herauszulassen. Sie wußten ganz sicher, daß die Gestapo die gesamte unbesetzte Zone durchkämmte und eine Liste mit den Namen mehrerer hundert gesuchter Männer und Frauen an Monsieur Laval übergeben hatte, der angeblich den Befehl erteilt haben sollte, jeden, der auf der Liste stand, auf der Stelle zu verhaften. Aber nicht nur Deutsche und Österreicher waren in Angst und Sorge. Der katalanische Gewerkschaftsführer Luis Companys war in Belgien oder im besetzten Teil Frankreichs von den Nazis aufgegriffen und nach Spanien geschafft worden, wo man ihn sofort mit der Garrotte hingerichtet hatte. Die Tatsache, daß die französische Polizei die Ausländer nachlässig und zugleich brutal behandelte, ließ bei kaum einem den Wunsch aufkommen, länger als unbedingt nötig in Frankreich zu bleiben.

Vor allem in großen Städten wie Marseille, wo sich ständig wechselnde Flüchtlingsströme sammelten, war die Lage überaus ernst. Die Polizei reagierte nervös und verhaftete von Zeit zu Zeit eine größere Zahl von Flüchtlingen einfach von der Straße weg. Diese plötzlichen Massenverhaftungen hießen ›rafles‹, und man wußte nie, wann und wo sie stattfanden. Es konnte am hellichten Tag auf der Cannebière sein oder nachts in einem Café oder Hotel. Nur eines war sicher: wurde man bei einer ›rafle‹ aufgegriffen, kam man für mehrere Tage ins Gefängnis, auch wenn sich hinterher herausstellte, daß man ›en règle‹ war. Wer jedoch nicht ›en règle‹ war, wanderte vom Gefängnis ins Internierungslager.

5

Zu meinem Glück waren die ersten, die sich auf meine Nachricht hin im Hotel Splendide einfanden, sozialistische Freunde von Paul Hagen aus Deutschland und einige jüngere Sozialisten aus Österreich. Sie waren alle jung und kräftig, und auch an Mut fehlte es ihnen nicht. Die meisten hatten bereits amerikanische Visa. Das einzige, sagten sie, was sie noch brauchten, sei Geld. Mit genügend Geld für die Fahrt nach Lissabon in der Tasche würden sie es mit der französischen und spanischen Polizei und mit der Gestapo in Spanien schon aufnehmen. Sie wollten sich portugiesische und spanische Transitvisa besorgen, hinunter zur Grenze gehen und sie zu Fuß überqueren. Ich gab ihnen Geld, und sie gingen los. Sie kamen alle in Lissabon an. So einfach war das.

Einer von ihnen gab mir eine Karte, auf der eingezeichnet war, wo sie die Grenze überqueren wollten. Die Karte zeigte den Friedhof von Cerbère und einen Trampelpfad entlang der Friedhofsmauer. Die Staatsgrenze war durch Kreuze markiert und der

Weg, der die französischen Grenzkontrollen umging, durch Pfeile gekennzeichnet. Ich verwahrte die Karte hinter dem Spiegel meiner Garderobe, damit ich Flüchtlingen, die sich nicht auskannten, den Weg zeigen konnte.

Wichtig sei, sagten Pauls Freunde, daß man sich, wenn man erst einmal über der Grenze war, den Grenzbeamten stellte und nicht eher weiter ins Land reiste, bis man den ›Entrada‹-Stempel im Paß hatte. Andernfalls lief man Gefahr, wegen illegaler Einreise verhaftet zu werden. Stellte man sich jedoch dem ersten Grenzposten, auf den man traf, und gab seine Devisen an, war alles in Ordnung. Die Spanier schienen überhaupt kein Interesse daran zu haben, ob man ein französisches Ausreisevisum im Paß hatte oder nicht. Sie interessierten sich nur für das spanische Transitvisum und vor allem für das mitgeführte Geld. Hatte man ein gültiges Transitvisum und ordnungsgemäße Angaben über sein Geld gemacht, konnte man einreisen und im Transit durch Spanien. Von irgendwelchen Verhaftungen in Spanien war nichts bekannt. Es gab zwar Gerüchte, aber verbürgt war nichts.

Die spanischen Konsulate in Marseille, Toulouse und Perpignan stellten sämtlich bei Vorlage eines Passes mit gültigem portugiesischen Transitvisum ein spanisches Transitvisum aus. Und die portugiesischen Konsulate stellten Visa aus auf fast alles, was auch nur darauf hindeutete, daß der Antragsteller von Portugal aus weiterreiste. Flüchtlinge, die noch kein USA-Visum hatten, besorgten sich ein chinesisches oder siamesisches Visum und bekamen daraufhin das portugiesische Transitvisum. Auf ihr amerikanisches Visum warteten sie lieber in Lissabon als in Marseille.

Die chinesischen Visa waren in chinesischer Schrift ausgestellt, zwei Worte ausgenommen: »Einhundert Francs«. Chinesen und Leute, die Chinesisch lesen konnten, behaupteten, der Text des Visums lautete: »Diese Person darf unter keinen Umständen nach China einreisen.« Ich weiß nicht, ob das der Wahrheit entsprach, aber es spielte keine Rolle, solange die Portugiesen das Visum anerkannten. Die siamesischen Visa waren echt, es war nur völlig undenkbar, von Portugal aus nach Siam zu kommen ohne die zahllosen anderen Transitvisa, die natürlich nirgendwo zu bekommen waren. Dennoch stellten die portugiesischen Konsulate den Besitzern siamesischer Visa damals noch Transitvisa aus, als gäbe es Schiffe von Lissabon direkt nach Bangkok. Hatte man erst einmal das portugiesische und das spanische Transitvisum, konnte man ohne nennenswerte Schwierigkeiten nach Lissabon fahren. Die Polizeikontrollen auf dem Bahnhof von Marseille galten nur den Ankommenden. Kam man mit dem Zug, konnte man sich jedoch der Kontrolle entziehen, indem man durch einen Bedienstetenflur ins Bahnhofsrestaurant des Hotel Terminus ging. Für den Fall (der nie eingetreten ist), daß jemand fragte, was man hier zu suchen habe, konnte man antworten, man wolle telefonieren oder sich die Hände waschen. War man erst einmal im Hotel, konnte man es wie jeder andere Hotelgast auch verlassen.

Natürlich gab es auch Risiken. Ausländer durften innerhalb Frankreichs keine Reisen unternehmen ohne einen von den Militärbehörden ausgestellten ›sauf conduit‹. Außer in Marseille, gab es keine regelmäßigen Kontrollen; aber in Stichkontrollen konnte man immer hineingeraten, und zwar zu jeder Zeit und überall: auf dem Bahnhof, im Zug und sogar auf der Straße. Jeder Ausländer, der ohne einen solchen ›sauf conduit‹ angetroffen wurde, mußte damit rechnen, in ein Internierungslager zu kommen. War man erst einmal im Lager, war völlig ungewiß, wie lange man dort festgehalten oder ob man überhaupt jemals wieder entlassen wurde. In der Zwischenzeit konnte die Gestapo mühelos zugreifen, wenn man auf ihrer Liste stand. Wohnte man hingegen in einem Hotel, hatte man reelle Chancen, der Gestapo durch die Maschen zu schlüpfen. Aber auch im Hotel mußte man ein Formular ausfüllen, das sofort an die Polizei weitergegeben wurde. Das beste Versteck war immer noch bei Freunden oder in einem Bordell.

Außerdem bestand die Gefahr, an der Grenze verhaftet zu werden, wenn man versuchte, Frankreich ohne Ausreisevisum zu verlassen. Auch das war ein schwerwiegendes Vergehen und brachte einen Ausländer mit Sicherheit ins Internierungslager. Das war bisher zwar noch nicht vorgekommen, aber man konnte nie wissen, wann es das erste Mal passieren würde.

Alles in allem war eine Ausreise ohne Visum mit einem beträchtlichen Risiko verbunden, und einige Flüchtlinge weigerten sich, dieses Risiko auf sich zu nehmen, sie zogen die Gefahren des Bleibens den Gefahren der Ausreise vor. Eine meiner schwierigsten Aufgaben in diesen ersten Wochen bestand darin, sie davon zu überzeugen, daß sie gehen mußten. Einige Intellektuelle waren besonders schwierige Fälle. Sie zitterten vor Angst bei dem Gedanken zu bleiben und waren wie gelähmt bei dem Gedanken zu fliehen. Man versorgte sie mit einem Paß und ordnungsgemäßen Visa – und einen Monat später saßen sie immer noch in den Cafés von Marseille und warteten darauf, daß die Polizei sie abholte.

6

Aber das waren Ausnahmen. Die meisten Flüchtlinge taten alles, um wegzukommen. Ich saß in meinem kleinen Zimmer im vierten Stock des Hotel Splendide am Ende des Ganges, sie kamen zu mir, und ich gab ihnen Geld und Hinweise und versuchte, ihnen Hoffnung zu machen. Diejenigen, die schon Visa hatten, instruierte ich, wie sie über die Grenze kommen konnten. Wenn sie fertig zur Abreise waren, schüttelte ich ihnen die Hand und sagte »Bis bald in New York!« Viele von ihnen waren skeptisch und wagten kaum zu hoffen. Aber der kurze Satz, mit Überzeugung gesprochen, schien mehr als alles andere ihren Glauben an die Zukunft wieder aufzurichten. Wenn sich dieser Amerikaner so sicher ist, uns bald in New York wiederzusehen, müssen sie gedacht haben, dann gibt es vielleicht tatsächlich einen Hoffnungsschimmer.

Diejenigen, die ihr Visum noch nicht bekommen hatten, waren für mich das größte Problem. Einige von ihnen konnten getrost auf ihr amerikanisches Visum warten, weil in ihrem Fall kein besonderer Grund vorlag, der befürchten ließ, daß die Gestapo sie suchte. War dies jedoch der Fall, so telegraphierte ich ihre Namen nach New York und bat das Komitee, ihnen so schnell wie möglich ein Notvisum zu besorgen. Andere wiederum konnten nicht so lange warten und mußten Frankreich sofort verlassen. Wenn sie Pässe hatten, half ich ihnen, ein Visum für China, Siam oder manchmal auch Belgisch-Kongo zu bekommen, und riet ihnen, auf alle Fälle erst einmal bis Lissabon zu fahren, wo sie dann, einigermaßen in Sicherheit, auf die Genehmigung ihrer amerikanischen Visa warten konnten. Einige hatten jedoch weder ein Visum noch einen Paß, in den man das Visum hätte eintragen können, und andere, die einen Paß hatten, brauchten einen auf einen falschen Namen ausgestellten, weil zu befürchten war, daß sie in Spanien festgenommen würden, wenn sie unter ihrem richtigen Namen reisten.

Am schlimmsten aber waren die Staatenlosen dran, Frauen und Männer, denen die Staatsbürgerschaft von den Nazis per Erlaß aberkannt worden war. Es war für sie nicht nur unmöglich, einen echten Paß zu bekommen, sondern sie liefen vermutlich auch am ehesten Gefahr, von der Gestapo festgenommen zu werden, da sie bereits namentlich als Feinde des Naziregimes bekannt waren. Die Franzosen hatten den meisten Staatenlosen einen grünen, wie eine Ziehharmonika gefalteten Ausweis gegeben, ›titre de voyage‹, eine Art Flüchtlingsausweis, der jedoch von den Spaniern nicht anerkannt wurde. Jeder, der mit einem solchen Papier an der spanischen Grenze auftauchte, mußte wieder umkehren.

War für einen Ausgebürgerten oder Staatenlosen ein amerikanisches Visum genehmigt, stellte ihm das amerikanische Konsulat zum Glück gewöhnlich auch ein Papier aus, das mit ›affidavit in lieu of passport‹ (eidesstattliche Erklärung anstelle eines Passes) bezeichnet wurde. Für einige Zeit reichte dieses Papier aus, vorausgesetzt, der Inhaber war bereit, unter seinem richtigen Namen durch Spanien zu reisen. Tatsächlich hielten viele untergeordnete französische und spanische Beamte die Inhaber solcher Papiere für amerikanische Staatsbürger und behandelten sie mit der besonderen Ehrerbietung, die kleine Beamte fast überall in Europa den Amerikanern entgegenbrachten – jedenfalls damals noch. Ich sah keinen Grund, diesen falschen Eindruck zu korrigieren.

War aber das amerikanische Visum noch nicht bewilligt oder ein Flüchtling auch mit Visum nicht bereit, unter seinem richtigen Namen zu reisen, so gab es gewöhnlich nur eine Lösung – einen falschen Paß. Der tschechische Konsul in Marseille löste dieses Problem. Donald Lowrie hatte Verbindung zu ihm aufgenommen. Lowrie war Vertreter des Y.M.C.A. in Frankreich und Delegierter der ›American Friends of Czechoslovakia‹. Er war in Prag, als die Deutschen dort einmarschierten, und hatte einer stattlichen Anzahl deutscher und tschechischer Nazigegner zur Flucht verholfen. Als er nach Marseille kam, war er beim tschechischen Konsul bereits als Freund der Tschechen bekannt. Ich traf ihn kurz nach meiner Ankunft. Er nahm mich mit zum tschechischen Konsulat und stellte mich dem Konsul vor.

Vladimir Vochoč[5] war ein Diplomat alter Schule. Vor der Okkupation Prags war er Leiter der Personalabteilung des tschechischen Außenministeriums und Professor an der Prager Universität gewesen. Ich glaube nicht, daß ihm die Vorstellung, falsche Pässe auszugeben, sonderlich angenehm war, aber er war klug genug zu sehen, daß sein Land von den Nazis überfallen worden war und auf legalem Wege allein nicht befreit werden konnte. Er war bereit, jedem Nazigegner zu helfen, wenn auch nur die kleinste Chance bestand, daß er nach seiner Rettung dazu beitragen konnte, die Nazis zu stürzen und die Unabhängigkeit der Tschechoslowakei wiederherzustellen. Vochočs eigentliche Aufgabe bestand darin, tschechische Freiwillige aus Frankreich herauszuschmuggeln, die dann an der Seite der Engländer den Kampf wieder aufnehmen sollten.

Auf Lowries Vorschlag hin traf ich mit Vochoč ein Abkommen. Er sollte jedem von mir empfohlenen Nazigegner einen tschechischen Paß ausstellen. Als Gegenleistung gab ich ihm genügend Geld, daß er neue Pässe drucken lassen konnte, sobald sein begrenzter Vorrat zu Ende ging. Aus Prag konnte er offensichtlich keine Vordrucke mehr bekommen, aber in seiner Eigenschaft als Konsul hatte er das Recht, Pässe auch in Frankreich drucken zu lassen, und zwar in Bordeaux, in der besetzten Zone, vor der Nase der Deutschen. Die Drucker leisteten ganze Arbeit. Die Einbände waren rosa, während die alten Prager Pässe grün waren, aber sonst konnte man sie nicht voneinander unterscheiden.

Wir mußten nur noch einen sicheren Weg für die Übergabe finden. Lowrie wohnte im Hotel Terminus, und ich besuchte ihn gewöhnlich zweimal in der Woche auf seinem Zimmer, um mit ihm zu frühstücken. Jedes Mal hatte ich einen Umschlag mit den Fotos und Personenbeschreibungen meiner Anwärter auf einen tschechischen Paß dabei, und er gab mir einen Umschlag mit den Pässen, die Vochoč bereits ausgestellt hatte. Nach dem Frühstück ging ich zurück auf mein Zimmer im Splendide und händigte sie dort den Flüchtlingen aus.

2. Kapitel

Ich finde Verbündete

I

Von meinem Zimmer im Splendide aus konnte ich auf den Hof einer Mädchenschule und auf die Stadt dahinter sehen. In der Ferne waren, als Silhouetten gegen den Himmel oder halb im Dunst, Turm und Kuppel von Notre Dame de la Garde auszumachen, die den im Süden des Vieux Port liegenden Hügel krönen wie Sacré Cœur den Montmartre.

Den Lärm, den die Mädchen in den Pausen beim Spielen auf dem Schulhof machten, konnte ich bis in mein Zimmer hören. Aber die Stadt selbst war fast still. Vichy glaubte offenbar immer noch, daß der Krieg bald vorüber sein würde. Die Regierung hatte die Phase zwischen Waffenstillstand und endgültigem Frieden zu einer Art Staatstrauerzeit erklärt und Tanzen, Jazzmusik und einige andere, typisch französische Vergnügungen, denen man früher in den ›maisons closes‹ nachgehen konnte, untersagt. Maßnahmen zur Lebensmittelrationierung gab es jedoch nicht, spürbar knapp wurden lediglich Rasierklingen, Seife und Benzin.

Marseille war voll von Flüchtlingen, französischen ebenso wie ausländischen. Alle, die irgend konnten, kehrten, sobald das möglich war, in ihre Heimat zurück, viele französische Juden gingen sogar zurück in die besetzte Zone. Sie wollten zurück und verdrängten ihre Angst vor den Nazis, indem sie sich einredeten, daß Hitler es nie wagen würde, den Franzosen das anzutun, was er den Polen angetan hatte. Alle, mit Ausnahme der antifaschistischen Flüchtlinge und Intellektuellen, hatten offenbar nur das eine Ziel: das nach der Niederlage eingetretene Durcheinander zu entwirren und so schnell wie möglich wieder zu ›normalen‹ Verhältnissen zurückzukehren. Die Zeitungen, die auf einen Umfang von zwei, höchstens vier Seiten geschrumpft waren, brachten spaltenweise Kleinanzeigen, in denen durch Krieg und Rückzug versprengte Familienangehörige gesucht wurden. Den Suchanzeigen waren oft ergreifende und tragische Schicksale abzulesen: »Mutter sucht Kind, Mädchen, zwei Jahre alt, verloren auf der Flucht, auf der Straße zwischen Tours und Poitiers« oder: »Großzügige Belohnung für jede Information, die dazu beiträgt, meinen Sohn Jacques wiederzufinden, zehn Jahre alt, zuletzt gesehen am 17. Juni in Bordeaux«. Aber das Leben in Marseille war ganz anders, als ich es mir vorgestellt hatte. Es gab keine Unordnung und keine verhungernden Kinder auf den Straßen. Nur wenig deutete darauf hin, daß sich das Land im Krieg befand. Die Einwohner von Marseille schienen sich mit der Niederlage abgefunden zu haben, sie sogar – wie auch sonst alles – leicht zu nehmen.

Die französischen Flüchtlinge wurden schnell nach Hause geschickt, ausgenommen diejenigen, die in der sogenannten ›gesperrten Zone‹ wohnten oder nicht unter den Nazis in der besetzten Zone leben wollten – aber jeden Tag kamen waggonweise Soldaten, die entweder in Südfrankreich oder in Afrika demobilisiert werden sollten. Marseille war mit Soldaten ebenso überfüllt wie mit Flüchtlingen. Alle Waffengattungen der französischen Armee waren vertreten: Kolonialsoldaten mit leuchtend rotem Fes oder ›Chéchias‹ auf dem Kopf; Freiwillige der Fremdenlegion, die ihre ›Képis‹ in Staubschutzhüllen trugen; Zuaven in weiten türkischen Pluderhosen; Spahis mit breiten schwarzen Schärpen um die Taille; Gebirgsjäger in olivgrünen Uniformen und mit gewaltigen Baskenmützen, die bis über das linke Ohr heruntergezogen wurden; staubige Schanzarbeiter aus den Tunneln der Maginot-Linie in grauen Pullovern; Kavallerieoffiziere in eleganten Khaki-Röcken, maronfarbenen Reithosen und, statt Képi oder Stahlhelm, mit verwegenen, velourbraunen Mützen; schwarze Senegalesen mit Turbanen, die von einem einzigen Goldstern zusammengehalten wurden; Soldaten der Panzerdivision in wattierten Lederhelmen; und zigtausend gewöhnliche Infanteristen, erschöpft, dreckig und heruntergekommen. Den ganzen Tag über strömten Soldaten und Flüchtlinge zur Gare St. Charles und wieder zurück, den Boulevard Dugommier und die Cannebière hinauf und hinunter, in die Cafés und Restaurants an der Cannebière und am Vieux Port hinein und wieder hinaus. Sie überfluteten die Straßen wie Fußballfans, die von einem Spiel kommen, verstopften die vorderen und hinteren Plattformen der Straßenbahnen und drängelten, schubsten und stießen, waren jedoch ganz ruhig dabei – lebendes Strand- und Treibgut, zurückgeblieben nach einer großen Katastrophe.

Während der ersten Tage erweiterte ich meinen französischen Wortschatz um zwei Wörter: ›pagaille‹ und ›débrouiller‹. ›Pagaille‹ bedeutet: totales Chaos. Es war ein Wort, das jeder auf den Lippen hatte, das einzige Wort, das die Situation adäquat zu bezeichnen schien. »Quelle pagaille!« sagten die Leute, wenn sie von Niederlage und Rückzug redeten. Das andere Wort bedeutet ›Sei dir selbst der nächste‹. ›Sei schlauer als dein Nachbar‹. ›Versuche dich durchzuschlagen‹. In einer ›pagaille‹ wie der, die nach dem Waffenstillstand in Frankreich herrschte, gab es nur eines: ›se débrouiller‹. Es war die Philosophie des ›Jeder für sich‹ und ›Den letzten beißen die Hunde‹.

»Faut se débrouiller« hieß es, wenn man in einen Zug stieg, die Nahrungsmittelsituation erörterte oder über die Niederlage sprach.

2

Ein paar Tage nach unserem ersten Treffen frühstückten Bohn und ich zusammen mit Breitscheid und Hilferding in einem Straßencafé. Dabei waren auch Breitscheids Frau und seine Sekretärin, Frau Biermann. Frau Hilferding hielt sich noch immer in Paris vor der Gestapo versteckt. Breitscheid war groß und stattlich und saß kerzengerade auf seinem Stuhl. Unter seinem schlohweißen Haar wirkte sein Gesicht gelb und wächsern. Wenn er sprach, hielt er die Hände gefaltet auf dem Rand des kleinen runden Metalltischchens oder trommelte mit den Fingern nervös auf die Tischplatte. Er hatte eine verwirrende Art, durch einen hindurch ins Leere zu starren. Hilferding war kleiner und gedrungener, hatte aschgraues Haar und einen ebensolchen Schnurrbart und wirkte entspannter; er schien sich wohler zu fühlen als die anderen. Frau Breitscheid und Frau Biermann waren beide sehr nervös.

Bohn versuchte sie aufzuheitern, indem er ihnen erzählte, daß seine Schiffspläne gute Fortschritte machten, und bat sie, in Ruhe abzuwarten, bis alles soweit war, daß er sie auf die Reise schicken konnte. Dann machte er sich auf den Weg zum Konsulat.

Sobald er gegangen war, fragte Breitscheid, was ich von Bohns Plänen hielte und begann mit Hilferding eine Diskussion darüber, ob es besser sei, auf das Schiff zu warten, oder ob sie riskieren sollten, die spanische Grenze zu Fuß zu überqueren. Beide hatten ein amerikanisches Besuchsvisum. Hilferding schien der Ansicht zu sein, sie sollten ihr Glück via Spanien versuchen, Breitscheid jedoch war anderer Meinung. Ihm war Bohns Schiff nicht geheuer, aber dem Weg durch Spanien traute er ebensowenig. Er hatte eine herrische Art, der Hilferding sich zu fügen schien. Ich ließ sie mit ihrer Diskussion ›Boot oder Spanien‹ allein und ging ins Splendide zurück, um mich mit Giuseppe Modigliani zu treffen.

Modigliani und seine Frau warteten bereits in der Halle auf mich. Bestanden die Schwierigkeiten mit Breitscheid und Hilferding darin, sie zu irgendeinem Entschluß zu bringen, so war das Problem mit Modigliani, daß er bereits einen Entschluß gefaßt hatte. Er wollte Frankreich verlassen, aber er weigerte sich strikt, dies auf illegalem Wege zu tun.

»Stellen Sie sich vor, ich würde geschnappt und erwischt, wie ich mich mit falschem Paß heimlich aus dem Land schleiche«, schnaubte er. »Du meine Güte, das wäre eine Schande für die gesamte italienische Arbeiterbewegung!«

»Giuseppe!« protestierte seine Frau. »Giuseppe! Bitte sei vernünftig!«

Giuseppe fing an zu brüllen, woraufhin seine Frau verstummte, weil sonst zu befürchten war, daß es wegen des Geschreis einen Menschenauflauf geben würde.

»Wenn er wenigstens seinen Bart abrasieren und den Pelzmantel hier lassen würde«, seufzte sie. »Dann könnte er genauso leicht weg wie die anderen. Aber jedesmal, wenn ich das auch nur erwähne, fängt er an zu schreien.«

»Meinen Bart abrasieren, das ist nun wirklich das letzte!« empörte sich Modigliani. »Nein, meine Liebe, ich habe immer einen Bart getragen, und ich werde immer einen Bart tragen! Was den Mantel betrifft, so weißt du ganz genau . . .«

»Ja«, unterbrach ihn seine Frau, »ich weiß nur zu gut, daß dich nichts auf der Welt veranlassen könnte, dich von ihm zu trennen, nicht einmal, wenn es darum geht, dein Leben zu retten. Er hat ihn«, erklärte sie, »vom Ortsverein 89 der Textilarbeitergewerkschaft geschenkt bekommen, als er in den USA war, und er ist so stolz darauf, daß er ihn sommers und winters trägt, egal, wie das Wetter ist. Ich habe alles erdenkliche versucht, um ihn davon zu überzeugen, den Mantel hierzulassen. Aber davon will er nichts hören.«

»Nein, auf keinen Fall!« sagte Modigliani in einem Ton, der deutlich machte, daß diese Diskussion für ihn ein für alle Mal beendet war.

Frau Modigliani zuckte die Achseln. »Was soll man da bloß machen?« fragte sie resigniert.

Ich mußte zugeben, daß ich es auch nicht wußte. Bohn hatte mir erzählt, daß Modigliani damit einverstanden sei, auf seinem Schiff das Land zu verlassen. Aber auch das schien mir nach dieser Unterhaltung zweifelhaft. Ich fand ihn, sofern das überhaupt möglich war, noch schwieriger als Breitscheid und Hilferding, und ich war froh, daß alle drei Männer primär in Bohns und nicht in meinen Verantwortungsbereich fielen. Ich hatte auch so schon alle Hände voll zu tun.

3

Noch bevor meine erste Woche in Marseille zuende ging, hatte es sich offenbar in der gesamten nicht besetzten Zone herumgesprochen, daß ein Amerikaner aus New York angekommen war, wie ein Engel vom Himmel gefallen sei, Taschen voller Geld und Pässe und einen direkten Draht zum State Department habe, so daß er jedes beliebige Visum im Handumdrehen besorgen konnte. Jemand erzählte sogar, daß es in Toulouse einen tüchtigen Geschäftsmann gab, der meinen Namen und meine Adresse für 50 Francs an Flüchtlinge verkaufte. Es stimmte natürlich nicht, daß ich so schnell Visa kriegen konnte – ich wünschte, es wäre so gewesen –, aber die Flüchtlinge glaubten es und kamen scharenweise. Ich war jetzt nicht mehr nur für die Leute da, die auf meiner Liste standen, sondern auch für hunderte andere, die meinten, daß sie ebenfalls auf der Liste stehen sollten. Ich brauchte nicht nur Hilfe, um diesem Ansturm Herr zu werden, sondern auch Rat und Hinweis, um mir ein Bild von den politischen Ansichten und intellektuellen Verdiensten der Bewerber machen zu können. Die meisten waren mir vollkommen unbekannt, und ich mußte aufpassen, daß ich nicht einem Polizeispitzel, einem Angehörigen der Fünften Kolonne oder einem sich als Demokraten ausgebenden Kommunisten half.

Der erste, der für mich in Frankreich arbeitete, war »Beamish«, ein junger politischer Flüchtling aus Deutschland, sehr intelligent, und immer gutmütig und fröhlich. Ich nannte ihn Beamish (Strahlemann), wegen seiner schelmischen Augen und seines ewigen Schmollmundes, der sich in Sekundenschnelle in ein breites Grinsen verwandeln konnte. Beamish hatte in meinen Augen nur einen Fehler, und das war seine Verträumtheit. Wenn man mit ihm sprach, konnte es durchaus fünf bis zehn Sekunden dauern, bevor er reagierte und zu erkennen gab, daß er überhaupt zugehört hatte. Wie er selbst sagte, war er häufig ›un peu dans la lune‹ – ein bißchen über den Wolken schwebend. Für einen ungeduldigen Menschen wie mich war das manchmal ein wenig ärgerlich.

Beamish hatte einige Erfahrung in der Untergrundarbeit und war, trotz seiner Jugend (er war damals gerade 25), bereits ein

›altgedienter‹ Antifaschist mit Kriegserfahrungen in zwei Armeen. Er hatte auf Seiten der Republikaner fast ein Jahr in Spanien gekämpft und sich danach in der französischen Armee verpflichtet.

Als sich die Niederlage abzeichnete, waren Beamish und die anderen deutschen, österreichischen und italienischen Freiwilligen in der französischen Armee in einer prekären Lage. Wenn sie den Nazis oder Italienern in die Hände fielen, wurden sie als Verräter erschossen. Glücklicherweise hatte Beamish einen einsichtigen Vorgesetzten. Unmittelbar vor dem Waffenstillstand rief dieser alle Deutschen, Österreicher und Italiener seiner Kompanie in sein Hauptquartier und erklärte ihnen, daß er sie zu französischen Staatsbürgern machen werde, um sie vor der Rache der Boches zu schützen. Jeder mußte sich einen neuen Namen, einen neuen Geburtsort und ein neues Geburtsdatum ausdenken. Beamish nahm den Namen des französischen Romantikers Albert Hermant an und beschloß, als Sohn französischer Eltern in Philadelphia geboren zu sein. Sein Leutnant stellte ihm ein neues Soldbuch auf den neuen Namen aus, unterschrieb es und versah es mit den nötigen Stempeln. Dann befahl er ihm, sich aus dem Staub zu machen. »Rette sich wer kann, versuch' irgendwie durchzukommen«, zitierte Beamish oft den Leutnant.

Am nächsten Tag hatten die Deutschen Beamishs Kompanie in Niort eingeholt. Er vergrub seine richtigen Papiere in einer Büchse im Garten hinter dem Haus, wo er einquartiert war, und machte sich mit dem Fahrrad auf den Weg nach Südfrankreich, immer wieder an Kolonnen deutscher Soldaten vorbei. In der nicht besetzten Zone bekam er einen Entlassungsschein, einen Personalausweis und mehrere andere Papiere, alle auf seinen neuen Namen. Anstelle einer Geburtsurkunde hatte er eine Art Lebensbescheinigung, die ihm der Bürgermeister von Nîmes ausstellte. Sie besagte schlicht: »Wir, Bürgermeister von Nîmes, bestätigen, daß Herr Albert Hermant, geboren am usw., lebt, weil er heute bei uns vorstellig wurde.«

Als ich Beamish kennenlernte, war er Albert Hermant aus Philadelphia[6]. Man hätte ihn von Kopf bis Fuß durchsuchen können und keinen Hinweis auf seinen richtigen Namen gefunden. In jeder Tasche hatte er Papiere, die auf den neuen Namen ausgestellt waren. Als ich ihn fragte, warum er Philadelphia als Geburtsort gewählt hatte, meinte er, Philadelphia sei eine der wenigen Städte in Amerika, die er dem Namen nach kenne, und er habe sich gedacht, es sei sehr viel schwieriger, in Amerika Nachforschungen anzustellen als in Frankreich. Er war richtig enttäuscht, als ich ihm erzählte, daß Philadelphia eine der ersten amerikanischen Städte gewesen sei, in der es genaue Personenregister und Einwohnerstatistiken gegeben habe.

Er sagte oft, daß er einfach zu viele falsche Papiere habe, um wirklich glaubwürdig zu sein. »Es gibt einen Zustand, der zu sehr ›en règle‹ ist, wie bei einem Verbrecher, der zu viele Alibis hat.«

Außer seinem Soldbuch, dem Entlassungsschein, dem Ausweis und der Lebensbescheinigung besaß er Mitgliedskarten der Auberges de Jeunesse, (der französischen Jugendherbergen) und des Clubs des Sans Club (einer Art Touringclub) sowie Papiere von einem halben Dutzend anderer nicht-politischer französischer Organisationen.

»Ich glaube, ich habe des Guten ein wenig zu viel getan«, witzelte er oft. »Ich sollte ein paar davon wieder abstoßen. Die Polizei wird mich sofort für verdächtig halten, wenn sie diesen ganzen Kram bei mir findet.«

Ich glaube nicht, daß er je auch nur ein einziges dieser Papiere vernichtet hat. Er liebte sie zu sehr, gerade weil sie falsch waren – so herrlich gefälscht und so unverschämt ›en règle‹.

Beamish wurde sehr bald mein Spezialist für Fragen der Illegalität. Er war es, der neue Quellen für falsche Pässe auftat, als die tschechischen Pässe zu sehr auffielen und nicht mehr benutzt werden konnten; er war es, der den Geldwechsel und -Transfer auf dem schwarzen Markt arrangierte, als meine Dollarvorräte aufgebraucht waren, und er war es auch, der den Wegweiser-Service über die Grenzen organisierte, als man nicht mehr mit dem Zug nach Cerbère fahren und von dort aus zu Fuß über die Grenze gehen konnte. Aber davon später.

4

Beamish war zwar nie Mitglied einer politischen Partei gewesen, seine Sympathien jedoch galten den Sozialisten. Der zweite, der zu meiner Truppe gehörte, war ein österreichischer Katholik und Monarchist namens Franz von Hildebrand. Beamish sprach Englisch mit einem leichten, aber unverkennbar deutschen Akzent. Franzi dagegen sprach wie ein Engländer der upper-class. Er hatte das Williams College besucht und dort eine Menge amerikanischer Slang-Ausdrücke aufgeschnappt. Ich weiß nicht, warum er später nach Österreich zurückging, jedenfalls war er dort, als der Kampf zwischen Heimwehr und Sozialisten ausbrach, und er kämpfte auf der Seite der Heimwehr.

Einige der österreichischen Sozialisten beunruhigte es, ihn für mich arbeiten zu sehen. Aber ich vertrat ein Komitee, das sich für Katholiken ebenso einsetzte wie für Sozialisten, und aus Fairness gegenüber den Katholiken mußte ich dafür sorgen, daß auch sie einen Vertreter in Marseille hatten. Im übrigen hatte Franzi seine Ansichten seit 1934 geändert und seine alte Feindschaft gegenüber den Sozialisten aufgegeben. Und da ich es für ratsam hielt, nicht allzuviele Linke um mich zu haben, behielt ich ihn. Ich wollte der Polizei keinen Anlaß für die Behauptung geben, ich führte ein illegales Büro der verbotenen Sozialistischen Partei.

Franzi hatte einen Schweizer Paß und galt damit als Bürger einer neutralen Nation – das war eine große Hilfe. Die Schweiz hatte seiner Familie vor Generationen die Ehrenbürgerschaft verliehen. Nach dem Waffenstillstand vergaß man besser, daß er auch Österreicher war. In Marseille lebte er unter dem Namen Monsieur Richard. Mit seinen blauen Augen, seinem blonden Haar und dem ordentlich gestutzten Schnurrbart sah er aus wie einer der germanischen Ritter, die Heinrich IV. bei seinem Gang nach Canossa begleiteten, als er mit Franzis Namensvetter Papst Gregor VII., einem geborenen Hildebrand, Frieden schließen wollte. Und vermutlich war seine Ausdrucksweise ebenso gottlos wie die der Ritter. »Wo zum Teufel bist du gewesen?« fragte er, wenn ich später als erwartet von Besorgungen zurückkam. »Ich hab schon gedacht, du wärst aufgeflogen.« Oder: »Verdammt noch mal, Fry, wie zum Teufel kannst du von uns erwarten, daß wir weiterarbeiten, wenn du nach dem Essen nicht wiederkommst? Wir dachten schon, du steckst in der Klemme.«

Franzis Vater, Dietrich von Hildebrand, der früher Professor an der Universität Wien gewesen war, hielt sich mit seiner Frau in einer Wohnung an der Ecke Rue Breteuil und Rue Grignan versteckt. Als einer der prominentesten österreichischen Flüchtlinge schwebte Professor von Hildebrand in Gefahr, nach Artikel 19 ausgeliefert zu werden – Schweizer Paß hin oder her. Franzi, seine charmante irische Frau und seine niedliche kleine Tochter wohnten bei ihm. Sie wollten Frankreich gemeinsam verlassen, und ich versprach, ihnen dabei zu helfen. Franzi war nicht nur Katholik, sondern hatte auch noch zwei weitere nützliche Eigenschaften.

Er hatte in Paris für ein österreichisches Komitee gearbeitet und wußte, wie man eine Hilfsorganisation führt. Außerdem kannte er viele Flüchtlinge, die keine Sozialisten waren, und konnte mich, was sie betraf, beraten. Alle Informationen, die ich über die Sozialisten brauchte, bekam ich von Beamish und Paul Hagens Freunden; hinsichtlich der vielen anderen, über die ich nichts wußte, war ich auf Franzi und seinen Vater angewiesen.

5

Einige Zeit machten Beamish, Franzi und ich die ganze Arbeit allein. In meinem Zimmer standen ein kleiner Schreibtisch und eine niedrige Frisierkommode mit einem Spiegel. Wir benutzten den Schreibtisch für unsere Interviews, schraubten den Spiegel von der Frisierkommode ab und machten sie so zu einem zweiten Interview-Tisch. Beamish arbeitete an dem einen, Franzi an dem anderen. Ich hockte gewöhnlich auf der Bettkante oder stand. Die Flüchtlinge warteten draußen auf dem Flur, und wir ließen sie einzeln herein. Meistens unterhielt ich mich erst eine Weile mit ihnen, und wenn es irgendeine Möglichkeit gab, sie zu »unseren Fällen« zu rechnen, übergab ich sie Beamish oder Franzi, die

Namen, Adresse und weitere Informationen auf gewöhnliche weiße Karteikarten schrieben. Manchmal, wenn Beamish oder Franzi nicht da waren, machte ich alles allein.

Unser Tag begann gegen acht Uhr morgens, wenn die ersten Flüchtlinge kamen, und endete gegen zwölf oder ein Uhr nachts. Nachmittags, wenn die Sonne voll auf die Seite des Hotels schien, auf der unser Zimmer lag, wurde es in dem kleinen Raum so heiß, daß wir die Schlipse abnahmen, die Ärmel aufkrempelten und Eiskaffee bestellten. Außerdem ließen wir die Jalousie herunter, aber allzuviel nützte das nicht.

Abends, wenn der letzte Flüchtling gegangen war, hielten wir eine Art Konferenz ab, gingen alle Karten durch, die wir tagsüber geschrieben hatten, und versuchten zu entscheiden, welche Maßnahmen im Einzelfall zu treffen waren. Da wir immer Angst hatten, die Polizei könnte ein Abhörgerät in unserem Zimmer anbringen oder einen Spitzel im Nachbarzimmer unterbringen, der durch die geschlossene Verbindungstür mithörte, besprachen wir Geheimsachen nur im Badezimmer bei aufgedrehten Wasserhähnen. Die Idee hatten wir aus einer Geschichte von Beamish über den polnischen Botschafter in Berlin, der kurz vor dem Krieg alle seine Geheimkonferenzen in einem der Badezimmer der Botschaft abgehalten hatte. Wenn das Wasser in die Badewanne läuft, werden Schwingungen erzeugt, die sich auf einem Tonband wie Donnerschläge anhören, so daß von einem Gespräch kein einziges Wort mehr zu verstehen ist, erklärte Beamish.

Unsere letzte Aufgabe war das tägliche Telegramm nach New York. Gewöhnlich bestand es aus den Namen und Daten von Anwärtern auf amerikanische Visa. Wenn wir es aufgesetzt hatten, gingen wir durch die dunkle enge Rue des Dominicaines hinunter zu der kleinen Polizeiwache ans Ende einer gewundenen Gasse hinter der Rue Colbert. Ratten unterbrachen ihr Festmahl aus herumliegenden Abfällen und verschwanden in ihren Löchern. Die Straßenlaternen leuchteten so schwach, daß man ebensogut auf sie hätte verzichten können. Auf dem Polizeirevier, (erkennbar an den zwei blauen Lichtern neben dem Eingang) betraten wir einen Raum mit der Aufschrift ›telegraphische Visaanträge‹ und unterbrachen so, je nachdem wie spät es war, eine Partie ›belote‹ oder weckten einen schlummernden Gendarmen, weil unser Telegramm abgestempelt werden mußte. Manche Beamte stempelten das Telegramm, ohne auch nur einen Blick darauf zu werfen, während andere darauf bestanden, daß wir es Wort für Wort übersetzten. Keiner der Gendarmen konnte ein Wort Englisch. Die eigentliche Zensur erfolgte sowieso später. Die Aufgabe der Polizei beschränkte sich darauf, unsere Pässe anzusehen und zu bestätigen, daß Absender und Unterzeichner identisch waren.

War das Telegramm gestempelt, mußten wir es zur Post auf der anderen Seite des großen verlassenen Platzes hinter der Börse bringen. Der Nachtschalter bestand aus einer kleinen Öffnung in der provisorischen hölzernen Trennwand, die einen Raum teilte, der aussah, als sei er nach einem Bombenangriff notdürftig repariert worden. Wir zogen an einer altmodischen Türglocke, das kleine Fenster öffnete sich, und wir schoben das Telegramm durch. Alles, was man von dem Postbeamten sehen konnte, waren seine behaarten Hände, wenn er den dünnen, kratzigen Federhalter in violette Tinte tauchte, die Worte zählte, die Gebühren berechnete und die Quittung ausstellte.

Manchmal ließ er uns auch noch eine Erklärung unterschreiben, daß das Telegramm nicht in einem Geheimkode abgefaßt war. Meistens jedoch sah er davon ab. Ich glaube, er wußte genauso gut wie wir, daß jemand, der ein Telegramm mit mehrdeutigem Text abschicken wollte, sich durch eine Unterschrift auf einem kleinen Zettel nicht abschrecken ließ.

Wenn das Telegramm abgeschickt war, verabschiedeten wir uns auf dem Platz von Franzi. Beamish begleitete mich zurück zum Splendide, bevor er sein Zimmer im Hotel Lux aufsuchte. Vor meiner Abfahrt nach New York hatte man mich davor gewarnt, nachts allein auf die Straße zu gehen, und ich hielt mich an diesen Ratschlag.

Eines Nachts machten wir unseren Gang zur Polizei und zur Post etwas später als gewöhnlich. Beamish und ich waren gerade um die Ecke der Rue des Dominicaines gebogen und schlenderten erschöpft den Boulevard d'Athènes in Richtung Splendide hinunter, als ein großes Auto mit deutschem Nummernschild vor dem Hoteleingang hielt. Der Chauffeur öffnete den Schlag und heraus stiegen fünf deutsche Offiziere. Sie trugen lange graue Mäntel, vorne hochgebogene Schirmmützen, die an das Hinterteil von Enten erinnerten, schwarze Glacéhandschuhe und glänzende, schwarze Lederstiefel. An den Mützen konnten wir den vergoldeten Adler und das Hakenkreuz erkennen.

Wir standen im Schatten des Gebäudes unter den Fenstern des Speisesaales und sahen, wie sie den Gruß des Chauffeurs erwiderten und durch die Drehtür des Hotels verschwanden. Wir ließen ihnen Zeit, auf ihre Zimmer zu gehen. Dann betraten auch wir das Hotel und bestellten zur Beruhigung unserer Nerven erst einmal ein paar Brandies beim Portier, bevor wir uns Gute Nacht wünschten.

In der Regel aber trafen wir auf unseren nächtlichen Gängen nichts Bedrohlicheres als die Ratten, die sich am Müll von Marseille gütlich taten.

6

Jeden Morgen um 8 Uhr ging die Plackerei von vorne los, und jeder Tag war ein bißchen schlimmer als der vorherige – immer mehr Leute, die um Hilfe baten, immer schrecklichere Geschichten, die man anhören, und immer unmöglichere Entscheidungen, die man treffen mußte. Die Entscheidung, wem geholfen werden sollte und wem nicht, war die größte Belastung. Meine Listen waren offenbar willkürlich zusammengestellt und in großer Hast angefertigt worden und beruhten auf Erinnerungen von Leuten, die Tausende von Meilen entfernt waren und keine oder nur geringe Vorstellungen davon hatten, was in Frankreich wirklich vorging. Einige Namen standen zu Unrecht darauf, andere, die darauf gehörten, fehlten.

Aber wie, wenn nicht mit Hilfe der Listen, hätten wir entscheiden sollen, wem wir helfen mußten und wem nicht? Wir konnten nicht jedem helfen, der in Frankreich Hilfe suchte. Wir konnten noch nicht einmal jedem politischen Flüchtling oder Intellektuellen helfen, der Beistand benötigte oder es zumindest behauptete. Und wir hatten keine Möglichkeit herauszufinden, wer wirklich in Gefahr war und wer nicht. Wir mußten raten, und der sicherste Weg bestand darin, im Zweifelsfall zugunsten des Flüchtlings zu entscheiden. Andernfalls liefen wir Gefahr, jemandem die Hilfe zu verweigern, der wirklich gefährdet war, um dann später zu erfahren, daß man ihn nach Dachau oder Buchenwald geschafft hat, weil wir ihn fallengelassen hatten. Aber wir hatten einen festen Grundsatz, von dem wir nie abwichen: Wir halfen keinem, den nicht irgendwelche Leute kannten, denen wir vertrauen konnten. Mit Polizeispitzeln wollten wir kein Risiko eingehen.

Jedem Flüchtling, dessen Name auf einer meiner Listen stand, pflegte ich die Listen zu zeigen und zu fragen, ob er uns helfen könne, den einen oder anderen ausfindig zu machen. Auf diese Weise bekamen wir ein grausames Bild von dem Schicksal der Flüchtlinge. Wir erfuhren zum Beispiel, daß sich der tschechische Romancier Ernst Weiss in Paris vergiftet hatte, als die Deutschen die Stadt besetzten; daß Irmgard Keun, die zu Zeiten der Republik den Bestseller »Das Kunstseidene Mädchen« geschrieben hatte, ebenfalls Selbstmord begangen hatte, als die Deutschen in Paris einmarschierten[7]; daß der Dramatiker Walter Hasenclever seinem Leben mit einer Überdosis Veronal im Internierungslager Les Milles, nicht weit von Marseille, ein Ende gesetzt hatte; daß der Kunstkritiker und Spezialist für Negerplastik, Carl Einstein, sich an der spanischen Grenze erhängt hatte, weil er sie nicht passieren konnte; und daß der schon verweste Körper von Willi Münzenberg, dem deutschen kommunistischen Abgeordneten und späteren heftigen Gegner der Kommunisten, ein paar Wochen nach der Niederlage in der Nähe von Grenoble, an einem Baum hängend, gefunden worden war. Einen nach dem anderen strich ich von meinen Listen. Was den vielen anderen widerfahren war, wußte niemand, und ich fragte mich oft, wie viele ich wohl noch in den folgenden Wochen von meinen Listen würde streichen müssen.

Im Lauf der Zeit erfuhren wir, daß einige der Flüchtlinge, die auf meinen Listen standen, bereits ohne unsere Hilfe aus Frankreich entkommen waren. Aber die große Mehrzahl saß fest und konnte nur mit unserer Hilfe das Land verlassen. Die amerikanischen Affidavits und die tschechischen Pässe ermöglichten es uns in diesen ersten Wochen, viele aus Frankreich herauszuschaffen. Neben Pauls Freunden aus dem Untergrund waren das unter anderen: der tschechische Satiriker Hans Natonek; die österreichische Journalistin Hertha Pauli[8]; Prof. E. S. Gumbel, ein geflüchteter deutscher Wissenschaftler, der an der Universität Lyon gelehrt hatte; der deutsche Lyriker und Romancier Leonard Frank; Heinrich Ehrmann, ein junger deutscher Volkswirtschaftler; der Gewerkschaftsführer und ehemalige Herausgeber des ›Vorwärts‹ Friedrich Stampfer; der Biochemiker und Nobelpreisträger Dr. Otto Meyerhof; der Schriftsteller Alfred Polgar und der Hitler-Biograph Konrad Heiden.

Von ihnen allen war vermutlich keiner so gefährdet wie Heiden. Was er über Adolf Hitler und die Anfänge der nationalsozialistischen Partei geschrieben hatte, würde der ›Führer‹ weder vergeben noch vergessen. Heiden war Anfang des Krieges in einem französischen Konzentrationslager interniert gewesen, ein paar Wochen später freigelassen und im Mai abermals gefangengenommen worden. Unmittelbar vor der Kapitulation Frankreichs hatte der Leiter des Lagers beschlossen, die Internierten nach Südfrankreich zu evakuieren. Zu Fuß und unter Bewachung hatten sie sich auf den Weg gemacht, aber als deutsche Flugzeuge über ihnen auftauchten und sie mit Maschinengewehren beschossen, waren alle geflohen, die Bewacher als erste.

Heiden konnte sich nach Montauban durchschlagen und gelangte von dort nach Marseille. Auf dem Marseiller Konsulat erhielt er ein amerikanisches Visum und ein ›affidavit in lieu of passport‹, ausgestellt auf seinen richtigen Namen. Er wollte mit Hilfe des Affidavit nach Lissabon, aber ich hatte das Gefühl, daß ich ihn nicht unter seinem Namen durch Spanien reisen lassen konnte. Also besorgte ich ihm einen tschechischen Paß auf den Namen David Silbermann. Nach langem Zögern verwendete er ihn bis Lissabon, von wo er dann wieder unter seinem richtigen Namen weiterreiste.

Die meisten anderen hatten keine Wahl. Wenn sie amerikanische Visen hatten, benutzten sie diese als Reisepapiere. Hatten sie keine, besorgte ich ihnen tschechische Pässe, oft auf ihren richtigen Namen, und schickte sie damit los. In diesen ersten Tagen wurde keiner von ihnen festgenommen, weder in Frankreich noch in Spanien.

Es war zu schön, um so zu bleiben.

Und es blieb auch nicht so.

7

Gegen Ende der zweiten Woche war die Menschenmenge, die vor meiner Zimmertür wartete, so angewachsen, daß sich die Hotelleitung beschwerte. Ich mußte die Flüchtlinge nun unten in der Halle warten lassen und einzeln per Telefon zu mir heraufrufen. Ein paar Tage später kam die Polizei mit der Grünen Minna und nahm sie alle mit. Sie wurden zur Wache gebracht (die Evêché, bischöfliches Palais, genannt wurde, weil früher der Bischof in dem schönen alten Haus aus dem achtzehnten Jahrhundert residiert hatte) und über mich und meine Aktivitäten ausgefragt. Danach wurden sie wieder entlassen.

Daraufhin beschloß ich, selbst zur Polizei zu gehen und zu erklären, was ich tat. Aber bevor ich einen Termin erhielt, bekamen wir unerwarteten Besuch im Splendide.

Es war am frühen Morgen. Ich war noch beim Frühstück, als das Telefon klingelte. Es war Bohn. Er sprach mit rauher, verstellter Stimme.

»Die Polizei, alter Junge«, sagte er. »Keine Angst. Damit mußten wir rechnen. Das Konsulat wird sich um uns kümmern, wenn etwas Ernstes passieren sollte. Ich gehe jetzt runter. Du siehst dich am besten noch mal in deinem Zimmer um und vernichtest deine Papiere, bevor sie zu dir kommen. Ich erwarte dich unten.«

Ich teilte Bohns Vertrauen in den Kampfgeist des Konsulats

oder die Unantastbarkeit von Telefongesprächen nicht, versteckte aber trotzdem meine Listen hinter dem Spiegel, wo ich auch die Karte von der Grenze aufbewahrte. Ich zerriß ein paar andere Papiere und warf sie ins Klo. Dann wartete ich. Ein paar Minuten später klingelte wieder das Telefon. Diesmal war es ein Hotelangestellter.

»Sie werden unten verlangt«, sagte er kühl.

Ich ging hinunter. Im Schreibraum wartete ein verwirrter Inspektor auf mich. Er bat mich, Platz zu nehmen und fragte, nachdem ich mich gesetzt hatte, nach meiner Arbeit und meinen Ausweispapieren. Ich zeigte ihm meinen Paß und meine zahlreichen Empfehlungsschreiben und erzählte ihm, daß ich an einer Untersuchung über die Lage der Flüchtlinge arbeiten und einige von ihnen unterstützen würde. Daß ich sie über die Grenze schickte, erwähnte ich nicht, und er fragte auch nicht danach. Als er fertig war, entschuldigte er sich für die Belästigung, wir gaben uns die Hand, und er ging.

Bohn und ich beschlossen daraufhin, etwas zur Verbesserung unserer Beziehung zu den Behörden zu unternehmen – sonst konnten wir einpacken, noch bevor wir richtig angefangen hatten. Wir hatten unsere »Untergrundarbeit« buchstäblich in aller Öffentlichkeit betrieben. Die Bezeichnung ist ohnehin mißverständlich, weil »Untergrundarbeit« nur sehr selten wirklich im Untergrund stattfindet. Vielmehr wird sie hinter einem Vorhang betrieben, unter einem Deckmantel, der für sich genommen völlig unverdächtig ist, aber dazu dient, den Teil der Arbeit zu legitimieren, der nicht kaschiert werden kann, und so das übrige zu verschleiern. Unser Deckmantel war die Wohlfahrtsarbeit.

Als ich meinen Termin auf der Präfektur bekam, nahm ich Bohn mit. Das Konsulat stellte uns einen Dolmetscher zur Verfügung, weil Bohn nicht Französisch sprach. Wir baten auch den Generalkonsul mitzukommen, aber er lehnte ab. Auf der Präfektur wurden wir von einem hohen Beamten, dem Generalsekretär, empfangen. Wir erzählten ihm, daß wir nach Frankreich gekommen seien, um in Bedrängnis geratenen Flüchtlingen zu helfen, und baten um die Genehmigung, zu diesem Zweck ein kleines Komitee gründen zu dürfen.

Der Generalsekretär war sehr korrekt, aber auch sehr frostig. Er betonte, daß die französischen Behörden ein solches Komitee begrüßen würden, *vorausgesetzt*, es würde nicht mit illegalen Mitteln arbeiten. Wir zeigten uns über diese Unterstellung erstaunt und empört, und der Generalsekretär gab uns die gewünschte Genehmigung. Aber wir ahnten, daß wir von nun an sehr vorsichtig vorgehen mußten, wenn wir nicht im Kittchen landen oder des Landes verwiesen werden wollten.

8

Mittlerweile hatte meine Arbeit solche Ausmaße angenommen, daß ich mir weitere Helfer suchen mußte. Außer Anrufen bekam ich nun auch Briefe aus dem gesamten unbesetzten Gebiet, in denen man mich um Hilfe bat. Viele kamen aus den Internierungslagern. Ein amerikanischer Wohlfahrtsarbeiter, den ich nach einer Sekretärin gefragt hatte, schickte mir Lena Fishman. Vor der Besetzung hatte Lena im Pariser Büro des ›Joint Distribution Committee‹ gearbeitet, der Dachorganisation, die die Mittel verschiedener amerikanisch-jüdischer Wohlfahrtseinrichtungen an einzelne Organisationen verteilte. Lena hatte das lebhafte und sprühende Temperament ihrer polnischen Vorfahren. Sie konnte in Englisch, Französisch und Deutsch stenografieren und beherrschte Russisch, Polnisch und Spanisch in Wort und Schrift.

Zu diesem Zeitpunkt arbeitete Beamish fast den ganzen Tag außerhalb des Hotels; Lena übernahm seinen Schreibtisch. Unter großen Schwierigkeiten und für einen horrenden Preis organisierten wir eine Schreibmaschine. Lena beantwortete jeden Tag die Briefe und tippte abends das Telegramm. Sie half auch bei den Interviews und war immer eine große Hilfe, vor allem, wenn es darum ging, aufgeregte Besucher zu beruhigen.

»Il ne faut pas exagérer – nur nichts übertreiben«, war einer ihrer Standardsätze, der meist wie ein Zauberwort Ruhe verbreitete.

Lena hatte eine sehr persönliche Art sich auszudrücken. Als ich sie das erste Mal traf, fragte sie mich nach meinem Verleger. Ich nannte ihr seinen Namen, der ihr aber offenbar nichts sagte.

»Je n'ai jamais couché avec – mit dem hab ich nie geschlafen«, sagte sie.

Sie sprach ständig mehrere Sprachen gleichzeitig. Wenn die Arbeit beendet war, nahm sie ihre Puderdose heraus und sagte: »Je fais ma petite beauté und dann gehe ich.«

Sie war die gutmütigste Sekretärin, die ich je hatte. Sie arbeitete den ganzen Tag und die halbe Nacht unter äußerst schwierigen und anstrengenden Bedingungen, um dann am nächsten Morgen wieder hereinzustürmen, frisch, vergnügt und bereit für einen neuen Tag.

Wir hatten viel Geld ausgegeben, ohne darüber genau Buch zu führen, und konnten deshalb unsere finanzielle Lage nur schwer einschätzen. Franzi bewahrte das Geld in einem wasserdichten Kulturbeutel auf. Jedesmal, wenn wir etwas herausnahmen, legten wir einen Zettel hinein. Nachts nahm Franzi den Beutel mit nach Hause, damit ihn die Polizei nicht finden konnte, falls sie früh morgens eine überraschende Durchsuchung meines Zimmers vornehmen sollte. Trotzdem brauchten wir jemanden, der die Bücher in Ordnung brachte und uns die Buchführung machte.

Heinz Ernst Oppenheimer übernahm diese Aufgabe, freiwillig und ohne Bezahlung. Er war Betriebsingenieur deutsch-jüdischer Herkunft, der nach der Machtübernahme Hitlers in Holland eine Wohlfahrtsorganisation geleitet hatte und kurz vor Kriegsbeginn vom französischen Rüstungsminister mit einem Sonderauftrag nach Amerika geschickt worden war. Monatelang hat er sich durch unsere Bücher hindurch gearbeitet, die illegalen Ausgaben auf geniale Art und Weise verschleiert und schöne Tabellen angefertigt, die alle höchst legal und einwandfrei aussahen. Statt die Gelder für abreisende Flüchtlinge als »Reisekosten« aufzuführen, was auf unsere illegale Tätigkeit hingedeutet hätte, verbuchte er sie als »Lebenshaltungskosten«. Es war auch nicht erlaubt, Dollars weiterzugeben. Aber wir mußten das Reisegeld in Dollars zahlen, weil französische Francs in Spanien nicht gewechselt werden konnten. Oppy rechnete alle Dollarzahlungen in Francs um, bevor er sie in die Bücher eintrug. Dank seiner Hilfe konnte die Polizei jederzeit kommen.

9

Nach der frostigen kleinen Unterredung auf der Präfektur ging ich zu einem Marseiller Rechtsanwalt und ließ ihn die Gründung des ›Centre Américain des Secours‹ eintragen. Oppy war auf diesen Namen gekommen. »Ça fait bien français – das klingt sehr französisch«, meinte er. »Die amerikanische Flagge deckt viele Sünden zu,« fügte Beamish zynisch lachend, aber voller Anerkennung hinzu.

Etwa zur gleichen Zeit lernte ich einen französisch-jüdischen Geschäftsmann kennen, der die Zeichen der Zeit erkannt und sich entschlossen hatte, sein Geschäft in Marseille aufzugeben, bevor er es nur noch zu einem Schleuderpreis verkaufen konnte. Er handelte mit Handtaschen, Notizbüchern, Brieftaschen, Geldbörsen und Ledermoden. Er trat uns sein Büro im zweiten Stock eines alten Gebäudes in der Rue Grignan ab: mietfrei bis zum Jahresende. Wir zogen ein, noch bevor er ausziehen konnte und eröffneten dort Ende August den ›Centre‹. Ein paar Tage lang herrschte ein heilloses Durcheinander aus Brieftaschen, Packkisten und Umzugsleuten, in dem sich die Flüchtlinge irgendwie zurechtfinden mußten, und es dauerte einige Zeit, bis wir alles in Ordnung gebracht, die Ladeneinrichtung entfernt und durch Tische und Stühle ersetzt hatten.

Einer der Gründe für die Eröffnung des ›Centre‹ war der, daß wir die politischen Flüchtlinge unter die unverdächtigen Unterstützungsfälle mischen wollten. Nach unserer Erfahrung im Splendide schien es unklug, weiterhin nur politisch gefährdete Personen zu betreuen. Wir hofften, ihnen so größeren Schutz bieten zu können.

Natürlich hatten wir selbst kein Geld für diese Wohltätigkeitsarbeit, aber wir überredeten die Quäker dazu, uns Essensmarken zu geben. Nach der Eröffnung des ›Centre‹ verteilten wir Essensmarken an all die Leute, für die wir sonst nichts tun konnten. Das ›Comité d'Assistance aux Réfugiés‹ (C.A.R.), die örtliche jüdische Hilfsorganisation, nahm seine Wohlfahrtsarbeit etwa zur selben Zeit wieder auf. So konnten wir bereits nach kurzer Zeit die Leute, denen wir selbst nicht helfen konnten, je nach Religion entweder an die Quäker oder das C.A.R. verweisen, allerdings nur zur Unterstützung, nicht zur Fluchthilfe. Wir waren immer noch die einzige Organisation in Frankreich, die Flüchtlingen dabei half, das Land zu verlassen. An der Tür des örtlichen Büros von ›Hicem‹, der ersten hebräischen Emigrationsgesellschaft, hing ein großes Schild: fermé. Erst viele Monate später, als Frankreich begann, den Flüchtlingen Ausreisevisa auszustellen, wurde das ›Hicem‹ wieder geöffnet.

Die Eröffnung unseres Büros führte zu einem noch größeren Ansturm verängstigter Flüchtlinge, die bei uns Hilfe suchten. Wir brauchten jemanden, der für Ordnung im Wartezimmer, in der Halle und im Treppenhaus sorgte. In Marseille hielten sich noch einige junge Amerikaner auf, die bis zum Waffenstillstand im ›Amerikanischen Freiwilligen-Sanitätskorps‹ gedient hatten. Einen von ihnen engagierten wir als Portier und Empfangschef. Sein Name war Charles Fawcett, aber in Marseille nannte ihn jeder Schar-lieh.

Charlie war ein junger Kerl aus dem Süden – ich glaube aus Georgia –, der vor dem Krieg in Paris als ›Künstler‹ gelebt hatte. Ich setze dieses Wort in Anführungszeichen, weil sich Charlies Kunstverständnis, soweit ich das beurteilen konnte, auf das Zeichnen schöner, vorzugsweise nackter Mädchen, beschränkte. Er hatte viele weibliche Verehrerinnen, und solange er für uns arbeitete, war immer wenigstens eine von ihnen im Büro, meistens aber ein junges polnisches Mädchen namens Lili. Charlie verhielt sich Lili gegenüber so ritterlich, daß er sogar versuchte, ihren Mann, der in Nordafrika festsaß, nach Frankreich zu holen, damit die beiden wieder zusammen sein konnten.

Als Portier hatte Charlie einen großen Nachteil. Er sprach nur Englisch, die meisten Flüchtlinge jedoch kein einziges Wort. Aber seine Sanitäteruniform flößte den besonders Hartnäckigen Respekt ein und seine Gutmütigkeit tröstete die Deprimierten. Auch wenn nur wenige verstanden, was er sagte, mochte ihn jeder. Ich glaube sogar, er war der Beliebteste aus unserer Truppe.

Da Beamish die meiste Zeit im Außendienst arbeitete, Lena die Korrespondenz und das Tippen besorgte und Oppy sich um Buchhaltung und Abrechnung kümmerte, stand nur Franzi ständig für die Interviews zur Verfügung, und Franzi wollte bald selbst nach Lissabon gehen. Der Andrang war jetzt so groß, daß wir uns weitere Interviewer suchen mußten.

Eine war Miriam Davenport. Nach ihrem Studium am Smith College war sie nach Paris gegangen, um Kunst zu studieren. Auf der Reise von Paris in den Süden lernte sie in Toulouse den deutschen Schriftsteller Walter Mehring kennen [9]. Nach einer Polizeirazzia im Hotel wagte Mehring es nicht mehr, selbst zu mir zu kommen, und schickte Miriam mit einer Nachricht. Ich engagierte sie auf der Stelle. Sie sprach Französisch und Deutsch wie nur wenige Amerikaner, und ihre Kenntnisse über Kunst und Künstler kamen uns sehr zustatten, wenn wir entscheiden mußten, welche der vielen Flüchtlinge, die sich als Künstler ausgaben, Anspruch auf unsere Hilfe hatten. Wenn sie nie von ihnen gehört hatte und sie ihr auch keine Arbeitsprobe vorlegen konnten, so schickte sie sie zum Vieux Port hinunter und ließ sie eine Skizze anfertigen. Kamen sie mit der Skizze zurück, mußte sie nur einen Blick darauf werfen, um zu entscheiden, ob sie etwas konnten oder nicht.

Sie behandelte auch Universitätsprofessoren mit Takt und Geschick, manchmal allerdings auch recht rüde. Ich erinnere mich an ein zufällig mitgehörtes Gespräch zwischen Miriam und der Tochter eines Professors für Urologie. Die Tochter hatte ein dickes Dossier mit Briefen urologischer Gesellschaften dabei, um zu beweisen, daß ihr Vater ein Intellektueller von ausreichender Bedeutung war, um unsere besondere Beachtung zu verdienen.

»Aber wer ist denn nun Ihr Vater?« fragte Miriam.

»Er ist Professor für Urologie«, antwortete die Tochter.

»Ah ja«, sagte Miriam skeptisch. »Und was ist das, Urologie?«

Die Tochter erklärte es ihr und Miriam schrie vor Lachen: »Warum haben Sie nicht gleich gesagt, daß Ihr Vater Pipi-Professor ist?«

Wenn Miriam ausnahmsweise einmal nicht lachte, dann hustete sie, und Bohn machte sich ernste Sorgen um ihre Gesundheit.

»Ich sage euch, das Mädchen hat TB. Dieser Husten gefällt mir gar nicht. Ihr solltet sie für einige Zeit zur Kur schicken«.

Aber Mirian lachte weiter – wenn sie nicht gerade hustete.

3. Kapitel

Fälschen ist eine hohe Kunst

I

In den Anfangstagen des Büros, als der Kaufmann noch seine Lederwaren einpackte, hielten wir unsere Konferenzen weiterhin in meinem Zimmer im Hotel Splendide ab. Wer keinen Stuhl hatte, saß auf dem Bett oder auf dem Fußboden, während wir die Ereignisse des Tages durchsprachen und überlegten, was wir, wenn möglich, jeweils unternehmen konnten.

Als ich eines Abends nach Hause kam, lag Franzi in voller Kleidung in der Badewanne und diktierte Briefe. Lena hockte auf dem Fußboden, die Schreibmaschine vor sich auf dem Bidet. Oppy und Beamish saßen an den beiden Schreibtischen.

In dieser Nacht beschloß ich, sofort ein größeres Zimmer zu nehmen. Am nächsten Morgen mietete ich ein großes Doppelzimmer, das zur Straße hin lag. Eines der Betten ließ ich hinausstellen; ein Schreibtisch gehörte zur Ausstattung, den Frisiertisch bauten wir um, und einen dritten Schreibtisch ließ ich herbeischaffen. In der Mitte des Raumes stand ein größerer Tisch, den wir für unsere Konferenzen benutzten.

Das Zimmer hatte einen schmalen Balkon über dem Bürgersteig des Boulevard d'Athènes, das Geländer wurde von den Zweigen der gestutzten Platanen gestreift, die die Straße säumten. Auf der linken Seite, den Boulevard hinauf, konnte man die monumentale Treppe der Gare St. Charles sehen, und auf der anderen Straßenseite, nach rechts hinunter, lag das Café, in dem Breitscheid und Hilferding jeden Tag saßen. Ein paar Ecken weiter war gerade noch die belebte Kreuzung Boulevard Dugommier – Cannebière zu sehen.

Jedesmal, wenn ein Zug ankam und abfuhr, hörte man unten auf dem Pflaster das tausendfüßige Getrappel von Menschen, die die große Treppe hinaufliefen oder heruntereilten. Am frühen Morgen rumpelten schwere Lastwagen den Hügel hinunter zu den Stadtmärkten oder klapperten, nur mit ein paar Eisenröhren oder leeren Ölkanistern beladen, vor dem Hotel vorbei. Irgendwie schienen sie immer fast leer zu sein.

2

Beamish hatte drei »Nüsse zu knacken«. Erstens mußte er neue Quellen für Pässe ausfindig machen; zweitens war ein ausreichender Vorrat an Ausweisen anzulegen; und drittens galt es, Mittel und Wege zu finden, wie man beträchtliche Geldsummen nach Frankreich einführen konnte, ohne daß die Behörden erfuhren, woher sie kamen oder wohin sie flossen.

Die tschechischen Pässe taten ihren Dienst, aber wir hatten Angst, zu viele Leute mit ihnen durch Spanien zu schicken. Wenn die Gestapo Wind davon bekam, was hier vor sich ging, konnte bereits der Besitz eines tschechischen Passes als Verhaftungsgrund ausreichen. Auch die spanischen Behörden konnten Verdacht schöpfen, wenn auf einmal zu viele mit tschechischen Pässen durch Spanien reisten. Früher oder später würde die Sache auffliegen. Hatten wir bis dahin keine neue Quelle für Pässe, war es mit unserer Arbeit vorbei.

Natürlich war auch die finanzielle Seite wichtig. Die 3000 Dollar, die ich bar aus New York mitgebracht hatte, hatten nur ein paar Wochen lang gereicht. Das Komitee in New York konnte ich nicht bitten, mir telegraphisch zusätzliche Gelder anzuweisen, weil ich sonst womöglich jederzeit Rechenschaft hätte ablegen müssen. Das hätte die Verwendung der Gelder für illegale Zwecke erschwert. Ganz abgesehen davon war der offizielle Wechselkurs wesentlich ungünstiger als der Schwarzmarktkurs, denn Frankreich war voll von Leuten, die ihr Geld außer Landes bringen wollten und bereit waren, für ein Dollarguthaben in New York hohe Preise zu zahlen.

Für kurze Zeit half mir einer der Flüchtlinge aus. Er gab mir in Marseille Dollars gegen mein Versprechen, daß man sie ihm in Amerika zurückzahlen würde. Aber er wollte Frankreich so schnell wie möglich verlassen. Bis zu seiner Abreise mußten wir andere und längerfristige Wege für den Geldtransfer ausfindig gemacht haben, oder wir konnten unseren Laden dicht machen.

Mit diesen drei Problemen beschäftigte sich Beamish, und er löste sie alle. Er bekam polnische Pässe vom polnischen Konsul in Marseille und litauische Pässe vom litauischen Konsul in Aix-en-Provence. Schließlich fand er auch einen Weg, Männer, die unter keinen Umständen durch Spanien wollten, nach Casablanca zu bringen.

Entsprechend dem Waffenstillstandsabkommen wurde die französische Armee zügig demobilisiert. Soldaten, die in Marokko zu Hause waren, wurden mit Truppentransportschiffen von Marseille aus über das Mittelmeer nach Oran oder Algier, und von dort mit Zügen nach Casablanca gebracht. Die Soldaten erhielten von ihrem Regimentskommandeur einen Entlassungsschein und brauchten weder Fahrkarten noch Geld. Die Überfahrt bezahlte die französische Regierung, die Verpflegung übernahm die französische Armee. In Casablanca bekamen sie 1000 Francs Entlassungsprämie.

Beamish verhandelte mit einem der Offiziere und kaufte ihm für die Flüchtlinge einige Entlassungspapiere ab. Der Preis war angemessen – pro Entlassungsschein 200 Francs oder etwa 5 Dollar. Zu jedem Entlassungsschein lieferte der Offizier detaillierte Informationen über das Regiment, dem der Flüchtling angeblich angehört hatte: die Namen aller Offiziere, Ort und Zeitpunkt der Mobilmachung, die Schlachten, an denen das Regiment beteiligt gewesen war, seine Verluste und so weiter. Hatte der Flüchtling diese Informationen einmal im Kopf, konnte er jede oberflächliche Prüfung bestehen. Er mußte lediglich fließend Französisch sprechen und eine Ausgehuniform tragen, die man aber von den Soldaten, die in Marseille entlassen wurden, praktisch für ein Butterbrot kaufen konnte. Auf diese Weise schickten wir mehrere Flüchtlinge nach Casablanca.

Im Oktober wurde der Offizier, der uns die Entlassungsscheine verkauft hatte, verhaftet und vor ein Kriegsgericht gestellt.

Beamish machte auch einen österreichischen Flüchtling namens Reiner ausfindig, der alles verkaufte – Entlassungsbescheide, französische Personalausweise, Pässe und gefälschte Ausreisevisa. Er schien sich gut mit dem tschechischen und polnischen Konsulat zu verstehen. Jedenfalls konnte er tschechische und polnische Pässe nach Bedarf besorgen, ebenso französische Personalausweise, die er entweder zu hohen Preisen verkaufte oder aber Damen seiner Wahl zum Geschenk machte. Früher, meinte Beamish, hatten sie sicher Blumen bekommen...

Nachdem wir mit Reiner einmal ins Geschäft gekommen waren, wurden wir ihn nur schwer wieder los. Anfangs kam er nur auf einen Sprung in mein Hotelzimmer. Als wir dann unser Büro hatten, war er ständig da. Eines Tages kam ich von einer Besorgung zurück; Reiner saß in meinem Büro und tippte auf Lenas Maschine einen Entlassungsschein. Weil ich nicht riskieren wollte, daß die Polizei Lenas Schreibmaschine als diejenige identifizierte, mit der die gefälschten Entlassungsscheine geschrieben waren, riß ich das Papier heraus und verbrannte es im Kamin. Reiner reagierte überrascht und verständnislos auf den Verlust seines ›Papiers‹. Er protestierte empört, als ich ihn hinauswarf und ihm sagte, er solle nie wiederkommen.

3

Ein paar Tage vor diesem Zwischenfall hatte mich Reiner mit Frederic Drach bekannt gemacht. Wir hatten gerade eine Konferenz in meinem neuen Zimmer im Splendide, als es klopfte.

Beamish öffnete die Tür und Reiner kam herein. Hinter ihm tauchte ein dicker, untersetzter Mann mit kleinen blitzenden Augen, einer Knopfnase und einem sanften, ständig lächelnden Mund auf. Beamish machte bei seinem Anblick ein Gesicht, als hätte man ihm gerade die Kapitulation Englands gemeldet.

»Das ist Monsieur Drach«, sagte Reiner. »Monsieur Drach hat

einen interessanten Vorschlag, und ich habe ihn hergebracht, weil ich mir dachte, daß er euch interessieren wird.«

»Ich habe schon viel von Ihnen gehört, Mr. Fry«, begann Drach. »Und ich glaube, Sie kennen mich auch. Ich bewundere Ihre Arbeit, und ich möchte Ihnen gerne helfen. Ich bin selbst ein alter Verbrecher«.

Das war er wirklich. Er verkörperte den Typ, den die Franzosen ›louche‹ nennen. In meinem Wörterbuch ist das mit »boshaft, dubios, zweifelhaft, glatt, argwöhnisch, fragwürdig, nicht durchschaubar« erklärt. Frederic Drach übertraf diese Charakterisierung in jeder Hinsicht. Nach einer zweifelhaften Karriere in der deutschen sozialistischen Bewegung, wo man ihn als einen ›agent provocateur‹ verdächtigt hatte, war er 1923 unter mysteriösen Umständen nach Frankreich gekommen. Zehn Jahre später hatte er eine etwas fragwürdige Stellung in den Redaktionen der französischen Wochenzeitungen ›Vu‹ und ›Lu‹, die, wie es hieß, beide von Moskau finanziert wurden. Bei Kriegsbeginn spielte Drach eine noch dubiosere Rolle; er war enger Mitarbeiter von Monsieur Lémoine, dem Leiter der Deutschlandabteilung des Deuxième Bureau (dem Geheimdienst der französischen Armee). Monsieur Lémoine war verantwortlich für die Beschaffung von Informationen über die Kriegsvorbereitungen der Deutschen. Drach war sein Assistent. Bedenkt man, wie mangelhaft die französische Armee und Luftwaffe auf den Ernstfall vorbereitet waren, so muß Drachs Rolle ziemlich zweideutig gewesen sein, um es milde auszudrücken. Aber es war nicht ganz klar, was er eigentlich für das Deuxième Bureau getan oder nicht getan hatte. Jedenfalls hatten uns alle, die ihn kannten, vor ihm gewarnt.

Drachs »interessanter Vorschlag« hatte mit dänischen und holländischen Pässen zu tun. Er behauptete, daß er diese Pässe für einen General des Deuxième Bureau verkaufe, der vor seiner Pensionierung noch ein paar Hunderttausend Francs verdienen wolle und seinen Vorgesetzten weismachen werde, er habe die Pässe auf dem Rückzug verloren. Die Geschichte überzeugte uns nicht sonderlich, und Drach hatte das wohl auch gar nicht erwartet. Die Pässe aber sahen so echt aus, daß man damit jeden täuschen konnte, und er behauptete, davon einen ganzen Koffer voll zu haben. Einige waren neu, andere gebraucht und von den neuen einige auf alt getrimmt worden. Mit einem Satz Gummistempel, die Drach im selben Koffer mit sich herumtrug, und ein bißchen Fett und vorsichtiger Behandlung mit feinem Sandpapier konnte er einen brandneuen Paß binnen einer halben Stunde so präparieren, als sei er vor dem Krieg in Paris, Den Haag oder Kopenhagen ausgestellt worden. Wenn er wollte, fügte er Stempel hinzu, die »bewiesen«, daß der Besitzer des Passes ständig zwischen Frankreich und Dänemark, Frankreich und Holland, Frankreich und England hin- und hergereist war. Seine Pässe waren so eindrucksvoll, daß der Preis entsprechend hoch war. Er verlangte 6000 Francs pro Stück – also etwa 150 Dollar nach dem offiziellen Wechselkurs.

Der hohe Preis und die Tatsache, daß Drach ein Geheimdienstoffizier und deshalb möglicherweise sogar ein Gestapoagent war, ließen es nicht ratsam erscheinen, seine Pässe zu benutzen. Als Reiner ihn zu uns brachte, behauptete ich, daß ich sie nur aus Höflichkeit angesehen hätte. Später, als die Lage brenzlig wurde, kaufte Beamish ein paar davon für einige unserer Kunden – sie waren ein voller Erfolg. Außerdem vermittelten wir zwei oder drei reiche Flüchtlinge an Drach. Sie kauften seine Pässe und gelangten damit ohne irgendwelche Schwierigkeiten nach Lissabon.

Beamish entdeckte einen Wiener Karikaturisten, der uns mit gefälschten Personalausweisen versorgte, Bill Freier hieß und vor dem Krieg einer der beliebtesten Zeichner in Frankreich gewesen war. Bei Kriegsausbruch mußte auch er das Übliche durchmachen: Internierung in einem Lager, Ausbruch, Flucht nach Marseille. Er war ein liebenswerter kleiner Kerl, und schien (davon bin ich überzeugt) ein absolut aufrichtiger junger Mann zu sein, der seinen Mit-Flüchtlingen helfen und zugleich soviel Geld verdienen wollte, daß er davon leben konnte.

Freier hatte eine Freundin namens Mina, in die er sehr verliebt war. Sie wollten heiraten und zusammen nach Amerika gehen, und ich vermute, daß er auch noch für sie aufkommen mußte. Er war ein sehr geschickter Zeichner und machte Stempel so perfekt nach, daß nur ein Experte erkennen konnte, daß sie mit dem Pinsel gemalt waren. Er kaufte Blanko-Ausweise in Tabakläden, setzte die Personalien ein und fälschte dann den Stempel der Präfektur, der das Papier zu einem offiziellen Dokument machte. Soweit ich mich erinnere, verlangte er von uns für die fertige Arbeit nur 25 Francs, also 50 Cents. Wie viele andere machten wir von seinen Diensten ausgiebigen Gebrauch. Wir setzten ihn und seine Verlobte auf unsere Liste, telegraphierten nach New York und baten unser Komitee, Visa für sie zu besorgen.

4

Die Geschichte von Beamish und Dimitru, die unser Geldproblem für viele Monate löste, führte aus dem amerikanischen Konsulat ins Gangstermilieu von Marseille. Beamish liebte die Frauen – da war nichts zu machen. In Paris hatte er eine Geliebte gehabt, in Marseille hatte er keine; also führte er die bleiche Blonde mit den blauen Augenlidern vom Konsulat aus. Durch sie lernte er einen korsischen Geschäftsmann namens Malandri kennen.

Malandri vertrat entschieden pro-britische und anti-deutsche Ansichten. Da fast alle Korsen die Italiener haßten, glaubte Beamish sicher gehen zu können, daß Malandri kein Agent der Ovra und – nach derselben Logik – auch kein Gestapoagent war. Malandri war damals vollauf damit beschäftigt, einen Freund aus Frankreich herauszubekommen. Dieser Freund war ein preußischer Bankier namens Frankel. Frankel behauptete, in Deutschland von Papen finanziell unterstützt zu haben, als dieser versucht hatte, Hitler im Winter 1932-33 auszumanövrieren. Später habe er in Paris Leopold Schwarzschilds anti-nazistische Wochenzeitung ›Das Neue Tage-Buch‹ finanziert. Er hatte einige Beweisdokumente und konnte belegen, daß er von der deutschen Regierung ausgebürgert und enteignet worden war. Malandri konnte ihm ein ungewöhnliches Sortiment an Papieren beschaffen, darunter die Erlaubnis, in der gesamten nichtbesetzten Zone herumzufahren. Für einen Deutschstämmigen, der sich nicht der

Gunst der deutschen Regierung erfreute, war das nahezu beispiellos. Ganz offensichtlich hatte Malandri einflußreiche Verbindungsleute.

Nachdem Beamish mit Malandri über unser Geldproblem gesprochen hatte, machte ihn Malandri mit Jacques bekannt. Nach außen hin war Jacques der Besitzer eines renommierten Restaurants mit dem Namen ›Sept Petits Pêcheurs‹. Privat war er der Kopf einer der führenden korsischen Banden von Marseille. Vor seinem Restaurant boten Straßenhändler in ihren Buden lautstark verschiedene Muscheln, Seeigel und Garnelen an, während drinnen Marseiller Geschäftsleute, Flüchtlinge aus Paris und amerikanische Wohlfahrtshelfer zu Mittag oder zu Abend aßen. Jacques überwachte das Geschehen argwöhnisch, trank Sodawasser und führte die Geschäfte von seinem Platz hinter der Kasse aus. Seine Privatgeschäfte bestanden vermutlich aus Bordellbetrieb, Schwarzmarkt und Kokainhandel.

Laut Malandri, der sich in den korsischen Gangsterkreisen von Marseille gut auskannte, war Jacques einer der mächtigsten Männer der Stadt und konnte unser Geldproblem leicht lösen. Aber als Beamish ihm das erste Mal erzählte, was wir vorhatten, zeigte er sich skeptisch. Er war zwei- oder dreimal ohne Paß oder Visum, direkt von Marseille aus, auf französischen Frachtschiffen in die Vereinigten Staaten gefahren und hatte dort offenbar einige enttäuschende Erfahrungen gemacht. Vielleicht hatten ihn amerikanische Gangster, die gerissener oder skrupelloser waren als er, gelinkt. Wie auch immer, er war mit einem großen Mißtrauen allen Amerikanern gegenüber und einer ausgeprägten Abneigung gegen Geschäfte mit ihnen nach Marseille zurückgekehrt.

»Die Kerle sind nicht zuverlässig«, wiederholte er immer wieder, »laßt euch das gesagt sein.«

Obwohl es ihm gegen den Strich ging, mit Amerikanern direkt oder indirekt irgend etwas zu tun zu haben, war er doch einem guten Geschäft nicht abgeneigt. Wir müssen ihn in einen unangenehmen Konflikt gebracht haben. Schließlich fand er einen Weg, den Gewinn einzustreichen, ohne sich selbst mit Amerikanern einlassen zu müssen. Er machte Beamish mit Dimitru bekannt.

Während Jacques ein unscheinbares Mitglied der Marseiller Fauna war, zeigte sich Dimitru fast übertrieben kosmopolitisch. In seiner Heimat Rußland sei er Großgrundbesitzer gewesen. In Paris, wo er bis zur Niederlage gelebt habe, sei er, so sagte er, Mitglied eines exklusiven Clubs gewesen. Bevor er Wein bestellte, fragte er immer:

»Sind Sie aus Bordeaux oder aus dem Burgundischen?«

Diskrete Nachforschungen ergaben, daß Dimitru in Paris im Büro der American Express Company gearbeitet hatte, das Geld liebte und es großzügig für Frauen und Alkohol ausgab, daß man sich jedoch bei finanziellen Geschäften auf ihn verlassen konnte. Sein Äußeres war nicht besonders anziehend. Er war knapp einen Meter fünfzig groß, hatte übertrieben feine Manieren und seine Hand fühlte sich beim Händedruck wie ein leerer Handschuh an. Sein Lächeln konnte er an- und ausschalten wie elektrisches Licht.

Aber er kannte viele Leute, die ihr Geld aus Frankreich herausbringen wollten, und war an Beamishs Vorschlag sehr interessiert. Beamish, Dimitru und Jacques einigten sich darauf, die Provision untereinander aufzuteilen. Dimitru stellte Beamish seinen Kunden vor, und Beamish übernahm es, ihnen für ihr Geld Dollars an ihre Agenten in New York anzuweisen. Dimitru bekam gewöhnlich fünfzig Prozent im voraus und fünfzig Prozent, nachdem die Kunden die Bestätigung in Händen hielten, daß das Geld gezahlt worden war. Er schien nie irgendwelche Schwierigkeiten zu haben, Kunden zu finden, und sein Kurs war immer sehr gut. Er lag zuerst bei neunzig Francs pro Dollar und stieg dann auf 180 bis 190 Francs, als der Franc an Wert verlor. Viele Monate lang war Dimitru unser Vertrauensmann für solche finanziellen Transaktionen. In dieser Zeit bediente er uns immer zuverlässig und zu unserer vollen Zufriedenheit.

Ich muß wohl nicht eigens erwähnen, daß Beamish seine Provision dem Komitee übergab. Er sagte, für Dimitru und Jacques sei es ganz selbstverständlich, daß er für jede Transaktion einen Anteil bekam. Hätte er abgelehnt, wären sie erstaunt gewesen und mißtrauisch geworden – außerdem hätten sie dann seinen Anteil untereinander geteilt.

Bis Anfang September, als sich Walter Mehring auf den Weg zur Grenze machte, ging alles gut.⁹ Mehring gehört zu den großen deutschen Dichtern der Moderne, aber er war so unscheinbar, so klein, daß wir ihn meist Baby nannten. In seinen schmutzigen, zerknitterten Kleidern, die er bei seiner Ankunft in Marseille (nach einer Reihe haarsträubender Abenteuer) trug, erinnerte er mehr an einen Landstreicher als an einen Dichter – oder an ein Baby. Er hatte ein amerikanisches Visum und ein ›affidavit in lieu of passport‹, aber er weigerte sich, damit durch Spanien zu fahren, weil er Angst hatte, dort verhaftet zu werden. Als ich ihm einen tschechischen Paß auf einen anderen Namen besorgt hatte, machte er sich auf den Weg zur Grenze.

In Perpignan mußte er umsteigen. Zu seiner Überraschung und Freude fanden auf dem Bahnhof keine Polizeikontrollen statt. Er verließ, nur nach seiner Fahrkarte gefragt, das Bahnhofsgebäude von Perpignan und setzte sich in ein Café, um seine bevorstehende Rettung zu feiern.

Fünf Minuten später wurde er von einem Polizisten in Zivil aufgegriffen. Ich vermute, der arme Flic war der Meinung, er habe mit diesem Fang die Erklärung für alle Taschendiebstähle und kleinen Diebereien gefunden, die es in den vergangenen sechs Monaten in der Kriminalgeschichte von Perpignan gegeben hatte. Als die Polizei von Perpignan dann entdeckte, daß Mehring ein Ausländer war, der ohne ›sauf conduit‹ reiste, verschickten sie ihn in das nahegelegene Internierungslager von St. Cyprien, die ›Pestbeule Frankreichs‹.

Mehring hatte zweierlei Papiere bei sich, sein amerikanisches Visum und seinen tschechischen Paß, aber er wurde auf der Polizeiwache nicht durchsucht. Auf dem Weg ins Lager bat er um Erlaubnis, auf die Toilette gehen zu dürfen. Dort entledigte er sich der falschen Papiere – sein schöner tschechischer Paß mit all den hübschen Visen darin lag nun – in kleine Stückchen zerrissen – auf den Schienen zwischen Perpignan und dem Lager.

Als wir ein Telegramm erhielten, in dem er uns mitteilte, was passiert war, schalteten wir einen Anwalt ein, der seinen Fall mit den Behörden ausfechten sollte. Maître Murzi war ein typischer Korse, klein, untersetzt, dynamisch, redegewandt und voller Versprechungen. Die Nägel an seinen kleinen Fingern waren lang – in korsischen Kreisen ein Zeichen von Eleganz. Er hatte die Angewohnheit, von seinem Stuhl aufzuspringen und seinen Gesprächspartner festzuhalten, während er auf ihn einredete, und das tat er ständig. Ich weiß nicht, ob er Mehring tatsächlich geholfen hat. Er telegrafierte einem Kollegen in Perpignan, und ein paar Tage später rief der Lagerkommandant Mehring in sein Büro und gab ihm einen Entlassungsschein, ohne Unterschrift. Er bedauerte, daß er das Papier ohne Zustimmung aus Vichy nicht unterschreiben könne. Mehring verstand den Wink. Der Entlassungsschein erfüllte auch ohne Unterschrift seine Funktion.

Als Mehring nach Marseille zurückkam, war sein ›permis de séjour‹, die Aufenthaltserlaubnis, die alle Ausländer brauchten, abgelaufen. Selbst wenn der korsische Anwalt mit Mehrings Freilassung nichts zu tun gehabt hatte, so erwies er sich doch jetzt als sehr nützlich. Er nahm mich mit zur Präfektur und stellte mich dem Chef des Ausländeramtes vor, einem gewissen Barellet, und dieser Barellet erklärte mir, was ich zu tun hatte. Er benötige lediglich ein ärztliches Attest, das bestätige, daß Mehring zu krank gewesen sei, um die Verlängerung seiner Aufenthaltserlaubnis rechtzeitig zu beantragen. Er sagte mir sogar, zu welchem Arzt wir gehen sollten.

Es klappte ausgezeichnet. Wir steckten Mehring im Splendide ins Bett. Der Arzt kam, sah ihn kurz an und schrieb dann ein sehr eindrucksvolles Attest. Es besagte nicht nur, daß Monsieur Mehring krank und somit unfähig war, wegen der Verlängerung seiner Aufenthaltserlaubnis auf der Präfektur vorzusprechen, es bestätigte auch noch, daß Mehring nicht vor Mitte November in der Lage sein würde, sein Zimmer zu verlassen.

Ich brachte Barellet das Attest, und er verlängerte Mehrings Aufenthaltserlaubnis unverzüglich um zwei Monate. Für einen nicht-französischen Flüchtling war das äußerst ungewöhnlich, meistens wurde der Schein höchstens um zwei Wochen verlängert.

Ich hatte Barellet offenbar zufällig zu einem günstigen Zeitpunkt aufgesucht. Er hatte gerade Besuch von zwei Gestapoagenten gehabt und war außer sich. Scheinbar hegte er einige Sympathien für die Flüchtlinge, erklärte aber, daß Frankreich zu schwach sei, um dem Druck der Deutschen Widerstand zu leisten – und der Druck nahm täglich zu.

»Gestern waren zwei Gestapoagenten den ganzen Nachmittag in meinem Büro«, erzählte er. »Sie schnüffelten überall herum, guckten in die Akten und fragten meine Untergebenen nach meiner politischen Gesinnung aus und wie ich das Büro führe. Dann kamen sie zurück und gaben mir die Namen von drei Ausländern, die ich verhaften sollte.«

Er nahm ein kleines Stück Papier aus dem Notizbuch auf seinem Schreibtisch und wedelte wütend damit herum. Als ich darum bat, es ansehen zu dürfen, gab er es mir sofort. Mit Bleistift und in deutscher Handschrift standen die Namen von Fürst Ernst Rüdiger von Starhemberg, Georg Bernhard und Max Braun darauf.

Starhemberg war der österreichische Prinz, der 1934 die Heimwehr gegen die Wiener Sozialisten angeführt hatte. Später kämpfte er gegen die Nazis[10]. Georg Bernhard war Herausgeber der ›Pariser Tageszeitung‹ gewesen, einer antinazistischen deutschen Exilzeitung. Max Braun war Führer des Widerstands gegen Hitler im Saarland gewesen, bis es durch den Volksentscheid wieder an Deutschland fiel.

Ich prägte mir die drei Namen gut ein und gab Barellet den Zettel zurück.

»Falls Sie wissen, wo diese Männer sind«, sagte er, »sagen Sie ihnen, sie sollen sich aus dem Staub machen. Wir Franzosen werden ihre Verhaftung so lange wie möglich hinauszögern, aber das geht nicht mehr lange.«

Er machte eine kurze Pause.

»Glücklicherweise wissen wir nicht, wo sich diese Männer aufhalten«, fuhr er fort, »aber stellen Sie sich vor, sie verlangten die Festnahme von Breitscheid und Hilferding. Wie sollen wir das verhindern? Wir können ihnen nicht weismachen, wir wüßten nicht, wo sie stecken. Ganz Marseille weiß, daß sie jeden Tag in demselben Café auf dem Boulevard d'Athènes sitzen. Sie bringen durch ihr Verhalten die gesamte deutsche Emigration in Gefahr. Das können Sie ihnen gerne von mir ausrichten.«

Ich ging sofort ins Splendide zurück und erzählte Bohn, was Barellet gesagt hatte. Zusammen gingen wir dann über die Straße zu Breitscheid und Hilferding und sprachen mit ihnen. Aber Breitscheid weigerte sich unterzutauchen und Hilferding schloß sich wie gewöhnlich Breitscheids Beispiel an.

»Kompletter Unsinn«, sagte Breitscheid. »Hitler wird es *nie wagen*, unsere Auslieferung zu verlangen.«

Und beide saßen weiterhin jeden Tag in demselben Café. Aber bald darauf trugen sie Giftfläschchen in ihren Westentaschen, für den Fall, daß . . .

Zu wissen, daß Starhemberg und vermutlich auch Max Braun in London waren, während sie die Gestapo offensichtlich noch in Frankreich vermutete, war beinahe so etwas wie eine Entschädigung für die schockierende Erkenntnis, daß wir die ganze Zeit direkt vor den Augen von Hitlers gefürchteter Geheimpolizei gearbeitet hatten. Wenn es auch beängstigend war, definitiv zu wissen, daß die Gestapo in Marseille am Werk war, so war es doch auch ein wenig tröstlich, daß sie offenbar nicht so gut informiert war, wie ihre Propaganda glauben machen wollte.

Das Gespräch mit Barellet machte uns auch endgültig klar, daß wir uns auf die französischen Behörden nicht verlassen konnten. Sie standen unter Druck. Sie hatten nichts gegen die Flüchtlinge, aber sie wollten auch nichts für sie tun. Nur wenige begriffen, daß die Ehre Frankreichs auf dem Spiel stand, wenn sie ihre früheren Gäste verhafteten und den Deutschen zur Hinrichtung übergaben.

Wenn sie aber, wie Barellet, erkannt hatten, daß es dabei auch um ihre Ehre ging, zogen sie die Unehrenhaftigkeit den Risiken des Widerstands vor. Deshalb durfte man sich nicht auf sie verlassen. Heute beteuerten sie auf jede erdenkliche Weise ihren guten Willen – und am nächsten Tag war alles vergessen. Sie klammerten sich an den Trugschluß, daß sie irgendwie die Lage Frankreichs verbessern könnten, wenn sie die Schmutzarbeit für die Nazis machten. Sie übersahen dabei, daß Hitlers Verachtung für einen besiegten Feind proportional zu dessen Unterwürfigkeit wuchs.

Dennoch hatte es, soweit bekannt war, bis zu diesem Zeitpunkt nur eine Auslieferung nach Artikel 19 gegeben – und zwar die von Herschel Grynszpan. Grynszpan war der junge polnische Jude, der im Herbst 1938 den deutschen Botschaftsrat in Paris erschossen hatte – was schreckliche Folgen für die deutschen Juden hatte[11]. Er saß in einem Pariser Gefängnis und wartete auf seinen Prozeß, als die deutsche Armee die französische Verteidigungslinie bei Sedan durchbrach. Die französischen Behörden brachten ihn zunächst nach Orléans und dann nach Limoges.

Auf dem Weg nach Limoges wurde der Zug, in dem er saß, von deutschen Flugzeugen bombardiert. Grynszpan floh. Aber anstatt nun unterzutauchen, ging er zu Fuß nach Limoges und stellte sich dort dem Staatsanwalt. Dieser stellte ihm Papiere auf einen anderen Namen aus und schickte ihn in Begleitung von zwei Gendarmen nach Toulouse. Sie erreichten Toulouse an einem Sonntag, und da sie auf der Präfektur niemanden antrafen, sollte Grynszpan für die Nacht ein Hotelzimmer mieten und sich am nächsten Morgen wieder melden. Er kam, wurde verhaftet und ins Gefängnis gesteckt. Einen Monat später erhielt die Präfektur in Toulouse den Befehl, ihn nach Vichy zu bringen. Von Vichy ging es weiter nach Moulins auf der deutschen Seite der Demarkationslinie, wo er schließlich den Nazis übergeben wurde.

Grynszpans Fall war typisch für die Haltung der französischen Behörden: sie gaben einem die Gelegenheit zu fliehen, bevor sie einen festnahmen. Nahm man aber diese Chance nicht wahr, wurde man verhaftet und in gewissenhafter Erfüllung der Waffenstillstandsbedingungen ausgeliefert. Da die Gestapo jetzt auch die nichtbesetzte Zone nach Flüchtlingen durchkämmte, war die Chance zu fliehen nur noch verschwindend klein.

6

Ein paar Tage nach Mehrings Festnahme erreichte uns eine weitere schlechte Nachricht – mehrere unserer Schützlinge waren in Spanien verhaftet worden. Wie so viele vor ihnen, waren sie zwischen Cerbère und Port-Bou über die Grenze gegangen. Was ihnen danach passiert war, und warum man sie verhaftet hatte, wußten wir nicht. Wir bekamen lediglich einige Postkarten – gelesen und abgestempelt von der Militärzensur wie überall in Francos Spanien – auf denen sie uns mitteilten, daß sie im Gefängnis von Figueras, einer Stadt nahe der Grenze, saßen und uns baten, sie herauszuholen. Waren sie verhaftet worden, weil ihre Namen auf einer Gestapoliste standen? Oder weil sie sich weit ins Landesinnere gewagt hatten, ohne sich, entgegen unserem eindringlichen Rat, vorher bei einem Grenzposten gemeldet zu haben? Wir wußten es nicht und konnten es auch nicht in Erfahrung bringen.

Wir beschlossen aber, das Risiko einer Festnahme so weit wie möglich zu reduzieren. Anstatt die Flüchtlinge allein fahren zu lassen, schickten wir sie nun in Begleitung eines erfahrenen Untergrundmannes oder eines gewitzten Amerikaners in Konvois zur Grenze. Das erhöhte allerdings unser eigenes Risiko, denn wenn man uns jetzt erwischte, konnten wir nicht länger behaupten, die Flüchtlinge handelten in eigener Verantwortung und wir hätten nichts mit ihrer Flucht aus Frankreich zu tun. Andererseits verringerte sich für sie die Gefahr, gefaßt zu werden, und unsere erste Pflicht galt ihnen und nicht uns. Flüchtlinge, die in besonderer Gefahr waren, mußten künftig bis nach Lissabon begleitet werden.

Wann immer ein erfahrener Untergrundmann bereit war, stellten wir ihm einen Trupp zusammen. Stand niemand zur Verfügung, schickten wir die Flüchtlinge in Begleitung eines Amerikaners namens Richard Ball zur Grenze hinunter.

Dick Ball war einer von Charlie Fawcetts Kumpels aus dem Sanitätskorps. Er war in Montana geboren. Um das Jahr 1932 ging er nach Frankreich, und kam in Paris irgendwie in den Besitz einer Schmalzfabrik. Er reiste durchs ganze Land, vom Elsaß bis zu den Pyrenäen, von Menton bis Dünkirchen und verkaufte sein Schmalz. Er sprach ein vulgäres Französisch, das ich sonst nur bei Pariser Unterweltgangstern gehört hatte, und beherrschte den »Patois« mehrerer Gegenden. Er war ein ungeschliffener Diamant, ein Ritter im Overall, immer bereit, jedem zu helfen, wenn er es konnte. Und er prahlte gerne mit seinen Hilfsaktionen für Flüchtlinge und die vom B. E. F. Übriggebliebenen [12] auf ihrem Weg von Paris in den Süden. Er und Charlie behaupteten, sie hätten etlichen englischen Soldaten herausgeholfen, bevor die Deutschen die französische Atlantikküste besetzt hatten.

Ball kannte Frankreich wie seine Westentasche, und lange Zeit war er eines der wertvollsten Mitglieder in unserer kleinen Verschwörerbande. Er fuhr fast jeden zweiten Tag von Marseille zur Grenze. Dabei nahm er jedesmal zwei oder drei Flüchtlinge mit und sorgte dafür, daß sie sicher über die Grenze nach Spanien kamen, bevor er nach Marseille zurückkehrte, um die nächsten zu holen.

7

Eines Morgens, gegen Ende der ersten Septemberwoche, frühstückte ich gerade, als jemand an meine Tür klopfte. Das Klopfen war so laut, daß ich sicher war: das ist die Polizei. Ich stürzte mich auf einige kompromittierende Papiere, aber noch bevor ich sie einsammeln konnte, ging die Tür auf.

Es war Bohn. Nie zuvor hatte ich ihn so aufgeregt erlebt. Er redete so laut, daß ich befürchtete, die Leute im Nebenzimmer könnten ihn hören, und ich versuchte, ihn zu beruhigen ohne zu wissen, worum es eigentlich ging.

»Sie haben es.«
»Was haben sie?« fragte ich.
»Das Schiff«, sagte er. »Die italienische Waffenstillstandskommission hat heute morgen einen Wachposten auf dem Schiff aufgestellt. Der Kapitän hat gestern Wasser und Nahrungsmittel an

Bord genommen, und sie müssen sein Treiben bemerkt haben. Er brauchte Vorräte für dreißig Leute und eine Woche. Das alles heimlich an Bord zu schaffen, war nicht einfach. Wie auch immer, sie lassen das Schiff seit heute morgen bewachen und haben die Nahrungsmittel beschlagnahmt.«

Er lief im Zimmer auf und ab wie ein Löwe in seinem Käfig. Ich versuchte, ihn zu beruhigen. Ich hatte ohnehin nie viel Vertrauen in seinen Plan mit dem Schiff gehabt. Die Hälfte der Flüchtlinge hatte bereits davon gewußt, bevor schließlich die italienische Waffenstillstandskommission darauf aufmerksam wurde.

Uns stand jetzt wahrscheinlich ein offizielles Verhör ins Haus, und dessen Folgen ließen sich nicht absehen. Bohn hatte allen Grund, nervös zu sein – und ich auch. Trotzdem brauchten es nicht auch noch unsere Zimmernachbarn zu erfahren.

Aber an diesem Morgen war Bohn durch nichts zu beruhigen. Er glaubte offenbar, daß jeden Augenblick die Polizei bei ihm aufkreuzen würde, und dieses Mal nicht nur, um ein paar harmlose Fragen zu stellen.

Ich hatte mit Bohns Schiffsaktion nichts zu tun gehabt, außer daß ich ein paar Plätze hatte reservieren lassen. Aber ich war überzeugt, daß die Polizei annehmen würde, ich steckte mit in der Sache. Würde man Bohn verhaften, blühte mir sicherlich dasselbe Schicksal. Nur äußerte sich meine Nervosität auf andere Weise. Im Gegensatz zu Bohn redete ich so leise, daß er nur die Hälfte verstand. Ich glaube, das irritierte ihn noch mehr und machte ihn noch hektischer, denn er verließ das Zimmer ebenso plötzlich, wie er es betreten hatte, ohne daß wir entschieden hätten, was jetzt zu tun war.

Die meisten Flüchtlinge betraf es nicht weiter, daß der Schiffsplan aufgeflogen war, aber Leute wie Breitscheid, Hilferding und Modigliani saßen nun auf dem Trockenen. Sie hatten sich geweigert, über Spanien zu fliehen, und jetzt wußten Bohn und ich auch nicht mehr weiter.

Außerdem blieben noch Werfel, Feuchtwanger, Heinrich Mann und viele andere, an die wir denken mußten. Breitscheid, Hilferding und Modigliani waren Bohns Problem, aber für Feuchtwanger, Werfel und Heinrich Mann war ich zuständig. Ursprünglich wollte ich sie auf Bohns Schiff unterbringen. Jetzt mußte ich irgendeinen anderen Weg finden, um sie aus Frankreich herauszuschaffen.

4. Kapitel

Ich werde britischer Agent

I

Harry Bingham wohnte in einer Villa in der Rue du Commandant Rollin, einer Straße, die hinter der Corniche ein ganzes Stück vom Stadtzentrum entfernt liegt. Ich rief ihn an, nachdem ich vom Scheitern des Schiffsplans erfahren hatte. Er lud Bohn und mich zum Essen ein.

Es begann schon zu dämmern, als wir auf der Cannebière in die Bahn zur Rue Paradis einstiegen, und es wurde dunkel, als wir das Gartentor aufstießen und den langen Weg zum Haus hinaufgingen. Auf der Kiesterrasse saß an einem kleinen Eisentisch Feuchtwanger – Harry hatte gerade sein Bad in einem seichten Fischteich etwas weiter unten beendet. Feuchtwanger blieb bewegungslos an seinem Tisch sitzen, als wir ihm erzählten, was geschehen war.

Er nahm die Nachricht gelassen auf. Er hatte wochenlang auf dieses Schiff gewartet, das ihn in Sicherheit bringen sollte, und jetzt waren alle Hoffnungen auf Rettung zerstört.

Während des Essens plauderte und witzelte er, als ginge es lediglich darum, daß eine lang geplante Ferienreise in letzter Sekunde verschoben worden war. Feuchtwanger war ein kleiner, verhutzelter Mann, aber er sprühte nur so vor Energie und Ideen. Er war es, der uns an diesem Abend bei Laune hielt, nicht wir ihn. Am meisten schien er den guten französischen Weinen nachzutrauern, die er im Keller seines Hauses in Sanary hatte zurücklassen müssen, als er im Mai ins Internierungslager gebracht worden war, und gewann so der Situation, daß er Frankreich nun doch noch nicht verlassen konnte, eine gute

Seite ab: er konnte sich ein paar der besten Weine nach Marseille bringen lassen.

Nach dem Essen saßen wir im Salon, tranken Kognak und Kaffee und suchten nach einem Ausweg aus unserem Dilemma. Ich erzählte, daß viele Flüchtlinge ohne französisches Ausreisevisum durch Spanien gefahren waren, und fragte Feuchtwanger sehr vorsichtig, ob er dazu möglicherweise auch bereit wäre. Er zögerte einen Augenblick und sagte dann: »Wenn Sie mich begleiten, natürlich.«

Noch an diesem Abend beschlossen wir, zusammen nach Lissabon zu fahren, sobald wir unsere Visa hatten. Er besaß ein amerikanisches ›affidavit in lieu of passport‹, das auf eines seiner Pseudonyme, James Wetchek, ausgestellt war. Seine Frau, die noch in Sanary war, hatte ein Affidavit auf ihren richtigen Namen. Feuchtwanger wollte ihr sofort schreiben, sie möge nach Marseille kommen. In der Zwischenzeit würde ich die Reise organisieren und alle erforderlichen Visa beschaffen. Als die Nacht anbrach, waren wir uns einig, daß wir etwa Mitte September zusammen aufbrechen würden.

Ich hatte das Ehepaar Werfel seit unserem ersten Essen im Basso täglich besucht – manchmal sogar zwei- oder dreimal am Tag. Einmal hatte Werfel, der nicht mehr daran glaubte, jemals ein Ausreisevisum zu bekommen, die Idee geäußert, sich als ein aus dem Militärdienst entlassener Soldat nach Casablanca einzuschiffen. Aber er war zu dick und zu schlaff, um sich als Soldat ausgeben zu können. Die Gefahr war zu groß, daß man ihn entdecken und verhaften würde. Nachdem ich ihn überredet hatte, diesen Plan aufzugeben, begann er sich an den Gedanken zu gewöhnen, doch durch Spanien zu fahren. Der tschechische Konsul schrieb ihm, daß ihn Cordell Hull zu Lesungen in die Vereinigten Staaten eingeladen hatte; französische Würdenträger der katholischen Kirche wandten sich an die spanische Kirche und an weltliche Behörden und baten um Hilfe und Schutz für einen der führenden katholischen Schriftsteller unserer Zeit. (Werfel war eigentlich Jude.) Mit dieser Unterstützung glaubte er, die Fahrt durch Spanien wagen zu können. Aber wie sollte er aus Frankreich herauskommen? Wenn er und seine Frau ausgingen, nahmen sie, wenn irgend möglich, ein Taxi. In Marseille waren Taxis rar, und sie mußten gelegentlich ein paar Schritte laufen, aber immer zu ebener Erde, nie bergauf. Daß sie über die Pyrenäen klettern sollten, schien – selbst bei Cerbère – undenkbar.

Diese Überlegung veranlaßte Werfel dazu, sich doch noch einmal um ein Ausreisevisum zu bemühen. Er unternahm seinen zweiten Versuch, als ich meine Vereinbarungen mit Feuchtwanger traf. Ich sah keinen Grund, wieso Werfel diesesmal mehr Erfolg haben sollte als beim ersten Mal. Also erzählte ich ihm am nächsten Tag, daß ich mit dem Ehepaar Feuchtwanger nach Lissabon fahren würde, und lud ihn und seine Frau ein mitzukommen. Ich versicherte ihm, daß es eine sehr günstige Gelegenheit sei, sie alle per Zug und ohne Ausreisevisen über Cerbère herauszubekommen. Als die Werfels das hörten, waren sie sofort einverstanden.

Gleichzeitig kam mir der Gedanke, ich könnte auch Heinrich Mann mitnehmen[13]. Was in Feuchtwangers und Werfels Fall sinnvoll schien, mußte auch für ihn machbar sein. Wenn ich mit einem durchkam, dann auch mit allen. Natürlich riskierte ich damit, alle meine kostbarsten Schützlinge auf einmal zu verlieren. Aber die Zeit wurde verdammt knapp. Ich wußte nicht, ob ich je wieder Gelegenheit haben würde, einen von ihnen nach Lissabon begleiten zu können. Außerdem wollte ich die drei keinem anderen anvertrauen. Also beschloß ich, diese Fahrt zu einem Alles-oder-Nichts-Unternehmen zu machen.

Heinrich Mann und seine Frau waren ein paar Tage zuvor nach Marseille gekommen und hatten ein Zimmer im Hotel Normandie gemietet, wo auch Breitscheid und Hilferding wohnten. Als ich ihnen von meinem Plan erzählte, willigten sie sofort ein. Heinrich Mann bat mich, auch seinen Neffen Golo, den Sohn von Thomas Mann, mitzunehmen. Ich war einverstanden. Wir wollten uns auf den Weg zur Grenze machen, sobald wir alle unsere Transitvisa hatten. Dick Ball sollte uns bis Cerbère begleiten, und ich würde sie dann von dort nach Lissabon bringen. Ich schrieb Golo Mann an seinen Aufenthaltsort Le Levandou, und er kam am nächsten Tag nach Marseille.

Neben dem Wunsch, die Ehepaare Feuchtwanger, Werfel und Mann herauszubringen, ehe es zu spät war, hatte ich noch andere Gründe, weshalb ich nach Lissabon wollte. Zum einen war vorgesehen, daß ich selbst nach New York zurückkehrte. Das wollte ich jedoch nicht, solange nicht ein anderer kam, um meine Aufgabe zu übernehmen – aber diese Notwendigkeit ließ sich von Frankreich aus schlecht erklären. Von Lissabon aus konnte ich einen ausführlichen, offenen Lagebericht schreiben. Falls sich das New Yorker Komitee bereit erklärte, einen neuen Mann herüberzuschicken, konnte ich nach Marseille zurückfahren und dort auf ihn warten.

Und ich hatte noch einen weiteren Grund, weshalb ich diese Fahrt machen wollte. Ich wollte herausfinden, warum unsere Schützlinge in Spanien verhaftet worden waren, damit ich in Zukunft dafür sorgen konnte, daß sich so etwas nicht wiederholte. Außerdem wollte ich versuchen, sie aus dem Gefängnis herauszuholen.

Nachdem Bohns Boot verloren war, wollte ich auch herausfinden, ob ich nicht die Engländer dazu bewegen konnte, uns bei der Rettung von Breitscheid und Hilferding, Modigliani und den anderen Italienern sowie einigen prominenten spanischen Republikanern wie Largo Caballero und Rodolfo Llopis zu helfen. Frankreich hatte gerade mit Mexiko ein Abkommen über die spanischen Republikaner getroffen; Mexiko wollte den Flüchtlingen Asyl gewähren und die Schiffe für ihren Transport bereitstellen. Aber bevor einer von ihnen ausreisen konnte, mußten zunächst viele bürokratische Hindernisse ausgeräumt werden, und auch danach gab es keine Garantie, daß die wirklich prominenten unter den Flüchtlingen tatsächlich ausreisen durften. Fest stand lediglich, daß keiner von ihnen über Spanien fliehen konnte. Für sie blieb nur der Seeweg.

2

Emilio Lussu hatte mir den Vorschlag gemacht, mit den Engländern Kontakt aufzunehmen. Lussu war ein politischer Flüchtling aus Italien. Er hatte einen kleinen grauen Spitzbart, an dem er ständig herumzupfte. Er lebte unter dem lächerlichen Namen Dupont mit seiner Frau in einem Vorort von Marseille. In Paris war er Mitglied der Herausgebergruppe von ›Giustizia e Liberta‹ gewesen. Er war Fluchtexperte. Als Mussolini an die Macht kam, hatte man Lussu auf der Insel Lipari inhaftiert. Nach mehreren vergeblichen Versuchen war er schließlich entkommen. Er war der Überzeugung, daß Italiener und Spanier nur per Schiff aus Frankreich fliehen konnten, und daß das Fluchtschiff von irgendeinem Hafen außerhalb Frankreichs kommen mußte. Er wies auf das Scheitern von Bohns Projekt hin, um zu beweisen, daß solche Unternehmungen nicht vor Ort vorbereitet werden konnten: sie erregten zuviel Aufmerksamkeit. Falls aber die Engländer ein kleines, möglichst portugiesisches oder spanisches Frachtschiff schickten, das an einem bestimmten Tag und zu einer bestimmten Stunde, am besten nach Einbruch der Dunkelheit, an einem vorher ausgemachten Ort vor der Küste warten würde, dann könnte man die Flüchtlinge an Bord und in Sicherheit bringen, bevor die französische Polizei und die Gestapo und die Ovra und die Seguridad ahnen konnten, was vorging. Das Schiff würde nach Gibraltar fahren. Von dort aus konnten die Flüchtlinge nach London oder nach New York, ganz wie sie wollten – vorausgesetzt, sie hatten die entsprechenden Visa.

Lussu arbeitete seinen Plan mit derselben minutiösen Sorgfalt aus, die ihm auch seine Flucht von der Insel Lipari ermöglicht haben mußte. Er kaufte Seekarten und studierte die französische Mittelmeerküste von Menton bis Cerbère. Von einem Freund bei der französischen Marine bekam er Informationen über die französischen Minenfelder. Nach Wochen intensiven Forschens wählte er als geheimen Treffpunkt einen Fleck südlich von Marseille, auf dem Cap Croisette. Er gab mir eine Karte von diesem Gebiet, auf der der genaue Ort mit einem großen Bleistift-X markiert war; Gebiete, die aller Wahrscheinlichkeit nach von den Franzosen vermint waren, hatte er schraffiert.

Er ersann auch einen Geheimcode für Botschaften, der auf einem Text von Thomas Carlyle beruhte. Zunächst mußte man, anfangend bei sieben, die Buchstaben des Textes der Reihe nach durchnumerieren. Dann schrieb man das Alphabet in einer vertikalen Reihe auf und ordnete jedem Buchstaben die Zahlen zu, die der Buchstabe in der Passage von Carlyle hatte. Um eine Botschaft zu verschlüsseln, schrieb man für jeden Buchstaben die entsprechende Zahl, wobei keine Zahl zweimal hintereinander vorkommen durfte. Man machte einen Strich nach jeder Zahl und achtete darauf, daß die Wortenden nicht markiert wurden. Um eine Botschaft zu entschlüsseln, brauchte man nur den Text von Carlyle durchzulesen, bis man zu der Zahl kam, nach der man suchte. Man notierte den entsprechenden Buchstaben und suchte nach der nächsten Zahl.

Das war langwierig und mühsam, aber Lussu meinte, daß dieser Code extrem schwierig zu knacken sei. Natürlich konnte jemand, wie bei jedem anderen Code auch, den Schlüssel finden. Aber bis dahin würden wir einen anderen Text eines anderen Autors nehmen, und die Schnüffler müßten wieder von vorn anfangen. Die Hauptschwierigkeit bestand darin, Passagen zu finden, in denen alle Buchstaben des Alphabets mehrfach vorkamen. Doch das war zu schaffen. Wegen seines riesigen Wortschatzes war Carlyle für unsere Zwecke besonders geeignet.

3

Als wir alle unsere Visa hatten und abfahrbereit waren, schrieb ich den Text von Carlyle in mein Notizbuch, versteckte die Seekarte unter dem Futter meines Koffers und klebte den Stoff wieder fest. Daß ich eine Karte der Minenfelder im Gepäck und einen Geheimcode in der Tasche hatte, machte meine Einstellung zu dieser Fahrt nicht unbedingt gelassener. Wurde ich geschnappt, hielten sie mich sicherlich für einen Spion. Aber ich sagte mir, daß ich einen Job übernommen hatte und dieses Risiko eben dazugehörte.

In letzter Minute bekamen wir von der Grenze die Nachricht, daß die Spanier ab sofort keine ›apatrides‹ – keine Staatenlosen – mehr durchließen. Die Werfels waren gebürtige Tschechen. Die Manns waren zwar in Deutschland geboren, waren aber, kurz nachdem ihnen Hitlers ›Reich‹ die Staatsbürgerschaft aberkannt hatte, zu tschechischen Ehrenbürgern ernannt worden. Die Feuchtwangers waren Ex-Deutsche, weiter nichts. Das Risiko, sie von Cerbère aus zurückschicken zu müssen, wollte ich nicht eingehen, und so beschloß ich kurzerhand, sie nicht mitzunehmen. Statt dessen wollte ich die Grenze mit den Manns und den Werfels überqueren und versuchen herauszufinden, wie die spanischen Bestimmungen exakt lauteten. Sollte sich dabei herausstellen, daß die Feuchtwangers doch durch Spanien reisen konnten, würde ich ihnen ein Telegramm schicken.

Unsere geschrumpfte Gruppe – das Ehepaar Werfel, das Ehepaar Mann, Golo Mann, Ball und ich – traf sich früh am nächsten Morgen auf der Gare St. Charles[14]. Unser Zug fuhr um halb sechs. Wir waren alle aufgeregt und nervös, ich vielleicht noch mehr als die anderen. Plötzlich ängstigte mich die Verantwortung, die ich übernommen hatte, und ich wünschte, ich hätte die Pläne der Minenfelder und den Geheimcode zurückgelassen. Außerdem mußte ich feststellen, daß die Werfels zwölf Koffer mitgebracht hatten.

Wir erreichten Cerbère nach Einbruch der Dunkelheit, gaben unsere Fahrkarten an der Sperre ab und betraten das Bahnhofsgebäude in dem Glauben, von dort aus ohne Kontrolle auf die Straße gelangen zu können. Als wir in die Halle kamen, sahen wir aber, daß alle Reisenden sich vor dem Büro der Grenzpolizei aufstellen und ihre Papiere vorzeigen mußten. Das versetzte uns in panische Angst, denn ich war der einzige, der ein Ausreisevisum und somit das Recht zu reisen hatte.

Aber Ball blieb zuversichtlich. Er nahm unsere Pässe und verschwand mit ihnen im Polizeibüro. Wir standen herum und unterhielten uns leise, um uns gegenseitig zu beruhigen.

Nach einer Ewigkeit kam Ball wieder heraus. An seinem Gesichtsausdruck konnten wir ablesen, daß die Dinge nicht ganz so gelaufen waren, wie er es sich vorgestellt hatte. Als wir ihn fragten, was passiert war, antwortete er, es sei alles in Ordnung; wir könnten in die Stadt gehen und uns Hotelzimmer nehmen, am nächsten Morgen sollten wir zurückkommen; dann würden wir erfahren, ob uns die Polizei mit dem Zug weiterfahren ließ oder nicht.

Auf dem Weg ins Hotel blieben er und ich hinter den anderen zurück, und er sagte mir, daß ihm die Geschichte überhaupt nicht gefalle. Der Kommissar sei sehr höflich gewesen, hätte aber erklärt, daß er strikte Anweisungen habe, niemanden ohne Ausreisevisum durchzulassen. Nach langen Diskussionen hatte Ball ihn überreden können, die Pässe vorerst zu behalten und sich die Sache noch einmal zu überlegen. Da der Zug nach Port-Bou erst am nächsten Tag um 14 Uhr 30 fuhr, hatte er genügend Bedenkzeit. Aber schon allein der Ton, in dem die Unterhaltung geführt worden war, ließ Ball befürchten, daß die Entscheidung gegen uns ausfallen würde.

4

Der nächste Morgen war wolkenlos und heiß. Wir frühstückten auf dem Bahnhof und saßen vor unserem Kaffee, während sich Ball nach der Antwort des Kommissars erkundigte. Als er zurückkam, wußten wir sofort, daß er gescheitert war. Er hatte alle Pässe in der Hand – bis auf meinen.

»Ça ne va pas«, sagte er. »Er sagt, er würde es tun, wenn er allein wäre. Aber heute hat ein anderer Beamter mit ihm zusammen Dienst, und er wagt es nicht.« Balls Worte jagten uns Angst ein. Wir redeten alle durcheinander und hatten nur einen Gedanken: was nun?

Aber Ball beruhigte uns.

»Keine Angst«, sagte er. »Wir werden einen Weg finden; das verspreche ich.«

Dann machte er mir ein Zeichen, mit ihm hinauszugehen. Kaum waren wir draußen, redete er auf mich ein.

»Verdammt noch mal«, sagte er. »So ein Pech. Wir haben ihn ausgerechnet an einem schlechten Tag erwischt, das ist alles. Wenn dieser Hundesohn von Aufseher nicht dagewesen wäre, hätte er euch alle mit dem Zug fahren lassen. Wenn wir hier noch ein paar Tage warten, läßt er euch vielleicht doch durch. Vielleicht aber auch nicht. Das hängt alles von diesem Bastard von Aufsichtsbeamten ab.«

»Was meinst du, was wir tun sollen?« fragte ich.

»Verdammt noch mal, ich weiß es nicht«, schnaubte Ball. »Der Kommissar meint, ihr solltet über die Berge gehen. Ich habe ihm gesagt, daß wir einen alten Mann dabeihaben, aber er meint, ihr solltet es trotzdem versuchen. Er sagt, man weiß nie, was passiert. Es könnte sein, daß morgen schon ein neuer Befehl aus Vichy kommt und er euch alle verhaften muß. Deshalb glaubt er, ihr solltet hier weg, solange ihr noch könnt. Er ging sogar mit mir nach draußen, um mir den besten Weg zu zeigen.«

Ich sah mir den Berg an. Er war ziemlich hoch, und es war ziemlich heiß.

»Mensch, Ball«, sagte ich. »Ich glaube nicht, daß Werfel das jemals schafft. Er ist zu dick, und Heinrich Mann ist zu alt. Wie wäre es, wenn du nach Perpignan fährst und versuchst, für die ganze Truppe Ausreisevisa zu kaufen?«

»Ich weiß nicht«, sagte Ball. »Der Ton von dem Burschen gefiel mir nicht. Er schien irgend etwas zu wissen. Er sagte, wir sollten sie lieber wegbringen, solange es noch geht, am besten heute.«

»Außerdem ist heute Freitag. Ich kann vor Spätnachmittag nicht in Perpignan sein und werde dort vermutlich erst morgen früh jemanden erreichen. Es wird wahrscheinlich Montag nachmittag werden, ehe ich die Ausreisevisa habe, und Dienstag, bevor ich wieder zurück sein kann. Gott weiß, was in der Zwischenzeit alles passiert. Ich will nicht, daß sie hier so lange herumhängen.«

Während unserer Unterhaltung waren wir ein gutes Stück in Richtung Hotel gegangen. Wir beschlossen, zum Bahnhof zurückzugehen und den anderen alles zu erklären. Schließlich mußten sie die Entscheidung treffen.

Sie saßen noch immer an ihrem Tisch.

»Wir möchten die Lage mit Ihnen besprechen«, sagte ich leise. »Aber nicht gerade hier. Haben Sie etwas dagegen, wenn wir nach draußen gehen?«

Wir gingen wieder in Richtung Hotel, und ich erzählte ihnen, was Ball mir berichtet hatte. Ich fragte sie, was sie tun wollten. Sie fragten zurück, was ich ihnen riete.

Ich suchte nach den richtigen Worten.

»Falls Sie sich dazu in der Lage sehen, sollten Sie noch heute über den Berg nach Spanien gehen. Wir wissen, daß es heute noch möglich ist. Wir wissen nicht, was morgen oder übermorgen sein wird.«

Heinrich Mann, Golo Mann und Frau Werfel entschieden sich auf der Stelle für meinen Vorschlag. Aber Werfel und Frau Mann hatten Bedenken. Werfel warf einen Blick auf den Berg und stöhnte. Plötzlich fiel ihm ein, daß es Freitag der Dreizehnte war, und er begann zu zittern.

»Heute ist ein Unglückstag«, sagte er. »Sollten wir nicht lieber bis morgen warten?«

Frau Werfel unterbrach ihn sofort.

»Das ist Unsinn, Franz«, sagte sie mit Nachdruck, und Werfel verfiel in Schweigen. Aber sooft er den Berg betrachtete, entrang sich ihm ein tiefer Seufzer.

Frau Mann redete auf ihren Mann ein. Auf Deutsch.

»Hör zu, Heinrich«, sagte sie, »Mr. Fry ist ein sehr netter junger Mann. Er *sagt*, er will uns helfen. Aber woher wissen wir, ob er nicht vielleicht ein Spion ist und uns in eine Falle lockt. Ich denke, wir sollten seinen Vorschlag ablehnen.«

»*Verzeihung, Frau Mann*«, sagte ich in meinem besten Deutsch, »*aber vielleicht wissen Sie nicht, daß ich Deutsch verstehe.*«

Frau Mann lief blutrot an und sagte nichts mehr.

Nachdem sich alle für unseren Plan entschieden hatten, mußten wir sie für den Marsch präparieren. Wir vereinbarten, daß ich mit dem Zug fahren und das Gepäck mitnehmen würde. Die anderen sollten über den Berg steigen und mich am Bahnhof von Port-Bou treffen. Herr und Frau Werfel wollten unter ihrem richtigen Namen reisen und ihre tschechischen Pässe benutzen. Golo Mann nahm sein amerikanisches Affidavit, das ebenfalls auf seinen Namen ausgestellt war.

Das Ehepaar Mann mußte sich entscheiden. Sie hatten echte tschechische Pässe auf den Namen Mann, die ihnen von den tschechischen Behörden ausgestellt worden waren, als man ihnen die tschechische Staatsbürgerschaft zuerkannte. Aber sie hatten auch amerikanische Papiere, in denen ihre Nachnamen weggelassen worden waren: in den amerikanischen Papieren hießen sie einfach Herr und Frau Heinrich Ludwig. Wir hielten es für zu riskant, sie als Herr und Frau Heinrich Mann durch Spanien fahren zu lassen, also gaben sie mir ihre tschechischen Pässe. Auf dem Rückweg ins Hotel – wir mußten noch bezahlen und unsere Sachen zusammenpacken – ließ ich sie ihre Taschen und Notizbücher durchsuchen und alles entfernen, was den Namen Mann trug – Visitenkarten, Briefe und was sie sonst noch bei sich hatten. Als ich Heinrich Mann bat, mir seinen Hut zu geben, und mit dem Taschenmesser die Initialen vom Hutband abkratzte, machte er ein so ernstes Gesicht wie ein zum Tode Verurteilter.

»Wir müssen uns wie richtige Verbrecher benehmen«, sagte er.

Nachdem wir unser Gepäck am Bahnhof aufgegeben hatten, gingen wir zum Hafen hinunter und durch den Ort zum Friedhof auf dem Berg. Unterwegs hielt ich bei einem Zigarettenladen, kaufte ein Dutzend Päckchen Gauloises und Gitanes und verteilte sie an meine Bergsteigertruppe.

»Wenn Sie irgendwelche Schwierigkeiten mit der Polizei bekommen«, sagte ich, »dann geben Sie ihnen diese Zigaretten. Soweit ich weiß, funktioniert das meistens, vor allem in Spanien.«

Sobald wir die Schule von Jean Jaurès hinter uns hatten, trennte ich mich von ihnen. Eine halbe Stunde später konnte ich sie immer noch sehen, wie sie, den Steinmauern folgend, ihren Weg über das zerklüftete Bergland suchten, ab und an hinter einem einsam dastehenden Olivenbaum verschwanden oder sich in seinem Halbschatten ausruhten.

5

Der nächste Zug ging erst am Nachmittag. Als die Abfahrtszeit näherrückte, beschlich mich bei dem Gedanken an so viel Gepäck ein ungutes Gefühl. Es waren insgesamt siebzehn Teile, darunter drei Rucksäcke. Die französische Polizei mußte einfach Verdacht schöpfen, wenn ein einzelner Mann mit so vielen Gepäckstücken nach Spanien fuhr, zumal auch noch die Hälfte davon mit Frauenkleidern gefüllt war. Aber der Gepäckbeamte schien das für eine Selbstverständlichkeit zu halten.

Im Zug nach Port-Bou ging ich auf die Toilette und verbrannte alle Papiere, die ich von den Manns bei mir hatte, einschließlich ihrer tschechischen Pässe. Das brennende Papier entwickelte einen beißenden, stickigen Rauch, und da ich die Tür nicht zu öffnen wagte, mußte ich mich auf den Boden kauern, um Luft zu bekommen. Als ich in Port-Bou ankam, war alles verbrannt und die Asche in der Toilette verschwunden.

In Port-Bou hatte ich keine Schwierigkeiten. Die Polizei stempelte meinen Paß, und der Zollbeamte durchsuchte mein Gepäck mit derselben Gleichgültigkeit, die der französische Zöllner an den Tag gelegt hatte. Ich erkundigte mich, ob Staatenlose nach Spanien einreisen durften – die Antwort war: ja. Die Nachricht, die uns in Marseille erreicht hatte, war also falsch. Als ich die Formalitäten hinter mich gebracht hatte, ließ ich das Gepäck – alle siebzehn Stücke – in ein Hotel bringen, in dem ich schon einmal eine Nacht auf meinem Weg nach Frankreich verbracht hatte. Dann ging ich zurück zum Bahnhof. Ich fragte bei der Grenzpolizei, ob ihnen meine Freunde aufgefallen seien, ein dicker Mann und eine kräftige Frau, ein älterer Mann, der gebückt geht und leicht humpelt, eine blonde Frau mittleren Alters und ein junger Mann mit tiefschwarzem Haar. Sie konnten sich an niemanden erinnern, auf den diese Beschreibung paßte.

Ich wurde mit jeder Minute nervöser, lief den Bahnsteig auf und ab und überlegte, was zum Teufel ich tun konnte. Plötzlich fiel mir der freundliche kleine Gepäckträger ein, mit dem ich mich unterhalten hatte, als ich im letzten Monat auf meiner Fahrt von

Lissabon hier durchgekommen war, und der ganz offen zugegeben hatte, daß er Republikaner war. Ich fand ihn beim Zoll. Er saß auf dem Tresen und ließ die Beine gegen die Holzverkleidung baumeln. Als ich ihm von meinen Befürchtungen erzählte, war er sofort bereit, für mich auszukundschaften, ob meine Freunde festgenommen worden waren.

Ich wartete in der Bahnhofshalle, während er zur Gendarmerie ging. Nach zehn Minuten war er zurück.

»Nein«, sagte er. »Heute ist in Port-Bou niemand verhaftet worden. Das ist zwar ungewöhnlich, aber offenbar wahr.«

Ich fragte ihn, was er mir raten würde.

»Warum gehen Sie nicht zu den Wachposten oben an der Landstraße und fragen, ob die irgend etwas wissen?« sagte er.

Ich gab ihm ein Trinkgeld, von dem er wahrscheinlich heute noch träumt, und machte mich auf den Weg zu dem Wachposten am Berg. Es war ein langer heißer Aufstieg: vorbei an den zerstörten, ausgebrannten Ruinen von Port-Bous Elendsquartieren, und dann über den unfruchtbaren, von der Sonne ausgedörrten Berghang über der Stadt. Als ich schließlich bei dem Grenzposten ankam, traf ich auf zwei schmutzige Wachposten; sie saßen auf kleinen Hockern im Schatten des Grenzgebäudes und bewachten den schwarz-weiß gestreiften Schlagbaum, der die Straße zwischen den beiden Ländern versperrte.

Ich verteilte Zigaretten an sie. »Haben Sie eine Gruppe von fünf Reisenden gesehen?« fragte ich. »Einen dicken Mann und eine kräftige Frau, einen älteren Mann, der gebückt geht und leicht humpelt, eine blonde Frau mittleren Alters und einen jungen Mann mit schwarzem Haar?«

Ich weiß nicht, ob es an meinem Französisch oder an ihrer Begriffsstutzigkeit lag, jedenfalls schienen mich die Wachposten zuerst überhaupt nicht zu verstehen. Ich gab ihnen noch mehr Zigaretten.

»Sehen Sie«, sagte ich, »ich mache mir Sorgen um ein paar Leute, die heute morgen von Cerbère über den Berg gekommen sind. Sind Sie sicher, daß Sie sie nicht gesehen haben?«

Die Wachposten gaben sich noch immer verständnislos. Anstatt meine Frage zu beantworten, führten sie mich ins Haus und setzten mich an einen kleinen Tisch neben einem geöffneten Fenster, von dem aus ich den Ort überblicken konnte.

»Warten Sie hier«, sagten sie.

Ich wartete und rauchte zahllose Zigaretten, weil ich nicht wußte, ob ich unter Arrest stand oder nicht.

Nach ungefähr zehn Minuten kam einer der Wachposten zurück.

»Ihre Freunde sind am Bahnhof«, sagte er. »Ich habe gerade nach unten telefoniert. Sie sind eben durch den Zoll gekommen. Sie warten dort auf Sie.«

Ich glaube nicht, daß mich irgend etwas in meinem Leben je so erleichtert hat wie diese wenigen Worte. Ich holte alle Zigaretten heraus, die ich noch hatte, und gab sie dem Wachposten, schüttelte ihm die Hand und machte mich auf den Weg zurück zum Bahnhof. Ich war so begierig darauf zu erfahren, daß ich richtig gehört hatte, daß ich den ganzen Weg im Dauerlauf zurücklegte.

Werfels und Manns waren am Bahnhof, als ich ankam. Sie hatten gerade das Büro der Bank von Spanien verlassen und warteten fast so ungeduldig auf mich wie ich auf sie. Wir umarmten uns fast wie alte Freunde, die sich jahrelang nicht gesehen haben und sich durch Zufall an einem Ort begegnen, an dem keiner den anderen je erwartet hätte.

6

Auf dem Weg ins Hotel erzählten sie mir, was geschehen war. Der Aufstieg war sehr schwierig gewesen, besonders für den damals siebzigjährigen Heinrich Mann. Ball und Golo Mann mußten ihn fast den ganzen Weg tragen. Nicht, daß er sich gesträubt hätte, er war einer der Bereitwilligsten, aber er konnte die Steigung einfach nicht alleine schaffen.

Als sie den Gipfel erreicht hatten, hielt Ball einen Augenblick an, um sich zu orientieren. Bevor sie die Grenze nach Spanien überqueren konnten, tauchten plötzlich zwei französische Grenzwachen auf und kamen auf sie zu. Sie waren überzeugt, daß man sie verhaften und in ein Internierungslager bringen würde, aber es hatte keinen Sinn zu fliehen. Wenn sie es versuchten, würden die Grenzbeamten womöglich auf sie schießen. So blieben sie einfach stehen, wischten sich den Schweiß von der Stirn und harrten ihres Schicksals.

Die Grenzwachen salutierten, als sie zu ihnen kamen.

»Wollen Sie nach Spanien?« fragte einer von ihnen.

Irgend jemand sagte ja.

»Also«, sagte der eine Wachposten. »Sie müssen den Fußweg hier links nehmen. Wenn Sie nach rechts gehen, stoßen Sie genau auf den französischen Grenzposten, und wenn Sie keine Ausreisevisa haben, könnten Sie Schwierigkeiten bekommen. Auf dem linken Weg kommen Sie direkt zum spanischen Grenzübergang. Wenn Sie sich dort melden und nicht versuchen, ihn zu umgehen, ist alles in Ordnung.«

Er salutierte erneut; und dann beobachteten die beiden, wie sie einer nach dem anderen den linken Weg hinunterstiegen. Ball begleitete sie noch ein paar hundert Meter. Als sie in Sichtweite des spanischen Grenzgebäudes kamen, gab er ihnen die Hand und sagte »Auf Wiedersehen«.

An der Grenze hatte man ihnen den nächsten Schrecken eingejagt. Die Wachposten prüften ihre Pässe sehr sorgfältig. Sie zeigten kein Interesse an Herrn und Frau Werfel und Herrn und Frau »Ludwig«. Aber einer von ihnen hatte ein Auge auf Golo Mann geworfen. Sein ›affidavit in lieu of passport‹ besagte, daß er in die USA reisen wollte, um seinen Vater Thomas Mann in Princeton zu besuchen.

»Sie sind also der Sohn von Thomas Mann?« fragte der Wachposten.

Golo Mann dachte sofort an die Gestapolisten. Er hielt sein Schicksal für besiegelt, beschloß aber, seinen Part wenigstens heldenmütig zu beenden.

»Ja«, sagte er. »Mißfällt Ihnen das?«

»Im Gegenteil«, meinte der Wachposten. »Ich fühle mich geehrt, den Sohn eines so bedeutenden Mannes kennenzulernen.« Und er schüttelte Golo Mann herzlich die Hand. Dann telefonierte er zum Bahnhof und bestellte ein Auto, das sie abholen sollte.

Wir fühlten uns alle wie die Figuren einer ›opéra bouffe‹, das Glück muß uns zu Kopf gestiegen sein. Wir aßen im Hotel zu Abend und tranken eine Menge spanischen Wein und Brandy. Wir hatten vorher verabredet, Heinrich Mann und seine Frau in Spanien niemals und unter keinen Umständen bei ihrem richtigen Namen anzureden. Aber in der Vorfreude auf die nahe Rettung vergaßen einige von uns die Abmachung. Bald hieß es nur noch ›Herr Mann hier‹ und ›Herr Mann da‹, ›Frau Mann dies‹ und ›Frau Mann das‹ – bis es mit der Vorsicht ganz vorbei war.

Es waren noch ein paar andere Leute in dem kleinen Speisesaal, darunter der britische Konsul, den ich im August auf meinem Weg nach Frankreich schon einmal getroffen hatte. Wir hatten gerade eine neue Runde Brandy bestellt, als er auf mich zukam und mir die Hand auf die Schulter legte.

»Kann ich Sie einen Augenblick sprechen, alter Freund?« fragte er.

Wir gingen hinaus auf den Flur.

»Der alte Knabe, den Sie da bei sich haben, ist Heinrich Mann, nicht wahr?«

Ich bejahte.

»Hmmm«, machte er. »Ich an Ihrer Stelle wäre ein wenig vorsichtiger. Sie wissen nicht, wer dieser uniformierte Kerl ist, oder?«

Ich hatte zwar einen Mann in Uniform bemerkt, der in einer Ecke des Speisesaals saß, aber ich hatte ihm keine weitere Beachtung geschenkt.

»Nein«, sagte ich. »Ich habe keine Ahnung, wer das ist.«

»Aber ich«, sagte der britische Konsul. »Er ist zufälligerweise Chef der spanischen Geheimpolizei dieser Region. Er ist kein besonders angenehmer Typ, wirklich nicht. Ich an Ihrer Stelle wäre ein bißchen vorsichtiger.«

Ich bedankte mich herzlich für den Tip. Dann ging ich an den Tisch zurück.

»Kann ich Sie einen Augenblick sprechen, Golo?« fragte ich.

Golo Mann folgte mir auf den Flur, und ich erzählte ihm, was der britische Konsul gesagt hatte. Zusammen gingen wir zu unserem Tisch zurück. Golo Mann flüsterte Frau Werfel auf Deutsch etwas zu, und sie gab es an ihren Mann weiter. Die Runde wurde schlagartig leichenblaß. Fünf Minuten später waren alle still auf ihren Zimmern verschwunden, um bis zum nächsten Mittag zu schlafen.

Alle – außer Golo und mir. Wir gingen hinaus und nahmen noch ein Bad im Hafen. Etwas außerhalb der Stadt gab es einen zerstörten Bunker, von dem aus wir mit einem Hechtsprung ins Wasser tauchten. Das kühle, grüne Wasser ließ uns spüren, wieviel wir zu viel getrunken hatten.

Auf dem Weg zurück ins Hotel teilte ich Lena per Telegramm mit, daß Harry seine Freunde nun doch schicken konnte.

7

In Barcelona erfuhren wir, daß bis Montag alle Flüge nach Lissabon ausgebucht waren, und auch für Montag waren nur noch zwei Plätze in einer spanischen Maschine frei. Alle übrigen hatten die Behörden requiriert. Nach kurzer Diskussion buchten wir die beiden freien Plätze und gaben sie Heinrich Mann und seiner Frau. Ohne Zweifel waren sie in Spanien in größerer Gefahr als wir anderen. Wir wollten mit dem Zug nach Madrid fahren und versuchen, von dort aus Karten nach Lissabon zu bekommen.

Am Montagmorgen brachten Golo und ich Heinrich Mann und seine Frau zum Büro der spanischen Fluggesellschaft. Wir gaben das Gepäck auf und warteten auf den Bus, der sie zum Flugzeug bringen sollte. Als Heinrich Mann ein Portrait von Adolf Hitler an der Wand entdeckte, fürchtete ich einen Augenblick lang, er könnte die Nerven verlieren.

»Wir befinden uns in der Gewalt des Feindes«, sagte er ernst.

Wir brachten ihn in ein Café und besorgten ihm einen Brandy, damit er wieder Mut schöpfte. Dann gingen die Manns durch den Zoll und bestiegen das Flugzeug. Golo und ich standen in dem kleinen Park am Flughafen und winkten mit unseren Taschentüchern, als die Maschine abhob, sich in die Kurve legte und nach Westen abdrehte.

In Madrid bekamen wir zwei weitere Plätze in einer Maschine nach Lissabon, und noch am selben Tag flogen die Werfels ab. Sie zögerten zunächst, ohne mich zu fliegen, weil sie fürchteten, das Flugzeug könne seinen Kurs ändern und sie nach Hendaye im besetzten Frankreich bringen, wenn kein Amerikaner an Bord war. Aber ich hatte in Madrid wichtige Dinge zu erledigen, und außerdem war kein Platz mehr frei. Ich begleitete sie zum Flughafen und kümmerte mich darum, daß sie die letzten Formalitäten gut hinter sich brachten.

8

Nach einer langen Busfahrt war ich wieder in meinem Hotel in Madrid, holte die Seekarte aus dem Futter meines Koffers, steckte sie in meine Brieftasche und machte mich auf den Weg zur britischen Botschaft. Der Pförtner ließ mich einen Besucherschein ausfüllen und unterschreiben, bevor ich das Gebäude betreten durfte. Ich schrieb: Vertreter des ›Emergency Rescue Committee‹ aus New York, soeben aus Frankreich angereist – und bat um eine Unterredung mit dem Militärattaché.

Einige Minuten später wurde ich in das Büro von Major Torr geführt. Als ich eintrat, stand er auf und kam mir entgegen.

»Was kann ich für Sie tun?« fragte er leutselig.

Als ich ihm erzählte, was ich auf dem Herzen hatte, bat er mich, neben seinem Schreibtisch Platz zu nehmen. Dann bückte er sich und zog das Telefonkabel aus einer Steckdose am Boden neben seinem Stuhl.

»Man kann nie vorsichtig genug sein«, erklärte er. »Sie müssen wissen, daß man diese Dinger als Abhöranlage benutzen kann, auch wenn der Hörer aufliegt.«

Wir unterhielten uns über die Flüchtlinge, die letzten Mitglieder der B.E.F. in Frankreich [12] und über Lussus Plan, demzufolge die Engländer ein Schiff nach Cap Croisette schicken sollten, um sie zu holen.

»Sie kommen im richtigen Augenblick«, sagte Torr. »Wir haben gerade dringende Anweisungen aus London bekommen, diese Knaben herauszuholen. Erst heute morgen habe ich mit S. E. darüber gesprochen.«

»S. E.«, verstand ich, war Major Torrs Art, »Seine Exzellenz«, Sir Samuel Hoare, den Britischen Botschafter in Spanien, zu titulieren.

»Ich fürchte, daß wir, was die Marine betrifft, nicht weiterkommen«, fuhr Torr fort. »Wir haben sie schon mehrere Male gebeten, uns ein Schiff zur Verfügung zu stellen, damit wir unsere Leute aus Frankreich herausbringen können. Aber der Kommandant in Gibraltar weigert sich, auch nur ein Schiff von seiner Flotte abzuziehen. Es scheint ein Grundprinzip der Flottenstrategie zu sein, niemals einen Flottenteil herauszulösen. Ich befürchte, wir müssen da einen eigenen Plan entwickeln.«

In diesem Augenblick klingelte das Telefon. Major Torr stöpselte es wieder ein und hob ab. Während er sprach, ging ich im Zimmer umher, sah mir die Karten an den Wänden an und starrte aus dem Fenster in den Park der Botschaft. Als das Gespräch beendet war, setzte ich mich wieder auf meinen Stuhl neben dem Schreibtisch.

»Wenn unsere Leute die Grenze nach Spanien überqueren, werden sie ausnahmslos verhaftet. Seit einiger Zeit versuchen wir, die Spanier dazu zu bewegen, sie bis nach Gibraltar fahren zu lassen. Ich habe gerade eben mit dem Chef der Seguridad gesprochen.«

An diesem Punkt fiel ihm das Telefon wieder ein, und er bückte sich und zog das Kabel aus dem Stecker.

»Ich denke, wir schaffen es«, meinte er. »In einigen Tagen werden wir wohl den ersten Schub nach Gibraltar schicken können. Wenn uns das gelingt, brauchen wir keine Schiffe. Sie können alle über die Berge gehen und sich verhaften lassen. Nach ein paar Wochen werden wir sie wieder rausholen und nach Gibraltar bringen.«

»Und wenn das nicht klappt?« fragte ich.

»Oh, für diesen Fall müssen wir uns eben etwas anderes einfallen lassen«, meinte Major Torr. »Vorausgesetzt, sie haben dann überhaupt noch die Möglichkeit, aus Frankreich herauszukommen. Die Deutschen haben im Augenblick fünfzehn Panzerdivisionen an der spanischen Grenze stehen. Wir wissen nicht, ob sie vorhaben, hierherzukommen, oder ob sie nach Osten, in das unbesetzte Frankreich, wollen. Wir neigen aber eher zu der Annahme, daß sie sich nach Osten bewegen werden.«

»Was meinen Sie?« fragte er nach einer Pause. »Können Sie vielleicht in einer Woche oder in zehn Tagen noch einmal wiederkommen? Bis dahin sollten wir wissen, was sie vorhaben. Dann können wir die notwendigen Maßnahmen besser besprechen.«

Die Nachricht von den fünfzehn deutschen Divisionen an der Grenze beunruhigte mich, doch Major Torrs Vorschlag paßte perfekt in meine eigene Planung. Wie immer die Antwort aus New York ausfallen mochte, ich hatte bereits beschlosen, daß ich auf jeden Fall nach Marseille zurück mußte, sei es auch nur für ein paar Tage. Auf dem Rückweg würde ich noch einmal bei der britischen Botschaft vorsprechen, um zu sehen, ob ich mit Major Torr zu irgendeiner Form der Zusammenarbeit kommen konnte. Ich überließ ihm die Karte, die Lussu mir gegeben hatte. Wir vereinbarten, daß ich in einer Woche wieder kommen würde. Mir fiel ein Stein vom Herzen, als ich sie los war. Torr schien über den neuen Besitz sehr erfreut. So war uns beiden gedient.

Golo Mann, der den Tag im Prado verbracht hatte, nahm den Nachtzug nach Lissabon. Ich blieb noch einen Tag in Madrid und versuchte etwas für meine Gefangenen zu tun. Am nächsten Morgen ging ich zur Seguridad, um mich nach ihnen zu erkundigen; aber ich erhielt nur das Versprechen, daß man mir ihren Bericht geben würde, wenn ich auf meinem Rückweg nach Marseille noch einmal nach Madrid käme. Am Nachmittag nahm ich das Flugzeug nach Lissabon.

Am späten Nachmittag kam ich in Lissabon an und ging direkt ins Hotel Metropole. Dort hatte Dr. Charles Joy vom Bostoner Hilfskomitee der Unitarier ein Büro eingerichtet. Bei ihm arbeitete Franzi von Hildebrand, der zusammen mit seiner Familie etwa eine Woche vorher aus Marseille gekommen war.

Franzi erwartete mich schon.

»Ich habe ein Telegramm für dich aus Marseille«, sagte er und überreichte mir einen Umschlag.

Ich riß ihn auf, und zusammen lasen wir die kurze Botschaft.

BABY HAT KRISE ÜBERSTANDEN JETZT ABER ANDERE KINDER IN QUARANTÄNE TUN UNSER BESTES LENA

»Was zum Teufel soll das heißen?« fragte Franzi.

»Das heißt, daß alle Flüchtlinge verhaftet und interniert worden sind mit Ausnahme von Mehring«, antwortete ich. »Er muß davongekommen sein, weil man vermutet, daß er zu krank ist, um das Zimmer zu verlassen. Es kann aber auch heißen, daß keiner sein Hotel verlassen darf. Ehrlich gesagt, ich weiß nicht, was das bedeuten soll. Ich weiß nur eins: ich muß sofort nach Marseille.«

Ich aß mit dem Ehepaar Mann zu Abend und verbrachte den nächsten Tag damit, mir ein neues spanisches Transit- sowie ein portugiesisches Ausreisevisum zu besorgen; ich besuchte die Flüchtlinge, die ich von Frankreich aus über die Grenze geschickt hatte, und ich schrieb einen langen Bericht nach New York. Alle waren heil in Lissabon angekommen, abgesehen von denen, deren Gefangennahme mir bereits bekannt war. Aber nicht alle waren ohne Abenteuer davongekommen.

Die Berichte über die Reise durch Spanien waren so unterschiedlich wie die Berichterstatter. Einige Flüchtlinge hatten Schwierigkeiten mit den Grenzbeamten gehabt. Andere berichteten, daß ihr Gepäck übergründlich durchsucht worden war, wieder andere mußten sich auf den Bahnhöfen von Port-Bou oder Puigcerdá in kleine Kabinen führen lassen und sich ausziehen, weil die Spanier sichergehen wollten, daß sie kein Geld ins Land schmuggeln wollten. Andere wiederum hatten überhaupt keine Schwierigkeiten. Übereinstimmend jedoch berichteten fast alle, daß die Paßkontrollen in den Zügen zwischen der Grenze und Barcelona, zwischen Barcelona und Madrid und noch einmal zwischen Madrid und der portugiesischen Grenze außerordentlich gründlich waren. Diejenigen, die mit falschen Pässen gereist waren, hatten bei jeder Kontrolle Todesängste ausgestanden. In ein oder zwei Fällen mußten hohe Bestechungsgelder gezahlt werden, um einer Verhaftung zu entgehen. Aber kaum jemand war verhaftet worden. Zu den schlimmsten Erfahrungen der Fahrt durch Spanien zählten für die meisten offenbar die Flöhe in den Dritte-Klasse-Abteilen.

Die Erlebnisse an der französischen Grenze waren ebenso unterschiedlich. Viele ließ man mit dem Zug hinüberfahren, obwohl sie kein Ausreisevisum hatten; andere, wie die Werfels und die Manns, wurden gezwungen, über die Berge zu gehen. Einige waren von Wachposten aufgehalten und zurückgeschickt worden; andere, wieder wie die Werfels und die Manns, wurden von ihnen an die spanischen Grenzposten verwiesen. Ein politischer Flüchtling aus Deutschland, der mit einem falschen polnischen Paß gereist war, berichtete, daß man ihm die Ausreise aus Frankreich erst gestattet hatte, nachdem er auf Ehrenwort erklärt hatte, sein Paß sei gefälscht. Dann allerdings durfte er ohne weitere Fragen mit dem Zug nach Spanien fahren. Ein anderer politischer Flüchtling aus Deutschland, der nach mir über die Grenze gekommen war und mich unterwegs überholt hatte, erzählte, daß am Tage, nachdem die Werfels und die Manns den Berg überquert hatten, deutsche Agenten in Cerbère aufgetaucht seien. Er und seine Frau mußten deshalb einen weitaus längeren und schwierigeren Weg gehen und eine Nacht in den Bergen verbringen.

Es war alles sehr verwirrend und Gemeinsamkeiten ließen sich nur schwer feststellen. Offenbar war es in erster Linie eine Frage des Glücks. Abgesehen von den fünf Flüchtlingen, die in Spanien verhaftet worden waren, sprach nichts gegen unsere Annahme, daß für die meisten der Weg durch Spanien der günstigste sei. Ich fuhr nach Marseille zurück und war entschlossener denn je, den Flüchtlingen zu diesem Weg zu raten, ehe es zu spät war.

Zu meinen letzten Erledigungen in Lissabon gehörte der Einkauf von einigen Dutzend Stück Seife. Die Seifenknappheit in Frankreich hatten wir als besonders lästig empfunden. Lena hatte an allen Ecken und Enden meines Gepäcks kleine Notizzettel versteckt, die mich daran erinnern sollten, Seife mitzubringen. Sie hatte sie in allen ihr bekannten Sprachen verfaßt. Als ich in Cerbère meinen Waschbeutel öffnete, fand ich zwar keine Seife, aber einen Zettel mit dem Wort ›savon‹ darauf. Als ich ein sauberes Hemd anzog, flatterte ein kleines Stück Papier auf den Fußboden, und als ich mich danach bückte, las ich das Wort ›sapone‹. Zwischen meinen Taschentüchern fand ich eine Botschaft, die mich an ›soap‹ erinnerte. Ganz vorn in einem Paar Socken fand ich einen Papierschnipsel, der meine Aufmerksamkeit auf den Bedarf an ›jabón‹ lenkte. Ähnliche Merkzettel fand ich auf Deutsch, Polnisch und Russisch. Es handelte sich offenkundig um ein dringendes Bedürfnis.

10

In Madrid gab ich mein Gepäck im Hotel Nacional ab und ging direkt zur Britischen Botschaft. Torr empfing mich sofort.

»So früh habe ich Sie nicht erwartet«, sagte er.

Ich erklärte ihm, was passiert war.

»Das ist schlecht«, sagte er. »Ich fürchte, wir haben nicht mehr viel Zeit. Die Deutschen stehen immer noch mit ihren fünfzehn Divisionen an der Grenze.«

Er stöpselte sein Telefon ein und bat um eine Verbindung mit dem Botschafter. Nachdem er sein Gespräch beendet hatte, zog er den Stecker wieder heraus.

»S. E. kommt in wenigen Minuten«, sagte er.

Wir verbrachten das Warten mit Reden. Nach ein paar Minuten klingelte das Telefon. Torr stöpselte ein und nahm ab. Als er fertig war, zog er den Stecker wieder heraus.

»S. E. erwartet uns.«

Wir gingen die Treppe hinunter in das Zimmer des Botschafters, der gerade seinen Tee genommen hatte. Er war ein Mann von mittlerer Größe, grauhaarig, und ein ganzes Stück älter, als ich ihn mir vorgestellt hatte.

»Major Torr hat mir erzählt, daß Sie uns helfen wollen, unsere Leute aus Frankreich herauszubekommen«, begann er.

Ich bestätigte das.

»Ich fürchte, wir werden ihnen kein Schiff aus Gibraltar schicken können«, sagte der Botschafter. »Ich nehme an, der Major hat Sie bereits informiert, daß die Admiralität sich weigert mitzumachen. Aber Major Torr hat eine Vereinbarung mit den spanischen Behörden getroffen, daß alle unsere Männer, die über die Grenze nach Spanien kommen, freigelassen werden, vorausgesetzt, es handelt sich um entflohene Kriegsgefangene. Sie wissen, daß nach internationalem Recht Kriegsgefangene auf der Flucht nicht in Lager gebracht werden. Glauben Sie, daß Sie unsere Leute über die Grenze bringen können?«

Ich bejahte die Frage, erklärte aber, daß ich primär an politischen Flüchtlingen interessiert sei und daß einige aufgrund ihrer Teilnahme am Spanischen Bürgerkrieg nicht mehr nach Spanien konnten.

»Ich verstehe«, sagte Sir Samuel. »Sie brauchen Schiffe für Ihre Flüchtlinge. Geht es darum?«

Ich nickte.

»Gut«, sagte er. »Ich bin bereit, Ihnen 10 000 Dollar zur Verfügung zu stellen. Sind Sie bereit, unsere Leute über die Grenze zu schaffen und gleichzeitig einen Fluchtweg per Schiff zu organisieren? Wenn es Ihnen gelingt, Schiffe aufzutreiben, können Sie Ihre Flüchtlinge und unsere Leute damit außer Landes bringen. Ich habe nur eine Bedingung: Sie dürfen keine britischen Staatsbürger zusammen mit Spaniern und Italienern auf ein Schiff nehmen. Wir könnten in eine äußerst peinliche Situation geraten, wenn bekannt wird, daß britische Soldaten und politische Flüchtlinge aus Spanien oder Italien zusammen in einem Boot fliehen.«

Damit hatte ich nicht gerechnet. Ich war in die Botschaft

gekommen, um die Engländer zu überreden, Schiffe aus Barcelona zu schicken, die die Flüchtlinge holen und nach Gibraltar bringen sollten. Ich war nicht darauf eingestellt, selbst britischer Agent zu werden, und der Gedanke gefiel mir auch nicht besonders. Das gehörte nicht zu dem Job, den ich für das ›Emergency Rescue Committee‹ übernommen hatte; außerdem konnte es sehr gefährlich werden. Frankreich hatte seine diplomatischen Beziehungen zu Großbritannien bereits abgebrochen und konnte jederzeit zum Kriegsgegner werden. Auch wenn das Schlimmste nicht eintrat, waren doch die Gestapo und die französische Polizei vermutlich sehr viel mehr an meiner Tätigkeit als britischer Agent interessiert als an meinen Unternehmungen zur Rettung politischer Flüchtlinge in der Rolle eines modernen ›Scarlet Pimpernel‹.

Andererseits war ich auf die Hilfe der Engländer angewiesen, wenn ich die italienischen und spanischen Flüchtlinge herausholen wollte. Also ließ ich mich auf den Handel ein. Ich erklärte, warum ich Sir Samuels Vorschlag in dieser Form nur ungern annehmen würde, sagte aber auch, daß ich bereit sei einzuwilligen, sofern er es übernähme, spanische Schiffe zu chartern, die von Barcelona aus an die französische Küste fahren und dort die Flüchtlinge und die britischen Soldaten an Bord nehmen sollten.

Sir Samuel wandte sich an Major Torr.

»Was meinen Sie, Torr?« sagte er.

Torr hatte sich bereits mit dem Gedanken beschäftigt, für diesen Zweck spanische Fischerboote zu mieten. Er hielt es für durchführbar.

»Also gut«, sagte der Botschafter. »Einverstanden. Wir werden versuchen, spanische Fischerboote vor die französische Küste zu schicken, die unsere Leute von dort auf direktem Wege nach Gibraltar bringen. Ich überlasse es Ihnen, die Details mit Major Torr zu besprechen. Ich möchte nur noch hinzufügen, daß sich meine Regierung sicher erkenntlich zeigen wird, wenn es Ihnen gelingen sollte, das Unternehmen erfolgreich abzuschließen.«

Wir gaben uns die Hand, und Torr und ich gingen zurück in sein Büro, um alles Nähere zu besprechen. Er bot mir an, mir das Geld auf der Stelle in Pfundnoten auszuhändigen, aber ich bat ihn, es an das Komitee in New York zu überweisen. So konnte ich das Geld in Frankreich abheben, wenn ich es brauchte, und mußte es nicht über die Grenze schmuggeln oder damit in Spanien herumfahren. Wir vereinbarten, über Lussus Code in Kontakt zu bleiben; ich notierte ihn auf einem Stück Papier und legte es auf Torrs Schreibtisch.

Am nächsten Morgen ging ich noch einmal zur Seguridad, um etwas über meine Gefangenen in Erfahrung zu bringen. Aber ich bekam keine Informationen. Entweder wollte die Seguridad nicht über diese Fälle sprechen, oder die langsam arbeitenden spanischen Behörden hatten ihnen noch immer keinen Bericht zukommen lassen. Wie auch immer, für mich gab es in Madrid offensichtlich nichts mehr zu tun. Ich flog noch am selben Nachmittag nach Barcelona.

Als ich mit Werfels und Manns nach Lissabon fuhr, hatte ich in dem amerikanischen Konsulat in Barcelona vorgesprochen und von den Gefangenen berichtet. Die Beamten versprachen, sich zu erkundigen und gaben mir Namen und Adressen von mehreren Anwälten, die mir ihrer Meinung nach helfen konnten. Als ich jetzt nach Barcelona zurückkam, ging ich noch einmal zum Konsulat und erhielt dort die Information, nach der ich in Madrid vergeblich geforscht hatte. Allen wurde heimlicher Grenzübertritt und Schmuggelei zur Last gelegt. Wahrscheinlich war es ihnen nicht gelungen, sich dem ersten spanischen Grenzposten zu zeigen und so waren sie ohne ›Entrada‹-Stempel auf spanischen Boden gelangt. Im Konsulat war man der Ansicht, daß sie nicht wegen ihrer politischen Aktivitäten in Deutschland, sondern wirklich aufgrund der genannten Grenzformalitäten verhaftet worden waren. Dieser Bericht stimmte den Anwalt, was die Freilassung der Gefangenen betraf, einigermaßen optimistisch. Ich reiste mit dem beruhigenden Gefühl ab, für meine Gefangenen getan zu haben, was ich konnte.

5. Kapitel

Die Tür fällt ins Schloß

I

Der Himmel über Marseille war bedrohlich grau, als ich den Bahnhof verließ, und der Mistral wehte die ersten vertrockneten Blätter der Platanen über den Platz, wo die Straßenbahn endete und ein einsames Taxi auf einen Fahrgast wartete.

Ich traf Lena und Beamish am Boulevard d'Athènes. Wir gingen ins Hotel Splendide und frühstückten zusammen auf meinem Zimmer. Anstelle von Zucker brachte uns der Kellner Sacharin für unseren Kaffee, und statt Kirschen und Sirup, wie einen Monat vorher, bekamen wir jetzt ein braunes, klebriges Zeug – ›confiture de sucre de raisin‹ – ein mit Zucker gesüßtes Gelee aus ausgepreßten Trauben, das bitter schmeckte. Es gab keine Butter und das Brot war alt (es war verboten, frisches Brot zu essen). Der ›Kaffee‹ bestand überwiegend aus gebranntem Korn – das war der sogenannte ›café national‹.

Nach dem Frühstück packte ich meinen Koffer aus und verteilte die Seife, die ich aus Lissabon mitgebracht hatte. Lena bekam drei oder vier Stück, weil sie mich so nachdrücklich daran erinnert hatte.

»Oh, Mr. Fry«, hauchte sie mit großen, freudestrahlenden Augen. »Nur nicht übertreiben.«

Dann berichteten Lena und Beamish, was während meiner Abwesenheit geschehen war. Lena hatte mein Telegramm aus Port-Bou bekommen und die Feuchtwangers in Begleitung eines Vertreters des ›Unitarian Service Committee‹ einige Tage vor meiner Rückkehr nach Lissabon geschickt. Lenas Telegramm hatte ich mißverstanden. Es war nicht so, wie ich angenommen hatte, daß alle Flüchtlinge in Frankreich verhaftet und interniert worden waren. Einige Tage nach meiner Abreise hatte die Sûreté Nationale Breitscheid, Hilferding, Mehring und einen vierten Flüchtling namens Arthur Wolff abgeholt. Ihre Order lautete, alle nach Arles zu bringen und unter Arrest zu stellen. Breitscheid, Hilferding und Wolff waren der Aufforderung gefolgt, Frau Breitscheid und Frau Wolff hatten sie begleitet. Mehring hatte sich durch seine angebliche Krankheit gerettet, aber erst nach einem Kampf mit der Polizei, in dem Lena die Hauptrolle gespielt hatte.

Niemand konnte sich das Vorgehen der Polizei erklären – sollte die Aktion dazu dienen, diese Männer daran zu hindern, »die gesamte deutsche Emigration durch ihr Verhalten in Gefahr zu bringen«, wie Barellet behauptet hatte, oder gab es andere, unheilvollere Gründe? Die Erklärung der beiden Sûreté-Beamten, die Mehrings wegen ins Hotel Splendide gekommen waren, enthielt einen höchst beängstigenden Hinweis. Sie hatten ihm gesagt, es täte ihnen sehr leid, aber sie hätten ihre Anweisungen aus Vichy und von »Ihren Landsleuten« – womit sie wohl die Nazis meinten.

Aber das war noch nicht alles. Die Präfektur hatte auch den amerikanischen Konsul bestellt und Beunruhigung über »die Aktivitäten von Dr. Bohn und Mr. Fry« zum Ausdruck gebracht. Man hatte sich auch über Lowries Tätigkeit bezüglich der tschechischen Soldaten beschwert und Vochoč gewarnt, keine falschen Pässe mehr auszugeben. Lowrie hatte daraufhin seine illegalen Aktivitäten eingestellt, und Vochoč hatte beschlossen, keine falschen Pässe mehr in Umlauf zu bringen.

Trotz dieser Vorkommnisse waren Lena und Beamish der Meinung, daß ich bleiben müßte. Ohne den Schutz eines Amerikaners, so meinten sie, würde man sie bald verhaften und in ein Internierungslager stecken. Das wäre das Ende unserer Arbeit. Unser Auftrag war aber keineswegs erledigt. Wir hatten noch nicht einmal all die Flüchtlinge, die wir bereits vor Wochen ausfindig gemacht hatten, aus Frankreich herausgebracht. Und jeden Tag tauchten neue auf, die auf unseren Listen standen. Irgendwie mußten wir ihnen die Flucht aus Frankreich ermöglichen.

2

In den nächsten Tagen überschlugen sich die Ereignisse. Rückblickend kommt es mir so vor, als sei alles gleichzeitig passiert.

Als erstes ließ ich das Bürotelefon austauschen. Den Postbeamten sagten wir, wir müßten von allen Räumen aus telefonieren können. Sie kamen, legten Steckdosen und versahen die Telefonschnur mit einem Stecker. Was wir wollten, war eine Anlage, wie ich sie bei den Engländern in Madrid gesehen hatte. Wir wollten die Möglichkeit haben, das Telefon zwischen zwei Gesprächen auszustöpseln. Als alles fertig war, achteten wir sehr sorgfältig darauf, daß der Stecker nach jedem Telefonat herausgezogen wurde. Im Splendide, wo wir schwerlich um solche Umbauten bitten konnten, deckten wir einen Hut über das Telefon (auf einem kleinen Holzkasten an der Wand), wenn wir über Angelegenheiten sprechen wollten, die die Polizei nichts angingen. In regelmäßigen Abständen durchsuchten wir sowohl das Büro als auch mein Hotelzimmer nach Abhörgeräten.

Dann ging ich zum amerikanischen Konsulat und sprach mit dem Generalkonsul. Er riet mir, Frankreich sofort zu verlassen, wenn ich nicht verhaftet oder ausgewiesen werden wollte. Er wollte mir nicht sagen, was er von der Präfektur wußte, und er wollte mir auch nicht den Bericht zeigen, den er an das State Department gekabelt hatte, während ich in Spanien war. Aber er zeigte mir die Antwort des Außenministeriums, in der es unzweideutig hieß: »DIESE REGIERUNG KANN DIE DR. BOHN UND MR. FRY SOWIE IHREN MITARBEITERN NACHGESAGTEN AKTIVITÄTEN, DIE DIE GESETZE VON LÄNDERN UMGEHEN, ZU DENEN DIE USA FREUNDSCHAFTLICHE BEZIEHUNGEN UNTERHALTEN, NICHT BILLIGEN.«

Ich telegrafierte an die Botschaft in Vichy und bat darum, jede weitere Entscheidung bis zu meiner Anhörung zurückzustellen. Alles, was ich zur Antwort bekam, war eine Nachricht des Geschäftsträgers, die telefonisch an das Konsulat übermittelt wurde. Darin bestätigte der Geschäftsträger den Erhalt meines Telegramms und teilte mir mit, daß es keinen Sinn habe, nach

Vichy zu kommen, »da vor über einer Woche ein Bericht an das State Department gegangen sei, der die Informationen beinhalte, um deren Weitergabe die Präfektur das Konsulat gebeten habe; weitere Schritte würden nicht in Betracht gezogen«.

Ich beschloß, trotzdem nach Vichy zu fahren. Es stellte sich jedoch heraus, daß ich nur auf Antrag des Konsulats oder der Botschaft einen ›sauf conduit‹ bekommen konnte. Dazu war weder das Konsulat noch die Botschaft bereit. Auch meine Bitte, dem Außenministerium die Angelegenheit aus meiner Perspektive darstellen zu dürfen, beschied der Konsul abschlägig. Er vertrat den Standpunkt, die Sache sei entschieden, und nichts, was ich jetzt noch sagen würde, könnte daran etwas ändern.

3

Während ich mich vergeblich bemühte, mir Klarheit über meine tatsächliche Lage zu verschaffen, versuchte ich gleichzeitig, soviel wie möglich für die Flüchtlinge zu erreichen. Aber das Glück war gegen mich. Zwar bekamen wir in jenen letzten Septembertagen eine ganze Menge Leute heraus, aber es gab auch viele Enttäuschungen und Rückschläge.

Wie bereits erwähnt, hatte Beamish in Erfahrung gebracht, daß der Honorarkonsul von Litauen in Aix-en-Provence, ein Franzose, litauische Pässe verkaufte und bereits eine beträchtliche Anzahl an Franzosen abgegeben hatte, die sich de Gaulle anschließen wollten. Ein paar Tage lang glaubten wir, daß diese Papiere die tschechischen Pässe ersetzen könnten. Die Papiere waren gut. Da Litauen ein neutrales Land war, konnte es in Spanien keine Schwierigkeiten geben, auch nicht für Männer im wehrpflichtigen Alter. Wir kauften einige für unsere Schützlinge, aber noch bevor sie die für diese Pässe nötigen Visa bekommen hatten, stoppte Portugal die Ausgabe von Transitvermerken auf Visa für China, Siam und Belgisch-Kongo. Damit waren wir wieder aufgeschmissen, der Schritt Portugals machte zudem den Wert der tschechischen Pässe zunichte, die Vochoč vor meiner

Abreise nach Portugal ausgegeben hatte – es sei denn, sie enthielten bereits das spanische und portugiesische Visum mit Gültigkeitsdatum. Das war allerdings selten der Fall.

Nun mußten wir doch auf Drach und seine dänischen und holländischen Pässe zurückgreifen. Aufgrund unserer Notlage mußten wir unsere Bedenken gegen Geschäfte mit ihm zurückstellen und ihm ein paar seiner hübschen kleinen leinengebundenen Büchlein abkaufen. Der Honorarkonsul von Panama in Marseille gab uns darauf panamesische Visa – gegen das feierliche Versprechen, daß sie nie zur Einreise nach Panama benutzt werden würden. Wir versprachen dem Konsul sogar, daß wir jeden Flüchtling, der eines seiner Visa bekam, anweisen würden, sich zu seiner weiteren Betreuung bei einer bestimmten Person in Lissabon zu melden. Diese Person würde dann, so sagten wir dem Konsul, anstatt weiterzuhelfen, ein »cancelado« – ungültig – auf das Visum stempeln und dem verwirrten Flüchtling seinen Paß zurückgeben. Dieses Arrangement amüsierte den Konsul von Panama, einen französischen Schiffsmakler namens Figuière, gewaltig. In Wahrheit vertrauten wir natürlich unseren Flüchtlingen und mußten nicht zu solchen Tricks greifen, um sie an einer Einreise nach Panama zu hindern. Sie waren in der Regel schon zufrieden, wenn sie überhaupt bis Lissabon kamen.

Ein paar Tage lang konnte man noch portugiesische Visa auf die Visen für Panama bekommen. Kurz danach gab es wieder neue Richtlinien, und die panamesischen Visa waren nun genauso wertlos wie die siamesischen und die chinesischen.

Kaum war ich wieder in Marseille, erfuhren wir, daß sich Georg Bernhard und seine Frau in Narbonne aufhielten. Bernhard war einer der drei Männer, die, laut Barellet, von der Gestapo gesucht wurden. Wir schickten Ball nach Narbonne, um die Bernhards nach Marseille zu holen. Wir wollten sie so schnell wie möglich durch Spanien bringen. Wir versteckten sie in einem der Hotels, die ›maisons de passe‹ genannt werden und in Frankreich eine vergleichbare Funktion wie die Touristenlager in den USA haben. Der Eigentümer hielt die Bernhards für ein etwas betagtes Liebespaar, das noch einmal eine heimliche Romanze auskosten wollte, und übersah geflissentlich die Anmeldeformalitäten. Auf dem Konsulat warteten amerikanische Visa auf sie, und wir wollten ihnen irgendwelche falschen Pässe besorgen, mit denen sie sicher nach Lissabon gelangen konnten – als wieder einmal alle Bestimmungen geändert und falsche Pässe als Reisepapiere nahezu wertlos wurden.

Wir versuchten, auch Mehring herauszubekommen. Er hatte immer noch sein amerikanisches ›affidavit‹. Aber nach allem, was geschehen war, mußten wir ihm Recht geben, daß er die Reise durch Spanien nicht unter seinem richtigen Namen riskieren und auch nicht mehr ohne Erlaubnis durch Frankreich reisen konnte. Deshalb beschlossen wir, ihm einen litauischen Paß zu kaufen, der auf einen Phantasienamen ausgestellt war, und versuchten, einen ›sauf conduit‹ für einen nahe der spanischen Grenze gelegenen Ort zu bekommen.

Für den Paß brauchten wir Fotos, und das erwies sich als Problem. Jeder andere hätte in den Photomaton-Laden in der Rue St. Ferréol gehen und sich in wenigen Minuten für zehn Francs Fotos machen lassen können. Aber Mehring war ja angeblich zu krank, um das Bett zu verlassen. Tatsächlich zog er sich jeden Tag an und kam oft hinauf in mein Zimmer, wo wir ihn nach deutschen Flüchtlingen befragten, die uns um Hilfe gebeten hatten. (Später nahmen wir ihn in unser ›comité de criblage‹ oder Sichtungskomitee auf, das die für einen Antragsteller geeigneten Maßnahmen im Einzelfall diskutierte und beschloß.) Zu den Mahlzeiten ging er immer wieder zurück auf sein Zimmer. Wenn er im Sessel sitzend von einem Klopfen an der Tür überrascht wurde, sprang er hastig ins Bett und zog sich seine Decke so weit über die Ohren, daß unten oft die Schuhe herausschauten – zum Erstaunen der Kellner und Zimmermädchen.

Einmal wohnte ein deutscher Offizier in dem Zimmer neben Mehring. Er war nach Marseille gekommen, um an dem Staatsbegräbnis teilzunehmen, das Vichy für die deutschen Mitglieder der Waffenstillstandskommission angeordnet hatte, die bei einem Flugzeugunglück ums Leben gekommen waren. In dieser Zeit ging ein deutscher Wachposten Tag und Nacht mit geschultertem

Gewehr auf dem Flur vor Mehrings Tür auf und ab. Damals blieb er im Bett, und eine Zeitlang dachten wir, er würde tatsächlich sterben.

Sonst aber verbrachte er die meiste Zeit in meinem Zimmer. Wir wagten es jedoch nicht, ihn auf die Straße zu lassen. Wir hatten Angst, der Schwindel, der ihn davor bewahrt hatte, nach Arles geschickt zu werden, könnte auffliegen. Andererseits war es auffällig und ebenso verdächtig, wenn wir einen Fotografen ins Hotel bitten würden. Schließlich fanden wir unter den Flüchtlingen einen vertrauenswürdigen Fotografen. Doch bevor wir Mehrings Transitvisa hatten, schloß Spanien seine Grenze.

4

Ich erinnere mich noch genau an diesen furchtbaren Tag. Ich ging wie jeden Morgen hinunter in mein Büro. Dem aufgeregten Stimmengewirr, das mir aus dem kleinen Wartezimmer entgegendrang, entnahm ich, daß etwas nicht stimmte. Mein erster Gedanke war eine neuerliche Razzia.

Als ich mir einen Weg in mein Büro zu bahnen versuchte, hielten mich die Flüchtlinge am Arm fest und fragten, ob ich die Neuigkeit schon gehört hätte.

Die spanische Grenze war geschlossen, kein Schiff lief mehr von Marseille aus (abgesehen von den französischen in Richtung Oran und Algier): das sah wirklich wie das Ende aus. Nicht einmal mehr über das Mittelmeer kam man ohne Sondergenehmigung, und die wurde Ausländern fast nie und Franzosen auch nur dann gewährt, wenn sie einen Posten in Vichy bekleideten. Jetzt, so schien es, saßen die Flüchtlinge wirklich in der Falle. Sie saßen in Frankreich fest wie Vieh in einem Schlachthaus. Die Gestapo brauchte nur zu kommen und sie zu holen. Es gab keine Fluchtmöglichkeit mehr.

Ganz so schlimm, wie es an diesem ersten Tag aussah, wurde es nicht, aber die Flüchtlinge waren einige Wochen in panischer Angst. Während dieser Zeit öffneten und schlossen die Spanier ihre Grenze vollkommen willkürlich, manchmal nur für ein paar

Stunden am Tag, manchmal sogar einen ganzen Tag lang. Es ließ sich nicht voraussagen und man konnte nie wissen, ob die Grenze vielleicht zum letzten Mal geöffnet wurde. Man kann sich kaum etwas Grausameres ausdenken, um Menschen zu quälen. Jedes Öffnen der Grenze erweckte neue Hoffnungen, die durch jede neuerliche Schließung wieder zerstört wurden.

Am ersten Oktober erhielt dann der portugiesische Konsul neue Anweisungen. Künftig konnte er nicht mehr selbst über die Vergabe von Transitvisa entscheiden, sondern mußte alle Daten nach Lissabon telegrafieren. Vorher mußte man ihm ein echtes Überseevisum und Belege vorweisen, aus denen zweifelsfrei hervorging, daß eine Schiffspassage ab Lissabon voll bezahlt und für einen bestimmten Tag gebucht war. Diese Informationen wurden in Lissabon durch die portugiesische »internationale« Polizei überprüft, und zwar mit der romanischen oder vielmehr iberischen bürokratischen Gemächlichkeit. Stimmten die Angaben, so erteilte die portugiesische Polizei ein paar Tage, bevor das Schiff Lissabon verlassen sollte, dem Konsul telegrafisch die Genehmigung, ein Visum auszustellen.

Kurze Zeit nach den Änderungen des portugiesischen Reglements erhielt der spanische Konsul ähnliche Anweisungen aus Madrid. Nun mußte auch er erst an seine Regierung telegrafieren und einen Bescheid abwarten, bevor er ein Transitvisum ausstellen konnte. Bei Bewerbern im wehrpflichtigen Alter aus Ländern, die mit Deutschland im Krieg lagen, telegrafierte er gar nicht erst.

Die neuen Bestimmungen machten es nun fast unmöglich, einen kompletten Satz gültiger Visa zu bekommen. Man konnte ein spanisches Transitvisum erst beantragen, wenn man das portugiesische Visum bereits hatte. Wenn dann auch das spanische Visum erteilt wurde, war das portugiesische im allgemeinen schon wieder abgelaufen. Das bedeutete: das Schiff lief ohne den Antragsteller aus, er mußte neu buchen, auf einem anderen Schiff, und wieder ganz von vorn anfangen. Auf unabsehbare Zeit konnten nur noch diejenigen Frankreich verlassen, die bereits vor Ende September beide Transitvisa bekommen hatten – und Amerikaner, für die es Sonderregelungen gab.

In dieser Situation wirkte es wie eine Ironie, daß Frankreich nun seinerseits eine Neuregelung bei der Vergabe von Ausreisevisa bekanntgab. Bisher mußten alle Ausreiseanträge den Behörden in Vichy vorgelegt werden, die sie, so hieß es, der deutschen Waffenstillstandskommission in Wiesbaden zur Entscheidung zuleitete. Das war das letzte, was man von den Anträgen hörte. Jetzt konnten die örtlichen Präfekturen Visa ohne den Umweg über Vichy und Wiesbaden ausgeben, allerdings nur für Angehörige neutraler Nationen wie Rußland und Rumänien. Die Regelung galt sogar für Polen, die in dem von den Deutschen nicht besetzten Teil des Landes geboren waren. Von dieser Neuregelung konnte aber praktisch niemand profitieren, denn ein französisches Ausreisevisum war nichts wert ohne portugiesische und spanische Transitvisa, und die waren lange Zeit so gut wie gar nicht zu haben.

5

Der Generalkonsul warnte mich immer wieder, daß ich jeden Tag mit meiner Ausweisung rechnen mußte – falls ich Glück hatte und nicht verhaftet und vor Gericht gestellt wurde. Aber noch saßen vier Freunde von Paul Hagen im Lager von Vernet, denen zu helfen Hagen mich inständig gebeten hatte. Ich wollte nicht abreisen, bevor ich sie aus Frankreich gebracht hatte.

Als erstes mußten wir sie natürlich aus Vernet herausholen. Wir hatten dem Lagerkommandanten im Namen des Komitees geschrieben, Harry Bingham hatte uns in seiner Eigenschaft als Konsul mit Briefen und Telegrammen unterstützt – ohne Erfolg. Also blieben uns nur mehr zwei Möglichkeiten, die wir noch nicht versucht hatten: Flucht und weibliche List.

Eine Flucht aus Vernet war extrem schwierig. Da Vernet das Lager für »unerwünschte Personen« war, wurde es schärfer als alle anderen Internierungslager bewacht. Es war von einem hohen Stacheldrahtzaun umgeben; der Teil, in dem Pauls Freunde gefangen gehalten wurden, war sogar doppelt eingezäunt. Die

Wachmannschaften bestanden aus altgedienten, bewaffneten Soldaten. Sie wurden für jeden Ausbruch persönlich haftbar gemacht und hatten Anweisung, gezielt zu schießen.

Der Einsatz von weiblicher List schien weniger riskant, zumal wir in Mary Jayne Gold eine reizvolle Frau hatten, die für unseren Plan wie geschaffen war. Die gesellige Miriam hatte Mary Jayne in Toulouse kennengelernt. Sie war jung, blond und schön – eine jener legendären Amerikanerinnen, die in den guten alten Zeiten in Frankreich gelebt hatten. Sie besaß ein großes Apartment in Paris und eine ›Vega Gull‹, einen Eindecker, mit dem sie kreuz und quer durch Europa gondelte – in die Schweiz zum Skilaufen und an die Italienische Riviera zum Sonnen. Bei Kriegsbeginn hatte sie das Flugzeug der französischen Regierung zur Verfügung gestellt. Wir hätten schwerlich eine geeignetere Frau für den Plan finden können, der uns vorschwebte.

Miriam redete mit Mary Jayne, und Mary Jayne sagte zu. Kurz nach meiner Rückkehr aus Lissabon fuhr sie nach Vernet, traf den Lagerkommandanten und siegte, wo vorher jeder versagt hatte. Die vier Männer bekamen die Erlaubnis, in Begleitung von zwei Wachsoldaten nach Marseille zu fahren, um dort ihre amerikanischen Visa in Empfang zu nehmen. Anschließend sollten sie ins Lager zurückkehren.

Aber Beamish und ich hatten eigene Pläne. Wir wollten sie durch Spanien schicken. Wir hofften, sie würden Lissabon erreicht haben, bevor die Wachsoldaten die Flucht bemerkten und Alarm schlagen konnten.

Zunächst ging alles gut. Die vier Männer kamen nach Marseille, gingen aufs amerikanische Konsulat und bekamen dank Harry Bingham noch am selben Tag ihre amerikanischen Visa. Aber bevor wir ihnen portugiesische und spanische Transitvisa beschaffen konnten, war die spanische Grenze schon wieder geschlossen. Wir mußten eine andere Möglichkeit finden – oder sie nach Vernet zurückgehen lassen. Welches Schicksal sie dort erwartete, konnten wir nur ahnen.

Mit viel Glück hatte Beamish bei seinen Nachforschungen im Hafen ein Schiff aufgetan. Es war eine Jacht mit dem Namen

›Bouline‹. Ein paar französische Gaullisten hatten sie gerade gekauft und wollten damit nach Gibraltar. Sie nahmen zwei polnische und zwei belgische Offiziere sowie den früheren Besitzer als Kapitän mit. Der Skipper war ein alter Seefahrer aus Marseille und seinem Stand entsprechend nur bedingt patriotisch. Als wir ihn fragten, warum er sein Boot verkauft habe und es allen Verboten aus Vichy zum Trotz nach Gibraltar bringen wolle, antwortete er: »Je fais ça pour l'honneur de la patrie et pour assurer ma vieillesse. – Das mache ich zur Ehre des Vaterlandes und für meine Altersvorsorge.«

Obwohl sein Boot eigentlich für 15 Personen gebaut war und er bereits 17 Passagiere hatte, sich selbst nicht eingerechnet, erklärte er sich bereit, auch noch unsere vier Flüchtlinge mitzunehmen – zu einem Preis, der seinem Land zwar kaum zur Ehre gereichte, aber zweifellos erheblich zu einer soliden Altersversorgung beitrug.

Die vier Männer aus Vernet konnten ihre Bewacher einen Abend lang abschütteln. Sie gaben ihnen Geld und empfahlen ihnen, sich damit zu amüsieren. Wir verabredeten uns mit ihnen in einem Bordell in der Rue Dumarsais, um ihnen von der ›Bouline‹ zu erzählen und uns zu erkundigen, ob sie das Risiko der Fahrt auf sich nehmen wollten. Wir wählten ein Bordell als Treffpunkt, weil es gefährlich sein konnte, wenn man uns zusammen in einer Bar oder einem Restaurant gesehen hätte. Das Büro oder das Hotel schieden aus diesem Grund von vornherein als Treffpunkt aus. Bei dem Bordell handelte es sich um ein billiges, ordinäres Etablissement. Man saß an kleinen Tischen in einem großen Raum im zweiten Stock, trank, konnte die obszönen Wandmalereien betrachten, Bekanntschaft mit den Mädchen schließen und, nach Wunsch, mit ihnen in die oberen Schlafzimmer gehen.

In der traurigen Atmosphäre dieser schäbigen Vergnügungen saßen wir, umgeben von Soldaten und Prostituierten, mit vier deutschen Nazigegnern zusammen und besprachen nüchtern und mit leiser Stimme, welche Möglichkeiten wir hatten, ihr Leben zu retten. Das machte uns verdächtig und so blieben wir nicht lange allein. Die Mädchen versuchten ständig, sich auf unseren Schoß zu setzen und uns durchs Haar zu fahren und waren verblüfft, daß wir fast kein Interesse an ihnen hatten. Alle vier Flüchtlinge hatten seit mehr als einem Jahr keine Frau gehabt – nicht einmal gesehen, bis sie in Vernet den Zug bestiegen – aber sie hatten zuviel Angst um ihre Zukunft, als daß sie die Angebote der Mädchen hätten wahrnehmen können. Einer von ihnen zögerte lange.

»Die Versuchung ist groß«, sagte er schließlich. »Aber ich glaube nicht, daß ich könnte. Ich bin zu aufgeregt.«

Damit wir nicht zu sehr auffielen, entschloß sich Beamish, mit einem der Mädchen nach oben zu gehen.

»Ich werde mich opfern«, sagte er und verließ den Raum mit einer Bereitwilligkeit, die seine Worte Lügen strafte.

Während Beamish oben war, hatten wir jeder ein Mädchen auf dem Schoß, tranken billigen Kognak und diskutierten die Chancen und Risiken des Unternehmens ›Bouline‹. Wir unterhielten uns auf Deutsch und Englisch, weil die Mädchen diese Sprachen nicht verstanden.

Als eine merkte, daß wir Deutsch redeten, fragte sie, ob wir ›Boches‹ seien.

»Nein«, antwortete ich. »Wir sind Amerikaner. Wie kommst du darauf, daß wir ›Boches‹ sein könnten? Sind viele ›Boches‹ in Marseille?«

»Oh ja«, sagte sie. »Viele. In der Waffenstillstandskommission. Aber sie kommen meistens tagsüber, wenn nicht so viele Kunden hier sind.«

Als Beamish wieder herunterkam, hatten sich die vier Flüchtlinge entschieden: sie wollten ihr Schicksal lieber dem Meer anvertrauen als noch länger in Pétains Frankreich zu bleiben.

6

Kurz bevor die ›Bouline‹ auslief, lud Harry Bingham mich zu einem Essen mit Capitaine Dubois in seine Villa ein. Capitaine Dubois gehörte zum Marseiller Stab der Sûreté Nationale. Er war zwar ein Vichy-Polizist, hatte aber keine Ressentiments gegenüber England und Amerika. Harry glaubte, daß es für mich nützlich sein könnte, ihn zu kennen.

Harry hatte recht. Dubois war der erste französische Beamte, der mit meinem Fall vertraut und dennoch bereit war, mit mir darüber zu reden. Als ich ihn fragte, was die Polizei eigentlich gegen mich hätte, antwortete er mit einem verschlagenen Lächeln, das ich nicht recht zu deuten wußte: »Sie schmuggeln Leute aus dem Land.«

»Sonst nichts?« fragte ich.

»Doch. Sie arbeiten mit ausländischer Währung.«

»Ist das alles?«

»Ja, das ist alles.«

»Ist es ernst?«

»Wie meinen Sie das: ernst?« fragte er.

Ich erzählte ihm, was der Generalkonsul gesagt hatte.

»Das ist übertrieben«, meinte Dubois.

Dubois kannte auch den Hafen sehr gut. Er wußte zum Beispiel alles über Bohns Schiff, und sagte, daß er Bohn, wenn er ihn gekannt hätte, geraten hätte, das Projekt fallenzulassen, lange bevor die italienische Waffenstillstandskommission davon Wind bekommen habe. Der Hafen und die Küste würden inzwischen so streng kontrolliert, daß es nahezu unmöglich geworden sei, mit dem Boot zu fliehen.

»Nehmen Sie zum Beispiel eine Jacht wie die ›Bouline‹«, sagte Dubois in seinem schweren Marseiller Dialekt. »Sie hat ein halbes Dutzend Mal den Besitzer gewechselt. Dennoch hat sie ihren Ankerplatz nie verlassen können. Und solange der Krieg dauert, wird es voraussichtlich auch nicht mehr dazu kommen.«

Ich sprach sofort mit Beamish, der diese Information an den Kapitän, die belgischen Offiziere und die vier Flüchtlinge weitergab. Der Kapitän leugnete, daß das Boot früher schon einmal verkauft worden sei, sagte, er wisse, daß der Hafen streng bewacht werde, und versprach, daß es ihm trotzdem gelingen werde, den Hafen zu verlassen. Die belgischen Offiziere holten auf eigene Faust Erkundigungen ein und kamen zu fast demselben Ergebnis.

Die Flüchtlinge schlossen sich der Meinung der belgischen Offiziere an. Der Hafen stand unter so scharfer Bewachung, daß wir nicht einmal das Boot selbst in Augenschein nehmen konnten. Wir mußten den Worten der anderen Glauben schenken, daß es seetüchtig war und auslaufen konnte, wenn die Zeit gekommen war.

Glücklicherweise war es bald soweit, denn die Wachsoldaten aus Vernet wurden unruhig. Es wurde immer schwieriger, Ausreden zu erfinden, die eine Verlängerung des Aufenthalts in Marseille plausibel machten. Zum Glück hatten die Wachsoldaten eine Schwäche für Frauen und Alkohol; wenn man ihnen das nötige Geld gab, war es relativ leicht, sie zu einer Nacht im Bordell zu überreden. In der Nacht, als die ›Bouline‹ endlich auslief, waren sie so betrunken, daß sie überhaupt nichts mitbekamen.

Als Beamish gegen zwei Uhr morgens ins Splendide kam und berichtete, die Jacht sei tatsächlich ausgelaufen, empfand ich gleichzeitig Befriedigung und Entsetzen. So muß sich ein Mann fühlen, der gerade einen verhaßten Rivalen umgebracht hat. Aber immerhin waren Pauls Freunde endlich rausgekommen. Die Frage war jetzt, wie wir Vergeltungsmaßnahmen von uns abwenden konnten. Wenn die Wachsoldaten erst einmal wieder nüchtern waren und entdeckten, daß ihre Gefangenen verschwunden waren, würden sie sicher zur Polizei gehen. Die Polizei würde Nachforschungen anstellen, und diese Untersuchung würde sie direkt zu uns führen.

7

Es muß etwa vier oder fünf Tage später gewesen sein, als Ball mit der Neuigkeit hereinplatzte. Er kam gerade aus Narbonne zurück. Beim Verlassen des Zuges hatte er die vier Flüchtlinge auf einem anderen Bahnsteig gesehen – aneinandergekettet und schwer bewacht. Obwohl Ball beteuerte, er könne sich nicht geirrt haben, wollten wir es nicht glauben. Wir beauftragten unseren korsischen Anwalt, Nachforschungen anzustellen. Sehr bald mußten wir erfahren, daß Ball sich nicht geirrt hatte.

Die ›Bouline‹ war trotz der strengen Bewachung des Hafens und Dubois' Warnung ohne Schwierigkeiten aus dem Hafen entkommen. Die ganze Nacht und den nächsten Tag war sie gesegelt. Gegen Abend war sie in einen Sturm geraten. Der Wind zerriß die Segel, die Wellen peitschten über das Deck. Bei Einbruch der Nacht war die Jacht manövrierunfähig und hatte schwere Schlagseite. Die Hälfte der Passagiere war so seekrank, daß es ihnen gleichgültig war, ob sie lebten oder starben. Die anderen bedienten die Pumpe, bis sie streikte. Danach schöpften sie das Boot mit Eimern aus.

Gegen Morgen ließ der Sturm nach, ein ruhiger, klarer Tag brach an. Pauls Freunde wollten die Fahrt um jeden Preis fortsetzen, wenn schon nicht nach Gibraltar, dann wenigstens nach Spanien oder Korsika. Aber alle anderen hatten die Nase voll. Die Seekrankheit hatte sie unempfindlich gemacht für Argumente, die sich auf Ehre und Anstand beriefen. Sie ignorierten die Einwände und weigerten sich, zur Kenntnis zu nehmen, welche Konsequenzen ihre Entscheidung für die politischen Flüchtlinge haben würde. Gegen halb neun Uhr morgens drehte der Kapitän bei und fuhr nach Marseille zurück.

Gegen Mittag wurden sie von einem französischen Küstenwachschiff aufgebracht, das sie nach Port de Bouc schleppte, einen kleinen Hafen westlich von Marseille. Dort wurden sie verhaftet. Jetzt saßen sie in Aix-en-Provence und warteten auf ihren Prozeß wegen unerlaubter Flucht aus Frankreich. Ball hatte sie gesehen, als sie vom Zug in den Bus nach Aix gebracht wurden.

Wir heuerten ein Heer von Anwälten zu ihrer Verteidigung an und stellten uns darauf ein, ein weiteres Heer zu unserer eigenen Verteidigung engagieren zu müssen. Aber nach drei Monaten Untersuchungshaft wurden die vier Männer zu einem Monat Gefängnis verurteilt und weil sie bereits dreimal so lange gesessen hatten, sofort freigelassen. Doch die Behörde in Vichy protestierte gegen das Urteil. Sie schickte sie alle nach Vernet zurück, diesmal unter beträchtlich schärferer und verläßlicherer Bewachung als auf ihrem Weg nach Marseille. Unsere Verbindung zu ihrem Fluchtversuch wurde nicht erwähnt. Wenn die Polizei einen Verdacht hatte, so hatte sie ihn nicht geäußert.

8

Während dieser Zeit wurden Bohn und ich fast täglich aufs Konsulat bestellt und gefragt, wann wir Frankreich endlich zu verlassen gedächten. Wir bekamen auch Telegramme von unseren Verwandten, Freunden und Arbeitgebern in den USA, die uns drängten zurückzukommen. Bohn gab dem Druck nach und verließ Marseille Ende der ersten Oktoberwoche. Ich blieb. Mit Mehring im Bett, den Bernhards in einer Absteige und Pauls Freunden hinter Gittern durfte ich nicht wegfahren, egal mit welchen Mitteln man Druck auf mich ausübte.

Es gab noch einen anderen Grund, warum ich blieb. Ein Freund von Charlie aus dem Amerikanischen Sanitätskorps hatte einen Vetter in der deutschen Armee. Der Vetter von Charlies Freund war in Paris stationiert. Er veranlaßte einen befreundeten deutschen Offizier, Charlies Freund in Marseille anzurufen. Unter anderem sprachen sie über mich.

»Klar, wir wissen alles über Fry«, sagte der deutsche Offizier zu ihm. »Wir wissen, daß er versucht, unsere politischen Feinde aus Frankreich herauszubringen. Das macht uns keine Sorgen. Wir sind sicher, daß es ihm nicht gelingen wird.«

Diese Herausforderung war schwer zu ignorieren, und ich beschloß, ihnen zu zeigen, daß sie sich irrten. Trotzdem ersuchte ich um portugiesische und spanische Transitvisa, telegrafierte nach New York und bat unser Büro noch einmal dringend, jemanden für mich herüberzuschicken, bevor es zu spät war. Es hätte mich keineswegs enttäuscht, wenn er am nächsten Tage aufgetaucht wäre.

In der Nacht vor seiner Abreise bat mich Bohn, seine Arbeit in Frankreich zu übernehmen, und ich willigte ein. Lena fuhr mit ihm nach Cerbère. Sie hatte einen polnischen Paß und ihre portugiesischen und spanischen Transitvisa gerade noch bekommen, bevor die Bestimmungen geändert worden waren. Bohn überquerte die Grenze mit dem Zug und nahm Lenas Gepäck mit, Lena ging über den Berg. Aber die Spanier schickten sie wieder zurück. Seitdem die neuen Bestimmungen in Kraft waren, so sagten sie, würden sie keine Polen mehr nach Spanien lassen, weder Männer, noch Frauen, noch Kinder.

Ein paar Tage nach Bohns Abreise kam sein Assistent, der junge deutsche Sozialist Bedrich Heine, in unser Büro in der Rue Grignan, um uns über seine Leute zu informieren und uns hinsichtlich unserer Leute zu beraten. Bisher war ich nur für die Intellektuellen, die Katholiken, die jüngeren Sozialisten und die Engländer verantwortlich gewesen. Jetzt kamen Breitscheid, Hilferding, Modigliani und all die älteren Führer der verschiedenen europäischen Arbeiter- und Sozialistenorganisationen hinzu.

6. Kapitel

Das Phantom-Schiff

I

Als Lena die Grenze überqueren wollte, waren Gestapoagenten in Cerbère, und als sie nach Marseille zurückkam, wurde Gestapoführer Heinrich Himmler in Madrid gefeiert.

Wir wußten nicht, was Himmlers Besuch in Madrid bedeutete, aber wir ahnten es. Die Anwesenheit von Gestapoagenten auf der französischen Seite der Grenze, das Schließen der spanischen Grenze, die neuen Bestimmungen, die den spanischen Konsul verpflichteten, vor Ausgabe der Visa die Namen aller Antragsteller nach Madrid zu telegrafieren – all dies konnte nur heißen, daß Berlin sich nun doch entschlossen hatte, sein Augenmerk verstärkt auf die Flüchtlinge in Frankreich zu richten.

Aus Gründen, die wir nicht kannten, hatte die Gestapo uns mehr als sechs Wochen Zeit gelassen, die Flüchtlinge herauszuschleusen. Wir konnten uns den Aufschub nicht erklären, aber wir waren dankbar dafür und hatten ihn genutzt. Jetzt wußten wir, daß die Gnadenfrist vorbei war.

Die neuen spanischen Visabestimmungen gaben in besonderem Maße Anlaß zur Beunruhigung. Verglichen damit war es einleuchtend, daß die Portugiesen ein Interesse daran hatten, daß niemand mit einem Transitvisum in Portugal hängenblieb, weil entweder sein Überseevisum nicht echt war oder weil es zu wenig Schiffspassagen in die westliche Hemisphäre gab. Um das Verhalten der Portugiesen zu verstehen, mußte man nicht lange nach politischen Gründen suchen. Ihr Land war randvoll mit gestrandeten Flüchtlingen und sie wollten keine weiteren mehr. Das war alles.

Das Verhalten der Spanier war jedoch völlig anders zu beurteilen. Sie wußten genausogut wie wir, daß kein Flüchtling in Spanien bleiben würde, wenn er es irgend vermeiden konnte. Für die meisten war Spanien eher noch schrecklicher als Frankreich, und sie durchquerten es, so schnell sie nur konnten.

Um Spaniens Verhalten plausibel zu machen, mußte man nach politischen Gründen suchen. Himmlers Besuch in Madrid schien das nur zu bestätigen. Wir waren überzeugt, daß jeder nach Madrid telegrafierte Antrag von der Gestapo überprüft und kein Visum gewährt wurde, bevor nicht die Gestapo ihre Einwilligung gegeben hatte.

Am schlimmsten war, daß wir nicht wußten, ob die Erteilung eines Visums ein günstiges Zeichen war oder nicht. Hatte die Gestapo die Hoffnung aufgegeben, die Flüchtlinge, die sie haben wollte, in Frankreich aufzugreifen, und deshalb beschlossen, sie nach Spanien zu locken, um sie dann dort zu verhaften? In Frankreich waren sie schwer auffindbar, es sei denn, sie steckten in Internierungslagern. Aber wenn man sie ermutigte, ihr Glück in Spanien zu versuchen, brauchte man nur an der Grenze auf sie zu warten. Wenn die Gestapo die spanische Regierung veranlaßte, dem Konsul in Marseille einen positiven Bescheid zu geben, konnte sie sicher sein, daß der Flüchtling innerhalb der nächsten Woche die Grenze passieren würde. Vielleicht hatte die Gestapo die spanischen Behörden sogar »überredet«, gleichzeitig mit dem Visumsbescheid an den Konsul einen Haftbefehl an die spanische Grenzpolizei herausgehen zu lassen. Das war genau die Vorgehensweise, die die Gestapo liebte.

Aufgrund dieser Überlegungen hielten wir es für unverantwortlich, den Flüchtlingen, die in Frankreich in Gefahr waren, weiterhin zu einer Reise durch Spanien oder zur Beantragung eines spanischen Transitvisums zu raten, auch dann nicht, wenn die Zahl der positiven Bescheide aus Madrid – auf Kosten der Flüchtlinge – zunahm. Sicher gab es in Frankreich viele Flüchtlinge, an denen die Gestapo vermutlich nicht besonders interessiert war; zum Beispiel Polen, die in dem von den Russen besetzten Teil Polens geboren waren. Andernfalls hätten sie den Franzosen nicht gestattet, ihnen Ausreisevisa zu geben. Aber was die übrigen Flüchtlinge anging, tappten wir im Dunkeln. Wir wußten, daß Georg Bernhard ein gesuchter Mann war. Aber was war mit den anderen? Wir hatten schon ein halbes Dutzend Leute in spanische Gefängnisse geschickt, und da saßen sie noch immer. Sie konnten jederzeit den Deutschen übergeben werden. Wenn irgend möglich, wollten wir so etwas in Zukunft vermeiden.

Wenn es Sinn gehabt hätte, falsche Pässe zu benutzen, hätten wir vielleicht die am meisten gefährdeten Flüchtlinge unter anderem Namen durch Spanien reisen lassen und gehofft, daß die Gestapoagenten sie nicht unterwegs erkennen würden. Aber die neuen Bestimmungen machten, was die Reise durch Spanien und Portugal betraf, auch die besten und überzeugendsten falschen Pässe so wertlos wie ein schnelles Auto ohne Benzin.

Zu den Schwierigkeiten, die wir ständig hatten, gehörte das Kommunikationsproblem. Jegliche »Untergrundarbeit« geht immens langsam und kompliziert vonstatten. Es ist schon schlimm genug, wenn man im Umgang mit Leuten, die in derselben Stadt leben, weder Post noch Telefon benutzen kann. Treffen in Cafés und Hotelzimmern zu arrangieren, kostet Zeit. Entweder muß man sich auf vertrauenswürdige Boten verlassen oder sich selbst auf die Suche machen. Trifft man eine Verabredung, die der andere dann nicht einhalten kann, reißt der Kontakt möglicherweise für Tage ab. Dann ist man zur Ohnmacht verdammt, bis der andere wieder auftaucht.

Auf »unterirdischen« Wegen eine Verbindung zu einem Tausende von Kilometern entfernten Komitee herzustellen – über zwei internationale Grenzen und einen großen Ozean hinweg – dauert oft Monate. Für gewöhnlich gaben wir abreisenden Flüchtlingen Botschaften und Berichte mit und baten sie, diese von Lissabon aus abzuschicken. Im allgemeinen tippten wir die Berichte auf lange Streifen dünnes Papier, klebten sie an beiden Enden zusammen, wickelten sie zu einer Rolle, steckten diese in einen kleinen Gummischlauch und verschlossen ihn mit einem Stück Seidenfaden. Dann öffneten wir das untere Ende einer Zahnpastatube, nahmen ein bißchen Zahnpasta heraus und drückten den Gummischlauch in die Tube, die danach wieder sorgfältig verschlossen wurde. Das Ergebnis war eine getürkte Tube Zahnpasta, die genauso aussah wie jede andere. Aber manche Flüchtlinge packte die Angst, und sie warfen die Tube weg, bevor sie Frankreich verließen. Und selbst wenn sie sie erfolgreich bis nach Portugal durchbrachten, blieb es fraglich, ob wir jemals Antwort erhalten würden. Der Verkehr lief nur in eine Richtung. Wir hatten eine Menge Leute, die nach New York fuhren, aber das Komitee fand sehr selten jemanden, der nach Marseille fuhr. So mußten wir das Beste aus unseren kläglichen Möglichkeiten machen. Wann immer wir es wagen konnten, telegrafierten wir offen oder schrieben Briefe, die wir in Marseille aufgaben. Aber für alle vertraulichen Mitteilungen – zum Beispiel Listen von gefährdeten Flüchtlingen, die Visa und Schiffspassagen brauchten – waren wir auf die Hilfe der Flüchtlinge angewiesen, die abfuhren. Und nach dem ersten Oktober nahm die Zahl der abreisenden Flüchtlinge jeden Tag ab.

2

Gleichzeitig wurde es Tag für Tag dringlicher, die Flüchtlinge aus Frankreich herauszubringen. Frankreich paßte sich zwar offensichtlich widerwillig, aber doch stetig und unübersehbar den Forderungen von Hitlers »Neuer Ordnung« an. Seit Anfang September hatten die Präfekten das Recht, jeden, den sie für eine »Gefahr für die öffentliche Sicherheit« hielten, ohne Gerichtsverfahren zu internieren. Der Erlaß galt für Franzosen und Ausländer gleichermaßen. Mitte September wurde der Führer der französischen Sozialisten und frühere Premierminister Léon Blum ein Opfer dieses Erlasses: er wurde »administrativ« (d. h. unter Umgehung der *habeas corpus*-Akte) in dem aus dem 14. Jahrhundert stammenden Schloß von Chazeron in der Nähe von Riom interniert.

Anfang Oktober wurde angekündigt, daß Ausländer zwischen 18 und 55 Jahren zu Zwangsarbeitstrupps zusammengefaßt werden konnten, die Arbeitgebern für den Bedarfsfall zur Verfügung stehen mußten. Die Männer sollten für ihre Arbeit keinen Lohn bekommen; dafür erhielten ihre Familien ein Anrecht auf Unterstützung. Einige Tage vor Himmlers Besuch in Madrid erließen die Franzosen ihre ersten anti-jüdischen Gesetze. Diese verbannten die französischen Juden aus allen öffentlichen Ämtern, Heer, Marine und Luftwaffe eingeschlossen, und verboten ihnen, als Lehrer und Journalisten sowie in den Bereichen Film und Funk zu arbeiten. Ein Präfekt hatte jetzt außerdem das Recht, jeden ausländischen Juden ohne Begründung zu verhaften, in ein Internierungslager zu stecken oder ihm einen Wohnsitz in einer kleinen Stadt zuzuweisen[15]. Das Recht auf Einspruch war aufgehoben. Ende Oktober erließ Vichy ein Gesetz, das es untersagte, in der Öffentlichkeit englische oder gaullistische Sender zu hören. Und immer wieder tauchte das Gerücht auf, daß die Nazis die sogenannte »freie Zone« besetzen würden.

Während Himmler noch in Madrid war, fuhr Marschall Pétain nach Montoire, traf dort mit dem Führer zusammen und verkündete die Politik der Kollaboration mit Deutschland. Bedeutete das auch eine engere Zusammenarbeit zwischen der französischen Polizei und der Gestapo?

Die französische Polizei wurde gegen Ende Oktober spürbar aktiver. In einer neuen Serie von Razzien wurden viele Flüchtlinge verhaftet und in Lager gebracht, darunter eine große Anzahl unserer Schützlinge. Selbst Flüchtlinge, die bei Kriegsbeginn als Freiwillige in die Fremdenlegion eingetreten waren[16], wurden nun gelegentlich interniert. In der ersten Woche wurden sie aus der Legion entlassen, in der zweiten dann verhaftet. Wenn sich herausstellte, daß sie Juden oder arbeitslos und mittellos waren, wurden sie einige Tage später in ein Internierungslager gebracht.

Vor allem aber war es die ›Kundt Kommission‹, die uns das Gefühl gab, daß wir nun sehr schnell handeln mußten, wenn wir noch einige der in Frankreich gefährdeten Flüchtlinge retten wollten. Die ›Kundt Kommission‹ war eine Gruppe von deutschen Offizieren und Gestapoagenten, die die französischen Internierungslager inspizierte, dabei die Namen aller Internierten durchsah und diejenigen heraussuchte, die nach Artikel 19 des Waffenstillstandsabkommens nach Deutschland zurückgeschickt werden konnten. Wir hatten schon gerüchteweise von der Existenz einer solchen Kommission gehört, aber erst Mitte Oktober bekamen wir die ersten Beweise, daß es sie wirklich gab.[17]

Ich glaube, es war Klaus Dohrn, der uns als erster davon erzählte. Klaus Dohrn, ein junger deutscher Katholik, war ein Freund der Werfels. Frau Werfel hatte ihn mir anempfohlen, bevor wir nach Lissabon fuhren. Ich traf mich mit ihm im Restaurant der Gare St. Charles, wo er auf einen Anschlußzug wartete. Während des Krieges war er ›prestataire‹ gewesen[16] – einer der vielen Tausend jungen Flüchtlinge, die die Franzosen zur Zwangsarbeit verpflichtet hatten und die hinter den Grenzlinien Befestigungsanlagen, Straßen, Baracken und Eisenbahnlinien bauen mußten. Nach dem Waffenstillstand wurde er in ein ›prestataire‹-Camp in Albi überführt. Als ich ihn traf, war er auf dem Weg zu einem ›prestataire‹-Camp an der Riviera.

Er hatte mich angerufen und sehr geheimnisvoll getan. Also ging ich zum Bahnhof hinüber. Er war in Begleitung eines Freundes. Beide Männer trugen die Khakiuniform der ›prestataires‹ und sahen aus, als hätte ihr letztes Stündlein geschlagen. Sie berichteten, daß eine deutsche Kommission ihr Lager in Albi besucht und Einsicht in die Liste der Inhaftierten gefordert habe. Der Lagerkommandant sei ein aufrechter Franzose, der die Politik von Vichy, politische Flüchtlinge in einem beschämenden Handel als Kleingeld an die Nazis zu verkaufen, entschieden ablehne. Er hatte Klaus und seinen Freund auf der Krankenstation versteckt und ihre Namen von der Liste entfernt. Beide waren sicher, daß er ihnen auf diese Weise das Leben gerettet hatte.

Doch ich glaubte ihnen ihre Geschichte von der deutschen Kommission nicht so recht. Viele Flüchtlinge neigten dazu, die Gefahr, in der sie sich befanden, zu übertreiben, um uns davon zu überzeugen, daß wir für sie etwas tun mußten. Deshalb waren wir dazu übergegangen, alles, was sie uns erzählten, mit Vorsicht aufzunehmen.

Um aber sicherzugehen, daß ich Klaus und seinen Freund nicht

in eine Falle tappen ließ, überredete ich sie, ihre Karriere als
›prestataires‹ zu vergessen und zu desertieren. Ich zeigte ihnen,
wie sie die Polizeikontrolle am Ausgang des Bahnhofs umgehen
konnten. Sie mieteten sich in einem Marseiller Hotel ein, zogen
Zivilkleider an und begannen sich nach Fluchtmöglichkeiten aus
Frankreich umzusehen. Keiner von beiden hatte ein Überseevisum. Also besorgten wir Klaus einen tschechischen Paß und ein
siamesisches Visum. Seinen Freund schickten wir mit einem falschen Entlassungsschein nach Casablanca. Als die siamesischen
Visa und tschechischen Pässe nicht mehr zu gebrauchen waren,
gaben wir jemandem Klaus' Personaldaten mit nach Lissabon,
damit sie von dort aus nach New York telegrafiert werden konnten, und rieten ihm, in Marseille auf das Eintreffen seines amerikanischen Visums zu warten.

3

Die politischen Ereignisse, die sich am Horizont abzeichneten, die
geänderte portugiesische und spanische Visapolitik, die Anwesenheit von Gestapoagenten an der Grenze, die Existenz der ›Kundt
Kommission‹ – aus dieser Entwicklung zogen wir zwei Konsequenzen. Zum einen mußten wir unsere Arbeit neu organisieren
und uns ein für alle Mal den Gedanken aus dem Kopf schlagen,
hier in einigen Wochen alles getan zu haben. Wir mußten uns auf
eine lange Wegstrecke einrichten. Zum anderen war es von nun an
unsere Hauptaufgabe, Flüchtlinge zu unterstützen und ihre Verhaftung oder Internierung zu verhindern.

Bei der Reorganisation unserer Arbeit mußte der Kreis derer,
die mit konspirativen Aufgaben betraut waren, so weit wie möglich eingeschränkt werden. Unser Büro, das bisher zur Tarnung
unserer illegalen Operationen gedient hatte, mußte in ein richtiges Wohlfahrtszentrum umgewandelt werden, in dem professionelle Sozialarbeiter im Einsatz waren, von denen nur wenige
wissen durften, daß wir in irgendeiner Form Untergrundarbeit
betrieben. So entschloß ich mich also, die ursprünglichen Mitar-

beiter, die uns verließen, durch Leute zu ersetzen, die von dem eigentlichen Zweck meiner Mission nichts wußten, und daher ohne Bedenken leugnen konnten, daß wir illegale Aktionen unternahmen oder jemals unternommen hatten. Ich erhoffte mir von diesem Schritt eine völlige Trennung von »Untergrundarbeit« und Büro.

Als Lena sich auf den Weg zur Grenze machte, engagierte ich also eine neue Sekretärin namens Anna Gruss. Anna war eine wunderliche Zwergin, knapp 1 Meter 40 groß, mit einem guten Herzen und einer scharfen Zunge, von immenser Arbeitsenergie und kindlicher Unschuld, was unsere illegalen Aktivitäten betraf. Falls Frau Gruss etwas von unserer Tätigkeit geahnt hat, ließ sie es sich niemals anmerken. Als Lena aus Cerbère zurückkam, nahm ich sie wieder in die Mannschaft auf. Sie blieb bei uns, bis sie Frankreich im folgenden Frühling endgültig verlassen konnte.

Zusammen mit Frau Gruss kamen weitere neue Mitarbeiter, die wie sie anfangs alle keine Ahnung davon hatten, daß wir versuchten, Flüchtlinge ohne Ausreisevisa aus Frankreich herauszubekommen. Einer von ihnen war Daniel Bénédite, ein junger, politisch links stehender Franzose, der vor dem Krieg im Büro des Polizeipräfekten von Paris gearbeitet hatte. Er hatte die Korrespondenz des Präfekten besorgt und an vielen seiner Reden mitgeschrieben. Er war schmächtig, hatte dunkles Haar und trug einen schmalen Schnurrbart. Seine hervorstechende Eigenschaft war eine durch nichts zu erschütternde Selbstsicherheit, die seine Mutter auf das elsässische Blut in seinen Adern zurückführte. In Paris hatte Danny Bénédite viel mit Flüchtlingen zu tun gehabt, bei denen er wegen seiner Freundlichkeit und der Bereitwilligkeit, mit der er ihre Aufenthaltserlaubnis verlängerte, sehr beliebt war.

Danny wurde mein ›chef de cabinet‹. Er übernahm meinen Platz, wenn ich zuviel zu tun hatte und erledigte außerdem geschickt und fröhlich hundert andere Aufgaben. Als ich ihn einstellte, hatte ich ihn gewarnt, daß es nur für zwei, drei Wochen sein würde. Nach Aussage des Generalkonsuls würde uns die Polizei nicht länger gewähren lassen. Tatsächlich dauerte sein Job dann vier Jahre. Im Verlauf dieser Zeit avancierte er vom Privatsekretär zum Kopf der Untergrundorganisation, die viele Flüchtlinge rettete und viele andere sicher versteckte, nachdem die Deutschen ganz Frankreich besetzt hatten.

Mit Danny kam seine in England geborene Frau Theodora zu uns. In Paris waren sie mit Mary Jayne Gold befreundet gewesen. Theo hatte dort im Büro von IBM gearbeitet. Sie war vielleicht ein bißchen streng und hatte vielleicht ein etwas zu wachsames Auge auf ihren jungen Ehemann. Sie war immer in Sorge, daß er in irgendwelche politischen Schwierigkeiten geraten könnte. Aber sie war von derselben Charakterstärke wie er und hatte Qualitäten – Toleranz zum Beispiel –, die ihm fehlten.

Ein weiterer neuer Mitarbeiter war Dannys Kriegskamerad Jean Gemahling, ein blauäugiger, flachsblonder junger Mann aus Straßburg, den man als außerordentlich gutaussehend hätte bezeichnen können, wäre seine Nase für die Proportionen seines Gesichtes nicht um eine Kleinigkeit zu lang gewesen. Anders als Danny, der Protestant war (oder zumindest protestantisch erzogen), war Jean Katholik – jedenfalls dem Taufschein zufolge. Er war der Sohn eines Geschichtsprofessors der Universität Straßburg und hatte ein englisches Internat besucht. Er sprach sehr gut Englisch, wenn auch mit einem französischen Akzent, den man an der für Absolventen englischer Privatschulen typischen Intonation erkennen konnte. In Paris hatte er als Chemiker in einem Forschungslabor gearbeitet. Warum, habe ich nie herausbekommen. Er schien sich wenig für Chemie, aber sehr viel für Kunst zu interessieren. In unserem Büro in Marseille fing er als Interviewer an, übernahm aber sehr bald andere und gefährlichere Aufgaben. Er war sehr ruhig und wurde oft tiefrot, wenn man ihn ansprach. Aber im Laufe der Zeit entfaltete er einen Mut und einen Pflichteifer, den viele weitaus härtere Männer nicht aufbrachten.

Auf Mehrings Vorschlag hin stellte ich zu dieser Zeit auch Marcel Chaminade ein. Er war in Berlin geboren und der Sohn des Musikers Moskowski. In einem gewissen Sinne ersetzte Chaminade Franzi. Nach dem Ersten Weltkrieg hatte er den Rang eines ›Consul de France‹ am Quai d'Orsay, wo er in der Presseabteilung gearbeitet hatte. Aufgrund eines Pamphlets gegen die Politik des damaligen Ministerpräsidenten Poincaré, das im Ministerium für Aufruhr gesorgt hatte, mußte er aus dem diplomatischen Dienst ausscheiden. Er war – so Mehring – katholisch und konservativ, aber kein Faschist. Er war genauso gegen den Antisemitismus und den verschwommenen Totalitarismus von Vichy, wie gegen den Sozialismus und die Gleichmacherei in der Republik. Mehring empfahl ihn mir wegen seiner weitreichenden Beziehungen. Er kannte natürlich viele Angehörige des Adels und des Großbürgertums und konnte Türen öffnen, die Franzosen mit einer mehr liberalen Vergangenheit verschlossen blieben.

Seiner äußeren Erscheinung nach war Chaminade alles andere als einnehmend. Klein, glatzköpfig und mit großen abstehenden Ohren, wirkte er wie ein Relikt vom Hofe Napoleons III. Ich erinnere mich, daß er sich bei unserem ersten Händedruck so tief verbeugte, daß ich einen schrecklichen Augenblick lang befürchtete, er würde mir die Hand küssen. Er war servil, faul und liebte den Wohlstand – die Lebensart eines Mannes, der es gelernt hatte, mit einem Minimum an Anstrengung durchs Leben zu kommen. Aber das Schicksal der Flüchtlinge, unter denen sich alte Freunde aus Berlin und Paris befanden, schien ihn mit echter Sorge zu erfüllen. Ich hatte den Eindruck, daß er im Frankreich von 1940 möglicherweise mehr für sie tun konnte als viele sympathischere Franzosen. Er wurde unser ›Secrétaire d'Etat aux Affaires Etrangères‹ – mit anderen Worten: unser Botschafter bei den französischen Behörden. Vielleicht war er etwas großtuerisch, aber viele Monate lang kam er seinen Pflichten gewissenhaft nach. Wir haben ihn nie in unseren geheimen Kreis aufgenommen, und ich glaube nicht, daß er mehr von unseren heimlichen Aktivitäten wußte, als er aus Unterhaltungsfetzen entnehmen konnte. Beamish mißtraute ihm und haßte ihn, und auch Danny Bénédite hegte später große Bedenken gegen ihn.

Weil viele unserer intellektuellen Klienten einen Nervenzusammenbruch erlitten hatten oder kurz davor waren, nahmen wir zu ihrer Behandlung auch einen Arzt in unsere Gruppe auf. Marcel Verzeanu war Rumäne und kam frisch von der medizinischen Fakultät in Paris. Weil er sich nicht zu sehr gefährden wollte, ließ er sich bei uns Maurice nennen. Viele Flüchtlinge kannten ihn nur unter diesem Namen. Vielleicht war das gut, denn später ließ er sich auf absolut nicht-medizinische Arbeit ein.

Durch unsere neuen Mitarbeiter – die meisten waren Franzosen und alle auf die eine oder andere Weise Fachkräfte – erhielt unser Büro einen sehr viel unverdächtigeren Anstrich als je zuvor. Zum ersten Mal konnten wir den Behörden eine respektable Fassade bieten.

Die Zahl der Flüchtlinge, die zu uns kamen, nahm von Tag zu Tag zu. Die meisten von ihnen waren ohne einen Centime. Es waren Schriftsteller darunter, die ihre Tantiemen nicht mehr eintreiben oder ihre Manuskripte nicht mehr an ihre Verleger schicken konnten; Maler, die keinen Markt mehr für ihre Bilder hatten; Professoren, die ihre Stellung an französischen Universitäten verloren hatten und kein Gehalt mehr bezogen; Wissenschaftler, die von den einfallenden Nazis oder deren Komplizen in Vichy aus ihren Laboratorien vertrieben worden waren. Wenn sie noch Geld auf Banken in Paris, London oder New York hatten, waren ihre Konten gesperrt. Andere hatten nirgends mehr Reserven. Fast alle waren mittellos, und viele hätten hungern müssen oder wären in Lager gekommen, wenn wir ihnen nicht geholfen hätten. Für die meisten von ihnen war das Lager die schlimmste Alternative. Indem wir ihnen wöchentlich einen kleinen Unterhaltszuschuß gaben (der jetzt wirklich nur zum Überleben reichte), konnten wir wenigstens einige vor dem Lager bewahren. Anderen, die in den Lagern festsaßen, schickten wir jede Woche ein Päckchen mit Lebensmitteln. Unser Hilfsprogramm war jetzt kein Vorwand mehr, es war nun und blieb für lange Zeit unsere Hauptaufgabe.

4

Fast den ganzen Oktober über kundschafteten Beamish und ich Seerouten aus. Ich glaube, wir haben in dieser Zeit mindestens zwanzig verschiedene Schiffsprojekte geprüft. In New York hatte man einfach Pläne diskutiert, die Flüchtlinge nach Casablanca oder Gibraltar zu schicken. Man mußte nur einen Atlas aufschlagen und mit dem Finger eine Linie nachzeichnen. Aber in Marseille war das völlig anders. Hier gab es nur Jachten und Fischerboote. Die Jachten durften ihre Anlegeplätze nicht verlassen, und die Fischerboote gehörten Typen aus Marseille, die entweder Gangster waren oder ihren eigentlichen Beruf verfehlt hatten.

Immer wieder erzählte man uns verlockende Geschichten von voll ausgerüsteten Schiffen modernster Bauart, die alle nur darauf warteten, in tiefer Nacht mit Kurs auf Gibraltar auszulaufen, und samt und sonders in der Lage waren, die Strecke innerhalb von achtundvierzig Stunden zurückzulegen. Bei näherer Nachforschung stellte sich dann heraus, daß das Schiff, das man uns zu einem hohen Preis angeboten hatte und das unsere Schützlinge in Sicherheit bringen sollte, ein abgetakeltes Wrack war, dessen Spanten nur noch durch den Sand zusammengehalten wurden, in dem es seit zwanzig Jahren fest eingebettet lag. Oder es war ein Phantom-Schiff, ein Schiff, das es gar nicht gab und auch nie gegeben hatte.

Wir waren nicht die einzigen, die solche Überraschungen erlebten. Die Polen, zu denen ich gleich nach meiner Rückkehr aus Lissabon Kontakt aufnahm, hatten ähnliche Erfahrungen gemacht. Ich suchte General Kleber wie immer in seinem Hotel auf, das im Schatten der Präfektur lag, und besprach die Projekte mit ihm. Unter der Oberaufsicht des Grafen Lubienski, der in Vichy sein Hauptquartier hatte, sollte er die polnische Armee aus Frankreich evakuieren. Beide waren eigentlich Geheimagenten der polnischen Exilregierung in London. Ich hatte den Eindruck, daß die Franzosen sehr wohl bemerkten, was vorging, daß sie aber ein Auge zudrückten und sogar noch halfen, wo sie konnten.

Kleber hatte den Großteil seiner Leute entweder mit falschen Entlassungspapieren nach Casablanca geschickt oder mit gefälschten Pässen, die das Alter ihrer Besitzer mit unter achtzehn oder über vierzig angaben, durch Spanien geschleust – bis Spanien keine Polen mehr durchließ und der französische Offizier, der die Entlassungsscheine ausstellte, verhaftet wurde. Daraufhin begann Kleber sich nach Schiffen umzusehen und machte dieselben Erfahrungen wie wir. Manchmal war er optimistisch, erzählte mir, daß er einer wirklich soliden Sache auf der Spur war, versprach mir, daß ich ein paar meiner am meisten gefährdeten Flüchtlinge auf seinem Boot unterbringen könnte, und riet mir, Ende der Woche wiederzukommen. Wenn ich dann zurückkam, war er trübsinnig, wie nur ein Pole es sein kann, nannte die Franzosen von Marseille allesamt Betrüger und Schurken, verfluchte das gesamte französische Volk wegen seiner Habgier, seiner Hinterlist und seiner Bereitschaft, selbst seine tapfersten Alliierten zu verkaufen, wenn bei dem Geschäft nur etwas heraussprang. Denn auch er mußte erfahren, daß die Schiffe, die ihm angeboten wurden, entweder gar nicht existierten oder nur noch als Feuerholz taugten.

Auch zu den Briten hatte ich gleich nach meiner Rückkehr aus Lissabon Kontakt aufgenommen. Im Hotel Nautique wohnten zwei junge Engländer namens Graham und Lloyd, die ich einige Zeit zuvor auf dem amerikanischen Konsulat kennengelernt hatte. Sie stellten mich einem englischen Offizier vor, einem jungen, blonden, rotbäckigen Hauptmann eines Regiments aus Northumberland. Er hieß Fitch. Trotz seiner Jugend war Fitch der höchstrangige verfügbare Offizier und hatte als solcher den Auftrag, die Männer vom B. E. F. zu evakuieren. Diese Männer, insgesamt mehr als dreihundert, waren im Fort St. Jean interniert, einer der beiden alten Festungen, die die Einfahrt des Vieux Port von Marseille säumen. Die Internierung der Männer war mehr formaler Natur, tagsüber durften sie allein in die Stadt gehen. Es war also ein Leichtes, sie zu zweit oder zu dritt zur Grenze zu schicken.

Ich erzählte Fitch alles, was ich über Wege nach Spanien wußte, und gab ihm von Zeit zu Zeit etwas von dem Geld, das mir Sir Samuel Hoare anvertraut hatte. Um die Lücken in den immer dünner werdenden Reihen der Internierten aufzufüllen, engagierte er Zivilisten vom ›British Seamen's Institute‹. Der diensthabende französische Offizier im Fort zählte immer nur die Nasen; wenn ihre Zahl gleich blieb, war er zufrieden. So gelang es

Fitch, viele hochqualifizierte Männer, Piloten und Spezialisten, herauszuschmuggeln. Er war an Schiffen nicht besonders interessiert, solange seine Männer spanischen Boden betreten konnten. Da für sie die Visafrage kein Problem war, konnten sie auch dann noch nach Spanien einreisen, als die Grenze für die Flüchtlinge schon gesperrt war.

5

Gegen Ende Oktober kam Dr. Charles Joy aus Lissabon. Er hatte die ganze Fahrt von Narbonne nach Marseille mit vier Frauen und einem Topf Chrysanthemen auf der Toilette stehen müssen. Er war müde von der Reise und psychisch erschöpft von dieser ungewohnten Erfahrung, die sehr aufregend für einen Geistlichen aus Neuengland war – auch wenn er einer so modernen Sekte wie den Unitariern angehörte. In Madrid hatte er niemanden angetroffen. Aber ein Mann namens Darling, der gerade von London aus in Lissabon eingetroffen war und sich um die Evakuierung der B. E. F. aus Frankreich kümmerte, ließ mir ausrichten, daß ich keine Leute mehr nach Spanien schicken sollte. Offensichtlich funktionierte der Plan nicht. In Zukunft müßte ich die Briten auf dem Seeweg nach Gibraltar schicken, sagte Joy.

Noch am selben Abend traf ich Fitch, erzählte ihm alles, und am nächsten Tag begann auch er sich für Schiffe zu interessieren. Wir ließen auch Ball an dem Projekt mitarbeiten. Daß er das rauhe Französisch der Hafenarbeiter beherrschte, prädestinierte ihn für diesen Job.

Zum ersten Mal seit meiner Ankunft in Frankreich konnte ich mir gelegentlich einen Sonntag freinehmen. Immer noch fing ich um acht Uhr morgens an und arbeitete bis elf Uhr nachts, manchmal bis eins. Immer noch traf ich täglich Dutzende von Leuten und erlebte dabei die ganze Bandbreite denkbarer Charaktereigenschaften – von heroisch bis jämmerlich. Immer noch verfolgten mich arme, gehetzte Flüchtlinge von morgens bis abends. Ich bekam immer noch sechs bis zwölf Telefonanrufe in der Stunde und fünfundzwanzig Briefe pro Tag. Aber der Druck ließ trotzdem nach – nicht etwa, weil sich die Lage besserte, sondern weil immer mehr unserer Schützlinge verhaftet und in Lager gebracht wurden, und wir nur wenig oder gar nichts dagegen tun konnten.

Ich ›profitierte‹ von diesem Rückgang insofern, als ich mich ein wenig in der Provence umsehen und ein bißchen erholen konnte. An einem Montagnachmittag, ich war gerade von einem Wochenendausflug nach Arles zurückgekommen, klingelte das Telefon. Es war Frau Gruss.

»Bleiben Sie, wo Sie sind«, sagte sie. »Ich komme sofort zu Ihnen rüber. Gehen Sie nicht ins Büro, bevor ich mit Ihnen gesprochen habe. Es ist wichtig.«

Ein paar Minuten später kam sie herein – zwergenhaft wie immer.

»Die Polizei hat Sie den ganzen Morgen gesucht«, sagte sie. »Sie haben einen Durchsuchungsbefehl für Ihr Büro und Ihr Zimmer, aber ohne Sie konnten sie ihn nicht vollstrecken.«

»Was suchen sie denn?« fragte ich.

»Es ist seltsam«, sagte sie, »aber sie suchen nach falschen Pässen. Das ›Hicem‹ und das ›Joint Distribution Committee‹ haben sie bereits durchsucht«.

»Was soll ich machen?« fragte ich.

»Ich halte es für das Beste, Sie gehen ins Bischofspalais und teilen mit, daß Sie zurück sind«, sagte sie.

»Gut«, sagte ich. »Aber zuerst möchte ich Beamish sehen. Können Sie ihn suchen und sofort rüberschicken?«

»Mache ich«, sagte sie.

»Schicken Sie Chaminade auch rüber, wenn er da ist.«

»Geht in Ordnung.«

Sobald sie gegangen war, holte ich meine Karten von der Grenze hinter dem Spiegel hervor und verbrannte sie. Ich ging auch meine übrigen Papiere durch und verbrannte viele.

Beamish kam eine halbe Stunde später.

»Wo zum Teufel bist du gewesen?« fragte ich.

»Was soll das heißen?« fragte er.

»Toujours dans la lune«, sagte ich. »Erinnerst du dich nicht an die Karten hinter dem Spiegel?«
»Doch«, sagte er.
»Und wenn die Polizei sie gefunden hätte?«
Er zuckte die Schultern.
»Es ist alles okay. Deine Verspätung war mein Glück. So hatte ich Zeit, klar Schiff zu machen«, sagte er.
»Bist du sicher, daß alles in Ordnung ist?« fragte ich.
»Absolut«, sagte er.
»Was soll ich jetzt tun?«
»Ich halte es für das beste, Du gehst ins Bischofspalais und sagst ihnen, daß du zurück bist. Es hat keinen Zweck wegzulaufen. Laß sie doch suchen. Sie werden nichts finden. Danach sind sie vielleicht nicht mehr so mißtrauisch.«
Wenige Minuten später kam Chaminade, und wir gingen zusammen ins Palais. Chaminade spielte seine Rolle großartig. Er stellte sich als ›ancien consul de France‹ vor, hielt eine kleine Rede über die Amerikaner, die »soviel riskiert« hätten, indem sie nach Frankreich gekommen seien, um dem Land in seiner »schwärzesten Stunde zu helfen«, sagte, daß ich um fünf Uhr eine Verabredung mit dem Bischof hätte (eine komplette Lüge), und bat sie, sich mit ihrer Durchsuchungsaktion wenigstens ein bißchen zu beeilen, wenn es schon sein mußte.

Ich weiß nicht, ob es an Chaminades Auftritt oder an der allgemeinen Sympathie der Franzosen für alles Amerikanische lag, jedenfalls machten sie die oberflächlichste Durchsuchung, die man sich nur wünschen konnte. Wir fuhren mit einem Polizeiwagen zum Büro, sie guckten in ein paar Schubladen und Schränke und fertigten dann ein Protokoll an, das besagte, daß sie die Räumlichkeiten gewissenhaft durchsucht und »nichts Verdächtiges« gefunden hätten. Sie unterschrieben, ich unterschrieb, dann gaben wir uns die Hand, und sie gingen. Das war alles.

Nachdem die Polizei gegangen war, nahmen Beamish und ich selbst eine kleine Durchsuchung vor. Im Ofen des Wartezimmers fanden wir mehrere falsche Pässe. War das eine Falle, oder hatte sie jemand dort versteckt, als die Polizei morgens nach mir gefragt hatte? Wir wußten es nicht, aber ich gab Charlie den Auftrag, von nun an jeden Tag alle Papiere im Ofen zu verbrennen. Diese Aufgabe gehörte daraufhin zu seinen täglichen Ritualen.

6

Soweit ich mich erinnere, fand Ball eine Woche später die Lösung für all unsere Schwierigkeiten – einen ›chalutier‹ oder Trawler mit Hilfsmotor, groß genug, um 75 Personen nach Gibraltar zu bringen. Ball kam über einen Franzosen daran, den er in Snappy's Bar, hinter der Oper, getroffen hatte. Snappy's Bar war ein beliebter Treffpunkt der britischen Offiziere in Marseille. Der Franzose, der »Baron« genannt wurde, bezeichnete sich als begeisterten Anhänger von de Gaulle. Er stellte den Kontakt zwischen Ball und dem Kapitän sowie der Besatzung des Bootes her. Ball berichtete mir erst davon, als er überzeugt war, daß die Angelegenheit absolut sicher war.

Die ganze Sache sollte 225 000 Francs kosten. Ich war zunächst skeptisch. Es schien einfach zu schön, um wahr zu sein: ein großes, seetüchtiges Fischerboot, mit guten, festen Segeln, einem funktionierenden Motor, genug Sprit an Bord und mit der Erlaubnis, den Hafen jederzeit zum Fischen zu verlassen. Lussu war ebenfalls skeptisch – so skeptisch, daß er nichts mit der Sache zu tun haben wollte. Als wir aber erfuhren, daß Oberst Randolfo Pacciardi daran glaubte, beschlossen wir, es zu wagen.

Pacciardi war der Führer der italienischen Exil-Republikaner. Er hatte die Brigade Garibaldi befehligt, die während des Spanischen Bürgerkrieges in der Schlacht von Guadalajara Mussolinis ›Freiwillige‹ vernichtend geschlagen hatte. Auf mich wirkte er irgendwie naiv und ein bißchen prahlerisch, aber ich wußte, daß die Leute in New York großes Vertrauen in ihn hatten. Er hatte ebenfalls mit dem »Baron« verhandelt und war überzeugt, daß er es ehrlich meinte. Auch Fitch checkte die Sache noch einmal und kam zu dem gleichen Ergebnis. Beide, Pacciardi und Fitch, waren begeistert.

Was Ball betraf, so war er nicht nur voller Hoffnung, er war voller Stolz auf seinen Erfolg. Als Beamish (der wie ich zur Skepsis neigte) ihn nach Details fragte – nach dem Namen des Schiffes, seinem Besitzer, seinem Kapitän und so weiter –, antwortete Ball: »Nehmt es, wie es ist, oder laßt die Finger davon. Entweder habt ihr Vertrauen zu mir oder nicht.«

Mich beunruhigte vor allem ein Punkt. Da fünfundsiebzig Leute kaum ein Fischerboot im Hafen besteigen konnten, ohne Aufsehen zu erregen, war geplant, das Boot kurz nach Mitternacht von seinem Ankerplatz durch die verschiedenen Hafenbecken in den Außenhafen zu bringen. In der Zwischenzeit sollten sich die Passagiere in einem Bootsschuppen hinter dem Leuchtturm an der Anse des Catalans treffen. Nach Durchqueren des Außenhafens sollte der Trawler die Passagiere aufnehmen und direkt aufs Meer hinaussegeln.

Um aber von seinem Ankerplatz in den am weitesten entfernten Außenhafen zu gelangen, mußte unser Boot unter sechs Zugbrücken durch, und das ging wegen der Höhe der Masten nur, wenn sie geöffnet waren. Würde es statt dessen in Richtung Norden auslaufen, brauchte es keine einzige Zugbrücke zu passieren.

Als ich Ball mit dieser Frage kam, erntete ich nur Spott.

»Ich sage dir, die Burschen sind in Ordnung. Sie kennen den Hafen in- und auswendig. Sie werden es mit den Typen, die die Zugbrücken bedienen, schon regeln. Bei tausend Francs für jeden halten die den Mund. Mach dir darüber keine Sorgen.«

»Und die Waffenstillstandskommission?« fragte ich.

»Zum Teufel damit«, sagte Ball, »Du glaubst doch nicht, daß die Waffenstillstandskommission ausgerechnet zu dieser späten Stunde im Hafen herumläuft. Die liegen dann alle mit ihren kleinen französischen Freundinnen im Bett.«

»Aber wäre es nicht besser, wenn das Boot direkt in See stechen würde, statt den Umweg über den Leuchtturm zu nehmen?« insistierte ich.

»Begreifst du denn nicht, daß es dahin *muß*, um die Leute aufzunehmen«, sagte Ball und wurde langsam ärgerlich.

Fitch war derselben Meinung. Was Pacciardi betraf, so war er von der Ehrlichkeit des Kapitäns überzeugt. Zweimal bereits hatte er ihm Geld für eine Fahrt gegeben und es jedesmal ohne Zögern zurückerhalten, als etwas dazwischengekommen war.

Beeindruckt von Pacciardis Beharrlichkeit stimmte ich schließlich zu, allerdings unter einer Bedingung: das Geld durfte erst gezahlt werden, wenn alle Passagiere an Bord waren und das Schiff den Hafen verlassen hatte. Fitch und Ball willigten sofort ein, und ich gab Fitch das englische Geld und Ball das Geld für die Flüchtlinge: 225 000 Francs oder fast 3000 Dollar nach dem damaligen Schwarzmarktkurs: fünfundvierzig schöne große 5000 Francs-Scheine.

Ich erzählte Fitch von Sir Samuel Hoare's Einwand, daß Briten und Flüchtlinge nicht zusammen auf einem Schiff transportiert werden dürften, aber er winkte ab. Hoare habe nicht ahnen können, wie selten solche Chancen seien, sagte er. Wir einigten uns darauf, sechzig britische Soldaten und fünfzehn Flüchtlinge, darunter die Bernhards, Walter Mehring, Klaus Dohrn und Pacciardis Italiener, auf das Schiff zu nehmen. Jeder mußte selbst Wasser und Nahrung für vier Tage mitbringen. Als Treffpunkt verabredeten wir Sonntagnacht um zehn Uhr im Bootshaus.

7

Für den Fall, daß doch etwas schiefgehen sollte, verließ ich an diesem Wochenende wieder die Stadt. Bei einem eventuellen Verhör durch die Polizei wollte ich sagen können, daß ich nicht nur nichts mit dem Schiff zu tun hatte, sondern auch am Tage der Flucht auf einem Wochenendausflug gewesen war. Das entsprach unserem Prinzip, die Verantwortung auf mehrere Personen zu verteilen, das Beamish und ich vereinbart hatten. Ich wußte, wenn ich in Marseille blieb, wäre ich unweigerlich das konspirative Zentrum, weil wahrscheinlich alle fünf bis zehn Minuten irgend jemand zu mir kommen würde. Es war sinnlos, eine Verhaftung zu provozieren, vor allem, solange mein Nachfolger noch nicht angekommen war. Ausnahmsweise wäre ich diesmal aber weit lieber in Marseille geblieben als weggefahren. Beamish bestand jedoch auf meinem Ausflug. Also bestieg ich am Sonntagmorgen den Zug nach Tarascon.

Als ich am nächsten Nachmittag nach Marseille zurückfuhr, befürchtete ich, daß am Bahnhof eine Delegation der Sûreté Nationale warten und mich verhaften würde, weil ich britischen Soldaten zur Flucht aus Frankreich verholfen hatte. Aber keine Polizeidelegation erwartete mich und keiner meiner Mitarbeiter war im Splendide. Hatte man sie alle verhaftet? Telefonisch konnte ich mich nicht erkundigen, und in dieser Kleidung konnte ich auch nicht ins Büro gehen. Das sah zu sehr danach aus, als wüßte ich, daß irgend etwas Besonderes im Gange war.

Ich zog mich gerade hastig um, als es zaghaft an meine Tür klopfte. Ich öffnete. Draußen stand Mehring, der aussah, als hätte sein letztes Stündlein geschlagen. Da wußte ich, daß etwas schiefgelaufen war.

Sie hätten sich alle nach Einbruch der Dunkelheit in dem Bootsschuppen getroffen, erzählte er. Es sei eine schreckliche Nacht gewesen, kalt und sehr windig. Und so hätten sie in Wind und Dunkelheit gewartet: die sechzig britischen Soldaten, die Bernhards, der kleine Mehring, der große Klaus Dohrn, die Italiener – bis zwei Uhr morgens. Dann sei Beamish gekommen und habe ihnen mitgeteilt, die Sache sei abgeblasen. Sie seien dann zurück in die Stadt gegangen, einzeln oder zu zweit, um die Aufmerksamkeit der Polizei nicht auf sich zu lenken.

Beamish erzählte mir eine Stunde später im Büro den Rest der Geschichte. Es hatte lange Verhandlungen in Snappy's Bar gegeben. Der Kapitän hatte erklärt, daß er das Schiff erst vom Besitzer bekommen würde, wenn das Geld gezahlt worden sei; und Fitch hatte sich geweigert, auch nur einen Franc zu zahlen, bevor nicht alle sicher an Bord waren. Er hatte das britische Geld aus Sicherheitsgründen in kleinen Summen unter die Männer aufgeteilt, um zu verhindern, daß man einen zusammenschlagen und das ganze Geld stehlen konnte. Aber dann hatte Ball Fitch überredet, das Geld wieder einzusammeln und alles ihm zu geben.

Schließlich waren Pacciardi und Ball auf die Geschichte des Kapitäns hereingefallen, daß er das Boot nicht früher vom Eigentümer bekommen würde, ehe nicht das ganze Geld bezahlt worden wäre (obwohl das in Widerspruch zu allem stand, was der Kapitän früher gesagt hatte). Mit dem Geld in der Tasche war der Kapitän weggegangen, um »das Boot zu kaufen« – und nie wiedergekommen.

8

Ein paar Tage lang behauptete Ball steif und fest, daß das Boot noch fahren würde. Als schließlich auch ihm klar war, daß es niemals auslaufen würde und man ihn ausgetrickst und betrogen hatte, bestand er darauf, das Geld aus eigener Tasche zurückzuzahlen.

»Das wird euch keine müde Mark kosten, das schwöre ich euch«, sagte er. »Wenn es sein muß, verkaufe ich meine Schmalzfabrik in Paris. Und meine Villa in St. Paul de Vence. Das kostet mich, verdammt noch mal, fast alles, was ich besitze. Aber euch kostet es keinen Pfennig, da könnt ihr sicher sein.«

In der Zwischenzeit hatten sich die Briten direkterer Methoden bedient, um das Geld wiederzubekommen. Sie hatten zwei oder drei Männer aus der Gang des »Kapitäns« gekidnappt, sie als Geiseln nach Fort St. Jean gebracht und gefoltert. Aber die armen kleinen Gangster wußten auch nicht, wohin der Kapitän mit dem Geld verschwunden war.

Schließlich waren sie so verzweifelt, daß sie eine Gefangennahme durch die Polizei der weiteren Behandlung durch die Fäuste und Stiefel der stämmigen Engländer und Schotten vorzogen und eine Nachricht aus dem Fenster warfen. Die Polizei kam und nahm sie alle mit.

Fitch und die Briten sperrte man nicht ein, vermutlich, weil sie bereits als Kriegsgefangene angesehen wurden. Fitch bezeugte vor Gericht, daß das Geld durch eine Sammlung unter allen Männern im Fort aufgebracht worden war, und der Richter glaubte ihm. Die Gangster wurden wegen der Beteiligung an einem Betrug zu kurzen Freiheitsstrafen verurteilt. Von dem Kapitän und dem Geld haben wir nie wieder etwas gehört, obwohl die Polizei nach ihm fahndete oder zumindest so tat.

Am Sonntag nach dem Scheitern von Balls großem Fluchtplan fuhr ich nach Nîmes. Ich verbrachte den ganzen Nachmittag in dem schönen, aus dem 18. Jahrhundert stammenden Jardin de la Fontaine, lauschte dem Wasser, das durch die Kolonnaden des großen Brunnens lief, beobachtete die gelben Blätter, die in der dünnen Spätherbstsonne langsam von den Platanen fielen, und fühlte mich wie im letzten Akt von ›Cyrano de Bergerac‹.

7. Kapitel

Die Villa Air-Bel

I

Als ich die Villa Air-Bel zum erstenmal sah, war sie verrammelt wie eine Festung, Wege und Garten waren von Unkraut überwuchert und die Hecken seit Jahren nicht mehr gestutzt worden. Aber der Blick, den man von dort über das Tal auf das Mittelmeer hatte, war bezaubernd. Ich war beeindruckt von der Terrasse mit den mächtigen Platanen und den beiden großen Treppen, die links und rechts zu einem französischen Garten und einem Fischteich hinunterführten.

Der Besitzer wollte mich herumführen. Er kam mir entgegen, ein kleiner, vom Alter gebeugter Mann mit einer schmutzigen Melone auf dem Kopf, und das Gewicht des riesigen Schlüssels in seiner rheumatischen Hand schien den Alten noch mehr zu beugen.

Er zeigte mir das ganze Haus, vom Empfangssaal im Erdgeschoß bis zum Wäscheraum unter dem Dach. Immer wieder verschwand er in der Dunkelheit eines Raumes und kämpfte mit den Riegeln an den Fenstern und Fensterläden, während ich an der Tür warten mußte. Er hatte mir untersagt, die Zimmer zu betreten, bevor er nicht für genügend Licht gesorgt hatte.

»Gestatten Sie, Dr. Thumin, das fällt mir doch leichter«, sagte ich.

»Mais non, mais non«, antwortete er mir mit seiner dünnen, brüchigen Altmännerstimme aus der Dunkelheit. »Bleiben Sie stehen! Bewegen Sie sich nicht! Warten Sie! So, jetzt ist es soweit!«

Wenn dann Licht den Raum durchflutete und mich beinahe blendete, und Thumin zur Tür zurückhumpelte und sagte: »Maintenant, treten Sie ein«, betrat ich den Raum, besah mir die Möbel und staunte.

Ich war begeistert von dem Haus. Es war vom Keller bis zum Dach solides neunzehntes Jahrhundert. Der Salon hatte einen kunstvollen Parkettfußboden, steife vergoldete Möbel, scheußliche Landschaftsbilder in schweren vergoldeten Rahmen, ein Klavier mit Messing-Leuchtern zu beiden Seiten der Notenhalter, einen marmornen Kamin mit einem goldgerahmten Spiegel, einer Messinguhr und vielem kunstvollem Messinggeschirr. Das Eßzimmer auf der anderen Seite der Eingangshalle wirkte dunkel und schwermütig, hatte eine braungenarbte Tapete, die wie Leder aussah, und schwere, mit Schnitzereien versehene Möbel aus Kastanienholz. Im Parterre gab es außerdem ein Badezimmer mit einer Zinkbadewanne (wie die, in der Marat gestorben war) und Wasserhähnen, die wie Schwanenhälse geformt waren; eine Küche mit einem sechs Meter langen Kohleherd, einem Specksteinausguß mit fließend kaltem Wasser (sofern der Brunnen nicht ausgetrocknet war) – aber keine Spur von modernen Annehmlichkeiten. Die im zweiten Stockwerk gelegene Bibliothek war das schönste Zimmer im Haus: Louis-XVI- und Empire-Möbel, eine schwarz-weiße Bildertapete, die Szenen aus der antiken Mythologie zeigte, und ledergebundene Ausgaben von Lamartine, Musset, Vigny und Victor Hugo (»Notre plus grand poète – unser größter Dichter«, sagte Thumin immer wieder). Schließlich gab es noch mehrere Schlafzimmer, jedes mit einem schweren Mahagoni-Bett, einem Waschtisch mit Marmorplatte und einem Kamin aus weißem Marmor.

2

Beamish war gegen den Plan mit der Villa Air-Bel. Bis zur Stadt benötigte man eine halbe Stunde, und es gab keine Telefonverbindung. Er war der Meinung, ich sollte in Notfällen leichter erreichbar sein. Natürlich hatte er recht. Aber ich hatte es satt, Tag und Nacht, wochentags wie feiertags, erreichbar zu sein, gerade das hatte mich völlig erschöpft. Wenn ich überhaupt noch irgendwie von Nutzen sein sollte, dann brauchte ich ein wenig Erholung, wenigstens einige Stunden am Tag. Sonst bestand die Gefahr, daß ich vor Nervosität und Niedergeschlagenheit nicht mehr würde arbeiten können.

Man hätte schwerlich einen besseren Platz finden können, um sich zu erholen und zu entspannen. Im ›été de la St. Martin‹, dem französischen Altweibersommer, hatten wir schönes Wetter. Der Himmel war blau und die Sonne so warm, daß wir an Sonntagen häufig im Freien aßen. Aber es war nicht nur das Haus, der Ausblick und der Garten: es war auch die Gesellschaft, die wir um uns versammelten.

Victor Serge war ein magenkranker, aber scharfsinniger alter Bolschewik. Früher hatte er der Komintern angehört, war jedoch etwa zu der Zeit ausgeschlossen worden, als Stalin mit Trotzki brach. In seiner langen Laufbahn hatte er sich vom radikalen Revolutionär zum gemäßigten Demokraten entwickelt. Wenn er bei uns war, sprach er stundenlang über seine Erfahrungen in russischen Gefängnissen, berichtete von seinen Gesprächen mit Trotzki oder diskutierte über die Verzweigungen und Wechselbeziehungen der europäischen Geheimdienste, ein Thema, zu dem er über beträchtliche Kenntnisse verfügte. Ihm zuzuhören war, als läse man einen russischen Roman.[18]

André Breton, ehemals ungezogener Dadaist, dann König des Surrealismus, hatte während des Krieges als Arzt in der französischen Armee gedient. In der Villa Air-Bel legte er verschiedene Sammlungen an: Insekten, vom Seewasser polierte Porzellanscherben und alte Magazine. Er konnte großartig und immer unterhaltsam über alles und jeden reden. Sonntag nachmittags veranstaltete er Surrealisten-Treffen, zu denen die gesamte Deux-Magots-Meute erschien, verrückt wie eh und je. An seinem ersten Tag in der Villa fing Breton einen Skorpion in der Badewanne und stellte eine Flasche mit lebenden Gottesanbeterinnen auf den Eßzimmertisch – statt Blumen.

Danny Bénédite bestimmte die Hausordnung in bezug auf Wein, Politik und Frauen, drei Themen, zu denen er sehr eindeutige Meinungen vertrat.

Er war ein glühender Verehrer des Burgunderweins. Leute, die Claret vorzogen, betrachtete er mit äußerster Verachtung. Ich glaube, er verdächtigte Claret-Trinker reaktionärer politischer Ansichten.

»Burgunder ist der König der Weine«, pflegte er zu sagen. »Bordeaux ist nur ein ärmlicher Ersatz. N'en parlons pas – reden wir nicht mehr davon.«

Politisch war er revolutionärer Sozialist und dogmatischer Marxist und hatte die ausgeprägte Neigung, jedermann zu bedauern, der andere Ansichten vertrat. »Der einzige Krieg, der Sinn hat, ist der Bürgerkrieg«, war eine seiner Weisheiten.

Seine Einstellung zu Frauen würde ein Psychoanalytiker ambivalent nennen. Er war immer sehr zärtlich zu seiner Ehefrau und keineswegs blind für die Reize anderer Frauen. Seine Erfahrungen während der Schlacht um Dünkirchen hatten ihn besonders beeindruckt.

»Es war seltsam«, erzählte er eines Abends bei Tisch. »In der ganzen Zeit der Kämpfe habe ich nicht ein einziges Mal an Frauen gedacht. Aber in dem Augenblick als ich Folkestone Quay betrat, oh, là là!«

Frauen in Gruppen konnte er nicht ertragen, vielleicht, weil er einziger Sohn und jüngstes Kind einer verwitweten Frau mit zwei Töchtern war. Wenn er eine Verschwörung der Frauen im Haus oder etwas Ähnliches ahnte oder Schwierigkeiten mit den Stenographinnen im Büro hatte, gab er seinen wahren Gefühlen über das weibliche Geschlecht Ausdruck. »Ah, les femmes!« sagte er dann verächtlich. »Quelle sale espèce!«

Eine Stunde später überraschte ich ihn dann, wie er Theo umarmte und ihren Nacken küßte.

Dannys Freund und Kriegsgenosse Jean Gemahling, der wortkarge blonde Elsässer, widmete den größten Teil seiner Aufmerksamkeit den Frauen, die mit uns im Haus wohnten und errötete, wenn er beim Essen angesprochen wurde.

Die übrigen von uns hörten Serge, Breton und Bénédite bei ihren Grundsatzdiskussionen zu oder verbrachten den Abend bei Spielen im Eßzimmer. Andrés Frau, Jacqueline Breton – selbst

Surrealistin – war blond, schön und wild, lackierte ihre Zehennägel und trug Ketten aus Tigerzähnen und kleine Spiegelscherben im Haar. Ihre fünfjährige Tochter Aube wurde von den Surrealisten bereits als eine vielversprechende Künstlerin gefeiert.

Laurette Séjourné, die Freundin von Victor Serge, war eine Frau, die so anders war als Jacqueline, wie Jacqueline anders war als alle anderen. Sie war dunkelhaarig, ruhig und sehr zurückhaltend. Wenn wir aßen, blieb sie normalerweise in ihrem Zimmer und gab vor, an Essen nicht interessiert zu sein; die Hausangestellten berichteten aber, daß sie zwischen den Mahlzeiten große Mengen von dem konsumierte, was übriggeblieben war. Vladi, Serges zwanzigjähriger Sohn, war leidenschaftlicher Marxist und ein hervorragender Zeichner.

Zu unserer Gesellschaft gehörten außerdem noch Dannys Frau, Theodora Bénédite, eine gebürtige Engländerin, ihr bezaubernder dreijähriger Sohn Pierre, Mary Jayne Gold, die offensichtlich alles genoß, nicht zuletzt auch die Gefahr, in der wir uns alle befanden, und Miriam Davenport, die lachte, hustete und kreischte, bis sie nach Jugoslawien fuhr, um dort einen jungen slowenischen Kunststudenten zu heiraten, den sie vor dem Krieg in Paris kennengelernt hatte.

Am Sonntagnachmittag kamen die anderen Surrealisten: Oscar Dominguez, ein großer Spanier, der mit einer fetten, ältlichen, aber reichen französischen Freundin in einer nahegelegenen Villa lebte; Benjamin Péret, der französische Dichter, dessen Verse gelegentlich den Eindruck erwecken, als seien sie von den Wänden öffentlicher Bedürfnisanstalten abgeschrieben; der vom Schicksal gezeichnete kubanische Neger Wilfredo Lam, einer der ganz wenigen Schüler, die Picasso je angenommen hat; Victor Brauner, der einäugige rumänische Maler, dessen Frauen und Katzen auch immer nur ein Auge haben, und viele andere. Bei solchen Gelegenheiten holte Breton seine Sammlung alter Zeitschriften, Buntpapier, Pastellkreide, Schere und Kleistertopf hervor, und wir entwarfen Collagen, zeichneten oder schnitten Puppen aus Papier. Am Ende eines solchen Abends entschied André dann, wer die beste Arbeit gemacht hatte, indem er vor jeder Zeichnung, Collage oder Papierpuppe »formidable!«, »sensationnel!« oder »invraisemblable!« ausrief und dabei die ganze Zeit vor Fröhlichkeit kicherte.

3

Eines Sonntags gingen wir zu Dr. Thumin nach Hause, um seine Sammlung ausgestopfter Vögel zu besichtigen, »die größte in der Provence«, wie er uns wiederholt versichert hatte. Thumin empfing uns aufgeregt und voller Vorfreude an der Haustür. Er trug keinen Hut, und sein abgenutzter Mantel war von Staub- und Fettflecken übersät.

Er führte uns in einen Raum mit Reihen von gläsernen Ausstellungsvitrinen. In den Vitrinen waren ausgestopfte Vögel, Schmetterlinge, Muscheln und andere Raritäten, darunter eine Holzpuppe, ein poliertes Stück eines Stalaktiten, ein Korallenstück und mehrere große Tannenzapfen. An einer Wand hing ein weißer Albatros ohne Kopf.

Thumin begann die Führung bei den Vögeln.

»Sie sehen hier«, erklärte er, »die größte und fast lückenlose Sammlung von Vögeln, die es in der Provence gibt – über 300 Arten! Man hat mir unvorstellbare Summen für diese Sammlung geboten, aber ich habe immer abgelehnt. Mein Leben lang habe ich dieses Hobby gepflegt.«

Die meisten Vögel waren klein und olivgrün und sahen einander erstaunlich ähnlich, wobei dieser Eindruck noch dadurch verstärkt wurde, daß das Gefieder bei allen Vögeln verblichen war.

Aber Thumin war hingerissen.

»Sehen Sie«, sagte er, »sind sie nicht wie lebendig?«

Wir gingen von Vitrine zu Vitrine, von den kleinen zu den größeren Vögeln; und je weiter wir kamen, desto aufgeregter wurde er. Er hatte sie alle gegessen und schwelgte in den Erinnerungen daran. Als wir zu den Eulen und Adlern kamen, kannte seine Begeisterung keine Grenzen mehr.

»Diese hier«, sagte er und zeigte auf eine besonders große und grimmig dreinschauende Eule, »das ist eine *Bubo ignavus*, eine Adlereule. Ich erwarb sie 1883. Oder war es 1884? 1883 glaube ich. Oder 1884? Egal. Ein Jäger verkaufte sie mir. Sie war so frisch, daß ich das Fleisch probieren konnte. Sie werden kaum glauben, daß Eulen eßbar sind, aber dieser Vogel war köstlich. Den Geschmack der Leber werde ich nicht so schnell vergessen.«

Er blieb bei einer Art Reiher stehen.

»Was das Fleisch des Reihers angeht«, erklärte er, »so ist es geschmacklich weniger angenehm. Es schmeckt gerne nach Fisch. Ich kaufte dieses Exemplar 1897. Nachdem ich das Fleisch von den Knochen gelöst hatte, kochte ich es. Es war kaum genießbar, aber ich brachte es hinunter.«

Als er uns alles gezeigt und Geschmack wie Erwerbsdatum jedes Vogels beschrieben hatte, blieb er stehen und kündigte mit geheimnisvollem Gesichtsausdruck an, daß er uns nun etwas wirklich Außergewöhnliches zeigen wolle. Nachdem er mit Andrés Hilfe auf einen Stuhl gestiegen war, holte er eine Taschenlampe hervor und bat darum, das Licht auszuschalten. Als es dunkel war, knipste er seine Taschenlampe an und richtete den schwachen Lichtstrahl auf die Vitrinen an den Wänden.

»Sehen Sie«, rief er aufgeregt, »wie sie augenblicklich zum Leben erwachen? Der Effekt ist außerordentlich, nicht wahr?«

Die Vögel blieben so tot wie zuvor und ihre Glasaugen wirkten in dem schwachen Licht eher noch gläserner als vorher.

»Stupéfiant«, meinte André, aber für mein Gefühl klang er nicht so überzeugend wie sonst.

»Ich finde den Effekt wirklich außerordentlich«, fuhr Thumin fort. »Sie werden so lebendig, daß man geradezu darauf wartet, daß sie fortfliegen.«

Mittlerweile ließ er den Lichtstrahl immer schneller über die Vitrinen streichen. Aber je mehr er seine Taschenlampe bewegte, desto weniger lebendig wirkten die Vögel. Sie blieben, was sie für Thumin waren: staubige Erinnerungsstücke an längst vergangene Mahlzeiten.

Als er – wiederum mit Andrés Hilfe – von dem Stuhl heruntergeklettert war und die Deckenbeleuchtung wieder eingeschaltet hatte, begann er von dem Mann zu erzählen, der die Glasaugen hergestellt hatte.

»Er war ein hervorragender Künstler. Er hatte seinen Laden in der Rue Paradis. Oder war es die Rue Breteuil? Ich glaube es war die Rue Paradis. Rue Paradis Nummer 107. Ja, Nummer 107. Moment. Ich glaube, es muß Nummer 109 gewesen sein. Aber ob 107 oder 109, das ist ja egal. Sein Name war Muret. Oder hieß er Miret? En tout cas – wie dem auch sei, er war ein Meister seines Faches. Es gab keinen besseren in ganz Frankreich.«

»Der arme Mann. Er starb 1898«, fuhr er gedankenverloren fort. »Aber vielleicht war es gut so: so blieben ihm viele schmerzliche Erfahrungen erspart, die wir erdulden mußten, weil uns Gott mit einem längeren Leben gesegnet hat. Dennoch war sein Tod ein großer Verlust für mich. Seither habe ich nie wieder zufriedenstellende Augen gefunden.« Traurig führte er uns zur Tür.

Im Salon bereitete Thumins bejahrte Schwester Tee. Es war nur sehr wenig da, und der Tee war selbst für die augenblicklichen Verhältnisse in Frankreich außerordentlich dünn. Trotzdem tranken wir ihn begierig.

»Und nun ein besonderer Genuß. Mein Likör!« Thumins Schwester brachte ein paar kleine Gläser und Thumin schenkte eine dünne, farblose Flüssigkeit aus.

»Ich habe ihn selbst hergestellt«, erläuterte er. »Vor dem ersten Krieg. Es ist eine Seltenheit, kann ich Ihnen versichern.«

Der Likör war absolut geschmacklos. Welchen Geschmack er auch immer irgendwann einmal gehabt haben mochte, er hatte ihn schon vor Jahren verloren.

»Ist er nicht deliziös?« fragte Thumin. »Es ist mein eigenes Geheimrezept.«

Wir versicherten, daß der Likör wirklich deliziös sei.

»Ich fürchte, es wird lange dauern«, fuhr er nachdenklich fort, »bis sich Frankreich wieder in den Reichtümern seines früheren Lebens wird sonnen können. Was sind wir doch für eine vom Glück begünstigte Nation gewesen! Und nun müssen wir unter dem Stiefel der Boches leben! Das ist hart. Aber ich erinnere mich noch an 1870. Wenn wir das eine überstehen konnten, werden wir auch das andere überstehen. Vor allem aber: mit dem Marschall an der Spitze dürfen wir zuversichtlich sein.«

An dieser Stelle holte Danny Luft. Ich sah ihn streng an und er verzichtete darauf, die Attacke gegen Marschall Pétain zu reiten, die ich befürchtet hatte.

Bevor wir gingen, dankten wir Thumin für seine Gastfreundschaft und nahmen ihm das Versprechen ab, uns am folgenden Sonntag zu besuchen.

»Oh, Sie sind zu freundlich«, sagte er. »Aber ich komme gerne. Und dann müssen Sie mich wieder besuchen. Die Vögel lohnen einen zweiten Besuch. Sogar einen dritten und einen vierten. Kommen Sie, wann immer Sie Lust haben, um die Vögel zu betrachten. Ich weiß, wieviel sie Ihnen bedeuten. Vogelliebhaber verstehen einander.«

4

Serge nannte unsere Villa »Château Espère-Visa«, weil die Hälfte seiner Bewohner auf Visa wartete, und wir hängten ein Schild mit diesem Namen ans Tor.

Zu jeder anderen Zeit wäre das Leben in diesem Haus vermutlich idyllisch gewesen. Im Winter 1940/41 aber war es alles andere als idyllisch. Wir schliefen in unseren Mänteln und am Sonntagmorgen durchstöberten wir den Kiefernwald nach Holz. Es gab keine Zentralheizung, und hätte es eine gegeben, so hätten wir sie mangels Kohle nicht in Betrieb nehmen können. Holz war das einzige Brennmaterial. Auch das Kochen wurde mit Holz besorgt.

Für die Schlafzimmer kauften wir ›poêles‹ – kleine runde Eisenöfen, in die wir vor dem Zubettgehen Papier und Holz stopften, so daß wir sie am nächsten Morgen nur noch anzuzünden brauchten.

Lebensmittel aufzutreiben war nahezu ebenso schwierig wie sich warmzuhalten. Hätte einer von uns vorher geahnt, wie schwierig es war, ich bezweifle, daß er die relative Sicherheit eines Lebens im Hotel und Restaurant gegen die Villa Air-Bel eingetauscht hätte, ungeachtet ihrer Reize und Vorzüge. Lebensmittel waren damals bereits rationiert, aber in den Geschäften gab es nicht einmal genug, um die sehr bescheidenen Ansprüche des Rationierungsprogramms zu erfüllen. Unsere Haushälterin aus Marseille, eine Frau mittleren Alters namens Madame Nouguet, schien den größten Teil ihrer Zeit auf dem Markt zu verbringen, kam aber trotzdem häufig mit einem müden, besorgten Gesichtsausdruck und sehr wenig in ihrem Einkaufskorb zurück. In der Nachbarschaft gab es aber eine ›geheime Kuh‹ (das ist eine Kuh, die nicht von den Behörden registriert worden ist), und so hatten wir Milch für unseren ›Kaffee‹ und manchmal sogar Butter.

Wir trösteten uns mit Wein. Je knapper die Lebensmittel wurden, desto mehr Wein tranken wir. Gelegentlich, besonders Sonntag abends, kauften wir zehn, zwölf Flaschen Châteauneuf-du-Pape, Hermitage, Mercurey, Moulin-ò-Vent, Juliénas, Chambertin, Bonnes Mares oder Musigny und verbrachten den Abend mit Trinken und Singen. Danny Bénédite kannte Text und Melodie vieler alter französischer Lieder. Einige waren unglaublich ausgelassen und unflätig, andere zart, melancholisch oder gespenstisch. Wir sangen diese Lieder stundenlang. Zu den Lieblingsliedern gehörten »Les Femmes de France«, »Nous étions trois jeunes héros« und »Sur les bords de la Loire«. Mein Lied, das Lied, das ich am meisten mit Air-Bel verbinde ist jedoch »Passant par Paris« – immer wenn ich es pfeife, sehe ich, auch heute noch, das düstere Eßzimmer vor mir, die Flaschen und Gläser auf dem Tisch, und Danny und Jean, die zurückgelehnt in ihre Stühle den schönen Refrain singen.

8. Kapitel

Reise in die Nacht

I

Die Visasituation verbesserte sich etwas, als Spanien und Portugal nach dem 1. November 1940 ihre Bestimmungen lockerten. Dafür mußte man jetzt extrem vorsichtig beim Überschreiten der französischen Grenzen sein. Dort hatte sich alles geändert. Die guten alten Zeiten, wie wir sie noch im August und Anfang September erlebt hatten, waren für immer vorbei. Auf dem Bahnhof in Cerbère gab es keinen zuvorkommenden Kommissar mehr, und an der Grenze patrouillierten Wachposten, die eher zum Gewehr griffen, als liebenswürdig den Weg nach Spanien zu zeigen.

In dieser Zeit organisierten und perfektionierten Beamish und ich die ›F‹-Route. Johannes Fittko[19] war ein deutscher Journalist, der vor und während des Krieges Widerstandskämpfer über die holländische Grenze nach Deutschland hinein- und aus Deutschland herausgeschmuggelt hatte. Auf unseren Wunsch hin gingen seine Frau und er nach Banyuls, in die Nähe von Cerbère, und mieteten sich in einem Haus am Rande des Ortes ein. Das war möglich, weil sie wunderschöne französische Papiere hatten, die der kleine österreichische Karikaturist Bill Freier für sie fabriziert hatte. Die Ausweise machten Fittko und seine Frau zu französischen Bürgern aus der verbotenen Zone. Da kein Franzose dorthin durfte, konnten die Angaben in ihren Ausweisen nicht überprüft werden.

In Banyuls, dem Zentrum des Distrikts, wo der süße Wein gleichen Namens wächst, ließen sich die Fittkos als französische Flüchtlinge nieder, die nicht nach Hause zurückkonnten. Sie beantragten und bekamen die bescheidene wöchentliche Unterstützung, die die Pétain-Regierung diesem Personenkreis gewährte. Sie freundeten sich mit ihren Nachbarn an, arbeiteten in den Weinbergen und übernahmen oft Jobs auf Feldern, die in der Nähe der Grenze lagen. An den Wochenenden gingen sie in die Berge, erkundeten die Trampelpfade und kundschafteten die Gewohnheiten der Grenzwachen aus. Als sie die Gegend wie ihre Westentasche kannten, gaben sie uns ein verabredetes Signal, und wir schickten unsere Schützlinge zu ihnen.

Damit die Flüchtlinge nicht unterwegs verhaftet wurden, versorgten wir sie gewöhnlich mit Ausweisen aus Freiers Werkstatt. Und damit sich kein Polizeispitzel unter dem Vorwand, er sei von uns geschickt worden, an die Fittkos heranmachen und unser System entdecken konnte, gaben wir jedem abreisenden Flüchtling die Hälfte eines durchgerissenen farbigen Papierstreifens mit. Am Ende jedes Streifens war eine Nummer. Fittko hatte die dazugehörigen Hälften, die dieselben Nummern trugen. Wenn die Nummern übereinstimmten und die beiden Papierstückchen genau aneinanderpaßten, wußte er, daß der Überbringer kein Spitzel war.

Fittko hatte seinen Nachbarn in Banyuls schon erklärt, daß er viele französische Freunde habe, die er einladen wolle, sobald er sich richtig eingelebt habe. Sie seien, wie er, Flüchtlinge aus der verbotenen Zone und, wie er, nicht in der Lage, ›de rejoindre leurs foyers‹, an ihren Herd zurückzukehren, wie die offizielle Bezeichnung lautete. Sie würden sich über ein Wiedersehen mit alten Freunden aus demselben Distrikt oder derselben Stadt freuen. Die Nachbarn waren verständnisvoll und hießen die Flüchtlinge willkommen, wie sie jeden französischen Bürger willkommen geheißen hätten, den die Deutschen von zu Hause vertrieben hatten. Bereitwillig boten sie ihnen Arbeit auf ihren Feldern an.

Gekleidet wie Landarbeiter oder Bauern am Sonntag verließen Fittko und unsere Klienten frühmorgens das Haus. Ihre wenigen Habseligkeiten verstauten sie in bunten Taschentüchern oder Einkaufsnetzen. Es sah aus, als trügen sie darin das Brot und den Wein für die Mittagspause. Manchmal arbeiteten sie den ganzen Tag über in den Feldern. Es kam aber auch vor, daß sie geradewegs zu einem Picknick in die Berge gingen. Nach Einbruch der

Dunkelheit kehrte Fittko dann zumeist allein nach Banyuls zurück. Wenn er gefragt wurde, erklärte er, daß seine Freunde überraschend zu ihrem vorübergehenden Wohnsitz in einer anderen Stadt hätten zurückkehren müssen. Meist aber wurde er nicht einmal gefragt. Die Fittkos gingen so geschickt zu Werke, daß niemand auf die Idee kam, sie zu verdächtigen.

In einem Zeitraum von sechs Monaten brachten sie auf diese Weise mehr als hundert Leute über die Grenze. Keiner ist je verhört, geschweige denn verhaftet worden.

2

Um die Freilassung unserer Schützlinge aus den Internierungslagern zu erreichen, beschlossen wir, die Regierung in Vichy mit einer gezielten Aktion unter Druck zu setzen. Wir schickten Danny Bénédite auf eine Reise durch Südwestfrankreich, auf der er die Lager besichtigen sollte, um dann ausführlich zu dokumentieren, welche Bedingungen er dort vorgefunden hatte. Gleichzeitig bereiteten wir Listen mit den Namen der berühmtesten unserer dort internierten Schützlinge vor.

Die Bedingungen in französischen Internierungslagern hätten nicht schlimmer sein können. Es gab zwar keine vorsätzlichen Folterungen wie in deutschen Konzentrationslagern, aber alles andere sonst: Kälte, Hunger, Ungeziefer und Krankheiten. In einigen Lagern, in Argelès zum Beispiel, mußten die Männer auf feuchtem Sand schlafen. In anderen gab es keine Fensterscheiben außer denen, die amerikanische Hilfsorganisationen zur Verfügung gestellt hatten. Überall war die Lebensmittelversorgung mehr als unzulänglich. Ein Mann schrieb, daß Rattenfleisch in seinem Lager eine begehrte Delikatesse sei. Hinzu kam die bekannte Gleichgültigkeit der Franzosen hinsichtlich der sanitären Vorsichtsmaßnahmen. Die Folge: Ruhr und Typhus waren an der Tagesordnung. Und überall gab es Läuse, Flöhe und Wanzen.

Beim Durchsehen unserer Unterlagen stellten wir fest, daß viele unserer berühmten Leute noch in solchen Lagern festgehalten wurden: Peter Pringsheim zum Beispiel, der als einer der bedeutendsten Physiker Europas galt und zufällig auch Thomas Manns Schwager war, oder der Pianist Erich Itor-Kahn; der Kunstkritiker und Historiker Paul Westheim, und Wolf Leslau, einer der wenigen europäischen Gelehrten, der Amharisch, die Sprache der Äthiopier, beherrschte.

Ausgerüstet mit Dannys Berichten und unseren Listen bekannter Gefangener machte ich mich Mitte November in Begleitung von Chaminade auf den Weg nach Vichy. Wir wollten die französische Regierung durch Appelle an ihr Schamgefühl zur Freilassung der Gefangenen bewegen. Da man Frankreich auf legalem Wege nicht verlassen durfte, konnten wir nicht mehr fordern. Wir behaupteten, ihnen lediglich menschenwürdige Lebensbedingungen ermöglichen zu wollen. Natürlich hatten Beamish und ich andere Pläne. Aber davon wußte nicht einmal Chaminade.

Für mich gab es einen weiteren Grund, nach Vichy zu fahren. Ich wollte mir Klarheit über meine eigene Lage verschaffen. Der amerikanische Konsul hatte mich davor gewarnt, ohne polizeiliche Genehmigung zu reisen, aber obwohl ich bereits vor langer Zeit darum ersucht hatte, war sie mir nie erteilt worden. Schließlich beschloß ich, ohne ›sauf conduit‹ zu fahren. Der Konsul meinte, dann könne ich auch gleich »meinen Kopf in den Rachen des Löwen« stecken. Aber ich glaubte nicht, daß die Sûreté mich verhaften würde, wenn ich den Zug in Vichy verließ. Ich vertraute noch immer auf den Einfluß Amerikas. Der Konsul offensichtlich nicht.

3

Nach Vichy zu fahren kam selbst von Marseille aus einer Reise in die Nacht gleich. Vichy hieß für uns: eine Mischung aus Angst, Gerüchten und Machenschaften. Die Stadt selbst ist einer der trübsinnigsten Kurorte, die man sich denken kann. Während der ›Saison‹, zu normalen Zeiten, mußte es dort schon schlimm genug sein; im Winter, im besiegten Frankreich, war es schrecklich. In meiner Erinnerung verbinde ich Vichy mit Gruppen von im Regen stehenden Eisenstühlen und alten Männern, die sich in Rollstühlen langsam von Brunnen zu Brunnen bewegen.

Nachdem wir den ganzen Tag lang ein Hotel nach dem anderen abgeklappert hatten, schon ganz verzweifelt waren und uns an den Gedanken gewöhnten, in Riom zu übernachten, um von dort aus nach Vichy zu pendeln, kamen wir gerade in dem Moment ins Hotel Albert Premier, als jemand unerwartet abreiste. Wir schnappten uns sein Zimmer. Der Raum hatte keine Heizung, nur eine kleine elektrische Heizsonne, und das Wasser war morgens immer kalt. Das Zimmer war ungefähr so gemütlich wie der Kühlraum eines Schlachters – Vichy kann viel kälter sein als Marseille.

Aber wir waren nicht viel schlimmer dran als die Regierungsangestellten. Auch sie lebten und arbeiteten in Sommerhotels und versuchten sich mit Heizsonnen oder kleinen Eisenöfen warm zu halten. Die Ofenrohre führten meist durch in die Fenster geschnittene Löcher nach außen, reckten sich wie die Hälse von Giraffen, die über das Dach schauen wollen, zu den Regenrinnen empor und verliehen den Hotels ein sonderbares Aussehen.

Innen sahen die Hotels kaum besser aus. Alle Zimmer waren von Regierungsbeamten belegt, die an kleinen Frisiertischen saßen, von denen man den Spiegel abgenommen hatte. Vereinzelt benutzten sie größere Tische, die man aus dem Speisesaal heraufgeholt hatte. Auf den Betten lagen Batterien von Aktenkörben mit den Aufschriften ›Inneres‹, ›Auswärtige Angelegenheiten‹, ›Vize-Präsident‹ oder ›Ablage‹. Gelegentlich war das Bett auch im Badezimmer zwischen Waschbecken und Bidet verstaut. Auf den Kommoden, in den Schränken und auf den Fußböden stapelten sich Briefe, Dokumente und Ausgaben des ›Journal Officiel‹. Häufig lagen die Regierungsakten in Ermangelung besserer Ablagemöglichkeiten in großen Pappkartons.

Das Hotel du Parc, in dem Marschall Pétain und Pierre Laval mit einzelnen Kabinettsmitgliedern und dem größten Teil des Außenministeriums residierten, machte einen etwas geordneteren Eindruck, war aber fern jeder Ähnlichkeit mit dem Elyseépalast oder dem Quai d'Orsay. In der Eingangshalle mußte man sich bei einem Gendarm anmelden und dann in einer schmalen Halle zwischen den Auslagen von Juwelieren warten, bis man aufgerufen wurde. Oft kam ein Beamter, den man sprechen wollte, selbst herunter, weil sein kleines Hotelzimmer so vollgestopft war, daß er dort niemanden empfangen konnte. Es kam vor, daß wichtige diplomatische Unterredungen in der Wartehalle des Hotels geführt wurden.

Wurde man hinaufgebeten, so kam ein Wachposten, der einen durch die langen Hotelflure begleitete, vorbei an Türen mit handgeschriebenen Schildern wie: ›Stellvertretender Ministerpräsident‹, ›Kabinettschef‹, ›Ohne Anklopfen eintreten‹. Dazwischen sah man aber auch Türen mit Schildern, die es schon immer gegeben hatte: ›Herren‹, ›Damen‹ oder ›Bad‹. Auf den Fluren begegnete man den betreßten Bediensteten mit den silbernen Amtsketten, die man schon vom Quai d'Orsay her kannte. Sie mußten in dieser Hotelatmosphäre damit rechnen, für Weinkellner gehalten zu werden und machten den Eindruck, als wüßten sie das auch.

Gelegentlich mußte man sich an wartenden Botschaftern vorbeizwängen, die zur Berichterstattung zurückgerufen worden waren und geduldig vor einer Tür ausharrten, bis sie an die Reihe kamen. Im Fahrstuhl oder im Restaurant lief man auch einmal Monsieur Laval in die Arme.

4

Wir gingen systematisch an unsere Aufgabe heran. Als erstes bemühten wir uns um eine Schreibmaschine, um Dannys Bericht über die Internierungslager abtippen zu können. Da aber die einzige Maschine, die in Vichy zu haben war, ein ungarisches Alphabet hatte, baten wir Lena, mit einer Schreibmaschine aus unserem Büro zu kommen. Während wir auf ihre Ankunft warteten, ließen wir die Berichte vervielfältigen. Jedem Beamten, bei dem wir vorsprachen, überließen wir eine Kopie. Auch die Minister und Botschafter der lateinamerikanischen Länder erhielten unseren Bericht mit der Bitte um Weitergabe an ihre Regierung.

Der Innenminister Marcel Peyrouton verweigerte uns eine Unterredung. An seiner Stelle empfing uns ein gewisser Dr. Limousin, ein teiggesichtiger junger Faschist, der für die Internierungslager verantwortlich war. Als wir mit unseren Ausführungen begannen, die auf der Annahme basierten, daß ein Internierungslager kein besonders erstrebenswerter Aufenthaltsort sei, wurde er zornig.

»Was ist nicht in Ordnung mit unseren Internierungslagern?« fragte er. »Die Besatzungsmacht hat uns dazu gratuliert. Darf ich fragen, was Ihnen daran nicht paßt?«

Nach Ablauf von fast zwei Wochen mußten wir zugeben, daß man uns nur Abfuhren erteilt hatte. Es schien keine Möglichkeit zu geben, irgend jemanden legal aus einem Lager herauszuholen, sofern er nicht bereits ein Ausreisevisum besaß; auf die Frage nach Ausreisevisa reagierte die Regierung geheimnistuerisch und offensichtlich verlegen. Außerdem wollte außer Mexiko und Kuba scheinbar kein lateinamerikanisches Land weitere Einreisevisa ausstellen. Sousa Dentas, der Botschafter von Brasilien, der in den Wochen während und nach der Niederlage Frankreichs viele Diplomatenvisa ausgestellt hatte, erklärte, seine Regierung hätte ihn für diese Großzügigkeit gemaßregelt und gedroht, seine Visa zukünftig nur noch dann anzuerkennen, wenn die ausdrückliche Genehmigung aus Rio vorlag. Der Botschafter von Chile zeigte uns eine Liste von Franzosen, denen er Visa bewilligen sollte, aber da es sich dabei fast ausnahmslos um Franzosen handelte, die in enger Verbindung zur Kommunistischen Partei standen, interessierten sie uns nicht besonders. Alle waren sehr höflich und zeigten viel Verständnis für die Situation der Flüchtlinge, aber niemand schien in der Lage zu sein, etwas für sie zu tun.

Auf der amerikanischen Botschaft war man weder höflich noch besonders verständnisvoll. Da der ›Chargé d'Affaires‹ immer zu beschäftigt war, um mich zu empfangen, sprach ich schließlich mit dem Dritten Sekretär.

»Wir können nichts für Sie tun, Mr. Fry«, sagte er. »Sie scheinen nicht zu begreifen, daß es bei der Sûreté eine Akte über sie gibt«.

Als ich erwiderte, daß die Sûreté über jeden eine Akte führe, und ihn fragte, was speziell in meiner stünde, sagte er, ich würde verdächtigt, Flüchtlingen zur Flucht aus Frankreich zu verhelfen. »So verstehen Sie doch«, sagte er. »Wir unterhalten freundschaftliche Beziehungen zu der französischen Regierung. Unter diesen Umständen können wir einen amerikanischen Staatsbürger, der anderen hilft, französische Gesetze zu umgehen, selbstverständlich nicht unterstützen.«

»Könnten Sie mir wenigstens dabei helfen, ein paar Ausreisevisa zu bekommen?« fragte ich.

Zu meiner Überraschung sagte er zu. Sobald ich wieder in Marseille zurück war, stellte ich eine Liste zusammen und schickte sie ihm. Als aber die Liste, auf der ein paar Dutzend Namen standen, den Geschäftsträger der Botschaft erreichte, schrieb er mir einen Brief, in dem es hieß, ich müsse den Dritten Sekretär mißverstanden haben. »Aus naheliegenden Gründen« könne die Botschaft, so schrieb er, »... angesichts der vielen Tausend Flüchtlinge, die Frankreich zu verlassen wünschen, nicht jedem einzelnen ein Ausreisevisum besorgen, so sehr wir auch den Wunsch dieser armen Unglücklichen verstehen, in Übersee Asyl zu finden.«

Da mein eigenes französisches Visum gerade abgelaufen war, erkundigte ich mich in Vichy über eine Verlängerung. Dort sagte man mir aber, ich solle nach Marseille zurückfahren und bei der dortigen Präfektur einen Antrag stellen. Da sich alle anderen amerikanischen Wohlfahrtsarbeiter mit schweizer Visa und französischen Ausreisevisa versorgt hatten, um im Notfall sofort in die Schweiz ausreisen zu können, wandte auch ich mich an den Gesandten der Schweiz und bat ihn um ein entsprechendes Visum. Der schweizer Gesandte machte einen freundlichen Eindruck und sagte, daß er mir gerne ein Visum ausstelle, wenn ich ihm ein Schreiben der amerikanischen Botschaft bringe, in dem das Visum beantragt werde.

»Eine reine Formalität«, sagte er, »aber meine Vorschriften verlangen es«.

Auf der amerikanischen Botschaft verweigerte man mir jedoch dieses Schreiben.

»Wie oft sollen wir Ihnen noch sagen, daß wir nichts für Sie tun können?«

Zwei Wochen harte Arbeit hatten nichts gebracht. Wir beschlossen, nach Marseille zurückzukehren.

Der Zug war so überfüllt, daß wir uns auf dem Gang durch andere schlafende Reisende voneinander getrennt ausstrecken mußten. Der Zug war unbeheizt, es zog, und wir froren erbärmlich.

Am nächsten Morgen berichtete Lena, daß sie die halbe Nacht von einem Franzosen belästigt worden war, der mitten auf dem Gang mit ihr schlafen wollte und nicht verstehen konnte, warum sie sich weigerte.

»Sei nett zu mir«, hatte er immer wieder gesagt. »Du wirst deinen schönen Pelzmantel schon nicht schmutzig machen«.

Nach der Atmosphäre von Vichy war es fast wohltuend, wenigstens auf diese Weise daran erinnert zu werden, daß wir immer noch in Frankreich waren.

9. Kapitel

Der Besuch des Marschalls

I

Wir waren rechtzeitig zum Bombenangriff auf Marseille zurück. Es wurde glücklicherweise nicht so schlimm. Ich aß gerade mit den Chagalls zu Abend. Marc Chagall lebte in einem alten Steinhaus im halbverlassenen Gordes, nordwestlich von Marseille. Als ich ihm das erste Mal schrieb, wollte er Frankreich nicht verlassen, weil er einige Jahre zuvor naturalisiert worden war und keinen Grund sah, warum er gehen sollte. Da es sehr bedenklich ist, einen großen Künstler zu entwurzeln und zu verpflanzen, übte ich keinen Druck auf ihn aus. Als jedoch die anti-jüdischen Gesetze erlassen wurden, war er so empört, daß er seine Meinung änderte. Eine seiner ersten ängstlichen Fragen lautete: »Gibt es in Amerika Kühe?« Als ich sagte, ja, es gibt dort Kühe, konnte ich an seinem erleichterten Gesichtsausdruck erkennen, daß er bereits entschlossen war, abzureisen.

Er war mit seiner Familie nach Marseille gekommen, um alles zu besprechen. Wir waren gerade mit dem Abendessen fertig, als die Sirenen aufheulten. Der Geschäftsführer zog die Verdunkelungsvorhänge zu, machte das Licht aus und stellte eine Kerze unter einen der in der Mitte des Raumes stehenden Tische. Eine Zeitlang saßen wir im Halbdunkel und lauschten auf die Pfiffe der Luftschutzwarte auf der Straße. Dann bezahlten wir die Rechnung und gingen nach draußen.

Die Straßen waren völlig dunkel, und man konnte schon das Brummen der Flugzeuge hören. Menschen rannten zu den Gebäuden, an denen ›ABRI‹, Luftschutzraum, stand, und wir folgten ihnen. Irgendwie gelangten wir in den Bahnhof Noailles. Dort standen wir im Dunkeln, während die Luftschutzwarte draußen herumgingen, pfiffen und riefen: »Licht! Dort unten ist noch Licht!« Von Zeit zu Zeit hörten wir in der Ferne den dumpfen Aufprall von Bomben und das Bellen der Flugabwehrgeschütze. Als wir durch die Bahnhofstür spähten, sahen wir am Himmel die sich kreuzenden Strahlen der Suchscheinwerfer. Aber die Luftschutzwarte scheuchten uns wieder zurück, und wir mußten im Bahnhof bleiben, bis der Angriff vorüber war.

2

Während wir in Vichy waren, hatte uns Charlie Fawcett verlassen, und als ich ins Büro zurückkam, erfuhr ich, daß er in Spanien verhaftet worden war. Es hatte Schwierigkeiten mit Lili gegeben, als sie erfuhr, daß er weg wollte, aber es war ihm schließlich gelungen, ohne größere Szenen abzureisen. Lena glaubte, daß er verhaftet worden war, weil er seine Krankenwagenfahreruniform trug. Er hatte ihr versprochen, sie färben zu lassen, bevor er sich auf den Weg machte, es aber wahrscheinlich nicht getan. Die Nachricht versetzte Beamish und mich in Panik, weil wir wußten, was Lena nicht wußte: Charlie hatte eine Menge Geheimpapiere und Berichte bei sich, darunter auch ein paar für die Briten, Beamish und Lussu hatten ihn damit versorgt. Da er Bildhauer war, hatten sie einige der Berichte einfach in die Köpfe gesteckt, die er modelliert hatte, und Charlie hatte sie anschließend mit Gips versiegelt. Einer der strenggeheimen Berichte, der mit der dringenden Bitte um Visa die wichtigsten spanisch-republikanischen Flüchtlinge auflistete, die sich in Frankreich versteckt hielten, war im dritten Ventil von Charlies Trompete untergebracht. Charlie hatte alle Ventile mit einem stoffumwickelten Schraubenschlüssel abgedichtet und für den Fall, daß ihn jemand darum bitten würde, eine Reihe von Melodien geübt, bei denen das dritte Ventil nicht bedient werden mußte. Weitere Berichte hatten sie in seine Koffereinfassung geklebt. Die weniger kompromittierenden Papiere, und davon gab es ziemlich viele, trug er offen bei sich.

Alles in allem war er für die Geheimpolizei jedes Landes ein schöner Fang. Der Gedanke, daß diese Papiere vielleicht schon in den Händen der Gestapo sein könnten, wirkte auf unsere stark angegriffenen Nerven nicht gerade wie ein Beruhigungsmittel.

Der Honorarkonsul von Litauen in Aix wurde etwa zur gleichen Zeit verhaftet, und ein paar Tage später war der kleine Bill Freier an der Reihe. Die Polizei überraschte ihn inmitten seiner ganzen Fälscher-Ausrüstung. Obwohl wir einen Anwalt nahmen, hatten wir wenig Hoffnung, ihn freizubekommen, dafür aber allen Grund zu der Annahme, daß ein Verdacht auf uns fallen würde.

Ich glaube, es war noch in derselben Woche, daß Beamish und ich Capitaine Dubois, unserem Freund bei der Polizei, über den Weg liefen. Er saß mit ein paar Freunden in der hintersten Ecke eines Cafés auf der Cannebière, wo wir zu Abend essen wollten. Nach ein paar Minuten stand er auf und kam an unseren Tisch.

»Bon soir«, sagte er. »Comment ça va?« Dann sah er mich an und fragte: »Kann ich Sie einen Augenblick sprechen?«

Ich entschuldigte mich und ging langsam mit ihm in Richtung Ausgang.

»Was wissen Sie über den Konsul von Siam?« fragte er.

»Nicht viel«, antwortete ich. »Warum?«

»Schon jemals mit ihm zu tun gehabt?«

»Nein«, sagte ich ehrlich, »überhaupt nichts. Ich habe ihn einmal getroffen und von seinen Möglichkeiten sprechen hören; aber ich habe sie nicht ausprobiert. Warum fragen Sie?«

»Nun, weil Sie es sind, glaube ich Ihnen«, sagte er. »Wir werden ihn morgen holen, und ich möchte nicht, daß Sie mit drinstecken.«

»Ich wüßte nicht, wieso ich mit drinstecken sollte«, sagte ich.

»Nun gut, wenn Sie nie etwas mit ihm zu tun gehabt haben, werden Sie auch diesmal nichts damit zu tun bekommen. Aber ich will Ihnen nicht verschweigen, daß man hofft, diesmal den langgesuchten Beweis zu finden, damit auch Sie dran sind.«

»Danke für den Tip«, sagte ich.

»Pas de quoi.«

Wir gaben uns die Hand.

»Alors, bon soir, et bonne chance«, sagte er.

»Bon soir«, sagte ich.

Ich ging zurück an den Tisch und erzählte Beamish, was ich gerade erfahren hatte. Wir kamen überein, daß wir uns beeilen mußten. Weil wir uns sicher waren, daß unsere Tage jetzt endgültig gezählt waren, verdoppelten wir unsere Anstrengungen, die Leute herauszubringen. Alle, die bereit waren und die nötigen Visa hatten, schickten wir zu den Fittkos nach Banyuls. Auf Fitchs Drängen hin schickten wir auch die Briten nach Spanien. Fitch selbst war einer der ersten, der ging. Er beauftragte einen Iren namens Treacy, einen Hauptmann der Royal Air Force, mit der Evakuierung der restlichen Männer.

Treacy hatte ein paar Wochen vorher in der besetzten Zone notlanden müssen und sich bis Marseille durchgeschlagen. Hier wollte er sich verstecken, bis er selber nach Spanien weiterfahren konnte. Wir besuchten ihn immer nachts in seinem Zimmer, besprachen seine Pläne und gaben ihm, wenn wir sie billigten, das Geld zu ihrer Ausführung. Im allgemeinen schickte er seine Leute in Dreier- und Vierergruppen zur Grenze und hatte wunderbarerweise nie eine Verhaftung mit ernsteren Konsequenzen zu beklagen. Aber es war eine gefährliche Arbeit – vor allem für uns. Treacy und seine Leute erfreuten sich der Immunität von Kriegsgefangenen; wir nicht.

3

Als der Besuch Marschall Pétains in Marseille angekündigt wurde, beschloß Beamish, die Stadt zu verlassen.

»Ich habe es mir zur schönen Praxis werden lassen, zu verschwinden, wenn der Führer eines faschistischen Landes eine Stadt besucht«, sagte er. »Ich weiß aus langer Erfahrung, was dann passiert.«

Er fuhr zur Grenze, um nach neuen Wegen Ausschau zu halten, für den Fall, daß die ›F‹-Route auffliegen würde. Ich blieb in Marseille.

Der Marschall wurde für Dienstag erwartet. Er sollte den Tag in Marseille verbringen, dann nach Toulon weiterreisen, um dort die

Flotte zu inspizieren, und auf dem Weg nach Vichy am nächsten Tag noch einmal nach Marseille kommen. Ich hatte es so eingerichtet, daß ich an diesem Montagmorgen in Air-Bel arbeitete, und Lena hatte sich einverstanden erklärt, für Diktate herauszukommen.

Es war ein frischer Dezembertag, und über unserem Tal lag dichter Nebel. Die Dächer der Häuser und die Spitzen der Pinien ragten aus dem federleichten Weiß in immer heller werdende Schichten von Grau, wie Bergspitzen auf japanischen Drucken. Den Friedhof und das Meer konnte man nicht sehen.

Nach dem Frühstück gingen Danny und Jean ins Büro. Ich setzte mich in mein Zimmer, um zu arbeiten. Gegen zehn Uhr war von Lena immer noch nichts zu sehen. Ich wollte gerade ins Büro fahren, als sie kam.

»Mille pardons«, sagte sie. »Aber ich bin heute morgen festgenommen worden, darum bin ich so spät dran.«

»Festgenommen?« fragte ich. »Das kann doch nicht sein.«

»Ja, festgenommen«, sagte sie. »In der Stadt sind große Razzien im Gange. Sie sind heute morgen ganz früh ins Hotel gekommen und haben uns alle gezwungen, im Nachthemd in die Halle zu gehen. Da haben sie uns stundenlang warten lassen, während sie unsere Papiere überprüften. Schließlich ließen sie mich gehen. Aber viele haben sie mitgenommen.«

»Was sollte das?« fragte ich.

»Der Besuch des Marschalls«, sagte sie.

»Das ist schlecht für unsere Schützlinge. Wir müssen versuchen, sie heute Nachmittag herauszubekommen. Laß uns in der Zwischenzeit arbeiten.«

Ich hatte den ersten Brief beendet und gerade den zweiten angefangen, als es klopfte.

Lena stand auf und öffnete. Es war eines der Zimmermädchen.

»Entschuldigen Sie, Monsieur, aber die Polizei wartet unten«, sagte sie.

»Mon dieu! Muß ich das noch mal mitmachen?« schimpfte Lena. »Il ne faut pas exagérer, quand même – nur nicht übertreiben!«

»Laß uns erst noch diesen Brief fertig machen«, sagte ich.

»A votre service«, antwortete Lena und griff wieder zu Block und Bleistift.

Wir hatten den Brief gerade fertig, als Serge in der Tür erschien.

»Die Polizei besteht darauf, daß alle sich sofort in der großen Halle versammeln«, sagte er.

Ich blickte mich schnell im Raum um. Auf dem Tisch lag mein Adressbuch, mit den Namen und Anschriften von fast allen, die ich in Frankreich getroffen hatte. Außerdem enthielt es genaue Aufstellungen über alle meine illegalen finanziellen Transaktionen. Ich wußte, daß Adressbücher die Polizei oft mehr interessieren als alles andere. Also warf ich es unter Qualen ins Feuer, und wir sahen zu, wie es brannte. Als es zu Asche verbrannt war, gingen wir zusammen hinunter.

Alle anderen hatten sich bereits in der Eingangshalle versammelt. An der Tür stand, als wolle er uns den Weg versperren, ein riesiger Kommissar. Bei ihm waren drei Zivilbeamte. Alle, der Kommissar und die Zivilbeamten eingeschlossen, machten einen sehr nervösen Eindruck.

»Sind das alle?« fragte der Kommissar die Haushälterin laut und unverschämt.

»Ja, mein Herr, das sind alle«, antwortete sie mit ihrer sanften Dienstbotenstimme.

»Alors, procédez!« grölte der Kommissar wie ein Betrunkener.

»Was wollen Sie anfangen?« fragte ich.

»Die Hausdurchsuchung natürlich«, brüllte er.

»Darf ich fragen, wer Ihnen das Recht gibt, dieses Haus zu durchsuchen?«

»Wir sind dazu berechtigt«, bellte er. »Darüber machen Sie sich mal keine Gedanken.«

»Trotzdem würde ich den Durchsuchungsbefehl gerne sehen«, sagte ich.

»Oh, Sie wollen also Schwierigkeiten machen, ja?« höhnte der Kommissar.

»Keineswegs«, sagte ich, wurde immer erregter und sprach ein übertrieben exaktes und langsames Französisch. »Aber ich möchte auf meinen Rechten bestehen, und auf den Rechten meiner Freunde. Wir haben nichts zu verbergen, aber wir werden keine Durchsuchung zulassen, es sei denn, Sie haben dafür eine schriftliche Genehmigung.«

Der Kommissar fingerte ein schmutziges, zusammengefaltetes Papier aus einer Innentasche und überreichte es mir geziert.

»Voilà, Monsieur«, sagte er spöttisch.

Ich nahm das Papier, faltete es auseinander und las, während mir Lena und Serge über die Schulter guckten.

Es war der Durchschlag von einem Befehl des Präfekten an den Polizeichef, der ihn zur Durchsuchung aller Häuser berechtigte, die »kommunistischer Umtriebe verdächtig« waren.

»Diese Anordnung trifft auf uns nicht zu«, sagte ich. »Für dieses Haus besteht kein Verdacht auf kommunistische Umtriebe. Sie haben kein Recht, unser Haus zu durchsuchen. Ich weigere mich, das zuzulassen.«

»Da täuschen Sie sich aber«, brüllte der Kommissar. »Für dieses Haus besteht der Verdacht auf kommunistische Umtriebe, und ich habe vor, es von oben bis unten zu durchsuchen.«

»Wir protestieren und behalten uns alle Rechte vor«, sagte ich, weil mir eingefallen war, daß ich diese Formulierung bei ähnlicher Gelegenheit von einem unserer Anwälte gehört hatte.

»Das können Sie dem Richter erzählen«, bellte der Kommissar. »Vorwärts«.

Er fing an, sorgfältig in der Nase zu bohren. Aus der Ecke, in der Breton saß, hörte ich deutlich das Wort »formidable!«

Einer der Zivilbeamten setzte sich an den kleinen runden Tisch in der Mitte des Raumes und holte ein Bündel Protokollformulare hervor. Für jeden, beziehungsweise für jede Familie, nahm er ein neues Blatt. Inzwischen ging ein zweiter Beamter mit Serge in dessen Zimmer, um es zu durchsuchen. Wir anderen warteten. Der Kommissar und der dritte Zivile sahen sich in der Halle um, starrten die Bilder an den Wänden an, öffneten die Schublade des Wandtischchens, befummelten den Inhalt und inspizierten den kärglichen Bestand an Bettwäsche im Schrank.

Der Mann, der mit Serge nach oben gegangen war, kam mit

einer Reiseschreibmaschine und einem Revolver mit Perlmutthandgriff zurück. Er zeigte beides dem Kommissar.

»Eh bien! Da hätten wir ja schon was«, sagte der Kommissar mit offensichtlicher Freude. »Weiter so.«

Breton war das nächste Opfer. Er wurde in sein Zimmer im obersten Stockwerk geführt.

Plötzlich fiel mir ein, daß zwischen den Büchern auf dem Frisiertisch in meinem Zimmer ein falscher Paß steckte. Irgendwie mußte ich noch einmal alleine nach oben und ihn loswerden.

Ich entschied mich für einen alten Trick. Die nächste Toilette war am Ende des Flurs neben meinem Zimmer. Ich bat um Erlaubnis, dort hinzugehen. Der Kommissar zögerte. Dann befahl er dem Beamten, der gerade nichts zu tun hatte, mich zu begleiten.

Auf dem Weg nach oben horchte ich meinen Bewacher aus.

»Ihr Chef ist ein bißchen grob«, sagte ich. »Er sollte es etwas gelassener angehen. Er hat die Frauen und Kinder zu Tode erschreckt.«

»Ich weiß«, sagte der Mann. »Er ist immer so. Ein brutaler Kerl.«

Wir waren vor der Toilettentür angekommen. Ich ging hinein und schloß die Tür. Er wartete draußen.

Wie konnte ich ohne ihn in mein Zimmer kommen? War ich erstmal drin, würde es nur Sekunden dauern, den Paß loszuwerden. Aber ich mußte allein sein. Ich wollte es versuchen. Ich zog an der Kette, und als das Wasser nicht mehr lief, schloß ich die Tür auf und ging wieder hinaus.

»Ich muß mir nur eben ein Taschentuch holen«, sagte ich. »Ich bin sofort wieder da.«

Zu meiner großen Freude blieb der Beamte, wo er war.

»Bitte«, sagte er. »Lassen Sie sich Zeit.«

Ich ging in mein Zimmer. Er folgte mir nicht und von dort, wo er stand, konnte er mich auch nicht sehen.

Ich nahm den Paß und warf ihn auf den Kleiderschrank. Für mehr war keine Zeit. Dann öffnete ich die Kommode und nahm ein sauberes Taschentuch heraus. Als ich aus dem Zimmer ging, putzte ich mir damit die Nase.

»Alles in Ordnung«? fragte der Mann.

»Ja, danke«, sagte ich.

Als wir wieder nach unten kamen, waren Breton und sein Beamter schon dort, und auf dem Tisch lag ein großer Dienstrevolver neben Serges Pistole mit Perlmuttgriff.

Mary Jane war als nächste an der Reihe. Während sie oben war, bekam unsere Haushälterin Madame Nouguet die Erlaubnis, wieder in die Küche zu gehen, um zusammen mit dem Dienstmädchen für alle heißen ›Kaffee‹ zu machen. Der Kommissar war mit Serge und Breton im Speiseraum und inspizierte das Geschirr. Nur der Detektiv, der am Tisch saß, war zu unserer Bewachung zurückgeblieben.

Ich setzte mich neben Lena.

»Verwickle den Typen in eine Unterhaltung«, flüsterte ich. »Ich muß mal meine Taschen durchsehen.«

»Entendu«, sagte sie. »Wenn du fertig bist, muß ich aber auch noch mein Adreßbuch durchsehen.«

»Abgemacht«, sagte ich. »Ich tu, was ich kann.«

Sie stand auf und ging zu dem Mann am Tisch.

»Sie haben aber einen schönen Anzug an«, sagte sie. »Heutzutage ist es schwer, etwas Anständiges zum Anziehen zu finden. Verraten Sie mir, wo sie ihn gekauft haben?«

Der Zivile war offensichtlich geschmeichelt. Er strahlte.

»Gefällt er Ihnen?« fragte er.

»Oh, ja«, sagte sie. »Er ist hübsch. So schönes Material, und so geschmackvoll.«

Ich entleerte meine Taschen und warf alles in den brennenden Kachelofen.

»Ich habe einen Schneider«, gestand der Zivile.

»Dann sind Sie sicher reich«, sagte Lena.

Er errötete. Er war sehr blond, und sein Gesicht war jetzt sehr rot.

»Oh nein«, sagte er. »Er ist gar nicht teuer«.

»Können Sie mir nicht seinen Namen und seine Adresse aufschreiben?« fragte Lena.

Sie machte ihre Sache gut. Ich war fast fertig.

Der Beamte beugte sich über den Tisch und begann zu schreiben.

Ich nahm ein Holzscheit hoch und schob es zusammen mit meinem letzten Papier in den Ofen.

»Voilà, Mademoiselle«, sagte er und gab Lena die Adresse.

»Vielen Dank«, sagte Lena. »Das ist sehr freundlich.«

»Pas du tout, Mademoiselle, pas du tout«, sagte der Zivile und strahlte von einem Ohr zum anderen.

Lena setzte sich wieder neben mich.

»Hattest du Zeit genug?« flüsterte sie.

»Ja, tausend Dank. Das hast du gut gemacht.«

»Maintenant – du bist an der Reihe«, sagte sie.

Ich ging zu dem Beamten.

»Wie lange, glauben Sie, wird das dauern?« fragte ich.

»Ich weiß nicht«, antwortete er.

»Was hat er vor?«

»Ich vermute, er wird Sie alle mit auf die Präfektur nehmen.«

»Wozu?«

»Um Ihren Status zu überprüfen.«

Aus dem Augenwinkel konnte ich sehen, wie sich Lena bückte, um das Feuer zu schüren.

»Was heißt das?« fragte ich.

»Nur ein paar Nachforschungen, eine Überprüfung Ihrer Papiere. Wenn Sie ›en règle‹ sind, können Sie wieder gehen.«

»Hoffentlich«, sagte ich. »Ich habe nicht viel Zeit. Wie kommen wir in die Stadt?«

Er stand auf und führte mich zum Fenster.

»Bitte sehr.«

Ich sah hinaus. Vor dem Haus parkten ein großer Gefangenenwagen und ein kleineres Polizeiauto. Dazwischen stand ein fünfter Kriminalbeamter.

»Ist das alles für uns?« fragte ich.

»Ja«, sagte er, »alles für Sie«.

»Wir scheinen ja sehr wichtig zu sein«, sagte ich.

Ich hörte, wie die Ofentür geschlossen wurde.

»Qu'est-ce qu'il y a – was gibt's da zu sehen?« fragte Lena und gesellte sich zu uns.

»Wir bewundern gerade die schöne Aussicht«, sagte ich. »Hier, sieh mal.«

Lena sah hinaus.

»Mon dieu!« sagte sie. »Die habe ich noch gar nicht gesehen. Sind die für uns?«

»Ja«, sagte ich. »Die sind für uns.«

In diesem Augenblick kam der Kommissar mit einer surrealistischen Zeichnung in der Hand aus dem Eßzimmer zurück.

»Was geht hier vor?« zeterte er.

Der Zivile beeilte sich, zu seinem Platz am Tisch zurückzukommen.

»Nichts«, sagte er nervös.

»Tragen Sie das ein«, sagte der Kommissar und gab ihm die Zeichnung.

Sie stammte aus einem unserer abendlichen Malwettbewerbe und zeigte unter anderem einen gallischen Hahn. Darunter stand in Druckbuchstaben: »Der schreckliche Kretin Pétain.«

»Revolutionäre Propaganda«, schnaubte der Kommissar.

»So hören Sie doch«, sagte Breton, »das heißt nicht Pétain, sondern ›putain‹ (Dirne). Es ist der Kommentar eines Freundes über einen Freund. Mit dem Marschall hat das nichts zu tun«.

»Und der Hahn? Der Hahn ist Frankreich, oder etwa nicht?« schrie der Kommissar.

»Darüber läßt sich streiten«, sagte Breton schüchtern.

»Revolutionäre Propaganda, das ist doch sonnenklar«, sagte der Kommissar. »Eintragen.«

Der Beamte machte den Eintrag.

»Unwahrscheinlich«, sagte Breton und ging mit einem resignierten Achselzucken zu seinem Stuhl zurück.

Als ich an der Reihe war, kam der Kommissar selbst mit nach oben.

Er sah zwar nicht auf den Schrank, sammelte aber alle Papiere, die auf meinem Schreibtisch lagen, ein und stopfte sie in meine Aktentasche. Zusammen mit meiner Reiseschreibmaschine trug er sie triumphierend nach unten.

»Dokumente in fremder Sprache«, sagte er zu dem Beamten, der bei diesem Feldzug als Protokollant agierte. »Wahrscheinlich revolutionäre Propaganda. Eintragen.«

Der Beamte machte den Eintrag.

In diesem Augenblick fand vor dem Haus ein Tumult statt. Der Kommissar stürmte hinaus, gefolgt von zwei Geheimbeamten. Durch die offene Tür konnten wir ihn schreien hören.

»Festnehmen, sage ich, festnehmen!« brüllte er.

»Laßt sie nicht entkommen!«

Einen Augenblick später kamen die Polizisten mit Danny und Jean herein. Sie waren zum Essen nach Hause gekommen und in die Falle gegangen.

Bis jeder die Durchsuchung seines Zimmers beaufsichtigt hatte, war es fast ein Uhr geworden. Madame Nouguet servierte ›Kaffee‹ und trockenes Brot.

»Es ist nichts anderes da«, entschuldigte sie sich. An den Kommissar gewandt, fügte sie spitz hinzu: »Da man mich daran gehindert hat, zum Markt zu gehen, ist nichts zu essen im Hause, Monsieur.«

Aber der Kommissar hörte gar nicht hin. Er sammelte die Reiseschreibmaschinen, Pistolen und Dokumente zusammen und machte sich fertig, um mit uns zur Präfektur zu fahren. Wir protestierten; er solle zumindest die Kinder aus dem Spiel lassen.

»Es wird nicht lange dauern«, sagte er und änderte plötzlich seine Haltung. »Vor Einbruch der Nacht sind Sie alle wieder zurück. Reine Formalität.«

Nach kurzer Diskussion erlaubte er dann doch, daß die Kinder, ihre Mütter und die Dienstboten im Haus bleiben durften.

Mir gegenüber schlug er plötzlich einen bittenden Ton an.

»Es liegt absolut nichts gegen Sie vor«, sagte er. »Keinerlei Verdacht. Aber Sie täten mir einen Gefallen, wenn Sie die anderen als Zeuge begleiten würden. In einer Stunde können Sie wieder an Ihre Arbeit gehen. Ich gebe Ihnen mein Ehrenwort, daß ich Sie nicht länger aufhalten werde.«

Seine Höflichkeit nahm mich für ihn ein und da ich hoffte, ich könnte den anderen vielleicht helfen, wenn ich mitging, willigte ich ein.

4

Als man uns alle hinausführte, fiel dem Kommissar ein, daß er meine Aktentasche auf dem Tisch hatte liegenlassen. Er schickte einen der Beamten zurück, um sie zu holen, der sie mir dann auf dem Weg zum Gefangenenwagen gab. Als wir bei der Präfektur ankamen, hatte ich sie noch immer in der Hand.

Man führte uns durch die Motorradgarage und über einige Treppen in einen niedrigen Raum im zweiten Stock, der früher der Schlafraum für die Stalljungen des Bischofs gewesen sein mußte. Wir saßen mit vielen anderen Gefangenen auf Schulbänken und nach und nach kamen immer neue Verhaftete dazu.

Lena und ich nutzten die Gelegenheit, meine Papiere noch einmal durchzugehen. Sie waren alle äußerst harmlos – bis auf ein handgeschriebenes Manuskript von Breton, das er mir gegeben hatte, damit ich es in die USA schmuggelte. Es war zwar nicht signiert, aber anhand der feinen, gleichmäßigen Schönschrift in hellgrüner Tinte eindeutig zu identifizieren. Wenn es auch kein revolutionärer Text war, so gereichten die Kommentare zur Niederlage und zur neuen französischen Regierung doch mit Sicherheit nicht dazu, Bretons oder unsere Lage zu verbessern. Wir nahmen es heraus, und Lena versteckte es in ihrer Bluse. Dann fragte sie nach dem ›Örtchen‹. Als sie zurückkam, lächelte sie.

»Das Meisterwerk existiert nicht mehr.«

Ein paar Minuten später platzte der Kommissar herein, der uns festgenommen hatte.

»Was machen Sie da mit der Aktentasche?« schrie er. »Sie dürfen sie nicht bei sich tragen!«

»Sie hatten sie im Haus vergessen, und ich dachte, Sie hätten vielleicht Interesse daran«, sagte ich und gab sie ihm. »Zu Ihren Diensten, Monsieur.«

Mit finsteren Blicken riß er sie an sich.

Am späten Nachmittag wurden wir einer nach dem anderen ins Büro gerufen und aufgefordert, die inzwischen abgetippten Protokolle zu unterschreiben. Da sie lediglich auflisteten, was man in unseren Zimmern gefunden hatte, unterzeichneten wir.

Um sechs Uhr kam ein Zeitungsverkäufer herein, und wir überredeten ihn, uns aus einem nahegelegenen Bistro Wein und Sandwiches zu besorgen. Seit Madame Nouguets ›Kaffee‹ hatten wir nichts zu uns genommen.

Gegen sieben Uhr wurden wir allmählich ungeduldig und sagten uns »quand même« und »il ne faut pas exagérer«. Wir fragten den Gendarmen, der uns bewachte, ob wir den Kommissar fragen dürften, wann er uns zu entlassen gedenke, aber er teilte uns mit, daß der Kommissar schon gegangen sei.

»Vor morgen früh wird er nicht wiederkommen«, sagte er.

Es wurde acht Uhr, ohne daß etwas geschah. Wir sagten nun alle »formidable!« und »invraisemblable!«, manche auch »merde alors!«

Um neun Uhr brachte man uns die Treppe hinunter, führte uns um das Gebäude herum in einen kleinen Hinterhof, von dort wieder ins Haus zurück und die Treppe hinauf in den großen Raum, wo Chaminade und ich vor ein paar Wochen Bericht erstattet hatten. Er war vollgestopft mit Menschen, manche davon waren unsere Klienten. Und immer mehr Leute wurden hereingeführt. Ganz offensichtlich war eine große Razzia im Gange.

5

Um elf Uhr nachts brachte man uns wieder die Treppe hinunter und zurück in den kleinen Hinterhof, wo wir in einen Gefangenenwagen verladen wurden, der noch größer war als der, mit dem man uns abgeholt hatte.

Ich saß neben einem der Detektive.

»Wohin bringt man uns nun?« fragte ich.

»Zu einem Schiff im Hafen, glaube ich«, sagte er.

Ich muß gestehen, daß mich ein Gefühl von hochgradiger Empörung ergriff, das Amerikaner gelegentlich befällt, wenn sie im Ausland nicht wie höhere Wesen behandelt werden.

»Das ist ungeheuerlich«, sagte ich. »Ich bin amerikanischer

Staatsbürger, und ich verlange, mit meinem Konsul sprechen zu dürfen.«

»Ich fürchte, da kann ich nichts machen«, sagte der Detektiv.

»Und was kann ich machen?« fragte ich schüchtern.

»Nichts, fürchte ich.«

Wir fuhren die Quais am neuen Hafen entlang. Nach einer schier endlosen Strecke bogen wir in eines der Docks ein und hielten vor einem Schiff, das schwarz und bedrohlich im Halbdunkel lag. Wir mußten aussteigen und wurden sofort die Schiffsleiter hinauf auf das Hauptdeck geführt. Als wir an Bord waren, kehrten die Detektive um und fuhren in dem Polizeiwagen davon.

Wir befanden uns jetzt mitten in einer wogenden Menge verwirrter Menschen. Nach einigem Herumfragen erfuhren wir, daß wir auf der ›M. S. Sinaïa‹ waren, zusammen mit etwa sechshundert anderen Gefangenen, die alle ratlos wie wir waren. Die ›Sinaïa‹, erklärten uns unsere Mitgefangenen, lag an der Mole G im Hafenbecken »Président Wilson«.

»Tiens, Fry«, sagte Danny, als er dies hörte, und verpaßte mir einen Stoß in die Rippen. »Vive le Président Veelsson!«

Keiner von uns wußte, warum er festgenommen worden war und wohin man uns bringen würde. Wir erfuhren lediglich, daß die Frauen in den Dritter-Klasse-Kabinen untergebracht waren und es für die Männer Schlafkojen im Frachtraum gab. Da es keinen Sinn hatte, die ganze Nacht auf Deck herumzustehen, legten wir uns hin. Wir schliefen in unseren Kleidern auf strohgefüllten Rupfensäcken; jeder bekam nur eine einzige dünne Decke. Da die Luke nicht geschlossen war, konnten wir durch die viereckige Öffnung die Sterne über uns sehen. In einer Ecke des Frachtraums sang eine Gruppe Spanier traurige Flamencolieder zu den Akkorden einer verstimmten Gitarre. Es war sehr kalt. Der Dreck im Stroh setzte sich in unseren Kleidern fest und juckte.

Für die Essensausgabe mußten wir uns am nächsten Morgen in Zehnergruppen aufteilen und einen Anführer bestimmen, der für die ganze Gruppe zur Kombüse gehen sollte. Wir wählten Breton. Er verschwand in Richtung Kombüse und kam nach einer halben Stunde mit einem halben Laib Schwarzbrot und einem großen

Blecheimer zurück, der zur Hälfte mit einer saccharingesüßten, hellbraunen Flüssigkeit gefüllt war.

Zu Mittag gab es Gefrierfleisch, Linsen, Brot und Wein; abends bekamen wir noch eine Suppe. Das Fleisch war außen heiß und innen gefroren.

Wir versuchten den ganzen Tag, irgend jemanden zu finden, der uns die Erlaubnis erteilen konnte, Kontakt zum amerikanischen Konsul aufzunehmen. Der einzige Verantwortliche, den wir ausmachen konnten, war der Gendarm an der Schiffsleiter, der strikte Anweisungen hatte, jeglichen Versuch der Kontaktaufnahme zu irgendeiner Person an Land zu unterbinden.

Wir sprachen mit etlichen unserer Mitgefangenen. So lernten wir drei französische Geschäftsleute aus Nizza kennen, die nach Marseille gekommen waren, um sich die Parade anzusehen. Man hatte sie eine Stunde, nachdem sie sich im Hotel du Louvre et de la Paix Zimmer mit Blick auf die Cannebière gemietet hatten, festgenommen. Wir sprachen mit zwei jungen Syrern, die eine Polizeikontrolle in einem Café glücklich überstanden hatten und beim Verlassen des Cafés plötzlich vor einem parkenden Polizeiwagen standen.

»Zwei Plätze sind noch frei«, hatte ein Detektiv gesagt. »Steigen Sie ein!«

Und ohne weitere Formalitäten wurden sie direkt auf das Schiff verfrachtet.

Wir unterhielten uns auch mit einem Engländer und seinem in Ägypten geborenen Bruder, deren Papiere man in einem Restaurant überprüft und für zufriedenstellend befunden hatte. Draußen auf der Straße waren sie einem anderen Detektiv in die Arme gelaufen, der ebenfalls ihre Papiere zu sehen wünschte. Sie hatten erklärt, daß sie soeben bereits von einem Kollegen kontrolliert worden waren. Der Beamte hatte nur geschrien »Keine Unverschämtheiten! Rein in den Wagen!« und sie ohne weitere Umstände weggekarrt. Meine beiden englischen Freunde Graham und Lloyd waren ebenfalls auf dem Schiff. Sie hatten offensichtlich den Fehler begangen, in einem Zimmer zu wohnen, das auf den Quai des Belges ging. Dort sollte der Marschall vorbeikommen.

Auch ein Mann, der sich als Korrespondent der ›Basler Neuesten Nachrichten‹ vorstellte, war an Bord. Er hatte in einem Restaurant mit seiner französischen Freundin zu Mittag gegessen, als ein Geheimpolizist hereinkam und um ihre Papiere bat. Seine waren in Ordnung, aber seine Freundin hatte ihren Ausweis nicht dabei. Deshalb mußten sie zur genaueren Nachforschung mit auf die Wache. Dort ließ man das Mädchen frei, der Journalist mußte jedoch aufs Schiff. Er vermutete, daß man ihn in dem allgemeinen Durcheinander in die falsche Ecke des Raumes geschubst hatte, dorthin, wo die Verdächtigen standen. Damit war er verloren.

Am meisten empörte sich ein Pariser Bankier, der erzählte, daß er im Speisesaal des Hotel Noailles, wo er Freunde zum Essen eingeladen hatte, vom Tisch weg verhaftet worden war. Unter den Gefangenen waren auch fünf französische Ärzte. Sogar ein Chirurg aus Marseille sei an Bord gewesen, sagte man uns. Er hatte die Polizei davon überzeugen können, daß er eine Notoperation durchführen mußte und war unter Bewachung ins Krankenhaus gefahren worden. Nach der Operation, so hieß es, werde man ihn zurückbringen. In der Stadt bekannte holländische und dänische Geschäftsleute waren ebenfalls auf dem Schiff. Mary Jayne und ich waren nicht die einzigen Amerikaner an Bord der ›Sinaïa‹. Es gab noch vier weitere, die nicht weniger überrascht und empört waren als wir.

Am Nachmittag des zweiten Tages befahl man uns, unter Deck zu gehen. Beim Hinuntergehen bemerkten wir, daß die Luke über dem Frachtraum und sämtliche Bullaugen geschlossen worden waren. Wir vermuteten, daß wir jetzt nach Afrika in ein Lager in der Sahara gebracht wurden, aber obwohl wir im Hafen viele Pfiffe hörten, bewegte sich unser Schiff nicht von der Stelle. Als wir einige Stunden später wieder an Deck durften, erfuhren wir von einem Mitglied der Mannschaft, daß der Marschall in einem Küstenboot vorbeigefahren war, als wir unter Deck waren.

Gegen Abend kamen Jungen aus der Stadt ans Schiff, um Bestellungen für Lebensmittel entgegenzunehmen. Wir verfaßten eine Botschaft an den amerikanischen Konsul, wickelten sie um ein Zehn-Franc-Stück und warfen es über Bord, als sich der Gendarm an der Treppe gerade einmal umdrehte. Wir schätzten die Chance, daß der Junge, der das Francstück aufhob, das Geld einstecken und den Zettel wegwerfen würde, auf zehn zu eins. Aber ein paar Stunden später kam ein großes Paket mit belegten Broten und der Visitenkarte des amerikanischen Generalkonsuls. Wir waren dankbar für die Brote, hätten aber die Freiheit vorgezogen.

Am dritten Tag wußten wir noch immer nichts über unser Schicksal. Wir verbrachten den Tag mit Spekulationen über unsere Zukunft und sangen alte französische Lieder, um die Zeit totzuschlagen. Wenn uns der Gesprächsstoff ausging, mußten wir singen, weil wir nichts zu lesen hatten. Der einzige, der in weiser Voraussicht ein Buch eingesteckt hatte, bevor er unser Haus verließ, war Serge. Er wußte aus Erfahrung, was wir anderen nicht wußten – daß »eine oder zwei Stunden« auf der Polizeiwache eines diktatorisch regierten Staates leicht zu Wochen, Monaten und sogar Jahren werden konnten. Zu seinem Unglück war das Buch einer seiner eigenen Romane. Nachdem er es lustlos durchgeblättert hatte, überreichte er es mir mit der folgenden Widmung: »In Erinnerung an unsere gemeinsame Gefangenschaft auf der ›Sinaïa‹.« Es war eine Geschichte, die auf seinen Erfahrungen in sowjetischen Gefängnissen beruhte. Obwohl sie alles andere als erfreulich war, las ich sie mit Spannung und fragte mich beim Lesen, ob mir ein ähnliches Schicksal bevorstand.

6

Am Nachmittag des dritten Tages gelang es Mary Jayne und mir, dem Kapitän eine Nachricht zukommen zu lassen, der uns daraufhin bat, ihn in seiner Kabine aufzusuchen. Es war schon ein merkwürdiges Gefühl, einmal wieder auf richtigen Stühlen zu sitzen, nachdem wir so viele Stunden auf Holzbänken, eisernen Bettgestellen und Schiffsgeländern verbracht hatten. Der Kapitän begegnete seinen amerikanischen Gefangenen ausgesprochen kleinlaut und schien aufrichtig betrübt, als er erfuhr, daß ich auf seinem Schiff einmal den Atlantik überquert hatte.

»Es tut mir leid, daß Sie es unter diesen veränderten Umständen wiedersehen mußten«, sagte er.

Nachdem wir uns eine Weile unterhalten hatten, bestellte er Bier.

»Leider kann ich Ihnen nichts Besseres anbieten«, sagte er in einem Tonfall tiefen Bedauerns. »Ich habe nur Bier.«

Er erklärte, daß die Stadtverwaltung sein Schiff als Gefängnis gemietet habe und er in keiner Weise für die Auswahl der Passagiere verantwortlich sei. Er hatte keine Ahnung, wie lange man uns noch festzuhalten gedachte.

»Das zu bestimmen, steht nicht in meiner Macht«, sagte er.

Während wir uns unterhielten, kam ein Steward herein und meldete, daß ›Monsieur le Consul des Etats-Unis‹ unten wartete. Tief beeindruckt beauftragte der Kapitän den Steward, den Konsul sofort zu ihm zu führen.

Als Harry Bingham eintrat und uns die Hand gab, verschwanden augenblicklich alle Zweifel in Bezug auf unsere Person, die der Kapitän vielleicht vorher gehabt haben mochte. Er wurde merklich herzlicher. Er holte einen Schlüsselbund aus der Hosentasche, öffnete einen Schrank mit einer stattlichen Sammlung halbvoller Flaschen. Er wählte eine Flasche Cognac und holte vier kleine Gläser.

»Voilà, messieurs dame«, sagte er und schenkte ein. »A votre santé.«

Während wir tranken, erzählte Harry, daß er mehrere Male bei der Präfektur angerufen hatte, um zu erfahren, warum und für wie lange wir festgehalten würden. Aber alle höheren Beamten waren mit dem Marschall unterwegs oder eifrig damit beschäftigt, ihn zu beschützen, so daß er nichts in Erfahrung gebracht hatte. Er hoffte, morgen mehr Erfolg zu haben, wenn der Marschall auf dem Rückweg nach Vichy war und die Dinge in Marseille wieder ihren normalen Gang nahmen. Sehr viele Leute seien zu Ehren des Marschalls festgenommen worden, sagte er, mindestens siebentausend. Die meisten von ihnen würde man wahrscheinlich in ein paar Tagen freilassen. Ob auch wir freikämen, konnte er nicht sagen. Aber er versprach, sein Bestes zu tun.

Als wir an diesem Abend zu Bett gingen, wußten wir immer noch nicht, ob es unsere letzte Nacht auf der ›Sinaïa‹ sein würde. Am nächsten Morgen gegen zehn kamen dann aber ein paar Geheimbeamte mit dicken Dossiers unter dem Arm, richteten sich im Erster-Klasse-Salon ein und fingen an, die im Dritter-Klasse-Deck ungeduldig Wartenden namentlich aufzurufen.

Unsere Gruppe wurde gegen Mittag aufgerufen. Um zwei Uhr nachmittags waren wir alle wieder frei – alle bis auf Danny Bénédite, der aus unbekannten Gründen noch auf der ›Sinaïa‹ war, als wir anderen festen Boden betraten und am Quai entlang zur Straßenbahn gingen.

Als wir das Stadtzentrum erreichten, waren die Straßen noch mit Flaggen und Fähnchen geschmückt und die Straßenreiniger gerade dabei, den Dreck wegzuschaffen, den die Menge hinterlassen hatte. Hier und da stolzierten noch Mitglieder von Peyroutons Schutztruppe, der ›Groupe de Protection‹, insgeheim als ›Garde Pétain‹ bekannt, umher, am Arm weiße Binden mit den Buchstaben G. P.

Nach dem Mittagessen ging Lena wegen Danny zu Capitaine Dubois, während Jean Gemahling und ich im Büro vorbeischauten und die anderen zur Villa zurückkehrten.

Jean und ich fanden das Büro völlig unverändert vor. Entgegen unseren schlimmsten Befürchtungen hatte man es nicht geschlossen. Die Polizei war nicht einmal in die Nähe des Büros gekommen und hatte auch niemanden von der Belegschaft verhaftet, außer den Bewohnern von Air-Bel. Allerdings hatte sich auch kaum ein Flüchtling im Büro sehen lassen, nachdem sich herumgesprochen hatte, daß wir festgenommen worden waren.

Anderswo hatten Polizeiaktionen nahezu hysterische Ausmaße angenommen. Zusätzlich zu allen vorhandenen Gefängnissen und Zuchthäusern hatte man drei Schiffe, vier Kasernen und drei Kinos zweckentfremdet. Zuletzt hatte die Polizei die Leute sogar in Cafés und Restaurants eingesperrt, bis die Parade vorbei war. Insgesamt waren zwanzigtausend Leute festgenommen worden.

Welche Erklärung es auch immer für unsere Gefangennahme geben mochte, mit unserem Büro hatte sie offensichtlich nichts zu tun. Aber wir befürchteten, daß die Polizei zu ihrer Rechtfertigung ihre Aufmerksamkeit möglicherweise doch noch dem Büro und unseren Aktivitäten zuwenden könnte. Dann drohte eine erneute Durchsuchung, vielleicht sogar die Schließung. Außerdem befürchteten wir, daß sich bei Bekanntwerden unserer Verhaftung die Beziehungen zu den anderen amerikanischen Hilfsorganisationen und den französischen Behörden noch schwieriger gestalten würden, als sie es ohnehin schon waren. Wir zweifelten nicht daran, daß wir unsere früheren Hoffnungen auf freundschaftlich geartete Beziehungen zur amerikanischen Botschaft nunmehr endgültig begraben konnten.

Wir mußten herausfinden, wie wir uns verhalten sollten. War es besser, auf einem offiziellen Protest zu bestehen und das Risiko einzugehen, uns bei der Botschaft oder der Vichy-Polizei eine weitere Abfuhr zu holen? Oder sollten wir lachend und mit einem Achselzucken zur Tagesordnung übergehen?«

Frau Gruss war für Lachen.

»Machen Sie sich darüber lustig«, sagte sie.

Während wir noch darüber diskutierten, kam Lena mit Bénédite herein. Sie hatte Dubois in seinem Büro an der Promenade de la Plage angetroffen. Er schien überrascht und verärgert, als er hörte, daß wir in Schwierigkeiten gewesen waren, und hatte ziemlich gereizt gefragt, warum wir es ihn nicht gleich hatten wissen lassen; er hätte uns vielleicht befreien können. Als Lena ihm erzählte, daß wir nicht einmal den Konsul verständigen durften, hatte er geflucht.

»Que ces gars là sont bêtes! Wie dumm diese Kerle doch sind!«

Dubois fuhr Lena in seinem Polizeiwagen zur ›Sinaïa‹ zurück. Auf dem Weg dorthin fragte er sie nach Charlie.

Lena erzählte ihm, daß er nach Lissabon abgefahren sei.

»Das freut mich zu hören«, antwortete Dubois. »Ich hätte ihn demnächst wegen pro-britischer Aktivitäten festnehmen müssen.«

Lena bestritt, daß Charlie jemals pro-britische Aktivitäten unternommen hatte. Aber Dubois schenkte ihr keine Beachtung.

»Ich weiß alles darüber.«
Lena fragte, ob Lili ihm davon erzählt habe.
»Kann sein, kann auch nicht sein.«
Als sie zu dem Schiff kamen, zeigte Dubois seinen Ausweis und ging zusammen mit Lena an Bord. Ein paar Minuten später war Bénédite frei.

10. Kapitel

Entführung in Cannes

I

Nach der Sinaïa-Affaire wurde ich zwei Wochen lang von einer Gruppe von acht Schnüfflern beschattet, die einander abwechselten. Ich wußte das, weil Capitaine Dubois mich informiert hatte. Die Beschattung besorgte laut Dubois das Sonder-Kommissariat der Präfektur, und zwar auf direkten Befehl der Sûreté Nationale in Vichy.

Dank der rechtzeitigen Vorwarnung konnte ich dafür sorgen, daß die täglichen Berichte der Flics völlig harmlos ausfielen. Nach ein paar Wochen war es die Sûreté dann auch anscheinend leid, immer nur zu lesen, wo ich zu Mittag und zu Abend gegessen hatte, und blies die Geschichte ab. Aber solange sie lief, war es für mich unangenehm. Ich mußte sehr aufpassen, was ich tat und wen ich traf.

Sobald ich erfahren hatte, daß man mich beschatten würde, ermahnte ich alle zu äußerster Vorsicht.

Mary Jayne war darüber so ängstlich geworden, daß sie sich an diesem Tag pausenlos umblickte – mit dem Erfolg, daß ihr am späten Nachmittag dann wirklich drei Franzosen über beträchtliche Entfernungen folgten.

Mitte des Monats etwa kamen zwei Zivilbeamte in mein Büro und zeigten mir ihren Dienstausweis. Als ich sie fragte, was sie wollten, sagten sie, daß sie »einen gewissen Hermant« suchten. Glücklicherweise war Beamish noch nicht wieder zurück. Ich konnte ihnen daher sagen, daß er seinen Job bei uns vor einigen Wochen quittiert hätte. Als ich mich erkundigte, wieso sie sich für ihn interessierten, antworteten sie, es lägen ein paar ernste Sachen gegen ihn vor.

»Wahrscheinlich ein schmutziger Gaullist«, sagte einer der Beamten. »Wenn Sie ihn wiedersehen, sagen Sie uns Bescheid.«
Das versprach ich feierlich.

Als Beamish nach Marseille zurückkam, erzählte ich ihm die Geschichte, und er beschloß, daß es nun Zeit sei, Frankreich zu verlassen. Traurig nahmen wir Abschied voneinander, und er machte sich auf den Weg zu den Fittkos nach Banyuls. Ein paar Tage später hörte ich, daß er sicher in Lissabon angekommen war.

Ich fühlte mich wie verlassen, nachdem er abgefahren war. Ich erkannte plötzlich, wie sehr ich ihm vertraut hatte. Das erstreckte sich nicht nur auf die Lösung schwieriger Probleme, sondern auch auf unsere Freundschaft. Er war der einzige Mensch in Frankreich, der genau wußte, was ich tat und warum ich es tat, und darum war er auch der einzige, in dessen Gegenwart ich mich immer wohl gefühlt hatte. Allen anderen gegenüber mußte ich mich mehr oder weniger verstellen; bei Beamish, und nur bei Beamish, konnte ich ganz offen und natürlich sein. Nachdem er weg war, war ich ganz allein, und ich empfand meine Einsamkeit so stark wie nie zuvor.

Ein paar Tage bevor er ging, beschloß ich, seine Aufgaben zwischen Jean Gemahling und Dr. Marcel Verzeanu (»Maurice«) aufzuteilen. Nach einem Abendessen in der Villa Air-Bel bat ich Jean auf mein Zimmer und erzählte ihm, was ich für die Briten getan hatte. Dem Anschein nach hatte Jean bislang mehr oder weniger lustlos und gleichgültig für uns gearbeitet, aber ich wußte, daß er starke pro-britische Gefühle hegte und die Vorgänge in Vichy mit Abscheu verfolgte. Daß er jedoch derartig stark auf meine Enthüllungen reagieren würde, damit hatte ich nicht gerechnet. Jeans Gesicht leuchtete auf, als hätte ich ihm gerade eröffnet, daß er eine Million Dollar geerbt hatte. Er sah mich an, als sei ich eine Mischung aus General de Gaulle und seiner besten Freundin. Als ich ihn fragte, ob er bereit sei, das Risiko auf sich zu nehmen und mit mir für die Briten zu arbeiten, wurde er rot und schnappte nach Luft.

»Bereit!« sagte er in seinem Internats-Englisch mit leicht französischem Akzent. »Nichts auf der Welt täte ich lieber!«

Dann erzählte er mir, daß er seit dem Waffenstillstand nach einer Möglichkeit Ausschau gehalten hatte, nach England zu gehen, um sich de Gaulle anzuschließen. Aber wenn er den Briten in Frankreich helfen könne, sagte er, werde er bleiben. Ich machte ihn auf die Gefahren dieser Arbeit aufmerksam – man konnte dafür zum Tode verurteilt werden –, aber das ließ ihn völlig kalt.

»Wenn schon, dann wenigstens richtig«, sagte er nur.

Am nächsten Tag stellte ich ihn Treacy vor, und von nun an arbeitete er für die Briten, solange wir irgend etwas für sie tun konnten. Sein Enthusiasmus ließ nie nach. Aber er nahm seine Pflicht so ernst, daß er in Depressionen verfiel, wenn er meinte, einen Fehler gemacht zu haben, und ich dann Schwierigkeiten hatte, sein Selbstvertrauen wieder herzustellen. In ihm begegnete ich zum ersten Mal dem Typ des jungen patriotischen Franzosen, der später den Untergrund und die ›maquis‹, die Widerstandsbewegung, prägte[20]. Während seiner Arbeit für die Briten verhalf er vielen Menschen zur Flucht. Was er anfaßte, erledigte er mit einer fast exzessiven Gewissenhaftigkeit.

Maurice, unser rumänischer Arzt, hatte schon zu Beamishs Zeiten mit illegaler Fluchthilfe zu tun gehabt. Jetzt übernahm er diese Aufgabe voll und ganz. Er setzte sich mit den Fittkos und später mit deren Nachfolger in ständige Verbindung. Er organisierte ein regelrechtes Netz von Untergrundarbeitern – wir nannten es »die unsichtbare Belegschaft« –, verwaltete die geheimen Gelder, tat neue Verstecke auf, dirigierte den Flüchtlingsstrom von einem Ort zum anderen und versorgte sie mit falschen Pässen und Visa. Als nichts mehr ging, plante er in enger Zusammenarbeit mit Emilio Lussu eine geheime Fluchtroute, die bis Lissabon reichen sollte. In Bezug auf Frauen hielt er sich für unwiderstehlich und schien bei oberflächlicher Betrachtung seine Arbeit nur selten ernst zu nehmen. Aber ich merkte bald, daß dieser Eindruck falsch war.

2

Kurz nach Beamishs Abreise bekam ich einen Brief von Charlie. Er war nun endlich in Lissabon angekommen. In seinem Brief erzählte er davon, wie er sich um die Zulassung zu einer Kunstschule am Prado bemüht hatte.

»Man wollte meine Arbeiten nicht anerkennen, weil ich einmal ein Schüler von Buster gewesen bin«, schrieb er. (»Buster« war eines meiner unzähligen Pseudonyme). »Die Haupteinwände gegen meine Zulassung schienen von denen zu kommen, die über Komposition und Farbe wie die deutschen Meister dachten. Diese Tradition schien überhaupt unter den Studenten und Professoren stark vertreten zu sein . . . Dennoch, meine Skulpturen haben bei dem Test recht günstig abgeschnitten. . . . Zum Glück ließen sie meine Angelegenheit nicht fallen. Du weißt, wie fragil meine Erfahrungen waren.«

Erst als ich wieder in den Staaten war, erfuhr ich, was er eigentlich gemeint hatte. Nach langem Suchen fand ich heraus, daß Charlie mit einer schweren TB in einem Krankenhaus in Colorado lag. Er war zuerst nach England gegangen und hatte sich bei der Luftwaffe beworben. Als er aber von seiner Krankheit erfuhr, gab er den Gedanken an die Fliegerei auf und kehrte nach Hause zurück. Wir schrieben uns mehrere Briefe, in denen er berichtete, was ihm in Spanien widerfahren war. Zuerst hatte man ihn auf der französischen Seite der Grenze verhört. Unter den Befragern hatte er einen jungen Mann entdeckt, der zweimal zu uns ins Büro in der Rue Grignan gekommen war und sich um einen Job bei uns beworben hatte. Die französische Polizei wollte alles über unsere Tätigkeit wissen, woher wir unser Geld bekamen, und ob wir Post über Diplomatengepäck erhielten. Da Charlie offenbar zufriedenstellende Antworten gab, ließen sie ihn über die Grenze nach Spanien gehen.

Dort verhörte man ihn noch einmal und ließ ihn dann nach Barcelona weiterreisen. In Barcelona ging er aufs amerikanische Konsulat. Als er das Gebäude verließ, wurde er festgenommen, in einen Zug gesetzt und nach Biarritz in das besetzte Frankreich gebracht. Dort wurde er ausführlich von Gestapobeamten verhört. Aber da sie kein Englisch sprachen und er kein Deutsch konnte, war das Verhör nicht besonders erfolgreich. Nach einigen Stunden ließen ihn die Gestapomänner allein in einem Wartezimmer sitzen. Wie es Charlies Art war, ging er einfach weg und nahm den nächstbesten Zug in Richtung Spanien. Als der Zug Fahrt aufnahm, sprang er ab und hielt sich versteckt, bis der nächste Zug kam, mit dem er dann bis Madrid fuhr. Von dort aus konnte er ohne weitere Schwierigkeiten nach Lissabon weiterreisen. Irgendwie schaffte er es, seinen Koffer, seine Trompete und seine Skulpturen ohne Pannen durchzubringen. Alle Botschaften kamen wohlbehalten in New York an.

3

Seit einiger Zeit hatte mir das Komitee wiederholt telegrafiert, daß mein Nachfolger auf dem Weg war. Eines Tages, es war Mitte Dezember, fand ich in meinem Büro eine geheimnisvolle Nachricht vor. Ich wurde gebeten, an einem bestimmen Tag und zu einer bestimmten Stunde im Splendide zu sein, um einen »Freund« in der Bar zu treffen. Als ich hereinkam, saß der amerikanische Journalist Jay Allen da und hatte ein großes Glas Scotch mit Soda vor sich (den Scotch mußte er aus Lissabon mitgebracht haben, denn in Marseille gab es schon lange keinen mehr). Er unterhielt sich mit einer Amerikanerin, die schon etwas mehr als in den besten Jahren war und die er mir als Margaret Palmer vorstellte. Er war über Casablanca nach Frankreich gekommen, um Spanien zu umgehen. Seine journalistischen Aktivitäten während des Bürgerkrieges hatten ihn bei Franco unbeliebt gemacht, sagte er. Unterwegs war es ihm gelungen, von General Weygand ein Interview zu bekommen, und nun wollte er nach Vichy und auch noch den Marschall interviewen. Er erklärte mir, daß er hauptberuflich für die ›North American Newspaper Alliance‹ arbeitete und meinen Job in seiner Freizeit machen wollte. Er hoffte darauf, daß sein journalistischer Ruf ein Deckmantel war, der reichte, um ihm die polizeiliche Aufmerksamkeit zu ersparen, die ich auf mich gezogen hatte. Um jeden Anschein eines direkten Kontaktes zwischen ihm und dem Büro zu vermeiden, hatte Jay beschlossen, Miss Palmer als sein alter ego an meinen Schreibtisch zu setzen. Sie sollte ihn über alle Vorgänge informieren und seine Anweisungen an die Belegschaft weitergeben. Er selbst wollte mit den Mitarbeitern nichts zu tun haben; sie sollten nicht einmal wissen, daß er irgendein Interesse an ihrer Arbeit hatte.

Die Idee war genial. Aber ich hatte meine Zweifel, ob Jay in der Lage sein würde, meine Arbeit in seiner Freizeit zu erledigen. Ich hatte auch den Verdacht, daß Journalisten wahrscheinlich noch schärfer bewacht wurden als Wohlfahrtsarbeiter, die von der Polizei meist als äußerst naiv und darum harmlos eingeschätzt wurden. Aber wir wollten es versuchen. Ich sollte bleiben, bis Miss Palmer eingearbeitet war. Wenn alles glatt lief, würde ich ihr das Büro übergeben und gehen. Aber ich hatte große Zweifel, ob Jean und Maurice dieser Vereinbarung zustimmen würden.

Ein paar Tage später zog Miss Palmer in mein Privatbüro in der Rue Grignan ein. Tagsüber arbeiteten wir zusammen an den Fällen. Ich informierte sie über alles, was ich bisher – legal oder illegal – getan hatte, erklärte ihr meine Methoden und warnte sie vor unbesonnenen Versuchen, eine größere Anzahl von Flüchtlingen per Schiff herauszubringen. Jeden Abend ging sie zurück ins Splendide und berichtete Jay, was sie tagsüber gelernt hatte. Ich weiß nicht, wieviel er über diesen Umweg begriffen hat, aber es kann nicht allzuviel gewesen sein; abgesehen von der Schwierigkeit, Informationen aus zweiter Hand zu verarbeiten, war er viel mit seinen Zeitungen beschäftigt und oft nicht in der Stadt.

Die größten Sorgen bereitete es mir aber, »die unsichtbare Belegschaft« an die veränderten Bedingungen zu gewöhnen. Es war schon schwierig genug, daß sie eine ältere Frau, die alle Entscheidungen allein traf, als Chef anerkannten. Als sie aber Verdacht schöpften, daß Miss Palmer lediglich die Vermittlungsinstanz für Entscheidungen war, die ein anderer traf, den sie nie gesehen hatten, wurde es so gut wie unmöglich. Ein paar Monate lang bemühte ich mich um das Funktionieren dieses neuen Arrangements. Wenn es mir nicht gelungen ist, so war das nicht allein meine Schuld. Davon bin ich auch heute noch überzeugt.

4

Die Nachricht von Lavals Verhaftung Mitte Dezember hatte eine Flut von neuen Gerüchten zur Folge. Auf Marschall Pétains Anordnung hin war Laval nach einer Kabinettssitzung von der Polizei verhaftet und unter Hausarrest gestellt worden. Als seine Verhaftung bekannt wurde, bildeten sich auf den Straßen von Marseille Gruppen von aufgeregt diskutierenden Menschen. Zum ersten Mal seit Vichy die Pressezensur eingeführt hatte, waren die Zeitungen wieder ausverkauft. Man vermutete, daß die Deutschen die unbesetzte Zone besetzen würden; einige behaupteten sogar, daß sie die Demarkationslinie bereits überschritten hätten. Es ging auch das Gerücht um, der Marschall habe ein Flugzeug nach Afrika bestiegen, und Laval würde in Paris eine neue Regierung bilden, die England den Krieg erklären wollte. Diese Gerüchte erwiesen sich natürlich als falsch, aber das Gerücht, daß Marseille am ersten Januar von den Deutschen besetzt werden würde, hielt sich hartnäckig. Die Stimmung war geladen und wir wußten: was immer auch geschah, für die Flüchtlinge und die Franzosen, die sich der Politik der Kollaboration verweigert hatten, würden sich die Dinge kaum zum Besseren wenden.

Ein paar Tage nach Lavals Verhaftung wurde Largo Caballero, der exilierte Ministerpräsident der spanischen Republik, von der französischen Polizei in Gewahrsam genommen. Madrid, so erfuhren wir, hatte sich eine Anklage auf Unterschlagung und Mord aus den Fingern gesogen und seine Auslieferung gefordert. Vichy hatte ihn bereitwillig verhaftet und hielt ihn für eine Verhandlung über den Auslieferungsantrag vor dem Schwurgericht in Aix-en-Provence fest. Jetzt waren nicht mehr nur die Deutschen, die Österreicher und die Italiener, sondern auch die Spanier in Frankreich in akuter Lebensgefahr. Unsere Verantwortung wuchs entsprechend.

Dann war da noch die Geschichte mit Niemeyer. Niemeyer war ein junger ›arischer‹ Kunststudent aus Deutschland, der ein Stipendium der ›New School for Social Research‹ erhalten hatte und nach New York wollte, um es in Anspruch zu nehmen. Er hatte ein amerikanisches Visum, konnte aber, wie fast alle anderen auch, kein Ausreisevisum bekommen. Wir rieten ihm, nicht länger darauf zu warten, daß die unfähigen Franzosen etwas unternehmen würden, sondern ohne Visum zu fahren. Aber er hielt es für klüger, sich ins Zentrum der Macht zu begeben. Er nahm den Bus nach Aix, wandte sich an die dortige Gestapokommission und bat um die Erlaubnis, Frankreich verlassen zu dürfen. Anstatt ihm ein Ausreisevisum auszuhändigen, nahm ihn die Kommission fest, weil er sich nicht zum Militärdienst gemeldet hatte, und schickte ihn zur Verurteilung nach Deutschland zurück. Seine Freundin kam am nächsten Tag in unser Büro und erzählte uns, was passiert war. Es war unsere erste Auslieferung.

Alles in allem schien es immer noch am besten, Frankreich zu verlassen, wenn man irgend konnte. Aber nicht alle teilten unsere Meinung, und zu den besonders hartnäckigen »Seßhaften« gehörten einige der wichtigsten Leute auf unserer Liste: André Gide, Henri Matisse, Alfred Neumann und Theodor Wolff, die alle in oder bei Nizza lebten.

Kurz vor Weihnachten fuhren Maurice, Miss Palmer und ich nach Nizza. Am Bahnhof erwartete uns der rumänische Historiker Valeriu Marcu. Mit einem Taxi, das er irgendwie aufgetrieben hatte, fuhren wir alle zu seiner Villa. Dort bekamen wir die unglaublichsten Dinge vorgesetzt: Käse, Wurst und richtigen Kaffee, Dinge, die Marcu aus den guten alten Zeiten vor der Niederlage herübergerettet oder auf Wegen beschafft hatte, die nur ihm bekannt waren. Bis zwei oder drei Uhr morgens unterhielten wir uns über die Niederlage, das Regime von Vichy und die Flüchtlinge. Dann gingen wir ins Bett und Marcu machte sich an seine nächtliche Schreibarbeit.

Am nächsten Tag trafen wir André Malraux, als wir mit der Straßenbahn in die Stadt fuhren. Er erzählte, daß er gerade aus einem deutschen Gefangenenlager entflohen war und angefangen hatte, ein Buch über seine Erfahrungen in einer Panzerbrigade bei der Schlacht um Frankreich zu schreiben. Er wollte nicht weg.

Der deutsche Romancier Alfred Neumann war nach wie vor entschlossen, auf sein Ausreisevisum zu warten, weil er aus irgendeinem Grund davon überzeugt war, eines zu bekommen.

Theodor Wolff, einst vielgefürchteter Chefredakteur des ›Berliner Tageblatts‹, konnte sich nicht dazu durchringen, seine Bücher, seine Bilder und seine Wohnung an der Promenade des Anglais aufzugeben – auch nicht, um sein Leben zu retten. Fast drei Jahre später hörten wir, daß er im Israelitischen Krankenhaus von Berlin an den Folgen der Mißhandlung in den Konzentrationslagern Dachau und Oranienburg gestorben war. Er war zweiundachtzig Jahre alt, als er starb. Auch Matisse wies den Gedanken an Flucht weit von sich. Er sagte, daß er sich in seinem Appartement im Hotel Regina in Cimiez sehr wohl fühle und keinen Grund sehe, warum er, ein Franzose, das Land verlassen sollte. Bei aller Genialität war er im Grunde ein zufriedener Bourgeois, glücklich über den Komfort, mit dem er sich umgeben hatte, und stolz auf seine Sammlung afrikanischer Masken und Skulpturen, seine Pflanzen und tropischen Vögel. Wir taten alles, um ihn davon zu überzeugen, daß er sich von ihnen trennen mußte. Wenn er auch nicht persönlich in Gefahr war, nicht einmal als Doyen jener von den Nazis so abgrundtief verachteten »degenerierten« Kunst, so mußte er doch zumindest befürchten, zu verhungern, bevor der Krieg zu Ende war. Aber er ließ sich durch nichts überzeugen.

5

André Gide lebte in Cabris, einer Stadt nördlich von Grasse, hoch in den Bergen hinter Cannes. Um dorthin zu gelangen, mußten wir einen Bus nehmen, und in Pétains Frankreich fuhren alle Busse mit Gasgeneratoren. (Ein Gasgenerator erzeugt durch Verbrennen von Holz oder Holzkohle in einem riesigen Kocher, der entweder an der Rückseite des Busses befestigt ist oder als Anhänger mitgeführt wird, einen mehr oder weniger explosiven Treibstoff.) Das bei langsamem Verbrennen des Heizmaterials entstehende Gas wird in einem Wasserbad gekühlt und gereinigt und dann den Zylindern zugeführt, wo es explodieren soll. Manchmal tut es das, manchmal auch nicht. Auf jeden Fall entsteht dabei weit weniger Energie als beim Verbrennen von Benzin. Eines ist allerdings sicher: irgendwo auf der Strecke gibt es immer eine Panne.

Unsere Panne fand am Fuße eines steilen Hügels ein paar Kilometer vor Grasse statt. Fahrer und Schaffner stiegen aus, kratzten die Asche aus dem Kocher, holten klebrigen schwarzen Teer aus dem Kühler und brachten dann das Feuer sorgfältig wieder in Gang, während die Fahrgäste herum standen und gafften oder sich die Füße vertraten. (Wenn das Feuer wieder brennt, dauert es noch eine ganze Weile, bis das Gerät genügend Energie entwickelt, um den Bus bergan in Bewegung zu setzen.) Als es schließlich klappte, hatte der Fahrer offensichtlich Angst, daß er den Bus nie wieder in Gang bekommen würde, wenn er nun noch einmal anhielt, um uns einsteigen zu lassen. So mußten wir Fahrgäste zu Fuß folgen, bis der Bus ebenerdiges Gelände erreicht hatte, wo er ohne Bedenken halten und warten konnte, bis wir ihn eingeholt hatten.

Trotz aller Nachteile hat das Gasgenerator-Verfahren auch einen Vorzug: anstelle des beißenden, in den Augen brennenden und erstickenden Gestanks von unvollständig verbranntem Benzin, genoß man in einem Gasgenerator-Bus den Geruch von prasselndem Feuerholz. Man konnte sich zurücklehnen, die Augen schließen, den süßen Duft des Holzes einatmen und sich einbilden, vor einem knisternden Kaminfeuer zu sitzen. Das entschädigte mich für manche Nachteile dieser Fortbewegungsart.

Gide wartete schon auf uns. Er führte uns in sein Arbeitszimmer und servierte Tee und trockene Kekse. Wir unterhielten uns eineinhalb Stunden. Er hatte sich eine Erkältung zugezogen und trug deshalb einen Pullover, ein schweres Tweedjackett und hatte einen groben Wollschal um den Hals. In dieser Kleidung und mit seiner dicken Schildpattbrille erinnerte er eher an einen gütigen

Großvater als an den Autor der ›Pastoralsymphonie‹ und der ›Falschmünzer‹. Aber seine Gesichtszüge und Hände waren von solcher Feinheit, seine Redeweise und Gestik so voller Anteilnahme und Lebhaftigkeit, daß man spürte, daß er kein gewöhnlicher Sterblicher war, und in dem Mann von siebzig noch den jungen Menschen erkannte, der ›Stirb und werde‹ geschrieben hatte.

Gide machte einen deprimierten Eindruck, vielleicht auch wegen seiner Erkältung, wohl aber vor allem wegen Frankreichs Schicksal, das ihn sehr bedrückte. Fast entschuldigend sagte er, daß er seit der Niederlage nicht in der Lage gewesen sei, an irgend etwas anderem als an seinem *Tagebuch* zu arbeiten. Die meiste Zeit hatte er damit verbracht, noch einmal Dickens zu lesen. Er erzählte, daß die Deutschen mit großem Aufwand versucht hätten, ihn zur Kollaboration zu verführen. Sie hatten ihm geschmeichelt und ihn mit Samthandschuhen behandelt, statt zu drohen oder die eiserne Faust zu zeigen. Aber er hatte sich geweigert und würde sich immer weigern. Er zeigte uns die Liste der Bücher, die die französischen Verleger auf Befehl der Deutschen nach deren Einmarsch in Paris aus dem Verkehr hatten ziehen müssen. Gide hob hervor, daß von seinen Büchern kein einziges dabei war, dagegen aber fast alle von Autoren wie Georges Bernanos und André Malraux. Er schloß daraus, daß die Deutschen seine führende Rolle in der französischen Literatur erkannt und daher geplant hatten, ihn wenn irgend möglich auf ihre Seite zu bringen. Diese Tatsache bestärkte Gide nur in seiner Entschiedenheit, alle Avancen der Nazis zurückzuweisen.

Aber obwohl er sich weigerte, Kollaboration überhaupt nur in Betracht zu ziehen und sich der möglichen Konsequenzen dieser Entscheidung voll bewußt war, wollte er Frankreich dennoch nicht verlassen. Wie viele andere Nicht-Kollaborateure unter den Franzosen glaubte er, daß sein Platz in Frankreich sei und er war entschlossen, in Frankreich zu bleiben. Er dankte uns für alles, was wir für andere Schriftsteller getan hatten und noch tun würden, und war sofort bereit, dem ›comité de patronage‹ beizutreten, das wir als weiteren Schutz gegen die Polizei gründen wollten.

Aber er weigerte sich rundheraus, unser »Klient« zu werden. Wir konnten ihm lediglich die Zusage abringen, daß er uns sofort verständigen würde, falls die französischen oder deutschen Behörden ihn ernsthaft in Bedrängnis brachten.

6

Auf dem Rückweg nach Nizza fing es an zu schneien, und als wir bei Marcu ankamen, lag unter den Orangenbäumen und Rosenbüschen eine dünne Schneedecke.

Marcu empfing uns mit der Neuigkeit, daß dem deutschen Industriellen Fritz Thyssen etwas zugestoßen war. Thyssen hatte Hitler lange unterstützt und sich erst bei Kriegsbeginn gegen ihn gestellt. Der ›petit Niçois‹ hatte eine Kurzmeldung gedruckt, derzufolge ein Sprecher des Innenministeriums in Vichy dementiert hatte, daß das Ehepaar Thyssen in Cannes verhaftet worden sei.

»Wenn Herr und Frau Thyssen auf der örtlichen Polizeiwache vorstellig werden mußten«, wurde der Sprecher zitiert, »so kann es sich dabei nur um eine routinemäßige Kontrolle gehandelt haben, der sich alle Ausländer unterziehen müssen«.

»Wenn ich auch nur eine Spur von faschistischem Journalismus verstanden habe«, sagte Marcu, »dann heißt das, sie sind festgenommen worden. Warum machen Sie auf Ihrem Rückweg nach Marseille nicht in Cannes Station und überpüfen das?«

Als ich in Cannes ankam, war es Abend geworden – Heiligabend. Ich gab meine Koffer am Bahnhof auf und ging durch die schwach beleuchteten Straßen zum Carlton, wo Thyssen und seine Frau gewohnt hatten. Aber im Carlton sagte man mir, die Thyssens seien ins Hotel Montfleury umgezogen, ein Hotel, das auf dem Berg hinter der Stadt lag. Ich machte mich also wieder auf den Weg zum Bahnhof, überquerte die Gleise und stieg den Berg hinauf.

Das Hotel Montfleury liegt in einem Park mit Palmen und Pinien und von der Kiesterrasse auf der Vorderseite hat man einen herrlichen Blick auf die Stadt, die Bucht und die Berge. Der

Eingang war nur schwach beleuchtet, als ich die Hotelhalle betrat und am Empfang nach Herrn Thyssen fragte.

»Herr Thyssen ist fort. Sind Sie ein Freund von ihm?« fragte der Empfangschef.

Ich sagte, ich sei amerikanischer Journalist und wolle ihn interviewen.

»Dann haben Sie die Neuigkeit noch gar nicht gehört?« fragte der Mann und zog die Augenbrauen erstaunlich hoch.

»Welche Neuigkeiten«, fragte ich zurück und spielte den Unschuldigen.

»Wenn Sie nichts davon wissen, fürchte ich, kann ich Ihnen auch nichts sagen«, beschied mich der Empfangschef gewichtig. »Dann sprechen Sie doch lieber mit dem Chef persönlich.«

Sowie er mit seinem Chef telefoniert hatte, bewegte ich mich zum Eingang.

»Ich warte draußen.«

»Bien, Monsieur«, sagte der Empfangschef.

Der Portier war schon gesprächiger. Er berichtete, daß am Freitagmorgen um 7 Uhr fünf Geheimpolizisten in Zivil in zwei Autos mit Nummernschildern aus Vichy zum Hotel gekommen waren. Sie hätten verlangt, auf der Stelle in Thyssens Suite geführt zu werden. Da Herr und Frau Thyssen nie vor elf Uhr herunterkamen, hatte sich der Geschäftsführer geweigert, die Männer zu dieser Zeit vorzulassen, geschweige denn, ihnen die Zimmernummer zu sagen. Die Beamten mußten also warten. Sobald die Thyssens jedoch gegen 11 Uhr erschienen, hatten die Geheimpolizisten sie unter Arrest gestellt, ihnen befohlen, einige Kleidungsstücke in zwei kleine Koffer zu packen, und waren dann mit ihnen in Richtung Vichy davongefahren.

»Sie ließen sie nicht einmal vorher zu Mittag essen«, sagte der Portier. »Darum hat der Chef zwei Lunchpakete für sie zurechtmachen lassen, die wir ihnen zu den Koffern in den Wagen gelegt haben.«

»Wohin, glauben Sie, hat man sie gebracht«, fragte ich.

»Nach Vichy und zu den Boches«, sagte er.

In diesem Augenblick rief mich der Empfangschef hinein.

»Der Chef erwartet Sie im Büro«, sagte der Portier.

Der »Chef« war ein kleiner, dicker Spießbürger. Sehr liebenswürdig, ja beinahe salbungsvoll fragte er, was er für mich tun könne. Ich hatte den Eindruck, er erwartete, daß ich mich nach dem Preis für eine Zimmerflucht erkundigen würde. Als ich ihm eröffnete, daß ich hier sei, um etwas über die Thyssens herauszufinden, änderte sich sein Verhalten abrupt.

»Ich bedaure«, sagte er kühl, »daß ich Ihnen darüber keinerlei Auskünfte geben kann. Ich habe mein Ehrenwort gegeben, mit niemandem darüber zu sprechen.«

»Wem haben Sie Ihr Ehrenwort gegeben?« fragte ich.

»Den Beamten, die sie verhaftet haben«, sagte er.

»Waren es hiesige Beamte?« fragte ich.

»Nein, Geheimbeamten aus Vichy. Die örtliche Polizei wußte von dieser Angelegenheit nichts.«

»Dann stimmt es also, daß sie extra von Vichy hierher gekommen sind, um sie zu holen?«

»Ich kann dazu nichts sagen, absolut nichts«, sagte der Chef und war verärgert, daß ich ihn dazu gebracht hatte, wenigstens so viel zu sagen. »Ich sagte Ihnen doch, ich habe mein Ehrenwort gegeben, nicht darüber zu reden.«

»Aber es ist wichtig«, entgegnete ich. »Begreifen Sie nicht, daß vielleicht Menschenleben auf dem Spiel stehen?«

»Ich weiß nur, daß ich mein Ehrenwort gegeben habe, und ich beabsichtige auch, es zu halten.«

»Verstehen Sie nicht«, sagte ich, »daß es eine höhere Ehre gibt als Ihr Wort gegenüber der Polizei, die Ehre Frankreichs?«

»Kommen Sie, kommen Sie«, sagte er in gefälligem Ton, »Sie sind ein netter junger Mann. Kommen Sie in meine Bar und trinken Sie auf meine Kosten, soviel Sie wollen. Seien Sie zum Essen mein Gast. Verbringen Sie eine Nacht im Hotel. Sie sind herzlich willkommen. Aber stellen Sie mir keine Fragen über Herrn und Frau Thyssen. Ich kann sie Ihnen nicht beantworten.«

»Ich bin nicht hier, um auf Ihre Kosten zu essen und zu trinken«, sagte ich ehrlich. »Ich bin hier, um herauszufinden, was aus den Thyssens geworden ist.«

»Das«, sagte er mit sichtlich zunehmender Erregung, »werden Sie von mir nie erfahren. Raus jetzt. Verlassen Sie mein Hotel, bevor ich Sie hinauswerfe«.

Er kam drohend auf mich zu.

»Wenn sie sich weigern zu reden, arbeiten sie den Nazis in die Hände«, sagte ich.

»Sie wagen es, hierher zu kommen und mir vorzuschreiben, was ich zu tun und zu lassen habe?« schrie er. »Warum gehen Sie nicht dahin zurück, woher Sie gekommen sind? Warum lassen Sie uns Franzosen nicht in Ruhe? Wenn wir mit den Deutschen kollaborieren wollen, dann kollaborieren wir mit den Deutschen. Und was ihr Amischweine davon haltet, wird uns nicht im geringsten beeindrucken. Und nun verschwinden Sie, sage ich Ihnen! Raus!«

Ich ging.

Während ich in einem Café auf meinen Zug wartete, schrieb ich einen Bericht an Archambault, den Korrespondenten der ›New York Times‹ in Vichy.

Als ich nach Marseille zurückkam, lag die Stadt unter einer Decke von Schneematsch. Aber trotz Kälte und Feuchtigkeit verkaufte eine alte Frau an der Ecke Boulevard Dugommier-Garibaldi und Cannebière kleine Broschüren.

»Lisez ›La fin du monde‹«, rief sie unermüdlich. »Lesen Sie ›Das Ende der Welt‹«.

11. Kapitel

Zur Hinrichtung ausgeliefert

I

Für uns und unsere Arbeit schien wirklich das Ende gekommen zu sein. Nicht daß Fritz Thyssen und seine Frau Leute waren, für die ich besondere Sympathie hegte. Nein, es waren nicht so sehr die Thyssens, an die ich in dieser Nacht dachte, sondern die anderen, die ihnen nun bald auf dem langen Weg nach Norden folgen würden. Es war der erste nachweisbare Fall einer Auslieferung durch die französische Polizei, die ohne vorherige Warnung an die Betroffenen erfolgte, eine Aktion, bei der alle Vorsichtsmaßnahmen getroffen worden waren, um die Gesuchten unvorbereitet zu überraschen und mit einem Minimum an Aufsehen verschwinden zu lassen. Im Grunde handelte es sich um eine Entführung durch die Behörden.

Ich verbrachte eine ruhelose Nacht, in der ich darüber nachdachte, wo die Gestapo als nächstes zuschlagen würde, und wie wir unsere restlichen Leute herausbekommen könnten, bevor auch sie gefangen und nach Deutschland verschleppt wurden. Ich muß die ganze Nacht lang Alpträume gehabt haben, denn ich erinnere mich, daß ich immer wieder mit wild schlagendem Herzen aufwachte, weil ich mir ein Klopfen an der Tür eingebildet hatte. Aber wenn ich dann – immer noch unter dem Eindruck des Traumes – zitternd die Tür öffnete, war niemand da.

2

Weihnachten und die Tage unmittelbar danach verbrachte ich damit, nach Möglichkeiten zu suchen, wie man eine größere Anzahl von Flüchtlingen aus Frankreich herausbringen konnte, ohne noch länger auf Visa der USA oder anderer überseeischer Staaten zu warten. Treacy bereitete seine Abreise vor und hatte bereits Captain Murphy zu seinem Nachfolger bestimmt.

Ich war Murphy das erstemal in Treacys Zimmer im Obergeschoß des Hotel Nautique begegnet. Er trug ein Lederjackett und stand in einer schwach beleuchteten Ecke des schmalen Zimmers. Jean Gemahling und ich wollten Treacy besuchen, der mit einem bösen Mumps im Bett lag, und wir hielten alle einen Sicherheitsabstand zu ihm – außer seiner Freundin, die ihn pflegte. Murphy tat jedoch so, als sei es für ihn nicht minder wichtig, auch einen Sicherheitsabstand zu uns einzuhalten.

Vielleicht waren es seine Erfahrungen mit den Deutschen, die für Murphys außerordentliche Vorsicht in den ersten Tagen unserer Bekanntschaft verantwortlich waren. Er vermied es nicht nur, in meiner Begleitung das Hotel zu betreten oder zu verlassen (was klug war). Er kam nicht einmal aus seiner dunklen Ecke, als könnte es ihn (oder mich) in Gefahr bringen, wenn ich seine Gesichtszüge sah. Er legte ein konspiratives Gehabe an den Tag, das mir nicht gefiel. Es war zu melodramatisch. Später ersetzte er es durch eine Leichtfertigkeit, die noch gefährlicher war.

Im Gegensatz zu Treacy war Murphy der Meinung, daß auch nur wenige Wochen in einem spanischen Konzentrationslager für einen britischen Soldaten unzumutbar waren. Er suchte nach einer Möglichkeit, um die Briten nach Afrika oder in den Nahen Osten zu bringen, von wo sie entweder auf dem Seewege nach Gibraltar oder auf dem Landwege nach Palästina oder Ägypten fahren konnten.

Nach Treacys Abreise – er gelangte über Spanien nach Lissabon und kam wenige Tage nach seiner Rückkehr in England bei einem Flugzeugabsturz um – pflegten Murphy, Jean und ich spätabends in einem Hinterzimmer der ›Sept Petits Pêcheurs‹ zusammenzukommen. Jean und ich aßen dort zu Abend und blieben, bis alle anderen Gäste gegangen waren. Dann legte Jacques die eisernen Fensterläden vor und verschloß sie. Kurz danach kam Murphy durch die Hintertür. Zusammen mit Jacques setzten wir uns dann an einen Tisch mit einer Marmorplatte und redeten. Jacques trank wie immer Sodawasser, alle anderen Kognak.

Durch seine Schmuggelei war Jacques eng mit dem Hafen und seinem Leben vertraut. Er kannte die meisten Dockarbeiter und auf jedem Schiff mindestens ein paar Leute von der Mannschaft. Er sagte, es sei für ihn kein Problem, Flüchtlinge und britische Soldaten auf Schiffe nach Beirut, Algier, Oran oder Casablanca zu schmuggeln und in ihren Bestimmungshäfen wieder von Bord zu bringen. Er verlangte zwischen 3000 und 8000 Francs pro Passagier – je nach Länge der Reise und dem damit verbundenen Risiko.

Wir benutzten die Briten als Versuchskaninchen, da sie weniger riskierten als die meisten Flüchtlinge. Schlimmstenfalls konnte man sie für die Dauer des Krieges internieren. Die Flüchtlinge hingegen konnten mißhandelt und getötet werden, und niemand hätte dann das Recht, sich auch nur zu beschweren. Wir schickten die Briten in alle Häfen des Mittelmeeres: nach Syrien, Nordafrika, Gibraltar, Rabat und Casablanca; ich glaube, sogar nach Dakar. Manche kamen an Gibraltar vorbei, sprangen von den französischen Schiffen herunter und schwammen an Land, wenn sie den Felsen passierten. Die Mehrzahl blieb jedoch an Bord, bis das Schiff einen französischen Hafen anlief, wo die meisten von ihnen – wie ich fürchte – verhaftet wurden. Die letzten von ihnen wurden befreit, als amerikanische Truppen nach Nord- und Westafrika vordrangen. Wären sie in Marseille geblieben, hätte man sie nach Deutschland verschleppt.

Die Erfahrungen mit den Briten bewiesen, daß Jacques seine Versprechungen halten konnte. In Marseille ging nie etwas schief, und wenn ich mich nicht sehr irre, auch nicht in den Zielhäfen – zumindest nicht, was das Herunterschmuggeln von den Schiffen anging. Unser einziges Problem war die mangelnde Organisation in den Zielhäfen. Wenn die Briten verhaftet wurden, so deshalb, weil sie nicht wußten, wohin sie sich nach Verlassen des Schiffes wenden sollten. Jacques gab ihnen immer ein Seemannsbuch und Kleidung mit, einen Unterschlupf außerhalb Marseilles konnte er ihnen jedoch nicht vermitteln. Für die Briten war das verhängnisvoll, nicht so sehr für die Flüchtlinge. Wir konnten ihnen falsche Personalpapiere geben, und da die meisten von ihnen ein wenig Französisch sprachen, mußten sie kaum befürchten, nach der Ankunft verhaftet zu werden. Den Briten falsche Personalpapiere zu geben, bedeutete eine zweifache Herausforderung des Unheils – für sie und für uns.

3

Eines unserer größten Probleme war, daß wir noch immer nicht in Erfahrung bringen konnten, wer wirklich in Gefahr war. Georg Bernhard war der einzige in Frankreich, bei dem wir definitiv wußten, daß ihn die Gestapo suchte. Ich drängte ihn, nach Afrika zu gehen, aber er weigerte sich, ohne seine Frau zu fahren. Als ich Jacques fragte, ob er auch eine Frau unterbringen könnte, schenkte er sich erst einmal ein Glas Sodawasser ein. Dann antwortete er, er habe keine Möglichkeit, eine Frau an Bord eines Frachtschiffes zu schmuggeln; im übrigen wolle er auch mit Frauen nichts zu tun haben, sie machten nur Schwierigkeiten. Die Bernhards mußten also weiterhin in ihrem Stundenhotel darauf warten, daß ich einen anderen Weg fand, um sie aus Frankreich herauszubringen.

Hatten wir zuvor völlig im Dunkeln getappt, so gaben uns die Verhaftung von Largo Caballero und die Auslieferung des Ehepaars Thyssen zumindest einen Hinweis, wie hoch die Gefährdung einzuschätzen war. Es schien, als hätten sich Berlin und Madrid entschlossen, zunächst ihre prominenten Flüchtlinge in die Hand zu bekommen.

Es galt also herauszufinden, wer in der deutschen Prominentenhierarchie auf die Thyssens folgte. Die Antwort lautete Rudolf Breitscheid und Rudolf Hilferding. Beide befanden sich immer noch unter Hausarrest im Hotel Forum in Arles.

Aber die Rettung von Breitscheid und Hilferding würde auch dann noch außerordentlich schwierig werden, wenn sie in ein solches Unternehmen einwilligten. Zunächst einmal waren beide sehr bekannt und – jeder auf seine Art – ziemlich auffällig; Breitscheid wegen seiner Größe und seines schlohweißen Haars. Hilferding war zwar kleiner und vom Aussehen her weniger eindrucksvoll, mußte aber auch damit rechnen, von jedem Durchschnittsdeutschen, ob Gestapoagent oder nicht, erkannt zu werden. Wenn es uns aber gelänge, sie nach Marseille zu holen, könnten wir ihnen die Haare färben, ihr Aussehen durch Schminke verändern und sie auf einem unserer Frachtschiffe nach Afrika bringen. Das eigentliche Problem bestand darin, sie aus Arles zu holen, ohne die Aufmerksamkeit der Polizei zu erregen, und sie einzuschiffen, bevor ihr Verschwinden bemerkt und Alarm gegeben war.

Daß sie nicht mit dem Zug reisen konnten, lag auf der Hand und alle verfügbaren Autos gehörten entweder der französischen Polizei oder den Mitgliedern der deutsch-italienischen Waffenstillstandskommission. Taxifahrten außerhalb der Stadtgrenzen waren untersagt, und die meisten der wenigen Privatwagen, die eine Erlaubnis zum Verlassen der Stadt besaßen, gehörten kollaborierenden Fabrikanten.

Als ich mit Jacques darüber sprach, meinte er, dieses Problem sei einfach zu lösen. Einer seiner Gangsterfreunde habe eine große Limousine und eine Lizenz für Fahrten ins Gebiet der Rhonemündung und der angrenzenden Departments zu jeder Tages- und Nachtzeit und an allen Wochentagen. Das war ein unvorstellbares Privileg. Selbst der geschäftigste Marseiller Fabrikant durfte seinen Wagen nur jeden zweiten Werktag, und auch dann nur bei Tageslicht fahren. Aber Jacques zeigte mir den Kraftfahrzeugbrief und die Fahrerlaubnis; es entsprach absolut den Tatsachen, was er sagte.

4

Als nächstes galt es, ein Versteck für die beiden Männer zu finden, falls in letzter Minute irgend etwas schiefging und sie nicht an Bord konnten. Darüber beriet ich mich ebenfalls mit Jacques, und Jacques wußte wieder eine Lösung.

Eines Abends führte mich einer seiner Leute nach Anbruch der Dunkelheit in eine schmale Straße im Gebiet um den alten Hafen und dort zu einer Öffnung in der Fassade eines Hauses. Wir zwängten uns hindurch und gingen durch einen langen niedrigen Gang zwischen zwei Gebäuden. Wir landeten in einem Hinterhof, den wir überquerten, betraten das Hinterhaus, gingen einen langen, schwach beleuchteten Korridor entlang, zwei Treppen hoch, die Hälfte des Weges, den wir im darunterliegenden Korridor gemacht hatten, zurück, eine halbe Treppe abwärts, und abermals einen Korridor entlang, der im rechten Winkel zum ersten verlief. Wir waren nunmehr in einem Gebäude, das von dem, das wir betreten hatten, weit entfernt lag. Vor einer kaum sichtbaren Tür blieben wir stehen, und mein Begleiter machte ein Klopfsignal. Kurz darauf öffnete sich ein kleines rundes Loch, und ein Auge inspizierte uns. Mein Begleiter nannte das Losungswort und die Tür öffnete sich.

In dem Raum stapelten sich bis unter die Decke Schachteln und Bündel, wie in einem Lagerhaus. Nachdem wir eingetreten waren, schloß sich die Tür hinter uns. Ein zweiter Mann tauchte auf und verständigte sich flüsternd mit meinem Begleiter. Er brachte uns zu einem Zimmer, das durch Schachteln halb verborgen in der hintersten Ecke des Raumes lag. Es war klein, hatte ein schmutziges Doppelbett und keine Fenster. Nachdem wir uns umgesehen hatten, gingen wir wieder in den größeren Raum, und der zweite Mann zeigte uns, wie man – wenn nötig – die Waren so stapeln konnte, daß der Eindruck entstand, als sei die ganze Ecke mit Schachteln vollgepackt.

Als alles vorbereitet war, schickte Heine eine Nachricht nach Arles, und zu unserer großen Erleichterung erhielt er die Antwort, daß die beiden Männer bereit waren, die Sache zu wagen. Wir hatten für beide Pässe machen lassen, die sie als Elsässer auswiesen, so daß sie in Algerien unbesorgt Hotelzimmer mieten konnten. Wir verabredeten einen Treffpunkt – Ort und Zeit –, an dem sie der Wagen abholen würde, und zwar in der Nacht, in der ein Frachtschiff nach Oran auslief.

An diesem Abend aß ich in Jacques' Restaurant und blieb lange dort, um auf Nachricht zu warten. Zu meiner Verärgerung war Dimitru, der kleine russische Geldwechsler, noch im Lokal, als Murphy durch die Hintertür hereinkam. Offensichtlich war Murphy mit ihm verabredet, denn er ging geradewegs auf Dimitru zu, gab ihm die Hand, brachte ihn dann an meinen Tisch und fragte, ob wir uns schon kennengelernt hätten. Dimitru schenkte mir sein allwissendes Lächeln und reichte mir seine Hand, die sich wie ein leerer Handschuh anfühlte. Wir setzten uns und bestellten etwas zu trinken.

Ich versuchte, das Gespräch auf den Austausch von Belanglosigkeiten zu beschränken, aber nach einigen Kognaks begann Murphy von den britischen Soldaten zu erzählen, die wir in dieser Nacht per Schiff nach Oran schmuggelten. Ich tat so, als hätte ich nicht die leiseste Ahnung, wovon er sprach, und er hielt dann auch bald den Mund.

Als er ein wenig später auf die Toilette ging, folgte ich ihm und sagte ihm, wie idiotisch es sei, vor Fremden darüber zu sprechen.

»Machen Sie sich keine Sorgen um den kleinen Boris«, meinte Murphy. »Der ist in Ordnung.«

Gegen elf hatte er den Zustand erreicht, in dem er für gewöhnlich Limericks erzählte.

»Kennt ihr den über das junge Mädchen aus Mauritius?« fragte er uns.

»Nein.«

»Es war mal ein Mädchen aus Mauritius, die sagte, ich glaube . . .«

In diesem Moment erschien der Fahrer des Gangsterautos in der Tür. Er war offensichtlich wütend.

».. . delizius«, fuhr Murphy fort. »Aber wenn's dir nichts ausmacht . . .«

Der Fahrer ging an die Theke.

»Verschieben wir das . . .«

Jacques, der hinter der Registrierkasse saß, sah von seinen Geschäftsbüchern auf.

»Diese Punkte . . .« fuhr Murphy fort.

Ich tat so, als interessierte ich mich nur für den Limerick.

»– sind suspizius!« schloß Murphy triumphierend. Dimitru und ich lachten.

»Allez! Was ist los?« fragte Jacques.

»Sie haben es sich anders überlegt«, hörte ich den Fahrer antworten.

»Was?« fragte Jacques ungläubig.

Murphy begann bereits den nächsten Limerick zu erzählen.

»Sie wollen nicht weg«, sagte der Fahrer.

»Was heißt das: Sie wollen nicht weg?« fragte Jacques.

Der Fahrer zuckte die Schultern.

»Es ist zum Verrücktwerden«, sagte er.

»Da fahr ich den ganzen Weg nach Arles, um zwei Männer zu holen, die angeblich in Lebensgefahr sind. Und wenn ich da hinkomme, erzählen sie mir, sie haben es sich anders überlegt, sie wollen nicht weg! Die können mich mal! Diese Feiglinge!«

Murphy war gerade mit seinem zweiten Limerick fertig, und ich mußte wieder lachen. Über die Schulter sah ich, wie sich Jacques ein Sodawasser einschenkte. Er sagte kein Wort.

6

Auf die Erklärung brauchten wir nicht lange zu warten. Heine erhielt sie am nächsten Tage mit der Post. Wir wußten, daß Breitscheid und Hilferding sich seit einiger Zeit mit der Hilfe von Freunden in den USA um Ausreisevisa bemühten. In seinem Brief aus Arles schrieb Hilferding, man habe ihm gerade aus Amerika telegrafiert, daß die Ausreisevisa bewilligt seien.

Ich beurteilte diese Nachricht äußerst skeptisch – eigentlich hielt ich gar nichts davon. Ich hatte zu diesem Zeitpunkt annähernd 350 Menschen aus Frankreich herausgebracht, die meisten ohne irgendein Ausreisevisum, und nicht einen mit einem Ausreisevisum, das einer sorgfältigen Prüfung standgehalten hätte. Ich war so weit, die illegale Emigration als die normale, wenn nicht sogar die einzige Möglichkeit der Ausreise zu betrachten.

Aber ich war nur ein einfacher Amerikaner, der sich durch mäßig erfolgreiche Fluchthilfe eine gewisse Autorität erworben hatte. Breitscheid und Hilferding hingegen hielten sich für bedeutende Politiker und waren es nicht gewohnt, Befehle entgegenzunehmen, ja nicht einmal geneigt, einen freundlich gemeinten Vorschlag wohlwollend zu prüfen, schon gar nicht, wenn dieser Vorschlag von mir kam.

Deshalb befolgten sie auch nicht meinen Rat, obwohl ich ihnen durch Heine ausrichten ließ, daß ich es für unklug hielt, weiterhin unerreichbaren Ausreisevisa nachzujagen. Statt dessen gaben die beiden Männer nunmehr jeden Gedanken an eine illegale Ausreise aus Frankreich auf und konzentrierten sich voll und ganz auf den Erwerb einer offiziellen Erlaubnis.

Sofort nachdem Hilferding das Telegramm aus Amerika erhalten hatte, ging Breitscheid zum Sub-Präfekten von Arles und erkundigte sich, ob sie einen formellen Antrag auf Gewährung von Ausreisevisa stellen könnten, ohne sich zu gefährden, und ob diese Anträge dann den deutschen Behörden unterbreitet würden. Der Sub-Präfekt sagte, er könne diese Fragen nicht selbst beantworten; er werde in Vichy nachfragen.

Zwei Tage später berichtete er Breitscheid, daß nicht die geringste Gefahr bestehe. Noch am selben Tag tauchte er – trotz strömenden Regens – in dem Hotel auf und erklärte, es sei nicht einmal mehr nötig, überhaupt noch einen Antrag zu stellen: er habe gerade ein Telegramm aus Vichy erhalten, in dem ihm mitgeteilt worden sei, die Ausreisevisa seien ausgestellt. Sie müßten nur noch auf die Präfektur in Marseille gehen und sie dort abholen.

Ungefähr zur gleichen Zeit arbeitete Heinz Oppenheimer in Aix und Marseille an einem eigenen Plan. Eines Tages – ich glaube, es war der 22. oder der 23. Januar 1941 – erschien er in unserem Büro und sorgte für eine kleine Sensation, als er uns ziemlich geheimnisvoll eröffnete, daß er gerade Ausreisevisa für sich und seine Familie bekommen habe. Am 24. würden sie mit der ›Winnipeg‹ nach Martinique auslaufen.

Es war das erste Mal, daß wir von der ›Winnipeg‹ und der Martinique-Route hörten, und Oppy bat uns, nicht darüber zu reden. Er fürchtete, die deutsche Waffenstillstandskommission könnte Wind von dem Vorhaben bekommen und die Visa widerrufen. Er erklärte uns, daß die ›Winnipeg‹ französische Offiziere und Zivilbeamte nach Fort de France, der Hauptstadt von Martinique, bringe. Einer der Offiziere sei mit ihm befreundet und habe es irgendwie fertiggebracht, bei der Präfektur die Visa für ihn und seine Familie zu bekommen – aber nur, nachdem er feierlich versprochen hatte, daß er keiner Seele ein Sterbenswörtchen erzählen werde. Wir verabschiedeten uns und wünschten ihm alles Gute. Er ging, ohne sein Geheimnis preisgegeben zu haben. Da er nicht wiederkam, wußten wir, daß sein Plan funktioniert hatte.

7

Deshalb war ich nicht mehr ganz so ungläubig, wie ich es ohne die Erfahrung mit Oppy zweifelsohne gewesen wäre, als Heine Breitscheid und Hilferding am Montag, dem 27. Januar, morgens in mein Büro brachte, und sie mir erzählten, was der Sub-Präfekt zu ihnen gesagt hatte. Als sie mir dann noch die Ausreisevisa auf ihren amerikanischen ›affidavits in lieu of passport‹ zeigten, war ich aufrichtig beschämt über mein störrisches Beharren auf nicht mehr ganz legalen oder vollkommen illegalen Methoden und bestürzt darüber, zu welch unnötigen und sogar törichten Risiken ich sie hatte überreden wollen. Hilferding strahlte, und zum erstenmal seit ich ihn kannte, kam so etwas wie Leben in Breitscheids Gesicht, das mir immer wie eine Wachsmaske vorgekommen war. Frau Breitscheid und Breitscheids Sekretärin Erika Biermann schienen – wenn das überhaupt möglich war – noch erfreuter als die beiden Männer. Der glücklichste von allen war aber sicher Bedrich Heine. Wie eine Mutter hatte er sich um die beiden Männer gekümmert, seitdem sie nach Arles geschickt worden waren. Nun waren sie auf dem Weg in die Sicherheit, und er konnte seine Freude kaum zurückhalten.

Die Ausreisevisa waren auf eine Route via Martinique ausgestellt. Zusammen mit den Visa hatte die Präfektur ihnen ein Empfehlungsschreiben für eine Reederei ausgehändigt, von der am 4. Februar ein Schiff nach Fort de France auslaufen sollte. Breitscheid und Frau Biermann gingen in das Büro der Reederei auf der Cannebière, um zu buchen. Dort erfuhren sie, daß alle Kabinen in der ersten, zweiten und dritten Klasse bereits verkauft, und daß lediglich noch Kojen in einem Schlafsaal im Laderaum zu haben waren. Der Angestellte war der Meinung, dreißig Tage im Frachtraum zu verbringen sei eine zu große Belastung für das Ehepaar Breitscheid und empfahl ihnen nachdrücklich, auf ein späteres Schiff zu warten. Da Breitscheid an Schlaflosigkeit litt und es seiner Frau auch nicht gut ging, entschieden sie sich gegen den Schlafsaal und gingen, ohne eine Buchung vorgenommen zu haben.

Am nächsten Tag versuchten Heine und ich sie zu überreden, jede mögliche Unterbringungsart zu akzeptieren, auch wenn sie mit Unannehmlichkeiten und Unbequemlichkeiten verbunden war. Aber Breitscheid weigerte sich entschieden, den Schlafsaal für seine Frau auch nur in Betracht zu ziehen, Frau Breitscheid weigerte sich entschieden, ihn für ihren Mann in Betracht zu ziehen und Frau Biermann erklärte den Ratschlag ebenfalls für indiskutabel.

Hilferding unterwarf sich dieses Mal nicht der Autorität Breitscheids, sondern entschied auf eigene Faust. Morgens suchte er zusammen mit Heine das Reedereibüro auf und ließ einen Platz im Schlafsaal reservieren. Und da er schon dabei war, versuchte er auch noch für die anderen drei Plätze zu bekommen – in der

Hoffnung, Breitscheid könne seine Meinung ändern, bevor das Schiff auslief. Der Angestellte versprach zu tun, was in seiner Macht stand, und bat Hilferding, am nächsten Tag nachzufragen.

Mittlerweile war es Dienstagabend. Sie hatten ihren ›sauf conduit‹ alle um einen Tag verlängern lassen. Da er aber in Marseille kein weiteres Mal verlängert werden konnte, mußten sie entweder noch am selben Abend nach Arles zurück oder die Gesetze übertreten. Als ich sie zum letzten Mal sah, war Breitscheid immer noch entschlossen, nicht zu fahren, wenn er im Schlafsaal reisen mußte, und Hilferding blieb fest entschlossen, jedes Angebot zu akzeptieren.

Am Mittwoch ging Heine noch einmal in das Reedereibüro und der Angestellte teilte ihm mit, daß er für Hilferding einen Platz im Schlafsaal reservieren könne, nicht jedoch für das Ehepaar Breitscheid und Frau Biermann – dazu sei es jetzt zu spät.

Früh am Freitagmorgen bekam Heine vier Briefe aus Arles. Der erste, den er öffnete, enthielt Hilferdings endgültige Pläne für die Reise. Er wollte am Samstagmorgen, den 1. Februar, nach Marseille kommen, und schickte eine Liste von Besorgungen, um deren Erledigung er Heine bat. Breitscheids erster Brief enthielt ebenfalls Anweisungen und schien darauf hinzudeuten, daß er seine Meinung jetzt – zu spät – geändert und beschlossen hatte, doch zusammen mit Hilferding zu fahren.

Die beiden anderen Briefe waren sehr kurz. Beide berichteten, daß ihnen am Donnerstagnachmittag, dem 30. Januar, der Sub-Präfekt von Arles mitgeteilt hatte, daß er ihre Ausreisevisa auf Befehl von Vichy für ungültig erklären mußte.

Das Schiff nach Martinique lief am Dienstag aus. Von all unseren Schützlingen war lediglich der kleine Walter Mehring an Bord. Er hatte die Koje bekommen, die für Hilferding reserviert war.

Bevor er an Bord gehen konnte, wurde er, wie alle anderen Passagiere auch, von einem Beamten der Sûreté Nationale kontrolliert. Nachdem der Beamte seine Papiere durchgesehen hatte, zog er eine Karteikarte aus einem Kasten und zeigte sie Mehring. Auf der Karte stand etwas wie: ›Ausreise aus Frankreich untersagt, Entscheidung der Kundt-Kommission‹.

»Ich fürchte, Sie müssen ein paar Minuten warten«, sagte der Mann. »Ich muß mich erst erkundigen.« Mehring sank auf eine Bank und war überzeugt, daß sein Leben wieder mal an einem seidenen Faden hing. Der Polizeibeamte ging in einen Nebenraum und telefonierte mit der Präfektur. Zehn Minuten später kam er zurück und gab Mehring seine Papiere zurück.

»Ich vermute, es handelt sich da um einen anderen Walter Mehring«, sagte er mit einem Augenzwinkern. »Sie können an Bord.«

Einen Monat später war Mehring in New York.

8

Was dann geschah, hat Frau Breitscheid in einem Memorandum beschrieben, das sie etwa 14 Tage nach den Ereignissen auf mein Bitten hin verfaßt hat. Anstatt selbst zu versuchen, die Ereignisse zu rekonstruieren, gebe ich auszugsweise ihren Bericht wieder – oder vielmehr eine wortgetreue Übersetzung davon, da ihr Memorandum in deutscher Sprache geschrieben ist.[21]

»Am Samstagabend, den 8. Februar, kurz vor elf Uhr, wenn ich mich recht erinnere, klopfte es an unserer Tür. Beamte der örtlichen Polizei befahlen uns aufgeregt, sofort das Nötigste einzupacken. Mein Mann müsse augenblicklich verschwinden. Eine deutsche Kommission suche nach ihm. Dasselbe geschah mit Hilferding. Mir wurde ausdrücklich untersagt, ihn zu begleiten. Es war ein strikter Befehl . . .

Auf der Polizeiwache sagte uns der Polizeichef, er wisse auch nur, daß uns ein Auto aus Marseille abholen soll . . .

Wir fuhren schließlich los, und ungeachtet der Proteste der Beamten, fuhr ich mit. Wir kamen nach Vichy. Auf dem Weg hatte mein Mann geklagt: ›Warum quälen Sie uns so, wenn Sie uns doch nur ausliefern wollen?‹

Der Beamte antwortete darauf: ›Vous pensez bien bas de la France, monsieur. Sie haben eine sehr schlechte Meinung von Frankreich, mein Herr.‹

In Vichy wurden wir zu einem Hotel gebracht. Es gab zwar kein Türschild, aber es war mit Sicherheit die Sûreté. Ich mußte mich nun von den beiden Männern trennen. Man sagte mir, ich könne mich gegen zwei Uhr nach meinem Mann erkundigen. Aber erst etwa um sieben Uhr erlaubte man mir, mit meinem Mann zu sprechen. Er erzählte mir, daß sie ausgeliefert werden sollten.

Unter der Aufsicht von Beamten konnte ich eine Viertelstunde mit ihm sprechen. Weder Hilferding noch mein Mann waren angehört worden; nichts deutete auf ein ordnungsgemäßes Verfahren hin. Aber die Polizei hatte ihnen ihre Rasierapparate, ihre Medikamente und einen Brieföffner abgenommen.

Nachdem ich mich ein wenig gefaßt hatte, lief ich zur amerikanischen Botschaft. Es war Sonntagabend und bereits nach acht Uhr. In der Botschaft waren nur noch zwei Pförtner. Einer von ihnen gab mir schließlich einen Schreibblock, und ich schrieb alles Nötige auf. Ich bat sie inständig, die Nachricht dem Botschafter so bald als möglich zu geben . . .

Um meinen Mann nicht zu verpassen, ging ich am nächsten Morgen von fünf bis sieben Uhr vor dem Hotel auf und ab, in dem die Sûreté untergebracht war.

Um sieben stellte ich fest, daß die Tür nicht verschlossen war, ging hinein und konnte mit beiden Männern bis acht Uhr sprechen. Dann ging ich wieder zur amerikanischen Botschaft, obwohl es natürlich noch viel zu früh war. Jetzt notierte ich aber auf der anderen Seite des Papiers meine dringenden Bitten: Intervention beim Kabinett des Marschalls und bei der Sûreté, damit die Auslieferung verschoben wird; ein Kabel nach Washington, um die Franzosen unter Druck zu setzen. Ich bat den Botschafter oder den Geschäftsträger, mich zu empfangen, und versprach wiederzukommen.

Dann zum Innenministerium. Dort gab es keinen Publikumsverkehr vor halb zehn. Zurück zur amerikanischen Botschaft, wo mir der Pförtner erklärte, der Botschaftssekretär lasse mir ausrichten, daß man in dieser Angelegenheit unglücklicherweise nichts unternehmen könne. Nach den Bedingungen des Waffenstillstandsabkommens seien die Deutschen berechtigt, Auslieferungen zu verlangen. Die Franzosen könnten weiter nichts tun, als den Forderungen nachzukommen.

Wieder vor dem Innenministerium schrieb ich eine Notiz, in der ich um eine Unterredung bat. Grund: Auslieferung meines Mannes. Der Amtsdiener weigerte sich, meine Bitte an den Minister weiterzuleiten. Das sei verboten.

In Eile zur Sûreté. Es war viertel vor elf. Um elf Uhr wurden Hilferding und mein Mann weggebracht. Wenige Minuten vorher verließ ich die beiden, weil mein Mann darauf bestand. Wieder konnte ich nur unter Aufsicht eines Beamten mit ihnen sprechen. Hilferding hatten sie das Gift weggenommen, das meines Mannes hatten sie nicht gefunden. Er wollte es nur im äußersten Fall nehmen, aber ich befürchte, die Deutschen werden es finden.

Von meinem Hotel aus konnte ich sehen, wie die beiden Autos abfuhren . . .«

9

Es geschah alles so schnell, daß ich erst davon erfuhr, als ich am Montagmorgen ins Büro kam. Zu diesem Zeitpunkt war es bereits zu spät, noch irgend etwas zu unternehmen. Ich konnte lediglich versuchen, die Nachricht so schnell wie möglich nach Amerika weiterzuleiten. Das Gefühl siegte über meine gewohnte Vorsicht – ich rief das Büro der ›New York Times‹ in Vichy an und gab die Geschichte über Telefon durch.

Am Nachmittag kam Alfred Apfel zu mir. Apfel war ein antifaschistischer deutscher Rechtsanwalt mit einem guten Herzen, im übertragenen Sinne – medizinisch gesehen war sein Herz in einem sehr schlechten Zustand. Wie viele Strafverteidiger hatte er eine natürliche Begabung, überall Kontakte zur Polizei zu knüpfen. In Marseille war er mit einem Monsieur Mercury vom mobilen Einsatzkommando befreundet. Apfel hatte an diesem Vormittag einen Aperitiv mit Mercury getrunken, der einen ziemlich niedergeschlagenen Eindruck auf ihn machte. Sie sprachen über das

Wetter und andere Belanglosigkeiten. Plötzlich stellte Mercury Apfel eine Frage:

»Was passiert Ihrer Meinung nach mit zwei sehr bekannten deutschen politischen Flüchtlingen, wenn sie den Nazis in die Hände fallen?«

»Meinen Sie Breitscheid und Hilferding?« hatte Apfel gefragt.

»Zum Beispiel«, sagte Mercury.

»Man würde sie mit Sicherheit umbringen.«

Minutenlang blieb Mercury still. Dann trank er seinen Aperitif in einem Zug aus.

»Wissen Sie«, meinte er dann, »das Leben eines Polizisten ist nicht immer angenehm.«

Apfel und ich sprachen über die weiteren Aussichten und stellten Vermutungen an, wer der nächste sein würde. Ich äußerte die Vermutung, Apfel könnte einer der Kandidaten sein.

»Es ist nicht verborgen geblieben, daß Sie ein Gegner der Nazis sind. Meinen Sie nicht, Sie sollten vorsichtig sein?«

Ein Schatten huschte über sein Gesicht, und er erbleichte.

»Ich . . . ich . . . ich weiß nicht.«

Er rutschte auf seinem Stuhl hin und her.

»Ich glaube, ich habe einen Herzanfall«, sagte er.

Ich sprang auf und konnte ihn gerade noch auffangen. Eine halbe Stunde später war er tot.

10

Frau Hilferding erreichte Mitte Februar die unbesetzte Zone. Sie hatte die wenigen Schmuckstücke, die ihr noch geblieben waren, verkauft und sich mit diesem Geld nach Arles durchgeschlagen. Ein Mann hatte sie gegen einen hohen Preis über die Demarkationslinie gebracht; danach war sie zwölf Kilometer durch Morast und Sumpf gelaufen.

Als sie in Arles ankam, wußte sie noch nicht, was geschehen war. Sie freute sich darauf, ihren Mann nach neunmonatiger Trennung wiederzusehen, und rechnete fest damit, daß sie Frankreich sofort gemeinsam verlassen konnten. Sie war glücklich, daß ihre Flucht aus Paris ohne Zwischenfall verlaufen war.

Als sie am frühen Morgen nach Arles kam, ging sie direkt zum Hotel du Forum, nannte an der Rezeption ihren Namen, bat aber darum, ihren Mann noch nicht wecken zu lassen. Sie sagte, daß er oft lange schlafe und sie ihn nicht stören wolle. Sie werde warten, bis er sein Frühstück bestelle.

Jetzt erst erfuhr sie von den Auslieferungen.

Sie erfuhr aber nicht, daß ihr Mann bereits nicht mehr am Leben war. Monate später, als ich in Lissabon war, erhielt ich eine Postkarte aus Frankreich, auf der mir sein Tod mitgeteilt wurde. Einen Tag nachdem ihn Vichy an die Deutschen ausgeliefert hatte, fand man ihn – an seiner Krawatte oder einem Gürtel hängend – in seiner Zelle im Santé Gefängnis in Paris. War es Selbstmord oder Mord? Ich vermute, man wird es nie erfahren.

Dreieinhalb Jahre nach der Auslieferung gaben die Deutschen bekannt, daß Breitscheid zusammen mit Ernst Thälmann, dem Vorsitzenden der Kommunistischen Partei Deutschlands, bei einem amerikanischen Bombenangriff auf das Konzentrationslager Buchenwald umgekommen sei. Die amerikanischen Militärbehörden dementierten, daß zu dem genannten Datum ein Angriff auf das Lager oder auf Ziele in der Nähe des Lagers stattgefunden hatte. Man vermutete allgemein, Heinrich Himmler habe die beiden Männer im Zuge einer großangelegten Säuberungsaktion umbringen lassen, in deren Verlauf alle führenden Politiker eliminiert werden sollten, die bei einer Machtablösung Hitlers eine neue Regierung bilden könnten.

12. Kapitel

Frühling in der Provence

I

Der Frühling kam früh in die Provence. Daß der Winter vorbei war, merkte man daran, daß in allen Städten und Dörfern und an vielen Chausseen Männer in die Platanen kletterten und die Zweige des vergangenen Jahres von den knorrigen Ästen schnitten. Die Zweige wurden eingesammelt, gebündelt und für die letzten Feuer der zu Ende gehenden Jahreszeit nach Hause getragen. Eines Morgens wurden wir von den Rufen Dr. Thumins geweckt, der diese Aktion in der Villa Air-Bel persönlich leitete. Lautstark erteilte er zwei freundlichen Bauern Anweisungen. Die beiden waren in die großen Bäume vor dem Haus geklettert und schnitten die Zweige ab, ohne den kleinen, alten, zeternden Mann auf der Terrasse zu beachten. Als Thumin entdeckte, daß wir die übriggebliebenen Zweige eingesammelt hatten und damit unsere Ofenfeuer entfachen wollten, verlangte er einen Franc pro Bündel.

Unmerklich wurden die Tage länger und die Sonne wärmer. Kleine Eidechsen kamen aus ihren Verstecken und liefen die Gartenmauer entlang. Der Frühling sprenkelte die Bäume grün, umhüllte das Zweiggeflecht der Pflaumenbäume mit einem Hauch von Korallenrot, ließ die Fliederbüsche vor Saft strotzen und die scharfen Schwerter der Iris durch das verfaulende Laub des letzten Herbstes stoßen. Elstern flogen über die teppichweichen grünen Wiesen, ihre schwarz-weißen Flügelfedern blitzten in der Sonne. In den Wäldern blühten gelbe Fuchsien und in den Hecken hingen Wolken von goldenen Mimosen.

Dann sang eine Nachtigall in der Mispel und am Fischteich quakten die Kröten ihr Liebeslied. Wenn wir abends über die

Terrasse spazierten, mußten wir aufpassen, daß wir die Pärchen nicht zertraten – jedes große fette Weibchen trug ein lächerliches kleines Männchen auf dem Rücken. Am nächsten Morgen trieben die toten Weibchen dann mit dem Bauch nach oben und lange Eischnüre hinter sich herziehend im Fischteich – ein Beweis dafür, wie André meinte, daß Leben aus Tod entsteht.

Später kamen die Schnecken, um die frischen grünen Blätter zu fressen und ihr kompliziertes bisexuelles Liebesspiel zu spielen. André holte die Schmetterlingsnetze hervor, der Gärtner grub den Garten um und pflanzte Gemüse in die Beete um den Fischteich; wir öffneten Türen und Fenster und ließen uns von den erregenden Düften und Tönen des Frühlings mitreißen.

2

Jean erwischte es als ersten. Er verliebte sich, hatte dann eine Art Nervenzusammenbruch und mußte für mehrere Wochen ins Bett, die er mit der Lektüre von Verlaine, Baudelaire und Andrés ›Poisson soluble‹ verbrachte. Er war viel zu schwach, um zu erröten, selbst das Blau seiner Augen schien verblaßt.

Als er sich soweit erholt hatte, daß er wieder aufstehen konnte, saß er jeden Tag nach dem Abendessen händchenhaltend mit seiner Freundin auf einer Bank im Garten und stieß von Zeit zu Zeit tiefe Seufzer aus. Wenn es dunkel wurde, kamen sie ins Haus und lasen sich Gedichte vor.

Jean wurde durch diese »Affaire« so verträumt, daß ich einen zweiten Nervenzusammenbruch befürchtete. Eines Abends versuchte ich ihn zu einer etwas gallischeren Lebensauffassung zu überreden. Unter anderem erwähnte ich, wie vernünftig und sachlich doch die Einstellung der Franzosen zur Liebe sei.

»Ja«, sagte Jean ernst. »Ihr Amerikaner nehmt die Liebe viel zu ernst.«

Der Gärtner war erfolgreicher. Er gewann die Zuneigung der Köchin und schlief jede Nacht mit ihr – zu Theos großem Entsetzen, die sich darüber nicht beruhigen konnte.

»Ich weiß nicht, was sie an ihm findet – mir gefällt er nicht«, bemerkte sie eines Abends beim Essen.

»Das will ich auch hoffen«, lachte Danny.

Thumin reagierte auf sehr individuelle Weise auf den Frühling. Eines Sonntagnachmittags gingen wir zu ihm, um über eine Verlängerung unseres Mietvertrages zu sprechen, der auf sechs Monate abgeschlossen war und ablief. Wir klopften und klingelten, aber niemand öffnete. Wir wollten gerade umkehren, als sich im zweiten Stock ein Fenster öffnete, und Thumin seinen von einer weißen Schlafmütze geschmückten Kopf heraussteckte.

»Was gibt's?« rief er und klang noch schrulliger als sonst.

»C'est nous, vos locataires«, riefen wir zurück. »Wir sind's, Ihre Mieter.«

»Mais non, mais non«, greinte er. »Gehen Sie. Ich bin sehr krank.«

»Aber Dr. Thumin«, sagten wir. »Wir wollen über eine Verlängerung des Mietvertrages sprechen.«

»Was sagen Sie?« rief er und hielt die Hand hinters Ohr.

»Le bail!« riefen wir. »Der Mietvertrag!«

»Oh, ja. Der Mietvertrag, sagen Sie? In einer Minute bin ich unten.«

»Ich habe Sie für Fremde gehalten«, erklärte er, als er uns die Tür öffnete. »Kommen Sie herein. Ich war sehr, sehr krank.«

Wir bedauerten ihn, und fragten ihn, was es denn für eine Krankheit gewesen sei.

»Die Frühjahrskrankheit«, erklärte er. »Alles, was ich zu mir nehme, verläßt mich auf schnellstem Weg wieder. Gestern abend habe ich ein paar Kartoffeln und Karotten gegessen, und schon ging es los. Eine schreckliche Verschwendung! Wo doch Kartoffeln so knapp sind. Ich habe alles versucht, aber ich kann es nicht aufhalten. Es ist der Frühling.«

3

Aber nicht alle Franzosen reagierten so wie Jean, der Gärtner oder Thumin auf den Frühling. Als die Leute wieder aus ihren feuchten, unbeheizten Häusern hervorkamen, um die Sonne und die wiederkehrende Wärme zu begrüßen, fingen sie an, auf die Wände zu schreiben. Die kleinen Jungen schrieben »Vive les pineurs« oder noch einfacher »Vive moi«. Andere malten große Vs in leuchtendem Rot oder unauslöschlichem Schwarz an die Häuserwände oder die Eingänge von Kinos und öffentlichen Gebäuden. Dann kamen wieder andere vorbei und schrieben oder malten Ps hinter die Vs, um aus dem »Victoire« ein »Vive Pétain« zu machen. Und als die BBC eines Abends die Franzosen aufrief, Hs hinter die Vs zu schreiben, für »Vive l'honneur«, war Marseille am nächsten Morgen von VHs übersät. Diese sogenannte »Schlacht um die Wände« dauerte Monate und Jahre und nahm immer neue Formen an, hörte aber nicht auf.

Auch die Einstellung zu den Deutschen hatte sich geändert. Statt respektvoll von der »Besatzungsmacht« zu reden, nannten die Leute sie nun »ces messieurs, nos bons maîtres«, sogar »doryphores« – Kartoffelkäfer –, weil sie grüne Uniformen trugen und so gefräßig waren. »Staubsauger« wurden sie auch genannt, weil sie alles wegräumten, was ihnen über den Weg lief.

4

Mit Beginn des Frühlings begannen wir uns ernsthaft Sorgen um unsere Lebensmittel zu machen. Die Rationen waren ein weiteres Mal gekürzt worden, und manche Leute befürchteten, daß es bis zur nächsten Weizenernte überhaupt kein Brot mehr geben würde. Die Schlangen vor den Lebensmittelgeschäften wurden immer länger. Ich habe gesehen, wie vor einer einzigen Metzgerei eine doppelreihige Schlange wartete, die zwei Häuserblocks lang war und von einem halben Dutzend Polizisten überwacht wurde. Immer häufiger geschah es, daß jemand, der stundenlang angestanden hatte, endlich an die Reihe kam und dann erfahren mußte, daß alles ausverkauft war. Viele Leute lebten fast nur noch von Steckrüben, so daß es darüber bald einen grimmigen Witz gab; wurde man gefragt, was mit einem los sei, so antwortete man: »Steckrüberitis«.

Unsere Brotration war bereits so klein, daß Madame Nouguet eine Küchenwaage kaufen und die Brotscheiben abwiegen mußte, damit jeder den ihm zustehenden Anteil bekam. Unsere Tagesrationen lagen zum Frühstück an unseren Plätzen. Wer genügend Selbstbeherrschung besaß, seine Ration nicht auf einmal zu verzehren, wickelte den Rest fürs Mittagessen in seine Serviette. Ende April gab es einige Tage überhaupt kein Brot und praktisch kein Fleisch – nur in Wasser gekochte Artischocken, gekochten Kürbis und – ein seltener Genuß – manchmal ein paar Makkaroni oder Spaghetti ohne Butter und Sauce oder einen verschrumpelten, fleckigen Apfel als Nachtisch. Wir waren so hungrig, daß wir sogar die Goldfische aus dem Teich kochten und immer alles aufaßen – gleichgültig, ob es schmeckte oder nicht.

Gegen Ende Mai begann die Verteilung des vom amerikanischen Roten Kreuz zur Verfügung gestellten Mehls in Form von Brot. Das Brot wurde in den Bäckereien an mehreren aufeinanderfolgenden Sonntagen ausgegeben. Es war gutes, weißes Brot – blendend weiß im Vergleich zu dem, was wir vorher gegessen hatten. Merkwürdig war nur, daß man Brotmarken dafür abgeben mußte – kein Geld, nur Brotmarken. Auf diese Weise bekamen wir genausowenig Brot, wie wenn das Rote Kreuz kein Mehl geschickt hätte. Nur war es jetzt weiß, nicht grau, und wir mußten es nicht bezahlen. Jeder rätselte darüber.

Wenigstens war das eine gute Reklame für Amerika. An allen Bäckereien hingen amerikanische Fähnchen und die leeren Mehlsäcke mit dem Aufdruck: »Geschenk des amerikanischen Volkes an die Bevölkerung von Frankreich« – bis die Mitglieder von Pétains Kriegsveteranen-Legion herumgingen und die Bäcker aufforderten, Fähnchen und Säcke verschwinden zu lassen.

Danny und ich verbrachten unsere Sonntage damit, auf der Gartenmauer Schnecken zu jagen. Wir trockneten sie in einem

Jutesack, kochten sie und verzehrten sie dann mit demselben Genuß, mit dem wir uns noch vor einem Jahr ein saftiges Beefsteak einverleibt hätten. Es war eine Art Galgenhumor, daß wir im Küchenschrank, dort, wo eigentlich das Fleisch hängen müßte, ein Exemplar von ›Le Bœuf Clandestin‹ aufbewahrten. Madame Nouguet verschloß den Schrank, in dem sie das Brot aufbewahrte. Manchmal jedoch, wenn wir so hungrig waren, daß wir nicht einschlafen konnten, schraubten wir die Stifte und Scharniere ab und stahlen einen Teil der Ration für den nächsten Tag. Den größten Teil unserer monatlichen Zuckerration aßen wir regelmäßig an dem Tag, an dem wir sie bekamen, so daß wir in der zweiten Monatshälfte meistens keinen Zucker mehr hatten.

Einmal fuhr ich aufs Land und kaufte ein Paar junge Kaninchen, damit wir Kaninchen züchten konnten. Als ich zurückkam, ließen sich die Bewohner unseres Hauses gerade zu ihrer kargen Mahlzeit nieder und ich konnte sie nur unter Aufbietung aller meiner Überredungskünste davon abhalten, die Kaninchen noch am selben Abend zu schlachten, zu braten und zu essen.

Nachdem die Not über unsere Bedenken gesiegt hatte, wurden wir gute Kunden des Schwarzen Marktes und kauften gefälschte Brotmarken, die in Marseiller Gangsterkreisen zirkulierten. Auf dem Schwarzen Markt bekam man so wunderbare Dinge wie echten Yorkshire Schinken – wir mußten allerdings 3500 Francs dafür bezahlen, mehr als 85 Dollar nach dem offiziellen Umrechnungskurs.

Auch wir zeigten allmählich Zeichen von Unterernährung. Ich verlor zwanzig Pfund Gewicht und war immerzu hungrig. Am schlimmsten aber war es für die Kinder, die den größten Appetit hatten. Wir verzichteten auf die Milch unserer »Geheimkuh« und gaben sie den Kindern von Thumins Pachtbauern. Jeden Morgen nach dem Frühstück, das wie bei uns auch nur aus trockenem Brot bestand, kamen sie zu uns, packten die Becher und stürzten die Milch wie kleine Wilde in sich hinein – bis die Kuh entdeckt wurde, und die Milch an die örtliche Verwaltung abgegeben werden mußte.

Am meisten litten wir jedoch darunter, daß es immer schwieriger wurde, Wein zu besorgen. Sogar Zigaretten wurden knapp. Jean, der Kettenraucher war, stellte sich seine nach einem Rezept her, das er in einer Zeitung gefunden hatte: er mischte getrocknete Eukalyptusblätter, Salbei und ich weiß nicht was. Die Mischung wurde dann mittels eines alten Parfumzerstäubers mit Nikotin besprüht, das er sich beim Gärtner besorgt hatte.

Trotz all dieser Entbehrungen war das Leben in der Villa in diesem Frühjahr ausgesprochen fröhlich. Es dauerte nicht lange, und wir konnten unsere kärglichen Mahlzeiten durch grüne Bohnen, Tomaten, Rettich und Salat aus unserem Gemüsegarten am Fischteich ergänzen. Die Surrealisten kamen noch ein paarmal am Sonntagnachmittag zu uns, veranstalteten Bilderauktionen auf der Terrasse und tranken am Abend in der Bibliothek mit uns Tee, oder halfen uns dabei, große Flaschen Kognak und Armagnac zu leeren. Als es dann richtig warm wurde, ließen wir drei oder vier Spanier kommen und eines von Thumins Bewässerungsbecken reinigen, so daß wir ein wunderbares gekacheltes Schwimmbassin hatten. Wir hatten sogar einen aus Spanien geflüchteten Friseur, der jeden Morgen zu uns ins Haus kam und uns rasierte.

Wenn bei uns ein Zimmer frei wurde, zog sofort wieder jemand ein. Der weißhaarige Max Ernst kam aus St. Martin d'Ardèche nach Marseille. Er trug einen weißen Schafspelz-Mantel und brachte eine große Rolle Bilder mit, die er mit Heftzwecken im Wohnzimmer aufhängte. Auf diese Weise bekamen wir eine Ausstellung, zu deren Besichtigung sogar Leute aus Marseille kamen. Eines Abends kam von irgendwoher Consuelo, die Frau von Antoine de St. Exupéry, und blieb mehrere Wochen. Sie kletterte auf die Platanen, lachte, schwatzte und verteilte ihr Geld großzügig an mittellose Künstler. Kay Boyle besuchte uns auf dem Rückweg von ihren regelmäßigen Reisen nach Megève in den französischen Alpen, wo sie einem befreundeten österreichischen Flüchtling bei der Beschaffung von Visa half und ihre eigene Ausreise vorbereitete. Sie war wie ihre Bücher: exaltiert, gefühlsbetont und sehr fein gewirkt. Sie trug immer kleine, weiße Ohrringe in der Form von Edelweißblüten und ihre blauen Augen leuchteten wie

Lapislazuli. Als Mary Jayne nach Lissabon und später nach New York fuhr, schloß Peggy Guggenheim ihr Museum für Moderne Kunst in Grenoble und übernahm ihr Zimmer. Peggy trug lange, mondsichelförmige Ohrringe, an deren Enden winzige gerahmte Bilder von Max Ernst hingen. Eine Unterhaltung mit ihr bestand aus einer raschen Folge nervöser Fragen. Charles Wolff, der früher Features für ›Lumière‹ geschrieben hatte, richtete sich im Obergeschoß ein und tröstete sich mit viel Wein. In Paris hatte er beim Einmarsch der Deutschen seine umfangreiche Schallplattensammlung zurücklassen müssen, darunter auch so seltene Titel wie ›Les soupirs des femmes dans l'amour‹. Immer wenn er daran dachte – und das geschah oft –, daß jetzt die Boches den Seufzern lauschten, genehmigte er sich ein weiteres Glas.

13. Kapitel

Mit Geheimauftrag durch Spanien

I

Ende Dezember verlegten wir unser Büro von der Rue Grignan in sehr viel hellere und größere Räume am Boulevard Garibaldi. Wir zogen schon ein, als unsere Vormieter, die einen Schönheitssalon betrieben hatten, noch auszogen. Waren wir in der Rue Grignan in den ersten Tagen von Brieftaschen umgeben, so arbeiteten wir nun zwischen Haartrocknern, Dauerwellenhauben, weißen Wandschirmen und mannshohen Spiegeln.

Die Besitzer des Schönheitssalons zogen jedoch sehr viel schneller aus als der Lederhändler. Zu Beginn des neuen Jahres konnten wir unsere Arbeit in Räumen aufnehmen, die in jeder Hinsicht so seriös waren wie die der Quäker oder des Roten Kreuzes. Der Polizei mochten wir weiterhin verdächtig erscheinen, aber sie konnte unser Büro nun nicht mehr als ›verdächtiges Loch‹ bezeichnen. Nach außen hin hatten wir uns jetzt einen so ehrbaren Anstrich gegeben, daß die Polizei unser Büro nicht mehr ohne weiteres schließen konnte – dachten wir.

Um die Sache abzurunden, kauften wir eine große amerikanische Fahne, zogen sie auf einen zwei Meter hohen Fahnenmast und stellten sie in den Interview-Raum. Wir wollten uns auch ein Foto des Präsidenten Roosevelt von der Botschaft leihen, aber die Botschaft besaß nur Bilder von Washington, Lincoln und Hoover.

2

Ende Januar erfuhren viele Flüchtlinge, daß sie Ausreisevisa bekommen konnten. Ich kann nicht mit Sicherheit sagen, was diesen plötzlichen Wandel in der Vorgehensweise bewirkt hat. Ich vermute jetzt, daß die Gestapo und die anderen Geheimdienst-Organisationen die Listen der noch in Frankreich befindlichen politischen und intellektuellen Flüchtlinge durchgesehen und entschieden hatten, wen sie haben und wen sie durch ihr Netz schlüpfen lassen wollten. Wie auch immer, die unmittelbaren Auswirkungen waren beträchtlich: Bisher waren wir vorgeblich eine unscheinbare Hilfsorganisation gewesen, die kleine wöchentliche Unterstützungsgelder an Männer, Frauen und Kinder verteilte, um sie vor dem Verhungern zu bewahren. Nun wurden wir gleichsam über Nacht eine Art Reisebüro, das an Hektik und Geschäftigkeit der ›American Express Company‹ auf der Cannebière in nichts nachstand. Jetzt konnten wir uns endlich offen unserer Daseinsberechtigung widmen – der Emigration.

Es dauerte einige Zeit, bis wir uns an die Veränderung gewöhnten, aber gegen Ende der ersten Woche hatten wir uns bereits darauf eingestellt. Und bald darauf konnten wir zum ersten Mal in den mehr als fünf Monaten, die wir mittlerweile arbeiteten, Flüchtlinge an die spanische Grenze schicken, die Frankreich legal verlassen würden.

Der Weg vieler Emigranten nach Lissabon führte in diesem Frühjahr durch unser Büro. Der Filmhistoriker Siegfried Kracauer war darunter; Max Ernst und Marc Chagall; der Bildhauer Jacques Lipchitz, Boris Mirkine-Guetzévitch, Professor an der Sorbonne; die Sängerin Lotte Leonard; der rumänische Romancier und Historiker Valeriu Marcu; der Physiker Peter Pringsheim; der deutsche Dichter Hans Sahl[22] und der Publizist Hans Siemsen; der Filmproduzent Ernst Josef Aufricht[23]; der Schauspieldirektor Poliakoff-Litovzeff; Professor de Castro, Dekan der Fakultät der Wissenschaften der Universität von Madrid; der Mathematiker und Physiker Jacques Hadamard, den man auch den französischen Einstein nannte; schließlich einer der zahllosen Prinzen Obolensky.

Wir hätten noch mehr herausbringen können, wäre es nicht so höllisch schwierig gewesen, Transitvisa zu bekommen. Es war zwar möglich, aber nur auf legalem Wege.

3

Die Schiffe nach Martinique beschäftigten uns vollauf. Hätten wir diese Schiffsroute selbst planen dürfen, wir hätten es nicht besser machen können.

Sie ersparte den Flüchtlingen nicht nur die Schwierigkeiten mit den Transitvisa, sondern auch die Gefahren des Weges durch Spanien. Denn die Schiffe fuhren von Marseille direkt nach Martinique, und von dort konnte man auf direktem Wege nach New York reisen. Sie waren fast so gut wie das immer wieder angepriesene, aber nie realisierte »Rettungsschiff«, das nach Marseille kommen und die Flüchtlinge nach New York bringen sollte. Wäre es tatsächlich zu dem genannten Zeitpunkt gekommen, hätte es keinen einzigen Flüchtling an Bord nehmen können, weil damals buchstäblich niemand ein Ausreisevisum erhielt.

Es begann langsam und spielte sich dann aber sehr gut ein. Am 18. Februar brachten wir die ersten neun unserer Schützlinge auf den Weg nach Martinique, gegen Ende März vierzig weitere, darunter André, Jacqueline und Aube Breton, Victor Serge und seinen Sohn Vladi, den Hebraisten Oscar Goldberg und – was ich für besonders bemerkenswert halte – zwei der vier Männer, die mit so wenig Glück im letzten Herbst den Fluchtversuch auf der ›Bouline‹ unternommen hatten.[24]

Zu unserer Überraschung hatten die Behörden diese beiden Männer auf unseren Wunsch in das Einschiffungslager von Les Milles in der Nähe von Aix-en-Provence verlegt, ihnen Ausreisevisa gegeben und die Erlaubnis zum Verlassen des Lagers erteilt, obgleich man sie bereits eines unerlaubten Fluchtversuches (auf der ›Bouline‹) für schuldig befunden hatte. Wir stellten den gleichen Antrag zugunsten der anderen beiden Männer. Aber obgleich für sie nach französischem Gesetz dieselbe Rechtslage bestand, wurde dieser Antrag ohne Begründung abgelehnt. Wir sahen darin einen Beweis, daß in diesem Fall die Gestapo ihre Finger im Spiel hatte.

Im April lief ein weiteres Schiff aus. An Bord waren zwölf von unseren Flüchtlingen, darunter André Masson und seine Familie.

Bis zum Mai war aus dem Rinnsal ein Fluß geworden. Alle vier oder fünf Tage lief ein Schiff nach Martinique aus. Auf diesen Schiffen konnten wir Frau Hilferding und Frau Biermann herausbringen; außerdem die Pariser Fotografen Ylla und Lipnitzki, den antifaschistischen deutschen Schriftsteller Wilhelm Herzog, den Dirigenten Eduard Fendler, den Pianisten Erich Itor-Kahn, einen antifaschistischen italienischen Schriftsteller namens Aurelio Natoli, Jacques Schiffrin, den Verleger der französischen Klassikersammlung ›Pléiade‹ und viele, die früher in Deutschland oder Österreich im Widerstand gearbeitet hatten, der Gestapo aber offensichtlich nicht namentlich bekannt waren.

Die Zeit, als die Schiffe nach Martinique ausliefen, war die anstrengendste, aber auch die erfolgreichste unserer Arbeit in Marseille. Unsere Stammbesetzung nahm nach kurzer Zeit beeindruckende Ausmaße an. Zeitweilig arbeiteten mehr als zwanzig Leute in dem Büro, und wir arbeiteten alle so hart, daß wir vollkommen erschöpft waren, wenn ein Schiff schließlich auslief. Aber wir hatten nie Zeit zum Ausruhen und Erholen, denn in der folgenden Woche lief wieder ein Schiff aus und alles begann von neuem.

Als wir Ende Mai eine Zwischenbilanz zogen, stellten wir fest, daß sich in weniger als acht Monaten über 15 000 Menschen persönlich oder schriftlich an uns gewandt hatten. Wir mußten jeden einzelnen Fall prüfen und eine Entscheidung treffen. In 1800 dieser Fälle hatten wir entschieden, daß sie zu unserem Aufgabenbereich gehörten. Das bedeutete, daß es sich bei ihnen um politische Flüchtlinge oder Intellektuelle mit berechtigten Aussichten auf eine baldige Emigration handelte. In 560 von diesen 1800 Fällen, hinter denen sich insgesamt etwa 4000 Schicksale verbargen, hatten wir einen wöchentlichen Unterstützungsbetrag gezahlt, und wir hatten mehr als 1000 Flüchtlinge aus Frankreich herausgebracht. Für die übrigen haben wir getan, was wir konnten – von der Befreiung aus dem Internierungslager bis hin zur Hilfe bei der Suche nach einem Zahnarzt.

4

Aber auch damals konnte nicht jeder Flüchtling ein Ausreisevisum bekommen und Frankreich legal verlassen. Wie immer waren die Verordnungen merkwürdig geheimnisvoll. Man hatte uns jedoch gesagt, daß jede Präfektur in der unbesetzten Zone eine Liste hatte, auf der die Namen derer verzeichnet waren, denen kein Visum ausgestellt werden sollte.

Es dauerte einige Wochen, bis wir in den Besitz einer Kopie dieser Listen gelangten. Einer der Freunde von Bedrich Heine besorgte sie. Er hatte einen Angestellten in der Präfektur von Pau bestochen und ihn gebeten, ihm eine Abschrift anzufertigen. Auf der Liste standen etliche unserer Schützlinge, einige, die Frankreich bereits auf illegalem Wege verlassen hatten, und andere – sie waren in der Mehrzahl –, die noch keinen Fluchtweg gefunden hatten.

Wer portugiesische und spanische Transitvisa hatte oder bekommen konnte, wurde von uns sofort nach Lissabon geschickt. Die besonders Gefährdeten überquerten die Grenze auf der ›F‹-Route oder auf einem anderen Weg. Heine selbst war dabei sowie ein weiterer unserer Mitarbeiter, ein ehemaliger deutscher Widerstandskämpfer namens Heinrich Müller.

Aber viele hatten noch immer kein Überseevisum und konnten deshalb auch keine Transitvisa bekommen. Um sie so schnell wie möglich aus dem ›europäischen‹ Frankreich herauszubringen, griffen wir auf die ursprünglich für Breitscheid und Hilferding vorgesehene Methode zurück – wir schmuggelten sie nach Nordafrika. Unsere Erfahrungen mit den Engländern hatten uns in dem Glauben an die Funktionsfähigkeit dieser Methode bestärkt. Was fehlte, waren Verstecke, wo die Flüchtlinge nach ihrer Ankunft in Afrika unterschlüpfen konnten. Außerdem fehlte es an Möglichkeiten, sie von dort nach Lissabon oder Gibraltar zu bringen.

Daher wandten wir uns an die beiden Italiener Lussu und Pacciardi. Da die meisten Italiener überzeugt waren, sie würden nicht sicher durch Spanien kommen, gleichgültig, wie gut ihre Papiere und ihre Tarnung auch immer sein mochten, hatten Lussu und Pacciardi Pläne ausgearbeitet, wie man sie über Afrika nach Gibraltar oder Lissabon bringen konnte.

Sie hatten völlig unterschiedliche Vorstellungen über die Ausführung. Lussu, der vorsichtigere von beiden, suchte und fand wirklich sichere Wege von Marseille nach Oran oder Algier und schaffte seine Leute von dort über eine Untergrundroute, die er von Marseille aus aufgebaut hatte, nach Casablanca. Pacciardi schickte seine Leute als blinde Passagiere über das Mittelmeer, versteckte sie in Oran und wollte sie alle auf einmal mit einem großen Fischkutter nach Gibraltar bringen.

Lussus Methode schien einwandfrei zu funktionieren, aber er benutzte sie nur für die Mitglieder seiner ›Giustizia e Libertà‹-Gruppe. Unsere Rolle beschränkte sich darauf, das nötige Geld beizusteuern. Lussu hatte alles geregelt – bis auf die Frage, wie seine Leute von Casablanca nach Lissabon kommen sollten. Wenn er alle seine Schützlinge in Casablanca hatte, wollte er über Spanien nach Lissabon und dieses letzte Problem dort lösen. Er versprach, daß er mich in alle seine Geheimnisse einweihe, wenn er seine Leute aus Casablanca heraus habe. Aber das werde noch einige Zeit dauern.

Pacciardi war großzügiger. Er hatte seine Leute schon nach Algier und Oran gebracht und war bereit, weitere Flüchtlinge, die wir schicken würden, mit auf seinen Fischkutter nach Gibraltar zu nehmen.

Wir hatten bereits einige Flüchtlinge nach Nordafrika verfrachtet, bevor Breitscheid und Hilferding verhaftet und ausgeliefert worden waren. Nach diesem alarmierenden Vorfall schickten wir weitere. Ende Februar waren es (die Italiener eingerechnet) zwischen fünfzig und sechzig, die in Algier, Oran oder Casablanca auf neue Anweisungen warteten.

Aber Pacciardi brachte nicht einen einzigen Flüchtling nach Gibraltar durch. Einer seiner Versuche hätte fast zu einer Katastrophe geführt. Er fand schließlich einen Fischkutter, aber als sich seine Leute an einem verabredeten Ort an der Küste westlich von Oran zum Einschiffen versammelten, erwartete sie dort die Polizei, und sie mußten zusehen, wie sie nach Oran zurückkamen. Es dauerte Monate, bis wir schließlich alle, einen nach dem anderen, aus Afrika heraus und nach Lissabon und New York gebracht hatten; die Einzelheiten waren zu verworren, um sie hier zu berichten. Keine zwei Fälle wurden nach demselben Muster durchgeführt, aber alle wurden erfolgreich abgeschlossen. Am Ende kam jeder ans Ziel.

5

Noch bevor wir absehen konnten, wie das nordafrikanische Unternehmen enden würde, hatten wir aufgehört, Leute nach Algier und Oran zu schicken. Aber die Nachricht von der Auslieferung von Breitscheid und Hilferding löste eine neue Welle der Panik unter den Flüchtlingen aus. Viele gaben ihr Zimmer auf und zogen in ›maisons de rendezvous‹, weil sie dort keinen polizeilichen Meldezettel auszufüllen brauchten. Wir besaßen damals noch keine Kopie von der Fahndungsliste der Gestapo, aber einer, der mit ziemlicher Sicherheit daraufstand, war Arthur Wolff. Vor Hitlers Machtergreifung war er einer der bedeutendsten Strafverteidiger in Berlin gewesen. Er hatte zahlreiche Opfer der von den Nazis angezettelten Straßenschlachten vertreten. Nach Hitlers Machtübernahme war er einer der ersten, der die deutsche Staatsbürgerschaft verlor. Da man ihn und seine Frau im letzten Herbst zusammen mit Hilferding und Breitscheid nach Arles geschickt hatte, war er überzeugt, daß ihm dasselbe Schicksal bevorstand. Als er mich einige Tage nach ihrer Auslieferung bleich vor Angst aufsuchte, war ich sofort bereit, alles in unserer Macht Stehende für ihn zu tun.

Während ich nach einer Möglichkeit suchte, um sie aus Frankreich herauszubringen, lebte das Ehepaar Wolff in dem Raum hinter den Packschachteln, den wir ursprünglich für Breitscheid und Hilferding vorgesehen hatten. In diesem Fall war das größte Problem, daß Wolff so stark gehbehindert war, daß er sich nur an Krücken fortbewegen konnte. Er konnte also weder zu Fuß über die Grenze gebracht noch als Besatzungsmitglied auf einem Schiff herausgeschmuggelt werden.

Auch für Georg Bernhard und seine Frau mußte etwas getan werden. Sie lebten nun schon seit fünf Monaten in einer ›maison de passe‹ und hatten geduldig gewartet. Als sie jedoch von der Auslieferung hörten, wurden auch sie unruhig und wollten Frankreich verlassen.

Als wir dann die Abschrift der Gestapo-Liste bekamen, sahen wir, daß noch viele andere in Gefahr waren.

Für alle diese Flüchtlinge schien nur der Weg über Spanien möglich. Aber wir wagten es nicht, ihre Namen nach New York zu kabeln, um von dort aus eine Schiffspassage zu buchen, und von Marseille aus war dies wegen der Francabwertung unmöglich. Ohne Buchung bekam aber niemand Transitvisa für Spanien und Portugal.

Eines Tages erfuhr Jean von Murphy, daß er im Vieux Port einen Mann getroffen hatte, der angeblich portugiesische und spanische Transitvisa von Konsulatsangestellten kaufen konnte, und zwar ohne Schiffsreservierung und ohne nach Lissabon und Madrid zu telegrafieren. Jedes Visum sollte 6000 Francs kosten. Wir probierten es für die Ehepaare Wolff und Bernhard aus, und es schien zu funktionieren; innerhalb von wenigen Tagen bekamen wir ihre Papiere mit beiden Transitvisa zurück. Jetzt mußten wir aber noch das Problem lösen, wie der gehbehinderte Wolff über die Grenze zu bringen war.

6

Etwa zur gleichen Zeit, als wir durch Murphys Tip an die »außerordentlichen« Transitvisa gekommen waren, lernte Jean einen Marseiller Gangster kennen, der behauptete, mit einem Beamten der spanischen Botschaft in Vichy zusammenzuarbeiten. Dieser Beamte hatte zugesagt, fünf Fahrgäste in seinem Diplomatenwagen nach Lissabon zu bringen. Die Fahrt sollte 100 000 Francs kosten.

Unsere Gebete waren scheinbar erhört worden. Der Preis war zwar hoch, aber wir griffen schnell zu, zumal der Mann nur die Hälfte der Summe im voraus verlangte; Jean berichtete, der Beamte sei bereit, mit dem Rest zu warten, bis die Fahrgäste in Lissabon waren. Wir beschlossen sofort, Wolffs, Bernhards und einen fünften Mann namens Caspari mitzuschicken. Casparis Antrag auf Erteilung eines Ausreisevisums war abgelehnt worden, und da er auf der republikanischen Seite am Spanischen Bürgerkrieg teilgenommen und die spanische Staatsbürgerschaft angenommen hatte, glaubte er, nie wieder auf dem üblichen Wege durch Spanien reisen zu können. Er war jedoch bereit, die Fahrt mit dem Diplomatenwagen zu riskieren.

Wolff befürchtete, man würde ihn wegen seiner Krücken erkennen, wenn er Marseille mit dem Zug verließ. Außerdem hatte er Angst davor, mit dem Zug durch Arles zu fahren, weil ihn die dortige Polizei vermutlich suchte. Wir vereinbarten daher, ihn nachts mit dem Wagen nach Les Baux zu bringen und ihn am nächsten Morgen in Tarascon, der ersten Station nach Arles, in den Zug zu setzen. Jean sollte inzwischen die anderen in Marseille zur Bahn bringen. In Tarascon sollten sich alle treffen und zusammen nach Ax-les-Thermes fahren, einen Badeort in den Hochpyrenäen in der Nähe von Andorra. Dort würde sie der Diplomatenwagen abholen und nach Lissabon bringen.

In einer Mondnacht Anfang März machten sich das Ehepaar Wolff, Maurice und ich in einer Gangster-Limousine von Marseille aus auf den Weg nach Les Baux. Es war derselbe Wagen, der zwei Monate vorher Breitscheid und Hilferding aus Arles abholen sollte. Aber es war nicht derselbe Fahrer. Unserer hatte einen rasierten Schädel und war offensichtlich gerade erst aus dem Gefängnis entlassen worden. Wolff war sehr nervös, und der Anblick des rasierten Schädels beruhigte ihn nicht gerade.

Wir waren noch nicht weit gefahren, als mit lautem Knall ein Reifen platzte. Wir mußte alle aussteigen und am Straßenrand warten, bis der Fahrer das Rad gewechselt hatte. Diese Verzögerung machte Wolff noch unruhiger, und seine Nervosität steckte uns schließlich alle an. Als uns ein Wagen aus der Richtung von Marseille einholte, umklammerte Wolff meinen Arm, weil er überzeugt war, es sei die Polizei. Aber der Wagen fuhr vorbei ohne anzuhalten. Bis zu unserer Ankunft vor dem Hotel de la Reine Jeanne in Les Baux trafen wir keine weitere Menschenseele.

Les Baux hockt wie ein Adlerhorst hoch oben auf einem Kamm der französischen Seealpen, einem unfruchtbaren, verwitterten Kalkstein-Gebirge, das sich von Tarascon an der Rhone fast bis nach Salon, einem Ort auf halbem Weg zwischen Arles und Marseille, erstreckt. Die Stadt wurde im Mittelalter von den Feudalherren dieser Gegend gegründet – einer Räuberbande, die von Zeit zu Zeit aus ihrer Bergfestung herunterkam und in der Umgebung plünderte. Heute ist Les Baux eine verfallene und verlassene Stadt, deren Einwohnerzahl von 6000 auf vielleicht 60 geschrumpft ist. Ich hatte es auf einem meiner Wochenendausflüge im letzten Herbst besucht und hielt es für einen idealen Schlupfwinkel, zumal das einzige Hotel der Stadt von einem Amerikaner geführt wurde, der bereits einen englischen Soldaten und einen französischen Piloten versteckt hielt und durchaus bereit schien, noch einige Flüchtlinge aufzunehmen, die die Vichy- und Gestapo-»Justiz« zu fürchten hatten. Er war aus Boston und hieß Donald Purslow.

Purslow empfing uns an der Tür seiner Gaststätte und begrüßte uns so herzlich, wie ich es erwartet hatte. Wir saßen in bequemen provencalischen Stühlen um das Feuer, das in dem großen steinernen Kamin brannte, tranken warmen Rotwein, unterhielten uns und hörten BBC. Wolff machte sich Sorgen, daß er so nahe bei Arles war, aber Maurice und ich versicherten ihm immer wieder, daß er in Les Baux sicherer sei als in Marseille. Mit Sicherheit würde ihn die Polizei dort suchen, ihn aber niemals an einem Ort vermuten, der so nahe bei der Stadt lag, aus der er gerade geflüchtet war. Waren es unsere Argumente, der Wein oder Purslows freundliche, aufmunternde Art – Wolff entspannte sich zusehends und schien bei guter Laune, als wir zu Bett gingen.

Am nächsten Morgen saßen wir gerade beim Frühstück, als das Telefon klingelte. Es war Jean, der aus einem Café in Marseille anrief, um mir mitzuteilen, daß es eine kleine Verzögerung geben würde. Er wollte erklären warum, aber ich unterbrach ihn und sagte, ich würde später zurückrufen. Ich wollte nicht vom Hotel aus sprechen, weil ich Angst hatte, daß die Polizei das Gespräch abhörte. Wolff spürte sofort, daß irgend etwas nicht in Ordnung war. Als ich ihn verließ, war er einem Zusammenbruch nahe.

Ich fuhr mit dem Auto des Gangsters nach Arles und rief Jean von der Post aus an. Er sagte wieder, daß es eine kleine Verzögerung geben würde und daß er es für besser hielt, wenn ich nach Marseille zurückkäme. Offensichtlich glaubte er, am Telefon nicht mehr sagen zu können, und ich drängte ihn auch nicht.

Ich fuhr nach Les Baux zurück und erzählte Maurice und den Wolffs, was Jean gesagt hatte. Bei der Vorstellung, allein in Les Baux bleiben zu müssen, verlor Wolff fast die Fassung. Aber beim Mittagessen gaben wir ihm viel Wein zu trinken und verbrachten den Nachmittag damit, ihn zu beruhigen. Sobald es dunkel war, fuhren Maurice und ich mit dem Auto nach Marseille. Wir versprachen, in ein paar Tagen zurück zu sein.

Jean erwartete uns in der Villa Air-Bel. Er erklärte uns, daß der Mann, der die Lissabon-Fahrt im Diplomatenwagen organisiert hatte, erst losfahren wollte, wenn er in Marseille einige Geschäfte, die vermutlich mit Schmuggelei zu tun hatten, abgeschlossen hatte. Er hoffe, etwa in einer Woche fertig zu sein, berichtete Jean.

Einige Tage später kam Caspari ins Büro und erzählte, daß der Diplomatenwagen ein Schwindel sei. Unsere Klienten müßten zu Fuß durchs Gebirge nach Andorra. Von dort werde man sie mit Bus und Bahn nach Barcelona bringen. Was dann geschehen sollte, war nicht ganz klar, spielte aber auch keine große Rolle, weil der Aufstieg nach Andorra zwischen 18 und 20 Stunden dauern und teilweise durch Eis und Schnee führen würde. Die Ehepaare Wolff und Bernhard waren dazu keinesfalls in der Lage. Caspari, der jünger und in guter körperlicher Verfassung war, hätte es schaffen können, aber er verzichtete, und wir konnten nicht einmal mit Bestimmtheit sagen, daß das falsch war. Er hat schließlich selbst einen Fluchtweg aus Frankreich gefunden.

Danny und Jean waren beide im Büro, als Caspari den Schwindel mit dem Diplomatenwagen aufdeckte. Während er erzählte, wurde Jean rot und schließlich feuerrot. Danny, der von Anfang an behauptet hatte, es sei ein großer Fehler, mit Gangstern und Schmugglern Geschäfte zu machen, sagte zwar nichts, setzte aber die selbstzufriedene Miene auf, die er immer zur Schau trug, wenn sich herausstellte, daß er recht gehabt hatte. Jean ging an diesem Abend früh ins Bett und kam eine ganze Woche lang nicht mehr zum Vorschein.

Ich schickte Maurice und Danny nach Ax-les-Thermes, um der Sache nachzugehen. Nach ein paar Tagen waren sie zurück und berichteten, daß alles, was Caspari gesagt hatte, in jedem Punkt zutraf: es gab nicht die Spur eines Wagens und auch kein Anzeichen dafür, daß es je einen gegeben hatte. Nach Andorra gelangte man nur über einen Gebirgspaß, der 1500 Meter über dem Meeresspiegel lag. Außerdem wurde die Grenze streng bewacht. Als Maurice und Danny die Route testeten, um zu sehen, ob sie für jüngere Flüchtlinge und vielleicht auch für die Briten taugte, hatten französische Zollbeamte das Feuer auf sie eröffnet, und sie konnten sich einer Verhaftung nur entziehen, indem sie sich als Anhänger de Gaulles ausgaben, die zu ihm nach London wollten.

7

Nachdem sich der Plan mit dem Diplomatenwagen in Rauch aufgelöst hatte, mußten wir etwas anderes finden, und zwar schnell. Eines Abends, als wir das Problem zum hundertsten Mal erörterten, erinnerte ich mich plötzlich daran, daß ich in Barcelona und Port Bou an den Wänden die Buchstaben CNT-FAI gesehen hatte, die Initialen katalanischer Arbeiterorganisationen.[25]

»Ecoutez«, sagte ich. »In Spanien gibt es eine aktive Widerstandsbewegung. Ich habe ihre Namen gesehen, als ich im letzten Herbst von Lissabon zurückfuhr. Wir müßten zu ihnen Verbindung aufnehmen. Wenn wir sie dazu bewegen könnten, für uns zu arbeiten, wäre unser Problem gelöst.«

»In Toulouse kenne ich jemanden, der behauptet, Mitglied der CNT zu sein«, sagte Maurice. »Er behauptet sogar, Verbindungen zum spanischen Untergrund zu haben.«

»Dann fahr verdammt nochmal hin und rede mit ihm«, sagte ich. »Versuch herauszufinden, ob seine Genossen in Spanien irgend etwas für uns tun können.«

Maurice fuhr noch am selben Abend nach Toulouse, und als er einige Tage später wieder in Marseille eintraf, sah man ihm bereits von weitem an, daß er Erfolg gehabt hatte.

»Ich habe Carlos getroffen«, sagte er, nachdem Danny die Tür zu unserem Privatbüro verschlossen und das Telefon ausgestöpselt hatte. »Es stimmt, er ist Mitglied der CNT, und er sagt, seine Organisation kann Leute durch Spanien nach Lissabon bringen. Die Transitvisa besorgen sie selbst, und sie kennen alle Zugkontrolleure, so daß es in dieser Hinsicht keine Schwierigkeiten geben kann. Und sie haben Schlupfwinkel in Madrid und Barcelona.«

»Bist du sicher?« fragte ich.

»Völlig«, antwortete Maurice. »Carlos ist seriös, keiner von diesen Gangstern. Er ist selbst ein politischer Flüchtling. Er lügt nicht.«

»Was verlangt er?« fragte ich.

»15 000 Francs pro Person«, sagte Maurice.

Danny pfiff anerkennend.

»Und du sagst, er ist ein seriöser politischer Typ?« fragte er.

»Ich weiß, das klingt teuer«, sagte Maurice. »Aber bedenkt das Risiko und die Schmiergelder, die sie zahlen müssen.«

»Du bist dir sicher in bezug auf Carlos, nicht wahr, Maurice?« fragte ich.

»Absolut sicher«, antwortete er.

»Glaubst du, daß er mit Wolffs und Bernhards fertig wird?«

»Ich habe ihm von Wolff erzählt«, entgegnete Maurice. »Er sagt, sie hätten kräftige Führer, die ihn über die Grenze tragen können. Seine Leute gehen bei Cerbère über die Grenze, also sollte es möglich sein.«

»Was hältst du davon, Danny?« fragte ich.

»Ich weiß nicht«, antwortete Danny. »Wenn Maurice tatsächlich an eine CNT-Gruppe geraten ist, geht es sicherlich in Ordnung. Aber wie ihr wißt, bin ich gegen die Mitarbeit von Gangstern. Und der Preis erinnert mich stark an die Ganoven-Preise.«

»Ich glaube nicht, daß es sich bei ihnen um Gangster handelt«, sagte Maurice. »Diese Männer sind Schmuggler, bien sûr, aber nur nebenbei. Schließlich müssen sie auch leben. Außerdem sind sie ausgezeichnete Fälscher. Sie fälschen nicht nur die Transitvisa, sondern auch das französische Ausreisevisum, das Siegel der Bank von Frankreich und die Stempel der französischen und der spanischen Grenzbeamten. Die französischen Visa dürfen natürlich nicht in Frankreich benutzt werden, weil sie bei der Grenzüberschreitung nicht telegrafisch aus Vichy bestätigt werden können. Aber man kann die spanische Polizei damit täuschen, und der spanische ›entrada‹-Stempel überzeugt sie endgültig, daß alles in Ordnung ist.«

»Heißt das, daß sie sich nicht bei dem spanischen Grenzposten melden?« fragte ich.

»Ja. Die gefälschten Transitvisa allein reichen nicht aus. Sie werden von Madrid nicht bestätigt. Deshalb umgehen sie den Grenzposten und besteigen erst einige Stationen später in Figueras den Zug. Carlos schwört, daß sein ›entrada‹-Stempel so gut wie das Original ist. Sie haben ihn noch nie beanstandet.«

Wir beredeten die Angelegenheit noch eine ganze Weile und beschlossen dann, die Wolffs und die Bernhards der Organisation von Carlos anzuvertrauen. An der Grenze trafen sie nur einen einzigen Führer an, und obgleich er für einen Spanier sehr kräftig war, konnte er Wolff unmöglich tragen. Wolff war natürlich überrascht und enttäuscht, daß er nicht getragen wurde, entschied sich dann aber doch für einen Versuch, weil er nicht länger in Frankreich bleiben wollte.

Sobald es völlig dunkel war, machten sich Bernhards, Wolffs und ihr spanischer Führer auf den Weg in die Vorberge der Pyrenäen. Sie waren noch nicht weit gekommen, als Wolff merkte, daß er es nicht schaffen würde. Während sich die Bernhards unter einer niedrigen Eisenbahnbrücke versteckten, brachte der Führer die Wolffs nach Banyuls zurück. Dann ging er wieder in die Berge, um nach den Bernhards zu suchen. Es dauerte über eine Woche, bis wir wieder von ihnen hörten.

Maurice blieb inzwischen in Banyuls und arbeitete an dem Plan, das Ehepar Wolff mit einem Motorboot um das Kap herum nach Port Bou zu bringen. Außerdem schickten wir in dieser Zeit Berthold Jacob und seine Frau auf der ›F‹-Route nach Spanien.

Jacob war deutscher Journalist und zeit seines Lebens Pazifist. Nach dem Ersten Weltkrieg hatte er eine pazifistische Gruppe mit dem Namen ›Nie wieder Krieg‹ gegründet und sich ganz der Aufdeckung der heimlichen Wiederaufrüstung der Reichswehr und der notorischen Fememorde an Demokraten und Pazifisten gewidmet. Er war ein erklärter Nazigegner, lange bevor Hitler an die Macht kam. 1932, kurz nachdem von Papen Kanzler geworden war, wurde er als Mitverteidiger zu dem Prozeß gegen den bedeutenden deutschen Pazifisten Carl von Ossietzky geladen. Jacob begriff, woher der Wind wehte und floh nach Frankreich. [26]

Nach der Auslieferung von Breitscheid und Hilferding beschloß ich, die Jacobs nicht länger in Frankreich warten zu lassen. Ich kaufte venezolanische Visa und Reisedokumente auf falschen Namen, ließ durch Murphys Mann portugiesische und spanische Transitvisa für sie besorgen und schickte sie in Begleitung von Jean nach Banyuls.

Maurice war noch in Banyuls, als Jean mit den Jacobs dort eintraf, kam aber am nächsten Tag mit ihm nach Marseille zurück und berichtete, daß Fittko die Jakobs sicher über die Grenze gebracht hatte. Auch Maurice hatte bereits alle Vorbereitungen getroffen, um das Ehepaar Wolff mit einem Motorboot nach Spanien zu bringen. In ein paar Tagen könne es losgehen, sagte Maurice.

Einen Tag nach Maurices Rückkehr bekamen wir Nachricht von den Bernhards. Sie telegraphierten aus Madrid. Es hatte so viele Verzögerungen gegeben, daß ihre portugiesischen Visa bereits abgelaufen waren, als sie die Grenze überquerten. Carlos hatte ihnen jedoch versichert, seine Organisation könne sie problemlos in Madrid erneuern. In seinem Telegramm behauptete Bernhard aber, er und seine Frau säßen in Madrid fest und seien nicht in der Lage, die Visa verlängern zu lassen.

Da die Bernhards unter ihrem richtigen Namen reisten, wagte ich es nicht, nach Lissabon zu kabeln. Stattdessen schickte ich Maurice nach Toulouse, um Carlos aufzutreiben, und sobald sich die Gelegenheit bot, gab ich einem der wenigen Flüchtlinge, der in dieser Zeit Frankreich legal in Richtung Spanien verlassen konnte, eine Zahnpasta-Botschaft mit. Darin beschrieb ich den Unitariern, wer Bernhard war und warum er sich in großer Gefahr befand, und bat sie inständig, alles in ihrer Macht Stehende zu tun, um ihn so schnell wie möglich aus Spanien herauszuholen. Maurice kam ein oder zwei Tage später aus Toulouse zurück und berichtete, daß Carlos einen Mann nach Madrid schicken würde, der den Bernhards helfen sollte, es käme alles in Ordnung.

Lussu hatte zu dieser Zeit gerade seinen letzten Schützling nach Casablanca gebracht und bereitete seine Abreise nach Lissabon vor. Er wollte mit einem litauischen Paß reisen, der noch aus den Tagen des Honorarkonsuls in Aix-en-Provence stammte. Daher war ich nicht überrascht, als mir der Bürodiener seinen Besuch meldete. Kaum hatte er mein Zimmer betreten, wußte ich, daß etwas schiefgegangen war. Er wirkte verzweifelt und zupfte noch nervöser als sonst an seinem Spitzbart.

Das war einige Tage, nachdem Maurice aus Toulouse zurückgekommen war. Danny war – Gott sei Dank – nicht anwesend. Ich war allein in meinem Zimmer. Nachdem ich die Tür verschlossen und mich vergewissert hatte, daß das Telefon ausgestöpselt war, holte Lussu seinen litauischen Paß aus der Tasche und zeigte mir die Transitvisa, die wir ihm über Murphys nützlichen Freund besorgt hatten.

»Diese Visa sind ganz plump gefälscht«, sagte er empört.

»Sie müssen sich irren«, entgegnete ich. »Es kann sich nicht um Fälschungen handeln. Sie kamen direkt aus dem Konsulat.«

»So«, sagte er und hob sein Kinn wie es die Griechen tun, wenn sie ›nein‹ sagen. »Direkt aus dem Konsulat? Sehen Sie sich das doch mal an!«

Er hielt den Paß in der linken Hand und klopfte so lange heftig mit seinem rechten Zeigefinger darauf, bis er direkt vor meiner Nase lag.

»Sehen Sie!« sagte er. »Man kann erkennen, daß die Unterschriften mit Bleistift vorgezeichnet und dann stockend mit Tinte nachgezogen worden sind. An einigen Stellen kann man sogar noch die Bleistiftstriche erkennen, die unvorsichtigerweise nicht wegradiert wurden. Und die Orthographie! Einige portugiesische Wörter sind völlig falsch geschrieben! Plumpe, unbrauchbare Fälschungen!«

Er legte mir den Paß auf den Schreibtisch und machte dabei ein Gesicht, als wollte er sagen: »Sie wissen ja, was sie damit machen sollten!«

Ich setzte mich, holte ein Vergrößerungsglas hervor und untersuchte die Visa. Dabei kam mir ein schrecklicher Gedanke. Die Jacobs und die Wolffs hatten ebensolche Visa. Waren Jacobs schon über die Grenze? Waren Wolffs schon mit dem Motorboot nach Port Bou unterwegs? Oder warteten sie alle noch in Banyuls? Wenn sie noch in Banyuls waren, mußte ich sie um jeden Preis aufhalten.

Ich stand auf, öffnete die Tür und rief nach Maurice. Als er in meinem Zimmer war, schloß ich wieder ab. Lussu zeigte ihm die Visa. Genau wie ich bestand er zunächst darauf, daß sie echt seien. Nachdem Lussu ihm jedoch die Fehler gezeigt hatte, gab er schließlich zu, daß sie wie Fälschungen aussahen.

Wir berieten uns und kamen zu dem Schluß, daß keine Zeit zu verlieren war. Ein Bote würde zu lange brauchen. Wir mußten in Banyuls anrufen und die Wolffs aufhalten.

Aber es war gefährlich, aus dem Büro zu telefonieren. Deshalb lief Maurice über die Cannebière zum Café Noailles und telefonierte dort. Irgendwie brachte er es fertig, sich Fittko verständlich zu machen. Fittko berichtete ihm, daß die Wolffs noch da, die Jacobs jedoch schon abgereist seien.

Einige Tage später bekam ich ein Telegramm, in dem mir Jacobs mitteilten, daß sie an der portugiesischen Grenze verhaftet und nach Madrid zurückgeschickt worden waren. Dort hielt man sie im Model-Gefängnis fest. Offenbar glaubten sie noch an die Echtheit ihrer Visa, denn sie zeigten sich höchst empört über das Vorgehen der spanischen Grenzpolizisten.

Dieser Tag war einer der schlimmsten, die ich in Frankreich erlebt habe. Vier meiner Schützlinge waren in Spanien, zwei davon saßen in Madrid fest und konnten keine Visa für Portugal bekommen, die anderen beiden waren bereits inhaftiert. Einer von ihnen wurde mit Sicherheit, ein weiterer mit großer Wahrscheinlichkeit von der Gestapo gesucht.

Und ich konnte fast nichts tun. Ich schickte den Unitariern noch ein Telegramm und flehte sie an, Himmel und Hölle in Bewegung zu setzen, um die Jacobs aus dem Gefängnis zu holen. Maurice und ich wollten Carlos in Toulouse aufsuchen, um herauszufinden, ob er noch irgendwie helfen konnte.

Kurz vor unserer Abfahrt wurde uns aus Lissabon telegraphiert, daß die Bernhards angekommen waren. Wie das gelungen war, darüber stand natürlich nichts in dem Telegramm. Aber die Jacobs saßen noch im Gefängnis.

Lussu kam mit uns nach Toulouse. Wir nahmen den Mittagszug von der Gare St. Charles und stiegen zunächst in Tarascon und ein weiteres Mal in Narbonne um. Wir mußten die ganze Zeit stehen, doch das störte uns nicht, weil es ein herrlicher Tag war und wir so die Aussicht besser genießen konnten. Besonders schön war der Anblick von Carcassonne, als wir uns der alten Stadt bei Sonnenuntergang von Osten näherten.

Um viertel nach zehn kamen wir in Toulouse an. Wir stiegen unter falschen Namen im Hotel de l'Opéra ab und gingen sofort zu Bett.

Am nächsten Tag, einem Sonntag, unterhielten wir uns im Hotel zweimal ausgiebig mit Carlos. Er gefiel mir absolut nicht. Er war ein schmieriger, kleiner Kerl, log schamlos und rutschte beim Sprechen nervös auf seinem Stuhl hin und her. Wir versuchten von ihm zu erfahren, was Bernhards in Madrid passiert war, ob er Jacobs aus dem Gefängnis herausholen und was er für Wolffs und all die anderen tun konnte, die auf der Fahndungsliste der Gestapo standen.

Lange Zeit beharrte er darauf, daß seine Organisation die Verlängerung der portugiesischen Visa für die Bernhards besorgt habe. Auf Lussus bohrende Fragen hin mußte er jedoch schließlich zugeben, daß seine Organisation lediglich sogenannte »nicht offizielle« Visa beschaffen konnte – offensichtlich eine beschönigende Bezeichnung für Fälschungen – und daß die Bernhards sich geweigert hatten, gefälschte Visa anzunehmen. Sie bestanden auf echten Visa und wollten sicher sein, daß sie echt waren. Wie sie diese Papiere schließlich bekommen hatten, wußte er nicht.

Er behauptete außerdem, er könne die Jacobs für 50 000 Francs frei bekommen. Aber seine Angaben darüber, wie er das anzustellen gedachte, waren so vage, daß ich beschloß, zunächst einmal abzuwarten, was die Unitarier erreichten.

Für das Ehepaar Wolff könne er einen Diplomatenwagen besorgen, der sie für 100 000 Francs direkt nach Lissabon bringen werde. Als wir ihm jedoch von unseren Erfahrungen mit diesem Phantom-Auto erzählten, zuckte er nur mit den Schultern und wechselte sofort das Thema.

Dann behauptete er, er könne ihnen echte französische Ausreisevisa besorgen und sie von Cerbère mit dem Zug nach Lissabon bringen lassen. Wir sprachen lange über diesen Plan. Wir zeigten ihm die falschen Transitvisa der Wolffs. Nachdem er sie sorgfältig mit einem Uhrmacherglas geprüft hatte, meinte er, sie würden genügen. Seine Leute hätten so gute Beziehungen zu den Polizeibeamten in den Zügen, daß nahezu alles durchging.

Am nächsten Morgen führten wir noch ein drittes Gespräch mit ihm, in dessen Verlauf wir ihm zu verstehen gaben, daß er sich wesentlich mehr Mühe geben müßte, wenn er an weiteren Aufträgen von uns interessiert sei. Er versprach, seinen Verpflichtungen in Zukunft gewissenhafter nachzukommen, und als wir uns trennten, war ich bereits halbwegs entschlossen, wieder mit seiner

Organisation zu arbeiten, wenn es ihm gelingen sollte, Ausreisevisa für die Wolffs zu besorgen. Zumindest war keiner der von ihm betreuten Flüchtlinge in Spanien verhaftet worden, im Gegensatz zu einigen anderen Aktionen, an denen er nicht beteiligt war.

Nachmittags fuhr ich nach Marseille zurück. Als ich Danny von unserer Unterredung mit Carlos berichtete, schimpfte er.

»Das ist doch ganz offensichtlich ein Gangster, genau wie die anderen Freunde von Jean und Maurice auch«, sagte er. »Paß gut auf, sonst wirst du eines Tages feststellen, daß du noch mehr Leute in das Konzentrationslager von Miranda geschickt hast.«

Als ich ihn aber fragte, was er an meiner Stelle täte, gab er keine Antwort.

8

Eine Woche später erfuhren wir aus Lissabon, daß die Jacobs aus dem Gefängnis entlassen worden waren und in einem Madrider Hotel wohnten. Das Telegramm beseitigte meine letzten Zweifel an Carlos und seiner Untergrundorganisation. Wenn es den Jacobs gelungen war, die spanischen Behörden davon zu überzeugen, daß ihre gefälschten Pässe echt waren, dann konnte man Carlos bedenkenlos weitere Flüchtlinge anvertrauen – dachte ich.

Mein Entschluß, Carlos eine letzte Chance zu geben, wurde noch bestärkt, als Fittko einige Tage später aus Banyuls kam und mir mitteilte, daß er keine Flüchtlinge mehr über die Grenze schmuggeln würde. Da die Spanier nunmehr alle Reisenden aus Frankreich verhafteten, die keine französischen Ausreisevisa hatten und nicht durch Stempel beweisen konnten, daß sie Frankreich auf legalem Weg verlassen hatten, sei seine Arbeit sinnlos geworden. Französische Ausreisevisa und die Stempel der Grenzbeamten konnte aber nur Carlos besorgen. Es spielte keine Rolle mehr, ob er gut oder schlecht, sorgsam oder sorglos, überzeugter Marxist oder gemeiner Schmuggler war – Carlos blieb die einzige Rettung für unsere »Spezialfälle«.

Als nächste waren ein französischer Gaullist namens Vatroslav Reich (die Briten hatten ihn uns empfohlen) und zwei Männer an der Reihe, deren Namen auf der Fahndungsliste der Gestapo standen: der Deutsche Walter Benninghaus, Sozialdemokrat und Freund von Heine, und ein ungarischer Nazigegner namens Ladislas Dobos. Carlos besorgte für sie alle die nötigen Visa und seine Leute brachten sie über die Grenze nach Spanien.

Es dauerte fast drei Wochen, bis wir wieder von ihnen hörten. Wir wußten: wenn sie Lissabon erreicht hätten, würden sie uns benachrichtigen. Jeder hatte ein Code-Wort bekommen, das er uns telegraphieren sollte. Aber es kam kein Telegramm. Als die Tage vergingen, ohne daß wir etwas aus Lissabon hörten, wurden wir wieder nervös. Schließlich fuhr Maurice zu Carlos nach Toulouse, um herauszufinden, was passiert war.

Einige Tage später war er zurück und berichtete, daß Benninghaus und Dobos in Madrid verhaftet worden waren. Nur Reich war nach Lissabon durchgekommen, hatte aber offensichtlich vergessen, uns das versprochene Telegramm zu schicken.

Nach der Verhaftung von Dobos und Benninghaus sah es so aus, als sei es mit unserer Untergrund-Route durch Spanien endgültig vorbei. Damit schienen auch die Hoffnungen der Flüchtlinge begraben, die keinen Platz auf einem Linienschiff, kein legales Transit-Visum oder Ausreisevisum bekommen konnten. Danny hatte recht behalten: Carlos war unzuverlässig und wir sollten ihn und seine Untergrund-Route so schnell wie möglich vergessen.

Lussu, mit dem wir die Angelegenheit durchsprachen, war anderer Meinung. Er wies darauf hin, daß es bei Reich und den Bernhards zwar Verzögerungen gegeben hatte, sie letztendlich aber heil durchgekommen waren. Seiner Meinung nach sollte man die Route nicht abschreiben, sondern verbessern, die Zufälle eliminieren und die Route idiotensicher machen.

Maurice und Lussu fuhren also wieder nach Toulouse und sprachen noch einmal mit Carlos, der erneut versprach, in Zukunft sorgfältiger vorzugehen. Einige Tage später teilte uns Lussu seinen Entschluß mit, die Route selbst zu testen.

Maurice und ich veranstalteten ein Abschiedsessen für ihn und seine Frau in einem kleinen Straßenrestaurant an der Promenade de la Plage. Wir saßen in einem Garten an der Mittelmeerküste – die Sonne schien uns auf den Rücken und vom Meer kam eine sanfte Brise – tranken Mercurey, aßen unser kärgliches Mahl und sprachen über all die Dinge, die geschehen waren, seitdem wir uns das erstemal getroffen hatten, und davon, was hoffentlich geschehen würde, bevor wir uns wieder trafen.

»Wenn wir uns wiedersehen«, meinte Lussu, »dann in Rom. Ich werde Mitglied der Regierung sein und euch als Staatsgäste empfangen.«

Es wurde Zeit, sich zu verabschieden. Wir wünschten Lussu und seiner Frau viel Glück für ihre gefährliche Reise. Lussu zupfte einmal an seinem Spitzbart. Dann blickte er zum Himmel.

»Enfin, in einer Woche bin ich in Lissabon – oder wieder auf Lipari!«

9

Es dauerte lange, bis wir von Lussu hörten. In dieser Zeit hielten wir buchstäblich den Atem an. Er hatte versprochen, uns sofort nach seiner Ankunft ein Telegramm zu schicken. Er hatte außerdem versprochen, einen ausführlichen Bericht über die Route zu schreiben und uns zukommen zu lassen, damit wir alles Nötige tun konnten, um sie zu verbessern. Aber nichts kam – weder ein Telegramm noch ein Bericht. Spanien hatte die Lussus verschluckt wie schon so viele andere vorher.

Das Warten zerrte an unseren Nerven und war eine ernste Belastung für die Beziehung von Danny und Maurice. Wir waren ängstlich wie die Hasen und vollkommen verunsichert.

Eines Abends konnte Danny nicht mehr an sich halten. Er beschuldigte Maurice, unbelehrbar unvorsichtig zu sein, Menschen wie Waren zu behandeln und sie in spanische Gefängnisse zu schicken. Maurice scheine nicht einmal jetzt zu begreifen, welche ernsten Folgen sein Tun habe, es sei kriminell, so zu handeln, und wir alle, Jean, Maurice und ich, spielten Verschwörer und sollten besser damit aufhören.

»Du hast mir meine Prinzipienreiterei oft zum Vorwurf gemacht«, meinte er an mich gewandt. »Ich mache mir jetzt aber den Vorwurf, daß ich sie euch nicht aufgezwungen habe. Wenn Jean und Maurice mit ihrem konspirativen Gehabe nichts Sinnvolleres zustande bringen, als Flüchtlinge in das Lager von Miranda zu schicken, dann kann ich uns alle nur bedauern. Man überlistet die Polizei nicht, indem man Decknamen benutzt, sich Informationen zuflüstert, an Wänden entlangschleicht und dabei Mäntel trägt, die die Farbe alter Steine haben.«

Obwohl der Angriff eigentlich gegen mich gerichtet war, versuchte ich den Schiedsrichter zu spielen und die Wogen zu glätten. Ich versprach Danny, daß wir in Zukunft vorsichtiger vorgehen würden. Maurice versicherte ich, daß ich aber auch nicht Dannys Meinung sei, weil er offenbar nicht wahr haben wollte, daß wir jede Gelegenheit beim Schopfe packen mußten, wenn wir überhaupt etwas erreichen wollten, und daß Unglücksfälle nun einmal unvermeidlich seien. Aber ich bat ihn dennoch, in Zukunft doppelt vorsichtig zu sein und Carlos klar zu machen, daß keine weiteren Verhaftungen vorkommen dürften. Maurice verteidigte sich zunächst, versprach schließlich aber, vorsichtiger zu sein.

Am nächsten Tag kam er noch vor dem Frühstück zu mir. Er habe alles überdacht und sei zu dem Schluß gekommen, daß Danny recht habe. Seine Sorglosigkeit sei unverantwortlich, er wolle aussteigen. Ich mußte meine ganze Überredungskunst aufbieten, um ihn zur Weiterarbeit zu bewegen.

Das Telegramm aus Lissabon kam einige Tage später. Es enthielt nur zwei Worte: DUPONT ANGEKOMMEN. »Dupont« war Lussu.

Wir zeigten es Danny, aber der zuckte nur die Schultern.

»Nicht das Verdienst von Maurice«, war sein Kommentar.

Als nächsten schickten wir einen Österreicher namens Johannes Schnek. Und er kam durch. Endlich begann unsere Untergrund-Route zu funktionieren.

14. Kapitel

Die Anklage

I

Obgleich wir in jenem Frühjahr mehr Erfolge als Fehlschläge zu verzeichnen hatten und Flüchtlinge en gros auf legalen, en detail auf illegalen Wegen aus Frankreich herausbrachten, ist diese Zeit in meiner Erinnerung eine Phase ständig wachsender Schwierigkeiten, die sich schließlich zu einer ganzen Serie von Krisen und Unglücksfällen auswuchsen.

Besonders das Vorgehen der Polizei wurde – ungeachtet der neuen Bestimmungen über die Vergabe von Ausreisevisa – für die Flüchtlinge in zunehmendem Maße bedrohlich. Im März ordnete die Vichy-Regierung an, daß Spanier zwischen achtzehn und achtundvierzig das Land nicht mehr verlassen durften und deportierte sie zur Zwangsarbeit an der Trans-Sahara-Bahn in die Wüste. Anfang April wurden alle Juden, die in Marseiller Hotels lebten, verhaftet und zur »Überprüfung ihres Status« auf die Polizeiwachen gebracht.

Unter den Verhafteten befand sich auch Marc Chagall. Er war einige Tage zuvor mit seiner Frau von Gordes nach Marseille gekommen, um seine Ausreise vorzubereiten. Sie waren im Hotel Moderne abgestiegen. Eines Tages kam frühmorgens die Polizei und verhaftete alle Hotelgäste, die sie für Juden hielt. Chagall wurde mit der Grünen Minna abtransportiert.

Kurz nachdem ich ins Büro gekommen war, verständigte mich Frau Chagall, und ich rief einen Polizeibeamten der Präfektur an.

»Sie haben soeben Herrn Marc Chagall verhaftet«, sagte ich.

»So?«

»Wissen Sie, wer Marc Chagall ist?«

»Nein.«

»Er ist einer der größten lebenden Künstler.«

»Oh.«

»Sollte die Nachricht von seiner Verhaftung aus irgendeinem Grunde durchsickern«, fuhr ich fort und konnte mich nur mühsam beherrschen, »so wäre die ganze Welt entsetzt, die Vichy-Regierung käme in erhebliche Verlegenheit, und Sie hätten vermutlich mit einem strengen Verweis zu rechnen.«

»Vielen Dank, daß Sie mich angerufen haben. Ich werde mich sofort um den Fall kümmern«, antwortete der unglückselige Polizist.

Danny stand neben mir, während ich sprach. Als ich das Gespräch beendet hatte, legte er seinen Arm um meine Schulter und drückte mich an sich.

»So muß man mit ihnen reden, Chef«, sagte er mit bebender Stimme und breitem Grinsen. »Jetzt sind sie am Zug!«

»Wenn er nicht in einer halben Stunde draußen ist, rufen wir die ›New York Times‹ an und informieren sie.«

Eine halbe Stunde später klingelte das Telefon. Es war Frau Chagall. Sie teilte uns mit, daß ihr Mann gerade ins Hotel zurückgekehrt sei.

Andere hatten nicht so viel Glück. Sie wurden aus dem Departement ausgewiesen und unter Arrest gestellt. Konnten sie keine finanziellen Sicherheiten nachweisen, schickte man sie in Internierungs- oder Arbeitslager.

Im Mai wurde diese beglückende Anordung auch auf Ausländer anderer Glaubensrichtungen ausgedehnt. Der Vater unseres spanischen Küchenmädchens machte sich eines Morgens mit den Lebensmittelkarten der Familie in der Tasche auf den Weg zum Markt. Er wurde verhaftet und in ein Arbeitslager verschickt. Erst nach einer Woche konnten wir seinen Aufenthaltsort ausfindig machen und die Lebensmittelkarten zurückbekommen.

Als Briten und französische Widerstandstruppen Syrien angriffen, verhaftete die Polizei alle Franzosen, von denen sie annahm, daß sie mit England oder de Gaulle sympathisierten, und steckte sie in Internierungslager. Einige Tage später wurde angeordnet, daß alle in Frankreich lebenden Personen mit zwei oder mehr jüdischen Großeltern (gleichgültig, ob sie Franzosen oder Ausländer waren) einen langen Fragebogen ausfüllen mußten, in dem unter anderem nach Bankkonten, Wertpapieren und Grundbesitz gefragt wurde. Als Deutschland die Sowjetunion überfiel, wurden alle russischen Emigranten – »Weiße« wie »Rote« – verhaftet, und es wurden keineswegs alle später wieder entlassen. Ende Juni, Anfang Juli wurde an Oberschulen und Universitäten sowie für wissenschaftliche Berufe ein Zulassungsverbot für Juden eingeführt.

2

Auch uns schenkte die Polizei im Laufe der Zeit größere Aufmerksamkeit. Als Lena Anfang Februar nach Lissabon fuhr, wurde sie in Cerbère bis auf die Haut durchsucht. Im März wurde der kleine österreichische Karikaturist Freier, der früher für uns Pässe gefälscht hatte, von einem Gericht freigesprochen, von den Behörden jedoch sofort in das Internierungslager Vernet gebracht.

Dann wurde der tschechische Konsul Vladimir Vochoč wegen Verletzung seines Exequaturs verhaftet und in Lubersac nahe der Demarkationslinie unter Arrest gestellt. Wir waren davon überzeugt, daß er ausgeliefert werden sollte. Zwei Monate später gelang ihm jedoch die Flucht nach Lissabon.

Einen Tag nach Vochočs Verhaftung erfuhren wir, daß die Deutschen Jay Allen bei dem Versuch erwischt hatten, ohne Genehmigung die Demarkationslinie zu passieren. Der Konsul versicherte uns, daß seiner Meinung nach Jays Verhaftung nichts mit uns zu tun habe. Dennoch war es unangenehm, einen von uns in den Händen der Deutschen zu wissen. Erst gegen Ende des Sommers wurde er nach Lissabon gebracht, wo man ihn gegen einen in den Vereinigten Staaten inhaftierten deutschen Journalisten austauschte.

Im April wurde Capitaine Dubois, unser Freund und Beschützer beim ›Service de la Surveillance du Territoire‹, plötzlich nach

Rabat in Französisch-Marokko versetzt. Er machte keinen Hehl daraus, daß diese Versetzung als eine Art Bestrafung für seine pro-britische und amerikafreundliche Haltung anzusehen war.

Anfang Mai erhielt ich eine Warnung, daß die ›Jeunesse de France et d'Outre-Mer‹, die faschistische Jugendorganisation der Vichy-Regierung mit dem Marschallstab als Emblem und dem Wohlwollen Pétains, einen Überfall auf unser Büro plante – weil wir »Juden und dreckigen Gaullisten« halfen. Ich beauftragte Danny, alle Schlösser auszuwechseln und an allen Türen neue, stabilere Riegel anzubringen. Um völlig sicher zu gehen, stellten wir einen kräftigen spanischen Republikaner als Nachtwächter ein. Er hieß Alfonso Diaz und offenbarte uns seine große Zuneigung, indem er uns mit seinen Umarmungen in spanischer Herzlichkeit fast die Rippen brach.

3

Die 10 000 Dollar, die mir Sir Samuel Hoare für die Evakuierung der Briten zur Verfügung gestellt hatte, waren fast verbraucht, als Lena Marseille verließ. Da Murphy kein Betriebskapital hatte, bat er mich, mehr Geld zu besorgen. Durch Lena ließ ich eine Botschaft an die Briten übermitteln, in der ich um weitere 50 000 Dollar bat. Für die ersten 10 000 Dollar hatten wir rund 125 Offiziere und Soldaten herausgebracht, darunter mindestens einen Geheimagenten und eine Handvoll ehemaliger Piloten. Nach dieser Berechnung mußten 50 000 Dollar reichen, um die noch in Südfrankreich verbliebenen 300 Mitglieder der B.E.F. und die nächsten 200 R.A.F. Leute, die aus der besetzten Zone kamen, zu versorgen.

Ich erhielt nie eine Antwort auf diese Anfrage. Als ich zu Beginn des folgenden Monats erfuhr, daß Admiral Darlan sich bereit erklärt hatte, das ›Deuxième Bureau‹ bei der Verfolgung britischer Agenten und aller pro-britischen Aktionen mit der Gestapo und der deutschen Waffenstillstandskommission zusammenarbeiten zu lassen, war ich darüber nicht sehr traurig.

Anfang April war Murphy es leid, noch länger auf Sir Samuels Entscheidung zu warten, und machte ein Tauschgeschäft mit Dimitru, das ihm 600 000 Francs in bar einbrachte. Am nächsten Tag wurde seine Wohnung ausgeraubt und das gesamte Geld gestohlen.

Merkwürdig daran war die Methode, in der der Raub ausgeführt wurde. Murphy lebte seit einiger Zeit mit der hübschen korsischen Kassiererin der ›Sept Petits Pêcheurs‹ zusammen. Sie sagte aus, daß sie auf dem Nachhauseweg von zwei bewaffneten Männern aufgehalten worden sei. Sie hätten sie gezwungen, ihnen ihre Wohnung zu zeigen, und da sie um ihr Leben fürchtete, habe sie die Männer in die Wohnung gelassen. Dann hätten sie Murphys Koffer aufgebrochen und das Geld darin entdeckt.

Murphy versicherte, daß das Mädchen in Ordnung sei. Sie habe nichts von dem Geld gewußt und deshalb auch nicht das Versteck kennen können. Außer ihm selbst habe nur Dimitru davon gewußt, sagte er.

Wer waren dann aber die Ganoven und woher wußten sie von dem Geld? War es denkbar, daß Dimitru unvorsichtigerweise Jacques etwas von dem Geschäft erzählt hatte? Hatte Jacques Murphy reingelegt und das Mädchen als Spitzel benutzt?

Fragen über Fragen. Jacques sagte nichts. Er saß hinter seiner Registrierkasse, trank Sodawasser und zuckte mit den Achseln. Ich beschloß, ihm gegenüber vorsichtiger zu sein, vergaß die Angelegenheit aber bald – bis sich im Mai alles aufklärte.

Murphy hatte sich inzwischen entschlossen, Frankreich zu verlassen. Zu seinem Nachfolger ernannte er Captain Garrow, der nun für die Evakuierung der Briten verantwortlich war. Dann fuhr er nach Spanien. Dort wurde er wegen Spionageverdachts verhaftet. Als ich das letzte Mal von ihm hörte, saß er immer noch im Gefängnis. Die britische Botschaft in Madrid hatte es abgelehnt, sich für ihn zu verwenden.

Garrow war ein ruhiger, besonnener Mann, ohne Murphys übertriebene Vorsicht nach Kintopp-Vorbild und ohne dessen Anfälle von Unbekümmertheit. Ich traf ihn hin und wieder in den ›Sept Petits Pêcheurs‹. Jean stand viele Monate mit ihm in Verbindung, um Informationen über die Beschaffung von falschen Pässen und Visa, Fluchtrouten und so weiter auszutauschen. Aber unsere Beziehungen zu den Briten waren von nun an eher beiläufig als offiziell.

4

Irgendwann im März oder April bot mir Dimitru 8000 US-Golddollar zum Preis von 15 000 Dollar in Papierwährung zum Kauf an. Das Angebot war außerordentlich günstig, zumal Gold damals in Europa die begehrteste Form der Kapitalanlage darstellte. Außerdem waren die fünf Säcke Gold eine nützliche Reserve für einen möglichen Notfall. Zunächst schlossen wir sie in unseren Safe; nach Murphys schlechten Erfahrungen vergruben wir sie dann aber in dem Kiefernwäldchen hinter dem Haus.

Wir hatten das Geld nicht zu früh vergraben, denn im Mai erschien eines Morgens noch vor dem Frühstück die Polizei mit einer Vollmacht, den Safe nach Gold und ausländischer Währung zu durchsuchen. Sie fanden lediglich einige Francnoten, deren Besitz völlig legal war, und ein paar harmlose Papiere wie unseren Mietvertrag, und zogen sichtlich enttäuscht wieder ab.

Woher wußten sie, daß wir Gold besaßen?

Eine Woche später erwähnte Dimitru, daß der Kurs des Golddollar auf den sehr hohen Preis von 268 Francs geklettert war und riet mir, die Hälfte meiner Dollars mit Gewinn zu verkaufen. Ich sagte sofort zu. Wir verabredeten, daß ich ihm die Goldmünzen am nächsten Tag ins Hotel bringen sollte.

Am nächsten Tag war ich aber zu beschäftigt, um die Verabredung mit Dimitru einzuhalten und schickte Danny. Nach dem Essen fuhr Danny zu unserem Haus. Da das Gold zu schwer war, um es auf einmal zu tragen, nahm er zunächst nur 2000 Dollar mit und lieferte sie Dimitru ungehindert ab. Dann fuhr er wieder zum Haus zurück, um die anderen 2000 zu holen.

Als er sich mit der zweiten Ladung Goldmünzen in der Aktentasche Dimitrus Hotel näherte, bemerkte er, daß Dimitru auf der

Treppe stand und drei verdächtig aussehende Kerle auf der anderen Straßenseite herumlungerten. Er ahnte eine Falle und wollte an Dimitru vorbeigehen, ohne ihn anzusprechen, als kenne er ihn nicht. Aber als er am Eingang des Hotels vorbeigehen wollte, kam Dimitru die Treppe herunter und sprach ihn an.

»Die Situation gefällt mir im Moment nicht«, sagte er und schenkte Danny sein allwissendes Lächeln.

»Bringen Sie das Zeug lieber nicht ins Hotel. Schaffen Sie's zum Haus zurück. Wir sehen uns später.«

Er streckte seine schlaffe Hand aus, nahm Dannys Hand und drückte sie leicht.

Dann verschwand er im Hotel.

Im nächsten Augenblick waren die drei Männer, die vorher auf der anderen Straßenseite herumgelungert hatten, bei Danny und zeigten ihm ihre Dienstmarken.

»Zeigen Sie uns, was Sie in Ihrer Aktentasche haben.«

Gehorsam öffnete Danny die Aktentasche. Als sie den Inhalt sahen, verhafteten sie ihn und nahmen ihn mit auf die Zoll-Wache. Sie wollten wissen, woher er das Gold hatte und wohin er es bringen wollte und protokollierten seine Antworten.

Danny nahm alle Schuld auf sich. Er sagte, Max Ernst habe dem Komitee das Gold zum Geschenk machen wollen; ich hätte es jedoch abgelehnt, weil es verboten sei, Gold zu besitzen; daraufhin habe Max Ernst das Gold ihm angeboten; da das Komitee dringend Geld benötige, habe er es ohne mein Wissen angenommen; er wollte es in Francs umwechseln und diese dann dem Komitee zur Verfügung stellen.

Nachdem das Protokoll aufgenommen worden war, ließen ihn die Detektive laufen, allerdings mit der Auflage, am nächsten Tag zu einem weiteren Verhör wiederzukommen.

Danny war überzeugt, daß Dimitru ihn vorsätzlich in eine Falle gelockt hatte und nur deshalb die Treppe heruntergekommen war, um den Detektiven zu zeigen, wen sie verhaften sollten.

»Er hat mich reingelegt!« sagte er immer wieder. »Er hat mich reingelegt! Ich schwöre, er hat mich reingelegt!«

Am nächsten Morgen meldete er sich wie versprochen auf der

Zoll-Wache und kam nicht zurück. Gegen Abend war ich so in Sorge, daß ich einen Anwalt einschaltete. Er stellte Nachforschungen an und teilte mir dann telefonisch mit, Danny sitze im Chave-Gefängnis und habe eine Anklage in vier Punkten zu erwarten: illegaler Goldbesitz, illegaler Goldtransport, Vorsatz des illegalen Umtausches sowie die mutmaßliche Absicht, das Geld für den Eigenbedarf zu verwenden. Nach Meinung des Anwalts konnte sich das zu einer Gesamtstrafe von vier bis fünf Jahren Gefängnis summieren.

Lange Zeit hatte ich keine wichtige Entscheidung getroffen, ohne mich zunächst mit Danny zu beraten. Und wenn ich auch häufig gegen seinen Rat handelte, so überdachte ich seine Einwände doch sorgfältig und respektierte sie, auch wenn ich sie nicht befolgte. Wir frühstückten zusammen, gingen zusammen ins Büro, fuhren zusammen wieder nach Hause, aßen zusammen – eigentlich machten wir fast alles gemeinsam – vom Schlafen einmal abgesehen. Nur mit wenigen Menschen verband mich ein vergleichbar starkes Gefühl der Kameradschaft. In gewissem Sinne war Danny der Nachfolger von Beamish geworden, und obwohl er meiner Arbeit zum Teil sehr kritisch gegenüberstand, so schätzte ich ihn doch sehr.

Am meisten bedrückte mich aber, daß ich ebenfalls verhaftet worden wäre, wenn Danny die Wahrheit gesagt hätte. Dieser Gedanke war mir am unerträglichsten. Zweimal am Tage, auf meinem Weg zum und vom Büro, kam ich am Chave-Gefängnis vorbei und mußte an Danny denken, der dort unten in einem der schmalen Lichtstrahlen saß, die durch die länglichen Fenster des Gefängnisses fielen. Und weil ich wußte, daß er durch meine Schuld dort hingekommen war, drängte es mich, zur Polizei zu gehen und mich an seiner Stelle verhaften zu lassen. Aber ich wußte auch, daß man das Komitee dann sofort schließen würde, und daß damit Hunderte von armen Teufeln ihre letzte Chance verloren, vor den Nazis zu fliehen. Es wäre mir leichter gefallen, zur Polizei zu gehen, als es nicht zu tun.

Nachdem der Anwalt weitere Nachforschungen angestellt hatte, berichtete er uns, das Finanzministerium in Vichy ließe sich vielleicht dazu überreden, Danny gegen eine hohe Geldstrafe laufen zu lassen, falls sich die amerikanische Botschaft für ihn verwenden würde. Ich kannte die Einstellung der Botschaft gegenüber »Fremden« im allgemeinen und uns im besonderen, suchte aber dennoch – wenn auch ohne Hoffnungen – den Konsul in Marseille auf, um ihn um seine Unterstützung zu bitten. Ich erzählte ihm genau, was geschehen war und was es für mich bedeutete. Ohne es bewußt darauf angelegt zu haben, mußte ich irgend etwas in seinem Inneren angerührt haben, denn er tat etwas ganz Außerordentliches: er ging aufs Zollamt und eröffnete dem zuständigen Beamten, daß Danny Angestellter einer amerikanischen Wohlfahrtsorganisation sei, das Konsulat seinen Fall infolgedessen sehr genau verfolge und überrascht sei, daß er bisher keinem Richter vorgeführt worden sei.

Als ich unseren Anwalt am nächsten Tag wieder aufsuchte, hatte er seine Meinung geändert. Er erzählte mir, daß der Besuch des Konsuls auf dem Zollamt großen Eindruck gemacht habe und der Fall nunmehr sehr viel günstiger läge als zuvor. Ein paar Tage später erreichte er die Verfügung eines Gerichts, in der die Verwaltung aufgefordert wurde, Danny zu vernehmen. Das Zollamt kam der Aufforderung nach, sehr wahrscheinlich dank dem Besuch des Konsuls. Bis zu diesem Zeitpunkt war Danny lediglich aus »verwaltungsrechtlichen« Gründen und ohne jede richterliche Vernehmung festgehalten worden.

Das Gericht entschied, daß Danny unverzüglich gegen eine Kaution freizusetzen sei, solange das Verfahren schwebte. Im Vichy-Frankreich bedeutete ein solches Urteil jedoch wenig. Es stand dem Zollamt frei, den Spruch zu ignorieren und Danny weiterhin gefangen zu halten.

Den ganzen Tag warteten wir auf die Entscheidung des Zollamtes. Gegen Abend bat mich der Anwalt telefonisch in seine Kanzlei. Zusammen mit Theo und Jean ging ich hin. Gegen sechs Uhr kam Danny, in einem Polizeiauto. Er war dreckig und unrasiert und sah sehr schmal und bleich aus. Aber er war frei, zumindest bis zur Eröffnung eines ordentlichen Verfahrens. Ich wußte, es war sentimental; trotzdem habe ich ihn, als er hereinkam, umarmt und an mich gedrückt. Dann konnte ich meine Tränen nicht länger zurückhalten.

Ich kam mir wie ein alberner Idiot vor, mich vor Jean, Theo und dem Anwalt so aufzuführen. Aber ich konnte nichts dagegen machen.

6

Dimitru hat uns den Gegenwert für die 2000 Dollar in Gold, die ihm Danny übergeben hatte, nie ausbezahlt. Als ich Jean zu ihm schickte, um das Geld zu holen, erzählte Dimitru, der Zoll habe sein Zimmer durchsucht, das Geld gefunden und es beschlagnahmt. Unser Anwalt erkundigte sich beim Zoll, konnte aber keinen Vermerk über eine Durchsuchung finden. Er war jetzt aber überzeugt, daß Dimitru ein Polizeispitzel war. Einige Tage später erzählte er uns, er habe erfahren, Dimitru arbeite auch für die Gestapo.

Danach war alles klar. Wir wußten jetzt, wer Danny verraten hatte, und wir wußten auch, wer die Polizei über unsere illegalen Geldgeschäfte auf dem laufenden gehalten und Murphy ausgeraubt hatte.

Nur – was wußte Dimitru außerdem? Wieviel hatte Murphy ihm erzählt? Und was wußten folglich die Vichy-Polizei und die Gestapo?

»Machen Sie sich keine Sorgen um den kleinen Boris. Der kleine Boris ist in Ordnung ...«

Wußte Dimitru, daß wir britische Soldaten aus Frankreich herausgeschmuggelt hatten? Hatte er die Gestapo darüber informiert?

Um das zu erfahren, hätte ich bereitwillig noch einmal 2000 Dollar ausgegeben. Ich brauchte jedoch nicht lange auf die Antwort zu warten, und ich brauchte auch nichts dafür zu bezahlen. Ich bekam sie umsonst.

7

Nach Dannys Verhaftung schien mit einem Mal alles zusammenzubrechen. Die Engländer brachten eines von den nach Martinique fahrenden Schiffen auf und schickten es als Kriegsbeute nach Trinidad. Vichy stoppte daraufhin sofort alle weiteren Fahrten und ließ zwei Schiffe, die Marseille bereits verlassen hatten, in Casablanca vor Anker gehen. Alle Passagiere wurden ausgeschifft und in Internierungslager gebracht. Es dauerte Monate, bis wir sie freibekamen und über Spanien nach Portugal brachten, von wo sie nach New York, Havana oder Vera Cruz weiterreisen konnten. Inzwischen war Portugal wieder einmal von Flüchtlingen überschwemmt, so daß wir niemanden mehr nach Lissabon schicken konnten.

Dann wurde Harry Bingham abberufen. Seinen Posten als Chef der Visa-Abteilung des amerikanischen Konsulats übernahm ein Vize-Konsul, dessen größtes Vergnügen es zu sein schien, autoritäre Entscheidungen zu fällen und so viele Visaanträge wie möglich abzulehnen. Von neuerer europäischer Geschichte verstand er wenig. Seine Stärke war es vielmehr, Amerika vor Flüchtlingen zu bewahren, die er allesamt für Radikale hielt.

Eines Tages verhandelte ich mit ihm über ein Visum für Largo Caballero. Das Gericht in Aix hatte seine Auslieferung abgelehnt, ihn jedoch in einer kleinen südfranzösischen Stadt unter Arrest gestellt. Ich wollte ihn – falls es mir gelingen sollte, ihm ein amerikanisches Visum zu besorgen – auf Lussus Route nach Casablanca schmuggeln und ihn dort auf ein Schiff nach Amerika bringen. Als ich den Namen Caballero erwähnte, sah mich der Vize-Konsul verwirrt an.

»Wer ist Caballero?« wollte er wissen.

Ich erklärte ihm, daß Caballero während des Bürgerkrieges Ministerpräsident von Spanien gewesen war.

»Oh«, antwortete der Vize-Konsul, »ein Roter.«

Ich sagte ihm, daß Caballero sein Amt niedergelegt hatte, um nicht weiterhin mit den Kommunisten zusammenarbeiten zu müssen.

»Das interessiert mich nicht«, antwortete der Vize-Konsul. »Es ist egal, welche politische Überzeugung er vertreten hat. Daß er überhaupt von einer politischen Richtung überzeugt ist, genügt. Wir wollen keine Agitatoren in den Vereinigten Staaten. Wir haben ohnehin schon zu viele.«

Ende Juni erhielten die amerikanischen Konsulate in Frankreich die Anweisung, daß Visa nur noch auf ausdrückliche Anweisung des Außenministeriums ausgegeben werden durften. Selbst Durchreisevisa bedurften der Genehmigung durch das Außenministerium. Die Flüchtlinge, die mit viel Geduld ein Einwanderungs-Dossier auf den Konsulaten angesammelt hatten, mußten nun ganz von vorne beginnen, und zwar in Washington. Niemand, der einen Angehörigen ersten Grades in Italien, Deutschland oder einem der besetzten Länder, der besetzte Teil Frankreichs eingeschlossen, hatte, erhielt ein Visum.

Auch die Polizei wurde uns gegenüber mutiger.

Als ich eines Tages das Telefon abnahm, eine Nummer wählte und erreichte, klickte es dreimal in meinem Hörer. Das Geräusch war unverkennbar – es stammte von einem defekten Diktiergerät.

In der darauffolgenden Woche kamen drei Detektive mit einem Durchsuchungsbefehl ins Büro. Sie suchten nach falschen Pässen, gefälschten Visa, gefälschten Ausweisen sowie den Maschinen und dem Material, um diese herzustellen. Sie taten gründliche Arbeit und suchten mehr als eine Stunde, fanden jedoch nichts – weil es nichts zu finden gab. Vielleicht waren wir naiv – ziemlich sicher sogar –, aber nicht so dumm, gefälschte Papiere im Büro herzustellen oder aufzubewahren.

8

Zwei Tage später wurde ich morgens um halb sechs in der Villa Air-Bel unsanft durch das Geräusch von Reifen auf dem Kiesweg geweckt. Um diese Uhrzeit gab es dafür nur eine Erklärung – die Polizei. Sie umstellten das Haus. Wir mußten aufstehen und nach unten kommen. Nachdem wir uns alle in der Halle versammelt hatten, durchsuchten sie das Haus von oben bis unten nach einem Geheim-Sender und schienen äußerst überrascht und enttäuscht, als sie keinen fanden.

Zu Beginn der folgenden Woche nahm ich 6000 Dollar von einer Französin entgegen, die nach New York abreiste und bestätigte schriftlich, daß ihr der Betrag dort ersetzt würde. Am nächsten Nachmittag erschienen sechs Detektive vom Zoll in unserem Büro und stellten es auf den Kopf. Sie suchten das Geld.

Der Verantwortliche war ein Kraftmeier, der uns anbrüllte, einschüchtern wollte und alles tat, um uns zu terrorisieren. Als er sah, daß ich nach dem Telefon griff – ich wollte eine Verabredung im Konsulat absagen – lächelte er höhnisch.

»Falls Sie Ihre Kollegen im Haus warnen wollen – das hat keinen Zweck. Ihr Telefon wird schon überwacht!«

Es schien ihm Freude zu machen, die Schubladen aus den Schränken und Schreibtischen zu reißen und ihren Inhalt auf den Fußboden zu leeren. Er schaute sogar in den Kamin. Dort hatten wir, das war Dimitru bekannt, bis zu Dannys Verhaftung immer einen Vorrat an Dollarnoten aufbewahrt.

Nachdem sie das Büro in ein Schlachtfeld verwandelt hatten, ohne auch nur eine Spur des Geldes zu finden, fuhren sie zum Haus hinaus, um dort zu suchen. Aber das Geld war bereits im Kiefernwäldchen vergraben. Sie fanden es nicht.

Dieser Vorfall verriet die wachsende Gereiztheit der Polizei. Am meisten beunruhigte mich aber die Tatsache, daß es bei uns eine undichte Stelle gab. Die Polizisten wußten nicht nur, daß ich am vorhergehenden Tag einen bestimmten Betrag erhalten hatte, sie wußten auch die genaue Höhe des Betrages und von wem ich ihn erhalten hatte.

Die Französin, die mir das Geld gegeben hatte, war über jeden Verdacht erhaben. Ich hatte schon oft geschäftlich mit ihr zu tun gehabt und nie hatte es irgendwelche Schwierigkeiten gegeben. Außerdem hatte der Zoll auch ihr Zimmer durchsucht und nichts gefunden.

Als ich am nächsten Morgen mit ihr darüber sprach, beharrte sie zunächst darauf, daß nur sie und ich von dem Geschäft wußten. Dann erwähnte sie nahezu beiläufig, daß natürlich auch Mr. Dimitru davon gewußt hatte. Er habe, wie üblich, eine Provision eingestrichen.

An diesem Abend beschloß ich, Dimitru in Angst und Schrecken zu versetzen. Jacques hatte öfters damit geprahlt, daß er für 5000 Francs einen Menschen umlegen würde – für Polizisten gab er 20 Prozent Rabatt. Ich sagte Danny kein Wort, sprach meinen Plan aber mit Jean durch, der sich bereit erklärte, den Vermittler zu machen. Er ging ins ›Sept Petits Pêcheurs‹ und besprach die Angelegenheit mit Jacques. Jacques willigte zunächst ein, den Auftrag zum Normalpreis auszuführen. Dann gab es die üblichen Verzögerungen. Dann behauptete er, es gäbe Schwierigkeiten. Später erklärte er, daß Dimitru verschwunden sei. Wir fanden heraus, daß er tatsächlich nicht mehr in Marseille war. Noch später erfuhren wir, daß er sich nach Cavallaire an der Côte d'Azur abgesetzt hatte. Wir berichteten Jacques davon und er versprach, einen Mann hinzuschicken, der Dimitru dort fertigmachen sollte.

Wochen vergingen, ohne daß etwas geschah. Als wir schließlich eine definitive Antwort von Jacques verlangten, sagte er, daß Dimitru sehr gut bewacht werde. Ihn zu ermorden sei außerordentlich gefährlich; unter 100 000 Francs konnte das nicht erledigt werden. Ich wußte natürlich, daß es auch für diese große Summe nicht geschehen würde, denn ich hatte schließlich nicht vergessen, daß Jacques und Dimitru Partner waren. Aber ich hoffte, daß wir Dimitru nunmehr genug erschreckt hatten, und er seine Aufmerksamkeit anderen Geschäften zuwenden würde. Ich hatte recht. Er machte uns nie wieder Schwierigkeiten. Wir mußten die Komödie nicht einmal zu Ende spielen.

Aufgrund seiner Erfahrungen mit der Polizeipräfektur in Paris war Danny der Meinung, daß seine eigene Verhaftung und die darauffolgende Serie von Durchsuchungen zu einem Plan gehörten, der darauf abzielte, mich so einzuschüchtern, daß ich Frankreich freiwillig verließ.

»Sie können einen Amerikaner nicht ohne Grund rauswerfen«, meinte er. »Und da sie keine Beweise gefunden haben, versuchen sie jetzt, dir Angst einzujagen. Ein klassisches Manöver.«

Er war sich so sicher, daß er auch mich schon halb überzeugt hatte. Die Serie von Durchsuchungen zerrte an meinen Nerven, ich versuchte mich aber so gelassen zu zeigen, als fühlte ich mich völlig unschuldig.

Ich versuchte sogar, das Hilfsangebot des Komitees zu erweitern. Da die Polizei uns beschuldigt hatte, wir würden nur Juden und Ausländern helfen, gründeten wir eine neue Abteilung, die von Charles Wolff geleitet wurde und die Aufgabe erhielt, aus dem Elsaß und Lothringen geflüchtete Intellektuelle zu unterstützen und gaben eine entsprechende Notiz an die Presse, die sogar von dem offiziellen Nachrichtendienst von Vichy abgedruckt wurde.

Wir machten auch mit den Namen der Persönlichkeiten Reklame, die die Schirmherrschaft des Komitees übernommen hatten. Dazu gehörten unter anderem drei Mitglieder von Marschall Pétains Staatsrat, der Vorsitzende des französischen Roten Kreuzes, Georges Duhamel, André Gide, Aristide Maillol und Henri Matisse. Auch darüber berichteten die Zeitungen gewissenhaft. Ein einflußreiches Blatt wagte es sogar, sich – beeindruckt von unseren guten Taten – in einem Leitartikel über den Edelmut Amerikas und seine unsterbliche Freundschaft zu Frankreich zu verbreiten.

Unser Manko war, daß wir keinerlei Unterstützung von der amerikanischen Botschaft oder dem Auswärtigen Amt bekamen. Das Auswärtige Amt beharrte weiterhin auf meiner Rückkehr in die USA und die Botschaft unterstützte die französische Polizei dabei, meine Abreise zu erzwingen.

Als im Januar mein Paß ablief, ging ich aufs Konsulat und wollte ihn verlängern lassen. Der Konsul setzte bei meinem Anblick eine sehr ernste Miene auf.

»Tut mir leid«, sagte er. »Ich habe Anweisungen, Ihren Paß nicht ohne Rückfrage beim Auswärtigen Amt zu verlängern. Wenn Sie ihn mir hierlassen, werde ich an das Auswärtige Amt telegraphieren und mich erkundigen.«

Als ich nach einigen Tagen wieder zu ihm kam, eröffnete er mir, mein Paß sei nicht verlängert, sondern eingezogen worden.

»Ich habe Antwort aus dem Auswärtigen Amt erhalten«, teilte er mir mit. »Meine Anweisung lautet, Ihren Paß nur zum Zwecke der unverzüglichen Rückkehr in die Vereinigten Staaten zu verlängern, und dann auch nur für einen Zeitraum von zwei Wochen. Ich fürchte, ich muß Ihren Paß bei mir behalten, bis Sie abreisebereit sind. Sagen Sie mir Bescheid, wenn es soweit ist, dann bekommen Sie Ihren Paß zurück.«

Im Mai versuchte ich es noch einmal – mit dem gleichen Ergebnis.

Eigentlich wäre ich gerne abgereist, wenn irgend jemand meine Aufgabe übernommen hätte. Ich versuchte, einen Mitarbeiter der anderen amerikanischen Hilfsorganisationen zur Übernahme meiner Arbeit zu bewegen. Aber außer Howard Brooks vom ›Service Committee‹ der Unitarier war keiner dazu bereit. Und Brooks konnte mich nur für sehr kurze Zeit vertreten – dann mußte auch er zurück in die Staaten. Ich telegraphierte an das Komitee in New York, man solle einen Nachfolger für mich schicken. Nichts geschah. Stattdessen bat man mich zu bleiben. Offensichtlich war es mir nicht gelungen, ihnen begreiflich zu machen, daß ich nur noch eine Galgenfrist hatte.

Ich mußte durchhalten, bis ein Nachfolger kam; aber dieser Nachfolger kam nie. Inzwischen waren meine Mitarbeiter mehr denn je davon überzeugt, daß unser Büro sofort seine Arbeit einstellen müßte und alle, die damit zu tun hatten, verhaftet würden, wenn ich abreiste, bevor ein Nachfolger eingetroffen war.

Nach Dannys Verhaftung teilte mir der Konsul mit, die Polizei habe ihn informiert, daß ich einer Verhaftung oder Ausweisung nur durch meine freiwillige Ausreise zuvorkommen könne. Er berichtete mir, daß er ein verschlüsseltes Telegramm an das Auswärtige Amt geschickt und darum gebeten habe, daß mich das ›Emergency Rescue Committee‹ zurückrufe.

Einige Wochen später sagte er, daß er Antwort erhalten habe. Er wollte sie mir nicht zeigen, weil es sich um ein offizielles Schriftstück handelte und folglich nur von Angehörigen des auswärtigen Dienstes eingesehen werden durfte. Er behauptete aber, die Anweisung laute sinngemäß, das ›Emergency Rescue Committee‹ habe meiner »unverzüglichen« Rückkehr in die Vereinigten Staaten zugestimmt.

Dies zu glauben fiel mir schwer, da mir das Komitee nahezu täglich Telegramme schickte, die mich zum Bleiben aufforderten. Ich fragte trotzdem noch einmal in New York nach und erhielt umgehend die Antwort, daß man meiner Abberufung nie zugestimmt und sogar alles Erdenkliche unternommen habe, um meinen weiteren Aufenthalt zu ermöglichen. Der Konsul, so sagten sie, »habe auf eigene Faust gehandelt.«

Nunmehr war ich vollends verwirrt und hatte das ganze Geschäft satt. Hätte Danny mich nicht bekniet, ich glaube, ich hätte alles hingeschmissen und wäre abgereist. Danny und der Gedanke an das Schicksal zahlloser Flüchtlinge hielten mich in Marseille.

Auch das Leben in der Villa Air-Bel war nicht mehr wie früher: dort war es ernst und still geworden. Als André nach Martinique gefahren war, bezog ich sein Zimmer im Obergeschoß. In den Nischen neben den Fenstern und auf der Rückseite einer Tür hingen immer noch einige seiner kuriosen Collagen aus Buntpapier, und auf dem Kaminsims lagen einige seiner Muscheln und Schmetterlinge. Aber das war alles, was von ihm geblieben war, das und die Erinnerung an sein Lachen. Die Surrealisten kamen nach seiner Abreise noch ein paarmal zu uns, aber ohne ihren Meister wirkten sie irgendwie verloren und verschwanden wieder, nachdem sie sich einige Stunden verlegen im Haus herumgedrückt hatten. Die Zeit der Spiele und Zeichenwettbewerbe war vorüber. Manchmal fühlte ich mich in dem scheunenartigen alten Haus wie in einem Gemälde von Louis David.

Dann bekamen die meisten Bewohner Streit miteinander und zogen aus – auch Jean und Maurice. Schließlich blieben nur noch die Bénédites, der Journalist Charles Wolff und ich übrig. Ich erfuhr, daß Danny an Geheimtreffen der Sozialistischen Partei teilnahm, und obwohl ich ihm daraus wirklich keinen Vorwurf machen konnte, war ich doch beunruhigt. Kurz danach erzählte mir Jean, daß er sich einer Gaullisten-Gruppe mit dem Namen ›Libération‹ angeschlossen hatte und fragte mich, ob die Engländer sie mit Waffen versorgen würden. Das war ein erregender, aber auch sehr beunruhigender Gedanke.

Etwa zur gleichen Zeit entdeckte ich, daß Marcel Chaminade, unser ›Ministre aux Affaires Étrangères‹, jede Woche eine Kolumne für eine fanatisch deutschfreundliche und antisemitische Zeitung schrieb. Obgleich er in seiner Kolumne nur berichtete, blieb mir keine Wahl; ich mußte ihn entlassen. Diese Entdeckung erschütterte mein Selbstvertrauen beträchtlich. Erst Dimitru, dann Chaminade. Wieviele andere Feinde hatte ich unbefangen in unserem Lager willkommen geheißen?

10

Kurz nach der Episode mit den 6000 Dollar rief mich der amerikanische Konsul zu sich und warnte mich: die französische Polizei werde von der Gestapo genötigt, mich sofort zu verhaften. Einige Tage später erschien gegen sechs Uhr abends ein Kradmelder der Präfektur vor meinem Büro und überbrachte mir eine Vorladung des Polizeichefs von Marseille, dem ›Intendant de la Police de la Région Marseillaise, Le Capitaine de Frégate‹ de Rodellec du Porzic. Man fordete mich auf, am nächsten Tag Punkt elf Uhr im Büro des Intendanten vorzusprechen. Sollte ich der Vorladung nicht nachkommen, so hätte das meine sofortige Verhaftung zu Folge, hieß es.

Ich suchte de Rodellec du Porzic am nächsten Morgen auf. Ich war sogar sehr gespannt darauf, ihn kennenzulernen. Ich wußte, daß er Marineoffizier war und aus einem alten bretonischen Adelsgeschlecht stammte; daß er mit Admiral Darlan eng befreundet war; daß der Admiral ihn auf diesen unangenehmen Posten gesetzt hatte und daß alle Durchsuchungsbefehle, die man mir während der vergangenen Monate unter die Nase gehalten hatte, entweder von ihm oder seinem ›chef de cabinet‹ unterzeichnet waren.

Ich war genau um elf Uhr in seinem Büro, und er ließ mich eine dreiviertel Stunde warten – eine feinsinnige Form der Folter. Auf einen Summton hin wurde ich schließlich in ein großes Büro geführt. Am Ende des Raumes stand vor einem großen Fenster der Schreibtisch, hinter dem de Rodellec du Porzic saß. Das durch das Fenster einfallende Licht blendete mich aber so, daß es einige Minuten dauerte, bis ich sein Gesicht deutlich erkennen konnte.

Mit einer Handbewegung forderte er mich auf, ihm gegenüber Platz zu nehmen. Dann öffnete er ein umfangreiches Dossier. Als er bedächtig in den Papieren blätterte, sah ich von Zeit zu Zeit das blaue Briefpapier meines Komitees.

Schließlich sah er auf.

»Sie haben meinem lieben Freund, dem Generalkonsul der Vereinigten Staaten, viel Verdruß bereitet«, sagte er.

»Ich denke, der Konsul kann seine Probleme selbst lösen«, antwortete ich.

»Mein Freund der Generalkonsul berichtete mir, daß Sie sowohl von Ihrer Regierung als auch von dem amerikanischen Komitee, das Sie hier vertreten, aufgefordert wurden, unverzüglich in die Vereinigten Staaten zurückzukehren«, fuhr er fort.

»Das ist nicht wahr«, antwortete ich. »Meine Anweisungen lauten hierzubleiben.«

»Die Angelegenheit mit Ihrem Sekretär«, fuhr de Rodellec du Porzic fort und meinte damit offensichtlich Danny, »wird sehr ernste Folgen für Sie haben.«

»Ich wüßte nicht warum«, erwiderte ich. »Einer meiner Angestellten hat eine Unbedachtsamkeit begangen. Aber er hat in eigener Verantwortung gehandelt. Sie haben keine Beweise dafür, daß ich in irgendeiner Form beteiligt war.«

»Im neuen Frankreich benötigen wir keine Beweise«, entgegnete de Rodellec du Porzic. »Zur Zeit der Republik pflegte man zu glauben, es sei besser, hundert Kriminelle entkommen zu lassen als auch nur einen Unschuldigen zu verhaften. Damit haben wir Schluß gemacht. Wir halten es für besser, hundert Unschuldige zu verhaften als einen Kriminellen laufen zu lassen.«

»Ich sehe, daß wir sehr unterschiedliche Vorstellungen von den Menschenrechten haben.«

»Jawohl«, bestätigte de Rodellec du Porzic. »Mir ist bekannt, daß Sie in den Vereinigten Staaten immer noch an die veraltete Idee der Menschenrechte glauben. Aber auch Sie werden sich irgendwann einmal unsere Auffassung zu eigen machen. Das ist lediglich eine Frage der Zeit. Wir haben erkannt, daß die Gesellschaft wichtiger ist als das Individuum. Sie werden das auch noch einsehen.«

Er hielt inne, um das Dossier zu schließen.

»Wann werden Sie Frankreich verlassen?« fragte er dann.

Ich sagte ihm, daß ich noch keine endgültigen Pläne hätte.

»Falls Sie Frankreich nicht freiwillig verlassen, sehe ich mich gezwungen, Sie zu verhaften und in irgendeiner kleinen Stadt weit weg von Marseille unter Arrest zu stellen, damit Sie keinen weiteren Schaden anrichten können.«

Ich mußte Zeit gewinnen.

»Ich verstehe«, antwortete ich. »Aber könnten Sie mir nicht noch ein wenig Zeit lassen, damit ich meine Angelegenheiten in Ordnung bringen und jemanden aus Amerika kommen lassen kann, der meinen Posten als Präsident des Komitees übernimmt? Da Sie darauf bestehen, bin ich bereit, freiwillig abzureisen. Ich möchte jedoch sichergehen, daß die Arbeit des Komitees auch nach meiner Abreise fortgesetzt werden kann.«

»Warum sind Sie so sehr an Ihrem Komitee interessiert?« wollte er wissen.

»Weil es für viele Flüchtlinge die einzige Hoffnung ist.«

»Ich verstehe. Wieviel Zeit benötigen Sie?«

»Ich werde noch heute nach New York telegraphieren. Es wird einige Zeit dauern, bis sie einen Nachfolger für mich finden, dann noch eine gewisse Zeit, bis er Paß und Visa besorgt hat und hier eintrifft. Können Sie mir bis zum 15. August Zeit lassen?«

»Das wird sich einrichten lassen.«

Ich stand auf und wollte gehen. Dann drehte ich mich aber doch noch einmal um, um eine letzte Frage zu stellen.

»Sagen Sie mir offen, warum Sie mich so hartnäckig bekämpfen.«

»Parce que vous avez trop protégé des juifs et des anti-Nazis«, antwortete er. »Weil Sie Juden und Nazigegner geschützt haben.«

15. Kapitel

Abschied

I

Einen Tag nach meiner Unterredung mit de Rodellec du Porzic händigte mir der Konsul meinen Paß aus. Er war für einen Monat verlängert, nur für Reisen nach Westen gültig und enthielt bereits die Durchreisevisa für Spanien und Portugal sowie das französische Ausreisevisum. Das amerikanische Konsulat war sonst nicht so hilfsbereit: normalerweise mußte man sich selbst um Ausreise- und Durchreisevisa kümmern.

Ich beschloß nach Vichy zu fahren, um herauszufinden, was dahinter steckte. Wieder riet mir der Konsul davon ab. Diesmal würde mich die Polizei sicher verhaften. Doch in Vichy geschah zu meinem großen Ärger gar nichts. Ich sprach mit allen Verantwortlichen, die mich empfingen. Lediglich im Innenministerium war man unfreundlich zu mir. Aber niemand konnte etwas für mich tun. Die amerikanische Botschaft weigerte sich sogar, überhaupt nur anzufragen. Ich müßte schon lange abgereist sein, meinten sie.

Der beste Tip kam wie gewöhnlich von den amerikanischen Journalisten. Sie rieten mir – nach dem Prinzip von »aus den Augen, aus dem Sinn« – nicht wieder nach Marseille zurückzufahren, bis mein Nachfolger eingetroffen war.

Ich begab mich also von Vichy aus in die »Ferien« an die Côte d'Azur. Ich blieb eine Woche in Sanary-sur-Mer. Von Zeit zu Zeit kamen Jean und Maurice aus Marseille, um mit mir Probleme der Untergrund-Route durch Spanien zu besprechen. Als die Gnadenfrist, die man mir gewährt hatte, abgelaufen war, und ich befürchten mußte, daß de Rodellec du Porzic mich verhaften lassen würde, wenn er meinen Aufenthaltsort kannte, reiste ich – mit Aufenthalten in Toulon, St. Tropez und St. Raphael – nach Cannes.

In Cannes traf ich mich mit Danny, und gemeinsam fuhren wir mit dem Zug nach Nizza. Dort gingen wir die Grande Corniche entlang zur italienischen Demarkationslinie, die genau westlich von Menton verlief. Von Menton fuhren wir mit dem Bus über die Petite Corniche zurück nach Monaco.

In Monaco herrschte eine für mich ungewohnte Stimmung: sobald man die Grenze überschritten hatte, spürte man förmlich, daß man nicht mehr in Frankreich war. Keine Vichy-Propaganda; kein einziges Bild des Marschalls, nicht einmal eines jener Plakate, die überall in Frankreich den ersten Jahrestag der Legion ankündigten. Ich fühlte mich wie befreit und wollte nicht wieder fort von hier. Zum erstenmal seit über einem Jahr fühlte ich mich vor einer Verhaftung sicher.

Danny überzeugte mich, daß das Unsinn war. Die französische Polizei bluffe nur, meinte er; sie würden es nie wagen, mich zu verhaften. Nach einem Tag Müßiggang und Schlemmerei fuhren wir also wieder nach Nizza zurück. Während wir in Beausoleil auf den Bus warteten, fotografierte ich ein Propaganda-Plakat der Vichy-Regierung. Wie aus dem Nichts tauchte daraufhin ein Polizist in Zivil vor uns auf und verhaftete uns. Wir mußten mit ihm auf die Wache, uns ausweisen und ihm versichern, daß wir keine Spione seien. Erst dann ließ er uns wieder laufen.

In Nizza fotografierte ich die eingeschlagenen Scheiben jüdischer Geschäfte und den Eingang des Ortsbüros der Legion, an dem ein Schild mit der Aufschrift prangte: ›Entrée interdite aux juifs non-combattants – Für Juden, die nicht zu den Kampftruppen gehören, Eintritt verboten‹. Noch einmal besuchte ich Matisse und Gide; schließlich gab ich Dannys Bitten und meinem eigenen Wunsch nach und fuhr zurück nach Marseille. Mein Paß und meine Visa waren inzwischen wieder abgelaufen und ich glaubte, man könne mich nicht ausweisen.

2

In meinem Büro fand ich ein Telegramm aus New York vor.
»Nachfolger benannt. Treffen letzte Vorbereitungen für seine Abreise.«

Das war am Mittwoch, dem 27. August, fast zwei Wochen, nachdem meine Gnadenfrist abgelaufen war – und man hatte mich immer noch nicht verhaftet. Als ich mich an die Arbeit machte, dachte ich, daß de Rodellec du Porzic vielleicht doch nur bluffte.

Zwei Tage später kamen gegen Mittag zwei junge Detektive mit einer von de Rodellec unterzeichneten Vorladung ins Büro. Sie hatten den Auftrag, mich zur Präfektur zu bringen; dort sollte ich de Rodellecs weitere Anweisungen erwarten. Keine weitere Erklärung. Ich durfte mit niemand sprechen. Ich versuchte, den Konsul anzurufen, aber auch das war untersagt.

Nachdem ich die Nacht auf einem Tisch in dem großen Raum des Überfallkommandos verbracht hatte, wurde ich am nächsten Morgen gegen elf Uhr in das Büro des Kommissars gerufen. Dort zeigte man mir einen von de Rodellec unterschriebenen ›ordre de refoulement‹, einen Abschiebungsbefehl. Er besagte, daß Varian Fry, der unerwünschter Ausländer sei, unverzüglich an die spanische Grenze zu bringen und abzuschieben sei.

Der Kommissar war sehr höflich. Er wies darauf hin, daß ich nicht ausgewiesen worden sei. Er erklärte mir, daß man im Falle einer Ausweisung nie mehr einreisen dürfe, als ›refoulé‹ aber jederzeit zurückkommen könne, wenn man ein Visum erhielte.

Als ich ihm sagte, daß man mich weder ausweisen noch abschieben könne, da meine Aus- und Durchreisevisa abgelaufen seien, rief er de Rodellecs Büro an, aber er bekam den Auftrag, mich trotzdem zur Grenze zu schicken. Meine Visa würden dort erneuert werden. Ich erklärte dem Kommissar, daß das unmöglich sei. Aber er zuckte nur die Schultern.

»Befehl ist Befehl«, meinte er.

Dann stellte er mir den Mann vor, der mich zur Grenze begleiten sollte.

»Dies ist Inspektor Garandel. Er wird Sie zur Grenze bringen.«

»Angenehm«, sagte Garandel und gab mir die Hand. Er wirkte verlegen.

»Ich fühle mich verpflichtet, Ihnen zu zeigen, daß wir Franzosen keine Barbaren sind«, sagte er.

»Das habe ich auch keine Minute angenommen«, antwortete ich.

Er lächelte.

»Aber so, wie man Sie behandelt hat . . .?«

»Ach«, antwortete ich. »Das sind doch nur *einige* Franzosen. Man möchte fast sagen: nur *ein* Franzose . . .«

Er strahlte.

»Ja. Ich freue mich, daß Sie so denken.«

Um halb vier holten mich die beiden Detektive ab, die mich verhaftet hatten. Mit einem Polizei-Lastwagen fuhren wir zunächst ins Büro. Ich leerte den Inhalt meiner Schreibtischschubladen in einen Pappkarton und verabschiedete mich von den Mitarbeitern, die noch im Büro waren. Danny war nach Vichy gefahren und wollte versuchen, das Verfahren aufzuhalten; die meisten hatten die kurze Pause, die bei der Unterstützungsarbeit für Flüchtlinge immer nach einer Razzia oder einer Verhaftung eintritt, genutzt und waren an diesem Tag früher nach Hause gegangen. Die kleine Anna Gruss war aber da und half mir beim Einsammeln meiner Sachen. Und unser Nachtwächter Alfonso drückte mich mit seinen bärenstarken Armen an sich.

Als ich alle persönlichen Unterlagen eingepackt hatte, nahm ich den Karton mit in den Wagen und wir fuhren zum Haus Air-Bel. Dort sollte ich in einer Stunde packen, was sich in mehr als einem Jahr angesammelt hatte: Kleider, Bilder, Karten, Bücher und Dokumente. Obwohl mir kaum Zeit blieb, verabschiedete ich mich von der Köchin, dem Küchenmädchen, dem Gärtner und auch von Dr. Thumin, der herübergekommen war, um sich nach dem Grund der Aufregung zu erkundigen. Den schmutzigen Hut in der Hand stand er auf der Terrasse und schaute, als wir abfuhren, noch verwirrter drein als sonst.

Um sechs Uhr tauchte Garandel wieder auf und brachte mich in einem Polizeiwagen zum Bahnhof. Da wir durch Nebenstraßen fuhren, sah ich die Cannebière und den Vieux Port nicht mehr. An der Gare St. Charles stieg ich dann aber die große Freitreppe hinauf und sah von dort auf die Boulevards hinunter – d'Athènes und Dugommier, Cannebière und Garibaldi. Die Spätnachmittagssonne vergoldete die Stadt, und die Leute hasteten von der Arbeit nach Hause. Trotzdem machte die Stadt einen stillen, ruhigen Eindruck. Da fast keine Autos fuhren, hörte man nur sehr selten den Lärm von einem krachenden Getriebe, von Hupen oder dem Pfeifen von Polizisten. Überall gingen Fußgänger so sorglos mitten auf der Straße, als wäre es ein Bürgersteig. Das Klingeln der Straßenbahnen, das gedämpft aus der Ferne herüberklang, und das gelegentliche Geklapper von Holzschuhen auf dem Pflaster waren die einzigen Geräusche. Selbst im Hafen rührte sich nichts.

3

Im Bahnhofsrestaurant aß ich in Gesellschaft fast aller meiner Mitarbeiter hastig zu Abend. Danach zwängten wir uns in ein Zugabteil mit dem Aufkleber: ›Réservé pour la Sûreté Nationale‹: Theo Bénédite, Jean Gemahling, Maurice, drei weitere Mitarbeiter, Garandel und die »unerwünschte Person«.

Es war der Vorabend der Feierlichkeiten zum ersten Jahrestag von Pétains Legion, den Vichy in echter Goebbels-Manier inszenierte. Staffelläufer sollten die Flamme vom Grabmal des unbekannten Soldaten in alle Winkel Frankreichs tragen und in allen großen Städten Freudenfeuer anzünden. Als wir durch das verdunkelte Nîmes kamen, sahen wir ein solches Feuer auf der Tour Magne brennen.

Irgend jemand hatte mir zum Abschied eine Flasche Kognak geschenkt. Nachdem die Flasche einige Male die Runde gemacht hatte, begann Garandel Geschichten von der Marseiller Polizei zu erzählen. Die Zeit verging schnell, und gegen ein Uhr morgens erreichten wir Narbonne.

Um acht Uhr kam Danny aus Vichy. Er berichete, daß in Vichy nichts mehr zu machen sei. Meine Ausweisung war mit Zustimmung der amerikanischen Botschaft vom Innenministerium verfügt worden, und weder die Botschaft noch das Innenministerium hatten die Absicht, ihren Befehl rückgängig zu machen.

Gegen elf Uhr nahmen wir den Zug nach Cerbère. Um halb zwei kamen wir dort an und aßen im Bahnhofsrestaurant. Es war eine traurige Mahlzeit, da ich annahm, es würde meine letzte in Frankreich sein.

Nach dem Essen brachte mich Garandel zu dem Büro, das die Pässe überprüfte. Der Kommissar warf nur einen Blick auf meinen Paß und gab ihn mir dann mit der Bemerkung zurück, meine Transitvisa seien nicht mehr gültig. Garandel verwies auf die Anordnung der Präfektur, die Visa an der Grenze erneuern zu lassen. Der Kommissar verzog nur das Gesicht.

»Was ist los mit den Typen in Marseille? Haben die den Überblick verloren? Hier können Sie keine Visa bekommen. Es gibt hier keine Konsulate.«

Garandel schien erfreut. Wir gingen zum Bahnhofsrestaurant zurück, wo die anderen auf uns warteten, und er meldete ein Gespräch nach Marseille an, um weitere Anweisungen einzuholen. Erst gegen halb neun Uhr abends erreichte er die Präfektur. Wir vertrieben uns den Nachmittag mit Plaudern und Schwimmen.

Dann kam Garandel zurück. Die Präfektur hatte angeordnet, mich nach Perpignan zurückzubringen und dort der örtlichen Polizei zu übergeben, die mich so lange im Gefängnis von Perpignan einsperren sollte, bis meine Visa erneuert waren.

»Machen Sie sich keine Sorgen«, sagte er und sah mir in die Augen. »Sie wohnen im Hotel.«

4

Dank der begeisterten Mitarbeit des amerikanischen Konsulats in Marseille dauerte es nur fünf Tage, bis mein Paß verlängert und die neuen Aus- und Durchreisevisa eingetragen waren.

Die Woche verging schnell – zu schnell. Garandel verbrachte die Tage mit Besuchen bei Freunden, die sich nach ihrer Pensionierung Bauernhöfe in der Umgebung von Perpignan gekauft hatten. Er war jedoch immer vor Einbruch der Dunkelheit zurück und wich dann bis zur Schlafenszeit nicht mehr von meiner Seite.

Bei einem Abendessen fragte ich ihn, warum er mich tagsüber mit meinen Kollegen alleine lasse, mich jedoch nachts wie ein Habicht bewache.

»Schließlich könnte ich doch bei Tag ebensogut abhauen wie bei Nacht«, neckte ich ihn.

»Darum geht es nicht«, schnaubte Garandel mißmutig. »Aber in der Stadt wimmelt es nur so von Boches. (Das stimmte; sie waren gekommen, um die Weinlese zu überwachen.) Und man kann nie wissen, was die mit Ihnen in einer dunklen Nebenstraße anstellen, wenn Sie abends einmal allein ausgehen.«

Daß Garandel uns tagsüber allein ließ, kam uns ganz gelegen, weil wir so die Probleme besprechen konnten, die durch meine plötzliche Abreise aufgeworfen wurden. Wir beschlossen, daß Jean bis zum Eintreffen meines Nachfolgers als geschäftsführender Direktor des Komitees fungieren sollte, da er der einzige nicht-jüdische männliche Mitarbeiter war, der nie mit der Polizei in Berührung gekommen war. Danny sollte weiterhin den Gang der Geschäfte leiten, jedoch hinter den Kulissen. Maurice blieb wie bisher für die illegalen Ausreisen zuständig.

Die Villa Air-Bel sollte in ein Auffangzentrum für Intellektuelle aus dem Elsaß umfunktioniert werden, weil wir hofften, daß ein solcher Schritt die Stellung des Komitees stärken würde. Unsere größte Sorge war, daß die Polizei das Komitee auflösen und die Mitarbeiter in ein Internierungslager stecken könnte, sobald es nicht mehr von einem Amerikaner geleitet wurde.

Der Sonnabend war ein grauer, regnerischer Tag. Wir nahmen den Elf-Uhr-Zug nach Cerbère und veranstalteten im Bahnhofsrestaurant unser zweites und diesmal endgültiges Abschiedsessen. Die Stimmung war gedrückt, und es gab lange Gesprächspausen.

Nach dem Essen gingen wir in den Wartesaal und dort – zwischen Reiseplakaten und Überseekoffern – verabschiedeten wir uns voneinander. Alle schienen sehr gerührt und küßten mich zum Abschied. Aber Danny wirkte besonders betroffen. Er umarmte mich und drückte mich an sich, und ich konnte seine kräftigen jungen Muskeln durch den dünnen Mantelstoff spüren.

»Du kannst uns doch nicht verlassen, mon vieux«, flüsterte er. »Du bist schon mehr Franzose als Amerikaner.«

In diesem Moment pfiff der Schaffner.

»En voiture!« rief der Bahnhofsvorsteher.

Der Zug fuhr an. Ich blieb auf der untersten Stufe des Trittbretts stehen und winkte mit dem Taschentuch, als der Zug langsam aus dem Bahnhof rollte. Sie winkten zurück.

Als der Zug in den internationalen Tunnel einfuhr, standen sie noch an derselben Stelle und winkten.

In Port-Bou mußten sich alle Reisenden zur Überprüfung der Pässe anstellen. Ich reihte mich ein. Garandel stand neben mir, und wir unterhielten uns. Ich befürchtete, er könnte der spanischen Polizei erzählen, daß ich aus Frankreich abgeschoben würde, aber er zeigte nur seine Dienstmarke.

»Ich begleite diesen Herrn«, erklärte er.

Nachdem mein Paß gestempelt war, half er mir, mein Gepäck für die Zoll-Durchsuchung zu öffnen. Er war sehr besorgt um meine Habseligkeiten und verstaute sie sorgfältig, als der Zollinspektor mein Gepäck inspiziert hatte.

Als alles erledigt war und ich in den Zug nach Barcelona einsteigen konnte, gab er mir die Hand.

»Ich hoffe, Sie werden nicht schlecht von Frankreich denken«, sagte er.

»Von Frankreich nie«, antwortete ich. »Aber von gewissen Franzosen schon. Verstehen Sie mich?«

»Ja, ich verstehe.«

Er stand auf dem Bahnsteig und winkte mir zu, als sich der Zug nach Barcelona in Bewegung setzte.

5

Auch in Spanien regnete es, und die Bäume und Felder machten einen traurigen Eindruck. Ich holte meine Tasche aus dem Gepäcknetz und nahm das Exemplar von St. Exupérys ›Terre des Hommes‹ heraus, das mir Danny in Perpignan gegeben hatte. Auf das Deckblatt hatte er in seiner runden, kräftigen Handschrift eine Widmung geschrieben:

». . . und dieses Buch, das man immer wieder lesen sollte. Es gibt einem den Glauben an das Gute zurück. Diese Hoffnung hat uns schon manches Mal geholfen – wir werden sie noch oft bitter nötig haben.«

Den Rest der Reise sah ich abwechselnd aus dem Fenster auf das trübe Mittelmeer und die feuchtglänzende katalanische Landschaft oder las in ›Terre des Hommes‹. Das Buch stimmte mich jedoch weder optimistisch noch linderte es meinen Trübsinn. Unzählige Bilder zogen an mir vorüber und erfüllten mich mit Wehmut und Melancholie. Zuerst dachte ich natürlich an das Büro und an meine Kollegen. Dann an die Villa Air-Bel und die vielen guten Freunde, mit denen ich dort gelebt hatte. Dann an die zahllosen Wochenendausflüge: an Les Baux in der goldenen Herbstsonne, an Nizza und die Rosen im Dezemberschnee. An Sanary und St. Tropez, Cannes und Nizza und an den Tag, als ich mit Danny über die Grande Corniche gegangen war. An den nächtlichen Anblick des Allier, der still an Trauerweiden vorbei durch Vichy floß. An die Tage auf der ›Sinaïa‹, an die Lieder, die wir sangen, die Tricks, die wir versuchten, um mehr Wein zu bekommen, und den dumpfen Zorn, der mich erfüllte, als ich gegen meinen Willen festgehalten wurde. An Briefe, Berichte und Telegramme. An Pässe und Visa, echte wie falsche. An die Internierungslager und die dort eingesperrten Menschen. An die Gesichter der tausend Flüchtlinge, die ich aus Frankreich herausgebracht hatte, und an die Gesichter der tausend anderen, die ich hatte zurücklassen müssen.

Ich gestehe – ich war sehr traurig. Zum Teil deshalb, weil ich das Land verlassen mußte – man entwickelt sehr schnell Zuneigung zu einem Land, besonders wenn es so schön ist wie Frankreich. Aber noch mehr wegen der Erinnerung an meine Freunde – Franzosen und Flüchtlinge – und an den Geist der Zusammengehörigkeit und der Hingabe an eine gemeinsame Sache, den wir geteilt hatten.

»Erst jetzt, da uns die Hingabe an ein gemeinsames Ziel mit unseren Brüdern verbindet, können wir wirklich leben, und die Erfahrung zeigt uns, daß Liebe nicht bedeutet, sich gegenseitig in die Augen zu sehen, sondern gemeinsam in eine Richtung zu blicken . . .«

St. Exupéry schreibt das anläßlich einer Notlandung in der Wüste. Als ich diese Worte las, fühlte ich aber, daß sie genauso auf meine eigenen Erfahrungen der vergangenen dreizehn Monate zutrafen – eine Erfahrung, die nicht an Eindringlichkeit verlor, weil sie länger gedauert hatte als die von St. Exupéry beschriebene Situation. Auch uns – meine Freunde und mich – hatte eine gemeinsame Aufgabe verbunden, und auch wir hatten Schulter an Schulter gestanden und den Blick auf ein gemeinsames Ziel gerichtet. So waren auch wir Kameraden geworden.

6

Sobald ich in Lissabon war, besuchte ich Lussu. Er lebte mit seiner Frau illegal in einem Haus weit außerhalb des Stadtzentrums. Von ihm erhielt ich zum ersten Mal eine genaue Schilderung der Untergrund-Route, über die ich in diesem Frühjahr und Sommer so viele Frauen und Männer geschickt hatte – einige zwar ins Gefängnis, die meisten jedoch in Sicherheit. Lussu berichtete nicht nur aus eigener Anschauung. Er hatte noch Gelegenheit gefunden, den dankbaren Schnek vor dessen Abreise nach Amerika nach seinen Erfahrungen zu befragen.

Lussu war von der Route begeistert. Nach seiner Aussage waren die Führer hervorragend. Die Unterschlupfplätze auf der spanischen Seite der französischen Grenze waren gut: alte Kirchen, verlassene Scheunen, Geräteschuppen. Der Führer aus Barcelona hatte den Führer aus Frankreich am vereinbarten Ort abgelöst, und das sogar fast nach Plan (Pünktlichkeit war noch nie eine Tugend der Spanier).

In Barcelona hatte man die Flüchtlinge im Haus eines Kellners versteckt, wo sie hervorragend bewirtet wurden. Die Frau des Kellners wusch und bügelte sogar die Kleider. Die Kontrollen auf dem Weg von Barcelona nach Madrid konnten ungehindert passiert werden, da der Führer jeweils eine Visitenkarte von Serano Suñer, einem Schwager Francos, vorzeigte. Auf dieser Karte stand auf Spanisch: »Bitte erweisen Sie dem Inhaber jede Gefälligkeit«. In Madrid wurden die Reisenden in kleinen Hotels untergebracht, wo sie keine Meldekarte ausfüllen mußten.

Nur auf dem letzten Teilstück hatte die Route ihre Schwächen. Der Führer, der für die Strecke zwischen Madrid und dem Dorf, bei dem die portugiesische Grenze überschritten wurde, verantwortlich war, hatte bei Polizeikontrollen im Zug eine weniger glückliche Hand als seine Kollegen. Sowohl Schnek als auch Lussu gerieten in Schwierigkeiten, konnten jedoch durch Schmiergelder eine bedrohlichere Situation verhindern. Der portugiesische Führer, der die Flüchtlinge von der portugiesischen Grenze nach Lissabon bringen sollte, war nie aufgetaucht. Lussu gelang es, auf eigene Faust durchzukommen. Schnek wurde zwar von der portugiesischen Polizei verhaftet, aber kurz danach von portugiesischen Soldaten, die ihn für einen französischen Gaullisten hielten, aus dem Gefängnis befreit und auf einem Lastwagen, verborgen unter Bergen von Kohlköpfen, in die Hauptstadt gebracht.

Ich blieb sechs Wochen in Lissabon und versuchte, die Route noch sicherer zu machen. Bevor ich abreiste, kam Maurice aus Marseille, um daran weiterzuarbeiten. Lussu fuhr häufig zur Grenze, um für das portugiesische Teilstück der Route bessere Führer aufzutreiben. Er betrat sogar spanischen Boden und versuchte, den Führer für die Strecke zwischen Madrid und der portugiesischen Grenze durch einen anderen zu ersetzen. Für ihn war die Untergrund-Route nicht nur ein Weg, Leute aus Frankreich herauszubekommen, sondern vor allem eine Möglichkeit, Widerstandskämpfer nach Italien einzuschmuggeln. Einige Monate später ging er selbst auf dieser Route nach Frankreich zurück, von dort weiter nach Italien und leitete dort die Untergrundarbeit der Aktions-Partei. Während der deutschen Besetzung war er in Rom, und er war auch dort, als die alliierten Truppen die Stadt von den Nazis befreiten. Ich habe keine Ahnung, wieviele andere unsere Route noch benutzten, um zurückzukehren und den Untergrundkampf weiterzuführen. Aber ich bin sicher, daß viel mehr Menschen diesen Weg nahmen, um Europa zu verlassen.

Carlos gelang es nicht, Ausreisevisa für die Wolffs zu bekommen. Maurice kaufte ihnen dann dänische Pässe von Drach, besorgte ihnen kubanische Einwanderungsvisa und zog mit ihnen in Südfrankreich von Ort zu Ort, bis ihnen Abbé Glasberg, der Sekretär des Kardinals Gerlier von Lyon, seine Hilfe anbot. Bei der Präfektur von Lyon erhielten sie dann endlich Ausreisevisa und konnten in Cadiz an Bord eines spanischen Schiffes gehen. Mit ihrer Ankunft in Kuba war eines unserer größten Probleme gelöst.

Unter den ganz wenigen Flüchtlingen, die sich noch in Lissabon befanden, waren auch Berthold Jacob und seine Frau. Die Unitarier hatten einen einflußreichen spanischen Geschäftsmann dazu überreden können, sie aus dem Gefängnis zu holen und in seiner Limousine nach Portugal zu bringen – ohne Visa. Wie das Ehepaar Lussu lebten auch sie illegal in Portugal und warteten auf Übersee-Visa, die nie eintrafen.

Eines Tages erkundigte sich Jacob wieder einmal im Büro der Unitarier und erfuhr – wie üblich –, daß es hinsichtlich seiner Visa nichts Neues gab. Am Abend kam er nicht in sein Hotelzimmer zurück. Seine Frau kam am nächsten Morgen in großer Sorge zu uns und berichtete von seinem Verschwinden. Wir stellten Nachforschungen an und fanden heraus, daß er beim Verlassen des

Büros am vorigen Tage von zwei Detektiven aufgehalten worden war. In ihrer Begleitung befand sich ein Mann, der portugiesisch mit Akzent sprach und den Detektiven Jacob gezeigt hatte. Erst zehn Tage später konnten wir mehr in Erfahrung bringen: Jacob saß im Model-Gefängnis in Madrid, und zwar auf Anordnung des Ministeriums für Auswärtige Angelegenheiten. Wir schalteten spanische Anwälte ein, aber sie waren machtlos. Jacob war in Einzelhaft, von der Außenwelt abgeschnitten. Soweit ich weiß, hat seither niemand mehr etwas von ihm gehört. Er ist einfach verschwunden. Man kann sich ohne Schwierigkeiten ausmalen, wohin.[27]

16. Kapitel

Nach vielen Leiden

Als ich in New York ankam, erfuhr ich, daß unser Auswärtiges Amt eine neue, grausam erschwerte Form für die Beantragung der Visa ersonnen hatte, die Flüchtlingen die Einreise in dieses Land so gut wie unmöglich machte. Glücklicherweise verhielten sich Mexiko und Kuba menschlicher; so gelang es unserem Büro in Marseille (das noch immer arbeitete), beinahe dreihundert weitere Flüchtlinge aus Frankreich herauszubringen – und das in dem Zeitraum von meiner Abreise bis zum 2. Juni 1942, als das Büro von der Polizei durchsucht und geschlossen wurde.

Unter den Flüchtlingen, die den Atlantik überquert haben, waren der Pianist Heinz Jolles; der katholische Publizist Edgar Alexander; der Bildhauer Bernard Reder; die Cembalo-Virtuosin Wanda Landowska; der Psychiater Bruno Strauss; der deutsche Kunsthistoriker Paul Westheim; der sizilianische Romancier Giuseppe Garetto; der surrealistische Dichter Benjamin Péret; Otto Klepper, ehemals liberaler Finanzminister von Preußen und einer der am meisten gefährdeten Männer in Frankreich; Charles Stirling, ehemals Direktor des Ingres Museums in Montauban, später stellvertretender Kurator am Metropolitan Museum of Art in New York; der Surrealist Marcel Duchamp; der französische Romancier Jean Malaquais; Alfredo Mendizabel, ehemals Professor für Philosophie an der Universität von Madrid, und Dr. Gustavo Pittaluga, früher Vizepräsident der Gesundheitskommission des Völkerbundes.

Fast unmittelbar nach der Schließung des Büros am Boulevard Garibaldi begann eine der abscheulichsten Menschenjagden der Geschichte. Zunächst nur in der besetzten Zone Frankreichs, dann aber auch in der unbesetzten. Männer, Frauen und Kinder mit jüdischen Vorfahren wurden von der Polizei zusammengetrieben, in Viehwaggons verfrachtet und in Vernichtungslager nach Polen geschickt.

Inzwischen waren Danny und ein oder zwei weitere Mitarbeiter untergetaucht. Dem Komitee gelang es jedoch, ihnen von Zeit zu Zeit über die Schweiz Geldmittel zukommen zu lassen, die sie dann irgendwie an die Flüchtlinge weitergaben, von denen die meisten ebenfalls untergetaucht waren. So konnten sie auch nach der Besetzung des ehemals unbesetzten Frankreichs überleben oder mit Dannys Hilfe in die Schweiz fliehen. Sogar der gute alte Modigliani ließ sich schließlich von seiner Frau zur Flucht überreden – von seinem Bart und seinem Pelzmantel hat er sich allerdings nicht getrennt.

Es wäre schön, wenn ich dieses Buch wie einen viktorianischen Roman enden lassen und von dem weiteren Schicksal der Figuren erzählen könnte. Das ist leider nicht möglich. Nicht nur, weil in diesem Buch zu viele Personen auftreten – in vielen Fällen weiß ich nicht einmal, wie es ihnen ergangen ist.

Wir haben jetzt Rechenschaft abgelegt für alle Mitarbeiter, die in Frankreich geblieben sind, und für die meisten unserer Mitverschwörer. Jean wurde bereits drei Monate nach meiner Abreise wegen seiner Untergrund-Tätigkeit verhaftet – die Polizei hatte ihn offenkundig seit langer Zeit beschattet. Er wurde jedoch einige Monate später gegen eine Kaution freigelassen und tauchte sofort wieder unter. Danach wurde er noch ein-, vielleicht sogar zweimal verhaftet, konnte jedoch beide Male wieder fliehen. Er hat ein Mädchen geheiratet, das er im Untergrund kennengelernt hat und lebt heute mit ihr in Paris.

Auch Danny ist wieder in Paris, obwohl er nur durch ein Wunder noch am Leben ist. 1942 hatte er sich irgendwann einem ›maquis‹, einer Widerstandsbewegung, angeschlossen und war zum Leiter der Gruppe ernannt worden. Im Mai 1944 wurde er von der Gestapo verhaftet. Glücklicherweise fanden die Deutschen nicht die Waffen, die seine Gruppe per Fallschirm erhalten hatte. Allein aus diesem Grund wurde er nicht auf der Stelle erschossen. Statt dessen hielt man ihn als Geisel gefangen. Im

August jedoch legte dann ein anderes Mitglied der Gruppe nach Folterungen ein Geständnis ab. Vor dem Tod durch Erschießen rettete Danny dieses Mal die Landung amerikanischer Truppen in Südfrankreich. Heute ist er Geschäftsführer der Tageszeitung ›Franc-Tireur‹, dem Organ des gemäßigten Flügels der Résistance.

Auch Theo hat alles relativ unbeschadet überstanden. Sie und Danny haben jetzt eine kleine Tochter.

Frau Gruss, meine zwergenhafte Sekretärin, entpuppte sich als Heldin. In den langen Jahren der Nazi-Herrschaft über Frankreich hat sie ununterbrochen für unsere nun aus dem Untergrund operierende Organisation weitergearbeitet und den Flüchtlingen Geld gebracht oder sie zur Grenze begleitet.

Bill Freier aber, unser kleiner Zeichner aus Österreich, wird nie wieder Karikaturen zeichnen oder Ausweise fälschen: er war einer der vielen Tausend, die nach Polen in die Vernichtungslager verschleppt wurden.[28] Auch der Journalist Charles Wolff wird nie wieder seinen Schallplatten lauschen oder ein Glas Wein trinken können: die Seufzer verliebter Frauen wurden für immer von seinen eigenen Schreien übertönt. Die französische Faschisten-Miliz hat ihn zu Tode gefoltert.

Der Leichnam von Frederic Drach, dem Mann, der uns mit falschen Pässen versorgt hatte, wurde wenige Stunden, nachdem die Deutschen Südfrankreich besetzt hatten, von Kugeln durchsiebt in seinem Hotelzimmer gefunden. Noch einer unserer Kollaborateure, ein Franzose namens Jacques Weisslitz, wurde wie Freier nach Polen verschleppt, und mit ihm seine Frau. Das Auswärtige Amt hatte ihren Visa-Antrag abgelehnt.

Wir wissen, daß einige von unseren Schützlingen, die in Frankreich bleiben mußten, in die Hände der Gestapo gefallen und nach Deutschland verschleppt worden sind, wo man sie vermutlich umgebracht hat. Wir wissen auch, daß sich Largo Caballero in der Gewalt der Deutschen befindet – vorausgesetzt, er ist noch am Leben.[29] Viele Flüchtlinge, darunter zahlreiche deutsche Sozialdemokraten, haben sich aber dem ›maquis‹ angeschlossen, und einige von ihnen arbeiten noch immer für den Widerstand. Ein ehemaliger Reichstagsabgeordneter ist stellvertretender Befehlshaber des berühmten ›maquis‹ von Savoyen – auf diese Position wäre jeder Franzose stolz. Von der Mehrzahl unserer ehemaligen Schützlinge haben wir allerdings immer noch nichts gehört.

Über die Flüchtlinge, die nach Amerika kamen, könnte ich natürlich viel erzählen. Das Schicksal der berühmten unter ihnen kennen Sie bereits – wissen zum Beispiel von den Erfolgen, die Franz Werfel mit ›Das Lied von Bernadette‹ und Konrad Heiden mit seinem Buch ›Der Führer‹ hatten; von den Konzerten von Wanda Landowska; oder von den Ausstellungen von Max Ernst und André Masson. Marc Chagall ist mit den amerikanischen Bäumen und Kühen vollauf zufrieden und findet, daß es sich in Connecticut genauso gut malen läßt wie in Südfrankreich. Jacques Lipchitz ist begeistert von New York und hält die Stadt für einen idealen Ort, um zu arbeiten. Manchen Schriftstellern, besonders den Lyrikern, ist die Umstellung sehr schwergefallen. Aber Walter Mehring hat einen Gedichtband veröffentlicht, und ich glaube, er beabsichtigt hierzubleiben.[30] Ich brauche bereits ein ganzes Regalfach für Bücher von Männern und Frauen, die ich nach Amerika gebracht habe und die diese Bücher hier publiziert haben.

Viele der Flüchtlinge dienen natürlich in den Streitkräften der USA. Beamish arbeitet für das ›Office of Strategic Services‹ und hält sich im Moment in Italien auf. Maurice ist Leutnant in einer Sanitätseinheit. Auch er ist in Italien. Andere sind als Gefreite, Korporale oder Unteroffiziere in Italien, Frankreich, Belgien oder Holland.

Mindestens einer von ihnen – Heinz Behrendt – ist für Amerika gestorben. Er wurde bei dem Angriff auf Biak, eine Insel im Pazifik, getötet.

Die meisten – so zum Beispiel Franzi, Lena und André Breton – arbeiten bei verschiedenen Regierungsbehörden, andere in der Rüstungsindustrie. Einige konnten bereits wieder in ihre Heimatländer zurückkehren, um den Kampf für die Demokratie dort wieder aufzunehmen: so etwa Randolfo Pacciardi von der Republikanischen Partei Italiens, Giuseppe Modigliani von den Sozialisten und Emilio Lussu und Alberto Ciana von der Aktions-Partei.

Andere wollen Amerika verlassen, sobald sie die nötigen Visa haben, Bedrich Heine zum Beispiel. Wie so viele andere deutsche Sozialdemokraten auch wartet er ungeduldig auf den Tag, an dem er nach Deutschland zurückkehren und dort am Wiederaufbau der Demokratie mitarbeiten kann.

Vielleicht haben nicht alle die Mühen verdient, die wir für sie unternommen haben. Einige mußten sterben, wieder andere wurden aufgrund dessen, was sie durchmachen mußten, buchstäblich zu Krüppeln. Aber es war unsere Aufgabe – das hat Beamish immer wieder betont – *alle* zu retten. Zumindest mußten wir es versuchen.

Ich brauche kaum hinzuzufügen, daß nicht ein einziger Anlaß gab, an seiner Loyalität zu zweifeln: Sie alle kennen den wahren Wert der Demokratie, vielleicht sogar besser als wir. Denn sie haben sie einmal verloren und erst nach vielen Leiden wiedergewonnen.

Anmerkungen

1 Werfel hatte ein Gelübde abgelegt, daß er, wenn er lebend aus Frankreich herauskommen sollte, ein Buch zu Ehren von Lourdes schreiben würde. Das Buch erschien auf deutsch 1941 (Stockholm: Berman-Fischer), wurde unmittelbar nach seinem Erscheinen in zahlreiche Sprachen übersetzt und 1943 verfilmt. In einem ›Persönlichen Vorwort‹ faßt Werfel seine Flucht-Erfahrungen nach dem Zusammenbruch Frankreichs zusammen.

2 Grundlage der amerikanischen Einwanderungspolitik war der sog. »Immigration Act« von 1924, der bis zum Ende des 2. Weltkriegs ohne Modifizierung Gültigkeit hatte. Der Immigration Act unterschied zwischen einer »Barred Zone« (aus der keinerlei Einwanderungen zugelassen wurden) und einer »Unrestricted Area« (aus der alle Einwanderungsgesuche bewilligt wurden). Alle übrigen Länder – darunter Deutschland – wurden zu »Quoted Countries«: für diese Länder wurde eine Quotierung der Visa eingeführt; aus ihnen durften pro Jahr insgesamt 150 000 Menschen einwandern. Die Länderquote für Deutschland/Österreich betrug 27 370 Einwanderungen. Sie wurde nur 1939 völlig, 1940 annäherungsweise ausgeschöpft. In allen anderen Jahren blieb sie – z. T. erheblich – darunter.

   1940 wurde auf Betreiben des amerikanischen Präsidenten eine Sonderlösung eingeführt: Ein Beirat für politische Flüchtlinge konnte ausgewählte »hervorragende Europäer« dem State Department auf besonderen Listen für die Einwanderung vorschlagen, die dann in einem vereinfachten und beschleunigten Verfahren zu sog. Notvisa (»Emergency Visa«) kamen. Im Prinzip handelte es sich dabei um Besuchsvisa, in denen die Befristung auf ein halbes Jahr aufgehoben war. Die Notvisa wurden zusätzlich zu den vorgeschriebenen Länderquoten vergeben.

3 Am 30. August 1939 ordnete die französische Regierung die Internierung ›aller Deutschen und anderer Ausländer im Alter von 17 bis 50 Jahren‹ an. Ziel war das Feststellen des Status und das Ausfindigma-

chen von Spionen. In langwierigen Verfahren wurden die Internierten überprüft. Entlassen wurden Schwerkranke oder Emigranten, die mit einer Französin verheiratet waren, sowie Emigranten, die sich »freiwillig« zur Fremdenlegion meldeten. Ende 1939 gab es noch 8000 Internierte. 9000 hatten sich zur Fremdenlegion gemeldet; 5000 taten in Prestataire-Kompanien Dienst (vgl. Anm. 16).

Eine zweite Internierungsaktion erfolgte wenige Tage nach dem deutschen Angriff auf Frankreich im Mai 1940. Die Altersgrenze für Männer wurde auf 65 heraufgesetzt. Vor allem aber wurden nun auch Frauen bis zu 55 Jahren interniert; ausgenommen waren lediglich Mütter mit kleinen Kindern.

Man kennt inzwischen über 100 solcher Internierungslager, die meist in aller Eile eingerichtet wurden: in stillgelegten Fabriken, Mühlen, Ziegeleien, auf Sportplätzen, Radrennbahnen. Entsprechend waren die Verhältnisse in diesen Lagern. Die berüchtigtsten waren das Frauenlager Gurs und das Straflager Le Vernet (im August 1940 annähernd 4000 Häftlinge, meist politische Emigranten, vorwiegend Kommunisten und Interbrigadisten; hier ist es auch zu Folterungen und Erschießungen gekommen). Die Gefährdung in diesen Lagern wuchs mit dem Vordringen der deutschen Truppen, das viele dieser Lager in Frontnähe brachte. Es gibt Fälle, in denen ganze Lager den deutschen Truppen übergeben wurden. In der Mehrzahl der Fälle wurden die Lager jedoch in letzter Minute evakuiert.

Fry spricht in seinem Text durchweg von »concentrationcamps«, um auf die unmenschlichen Verhältnisse in diesen Lagern hinzuweisen. Wenn der Begriff hier mit »Internierungslager« übersetzt wird, so ist damit keine Beschönigung der Verhältnisse in den französischen Lagern beabsichtigt oder gar der Tatsache, daß überhaupt interniert wurde. Vielmehr soll darauf verwiesen werden, daß die Verhältnisse in deutschen Konzentrationslagern keinem Vergleich standhalten. Im übrigen hatte Fry bei der Abfassung des Manuskripts offenbar auch noch keine Vorstellung von dem tatsächlichen Ausmaß der Unmenschlichkeit in deutschen KZs.

4 Vgl. hierzu auch Feuchtwangers autobiographischen Bericht »Unholdes Frankreich« (Mexico: El Libro Libre 1942; a. u. d. Titel: Der Teufel in Frankreich. Rudolfstadt: Greifenverlag 1954). Das Buch endet mit der Bemerkung Feuchtwangers: »Ich habe diesen vierten Teil geschrieben, doch ich kann ihn nicht veröffentlichen. Noch stehen Leute, über

die ich auf diesen Seiten zu berichten hatte, mitten in den Ereignissen, und es könnte diese Ereignisse ungünstig beeinflussen, wenn man erfährt, was sie damals getan haben.«

Im Gegensatz dazu hat Franz Schoenberner den Vorwurf erhoben, Feuchtwanger habe »bei seiner Ankunft in New York den begeisterten amerikanischen Reportern viele Einzelheiten über die Untergrundverbindungen erzählt, durch die er über die französische Grenze und durch Spanien bis nach Lissabon gebracht worden war. Diese Art brillanter Publizität machte es natürlich für Hunderte von anderen Emigranten unmöglich, dieselben Notausgänge zu benutzen. Diese geheime Reiseroute ... wurde natürlich durch eine so unverantwortliche Indiskretion mit einem Schlag unbrauchbar gemacht.« (F. Sch., Innenansichten eines Außenseiters. Icking u. München: Kreisselmeier 1965)

5 Vochoč war von 1938-1941 tschechoslowakischer Konsul in Marseille. Über seine Erfahrungen berichtet er in einem Brief an Anna Seghers vom 15. 3. 1971 (abgedruckt in: Heinrich Mann am Wendepunkt der deutschen Geschichte. Internationale wissenschaftliche Konferenz, März 1971. Arbeitshefte der Akademie der Künste der DDR Nr. 8, S. 85).

Heinrich Mann hat ihm in seiner Autobiographie »Ein Zeitalter wird besichtigt« (Stockholm: Neuer Verlag 1946 – wiss. Edition: Berlin u. Weimar: Aufbau 1973) mit dem Kapitel ›Der tschechoslowakische Konsul‹ ein literarisches Denkmal gesetzt.

6 ›Beamish‹ und ›Albert Hermant‹ sind Decknamen für Albert Hirschmann. H., geb. 1915, verließ Deutschland aus politischen Gründen und nahm auf republikanischer Seite am Spanischen Bürgerkrieg teil. Er wurde später Professor in Harvard und lehrt heute am Institute for Advanced Studies in Princeton.

7 Eine der zeitbedingten Fehlinformationen, die durch die internationale Presse gegangen und der nicht nur Fry aufgesessen ist (vgl. Widmung in Arthur Koestler, Scum of the Earth. London 1941).

Nach dem Überfall deutscher Truppen auf Holland am 10. Mai 1940 flüchtete Irmgard Keun zunächst von Amsterdam nach Den Haag. Mit Hilfe eines gefälschten Passes auf den Namen Charlotte Tralow gelang ihr die Rückkehr nach Deutschland, wo sie in der Illegalität überlebte.

8 Hertha Pauli hat in ihrer Autobiographie »Der Riß der Zeit geht durch mein Herz« (Wien, Hamburg: Zsolnay 1970) die Situation in Marseille und ihre Rettung durch Fry in dem Kapitel ›Der Menschenfischer von Marseille‹ (gemeint ist Fry) ausführlich dokumentiert.

9 Vgl. hierzu und zu allen weiteren Walter Mehring betreffenden Aussagen Mehrings Darstellung in »Wir müssen weiter. Fragmente aus dem Exil« (Herausgegeben von Christoph Buchwald, Düsseldorf: Claassen 1979) sowie die Darstellung von Hertha Pauli (s. Anm. 8).

10 Vgl. hierzu Starhembergs Autobiographie »Between Hitler and Mussolini« (London, New York 1942. – dt. u. d. Titel »Memoiren«. Wien, München: Amalthea 1971). – Die ›Pariser Tageszeitung‹ ist das Nachfolgeorgan des ebenfalls unter Bernhards Leitung erschienenen ›Pariser Tageblatts‹. 1936 war es zu einer Auseinandersetzung zwischen dem Besitzer der Zeitung, Wladimir Poliakow, und der Redaktion gekommen. Man warf P. vor, er habe mit einem Vertreter der deutschen Botschaft über den Verkauf der Zeitung an das Deutsche Reich verhandelt. Die Redaktion trennte sich von P. und gab in gleicher Aufmachung die »Pariser Tageszeitung« heraus. In mehreren Verhandlungen erwies sich P.'s Unschuld; Bernhard mußte daraufhin Ende 1937 aus der Redaktion ausscheiden. – Dieser Vorgang wird von Lion Feuchtwanger in »Exil« geschildert.

11 Die Ermordung des Nazidiplomaten Ernst vom Rath am 7. 11. 1938 durch den siebzehnjährigen Grynszpan war der Vorwand für einen seit langem vorbereiteten, mit bestialischer Grausamkeit durchgeführten Judenpogrom: die »Reichskristallnacht« vom 9. zum 10. November 1938. – Grynszpan hat die faschistische Barbarei überlebt.

12 Großbritannien hatte bei Kriegsbeginn Truppen in Frankreich stehen. Das britische Expeditionskorps (B.E.F. = British Expeditionary Force) war nach dem Durchbruch der deutschen Truppen bei Sedan im Mai 1940 im Raum Dünkirchen eingeschlossen. Infolge eines Marschpausenbefehls Hitlers am 24. 5. 1940 gelang es, 338 000 Soldaten zu evakuieren.

13 Die Verbindung zwischen Heinrich Mann und Fry ist offenbar von Feuchtwanger hergestellt worden, der zuvor schon andere Flucht-

pläne für Heinrich Mann entworfen hatte. In einem Brief an seinen Bruder Thomas vom 23. 7. 1940 schreibt Heinrich Mann: »Der gute Wille, uns in Sicherheit zu bringen, scheint hier und da zu bestehen. Nächstens soll sich erweisen, ob wir nach Nordafrika verschwinden können...« (Th. Mann – H. Mann, Briefwechsel 1900-1949. Frankfurt/M.: S. Fischer 1968, S. 196). – Feuchtwanger selbst beschreibt einen weiteren Fluchtplan: »Ich mußte den damals neunundsechzigjährigen Heinrich Mann fragen: ›Sind Sie bereit, alles, was Sie haben, im Stich zu lassen, einen Rucksack mit dem Allernotwendigsten auf die Schultern zu nehmen, 30 Kilometer durch die Nacht zu marschieren, auf verbotenen Wegen, und dann ein zweifelhaftes Motorboot zu besteigen? Dieses Motorboot soll uns, immer in Gefahr, von deutschen oder italienischen Schiffen geschnappt zu werden, mittels einer Reise, die der Kapitän auf sieben oder zehn Tage veranschlagt, um Spanien herum nach Lissabon bringen. Sind Sie, Heinrich Mann, bereit, mitzumachen?‹ Andere, vor die gleiche Frage gestellt, hatten versagt, hatten gezögert, hatten es nicht gewagt. Der neunundsechzigjährige Heinrich Mann, ohne sich eine Sekunde zu bedenken, sagte ja.« (zit. n. Volker Ebersbach, Heinrich Mann. Leipzig: Reclam 1978). – Heinrich Mann schließlich beschreibt Feuchtwangers Bemühungen um seine Rettung in seiner Autobiographie: »Feuchtwanger behandelte das Problem unserer Abreise wie einen seiner Romane, auf Grund sicherer Kenntnisse – der Gegebenheiten, der Personen – und im vernünftigen Hinblick auf das Abenteuer, das endlich eintreten soll... Improvisationen verdienen keinen Glauben, zum Beispiel taugt die Fischerbarke nichts. Was für ein Roman wäre das, wenn auf hoher See unser gemietetes Schiffchen aufgehalten würde von einem feindlichen Fahrzeug – feindlich sind jetzt alle –, und die untersuchte Ladung für Nordafrika ergäbe nur drei geschlachtete Hämmel, aber sechs noch lebende Emigranten. Mäßig erfunden, schwach komponiert... Wir werden zu Fuß und auf eigene Verantwortung über die Pyrenäen gehen müssen...« (H. M., Ein Zeitalter wird besichtigt, S. 439 f.)

14 Vgl. zum folgenden die Darstellungen der Pyrenäenüberquerung bei Heinrich Mann (Ein Zeitalter wird besichtigt, S. 441 f.) und Alma Mahler-Werfel (Mein Leben. Frankfurt/M.: S. Fischer 1960, S. 312 ff.). Alma Mahler-Werfel hat es für nötig befunden, sich für das distanziert-sachliche Porträt, das Fry von ihr gezeichnet hat, zu rächen. In ihrer Autobiographie heißt es: »... und das einzige, was Mr. Fry

wirklich geleistet hat, war, daß er das ganze Gepäck von uns fünfen über die Grenze brachte.« – Vladimir Vochoč (vgl. a. Anm. 5) teilt mit, daß die Strapazen der illegalen Flucht aus Frankreich möglicherweise nicht nötig gewesen wären. Er war am 12. 8. 1940 persönlich um Ausreisevisa für Heinrich Mann, Franz Werfel und zehn weitere Exilierte beim Innenministerium des ersten Kabinetts Laval vorstellig geworden. »Einige Tage nachher [nach gelungener Flucht] sind die Visa de sortie . . . in Marseille angelangt.« (H. Mann am Wendepunkt, S. 85)

15 Schritt für Schritt wurde die nationalsozialistische »Judengesetzgebung« auf Frankreich übertragen: im Juli 1940 erfolgte die Ausweisung der Juden aus dem Elsaß und Lothringen; am 3. 10. 1940 legte Vichy die Prinzipien der Rassendiskriminierung fest; am 18. 10. 1940 begann die »ökonomische Arisierung«; am 26. 4. 1941 folgte die Verordnung über die für Juden verbotenen Berufe; ein Gesetz vom 21. 6. 1941 verpflichtete alle Juden, sich bis zum 31. 7. 1941 registrieren zu lassen – auf dieser Grundlage erfolgte dann ab Dezember 1941 die Deportation »nach dem Osten«.

16 Nach französischem Gesetz gab es eine Militärdienstpflicht für alle Fremden, die Nutznießer der Asylgewährung waren; nach einer Verordnung vom 12. 4. 1939 unterstanden alle staatenlosen Männer zwischen 20 und 48 Jahren den Militärbehörden. Der Militärdienst konnte wahlweise in der Fremdenlegion oder in sog. Prestataire-Einheiten – aus Ausländern gebildete, der Armee angegliederte Arbeitskompanien – abgeleistet werden. Die freiwillige Meldung zu diesen Einheiten war eine Möglichkeit, um aus dem Internierungslager (vgl. Anm. 3) entlassen zu werden. Die Geschichte dieser »Unbestimmbaren«, die dem 21. Regiment de Marche des Volontaires Étrangères (in ihm dienten Angehörige aus 58 verschiedenen Nationen) zugeteilt waren, hat Hans Habe in dem Roman »Ob Tausend fallen« festgehalten.

17 Die ›Kundt-Kommission‹ (so benannt nach ihrem Vorsitzenden, dem Legationsrat Dr. Ernst Kundt vom Auswärtigen Amt) hatte den offiziellen Auftrag, »an Ort und Stelle im unbesetzten Frankreich festzustellen, ob sich noch Reichsdeutsche in Internierungslagern befinden und gegen ihren Willen von den Franzosen festgehalten werden«. Die Zusammensetzung der Kommission – fünf der elf Mitglieder

gehörten der Gestapo und der Heeresleitung Abwehr an, nur zwei Mitglieder waren Vertreter des Roten Kreuzes – läßt jedoch keinen Zweifel daran, daß eine zweite Aufgabe der Kommission die wichtigere war: festzustellen, »ob und inwieweit sich im unbesetzten Frankreich noch deutsche Personen befinden, die wegen politischer und krimineller Straftaten von Deutschland gesucht werden und an deren Auslieferung und Überstellung« deutscherseits ein Interesse bestand. In einem Erfahrungsbericht über die Rundreise dieser Kommission durch die Lager, Hospitäler und Gefängnisse im unbesetzten Frankreich heißt es, daß »cirka 80 bis 90 Prozent der noch angetroffenen Lagerinsassen Juden und politische Emigranten, darunter sehr viele Rotspanienkämpfer waren« (alle Zitate gemäß Auskunft des Bundesministeriums des Auswärtigen vom 25. 9. 1968, zit. bei Kurt R. Grossmann, Emigration. Frankfurt/M: EVA 1969, S. 200)

18 Vgl. hierzu die Darstellung von Serge in dessen Autobiographie »Beruf: Revolutionär« (Frankfurt/M.: S. Fischer 1967)

19 Johannes Fittko: im Original – um die Fittkos nicht zu gefährden – Johannes F. In ihren Erinnerungen hat Lisa Fittko die Grenzarbeit mit ihrem Mann Hans Fittko eindringlich beschrieben (Lisa Fittko, Mein Weg über die Pyrenäen. Erinnerungen 1940/41. München/Wien: Carl Hanser Verlag 1985). – Der Anteil Lisa Fittkos an der Grenzarbeit wird bei Fry eher untertrieben.

20 Maquis: ursprünglich die Bezeichnung für den korsischen Buschwald, der als Schlupfwinkel vor der Blutrache diente. Im 2. Weltkrieg Name der französischen Widerstands- und Partisanenbewegung gegen die deutsche Besatzungsmacht und die Miliz der Vichy-Regierung.

21 Bei dem nachfolgenden Text handelt es sich um eine Rückübersetzung aus dem Englischen; das von Frau Breitscheid auf deutsch verfaßte Memorandum konnte nicht aufgefunden werden; infolgedessen konnte auch nicht festgestellt werden, ob dieses Memorandum identisch ist mit dem von Toni Breitscheid verfaßten Bericht »Exiljahre und Ende von Rudolf Breitscheid« (in: Volksrecht, Zürich, 6. 6. 1947). – Zu dem Gesamtkomplex vgl. a. die Darstellungen von Bedrich Heine, die sich im Nachlaß Stampfer bzw. im Parteiarchiv der SPD, Bestand Sopade, befinden und als Dokumente 110 und 113 abgedruckt sind in: Erich

Matthias (Hg.), Mit dem Gesicht nach Deutschland. Eine Dokumentation über die sozialdemokratische Emigration. Düsseldorf: Droste 1968.

22 Vgl. hierzu die Darstellung Sahls in seinem autobiographischen Roman »Die Wenigen und die Vielen« (Frankfurt/M.: S. Fischer 1959) sowie das Nachwort zu dieser Ausgabe.

23 Im Original ›Hans Aufricht‹ – offenkundig eine Namensverwechslung. – Vgl. hierzu die Darstellung von Aufricht in seiner Autobiographie »Erzähle damit du dein Recht erweist« (Berlin: Propyläen 1966).

24 Daß die Überfahrt auf der Martinique-Route nicht immer so glatt verlief, wie von Fry eingeschätzt (». . . direkt nach Martinique, und von dort auf dem kürzesten Weg nach New York . . .«), sei am Weg dieser Flüchtlingsgruppe demonstriert: Bei dem erwähnten Schiff handelt es sich um den etwa 6000 Tonnen fassenden Frachter ›Paul Lemerle‹, der rund 200 Flüchtlinge – darunter neben den Familien Serge und Breton Anna Seghers und Alfred Kantorowicz – nach Martinique brachte. Die ›Paul Lemerle‹ erreichte Fort de France, die Hauptstadt von Martinique, am 20. April 1941. Dort wurden die Flüchtlinge interniert. Nach vier Wochen Internierung konnte ein Großteil von ihnen nach Santo Domingo weiterreisen. Nach einem weiteren Aufenthalt von 14 Tagen gelangten die Flüchtlinge mit einem Passagierdampfer am 16. Juni 1941 nach New York, wo Flüchtlinge mit Mexiko-Visa (z. B. Anna Seghers, Victor Serge) bis zu ihrer Weiterreise erneut interniert wurden. – Serge (vgl. Anm. 18), Kantorowicz (Exil in Frankreich. Bremen: Schünemann 1971) und Anna Seghers (Brief an Bodo Uhse vom 1. 6. 1941; in: Batt, Anna Seghers. Leipzig: Reclam 1973) haben die Bedingungen der Überfahrt und die Verhältnisse auf der ›Paul Lemerle‹ (Kantorowicz: »Das Schiff glich einem schwimmenden Konzentrationslager«) ausführlich beschrieben. – Ob und welchen Anteil Fry an der Flucht von Anna Seghers gehabt hat, ist noch nicht hinreichend geklärt. Im Gegensatz zu Fry, der die Seghers nicht erwähnt, hat Anna Seghers in »Transit« (in Kap. 9,2) ein Porträt von Fry gezeichnet. Er heißt dort ›Prof. Whitaker‹ und residiert – realitätsgetreu – im Hotel Splendide. Die leicht distanzierte Darstellung ergibt sich möglicherweise aus der Perspektive des Romans.

25 Bei der CNT (Confederacion Nacional del Trabajo) handelt es sich um den anarchistischen Gewerkschaftsbund (1 Mio. Mitglieder bei Beginn des Bürgerkrieges), bei der FAI (Federacion Anarquista Iberica) um einen anarcho-syndikalistischen Geheimbund. Die bedeutendste spanische Arbeiterorganisation war der sozialistische Gewerkschaftsbund UGT mit 1,5 Mio. Mitgliedern und dem Führer Francisco Largo Caballero (vgl. Anm. 29)

26 Jacob hatte u. a. in einem Beitrag in der ›Weltbühne‹ auf die Teilnahme des ältesten Sohnes des Kronprinzen an einem Reichswehrmanöver hingewiesen, einen Vorfall, der zur Ablösung des Chefs der Heeresleitung, General von Seeckt, im Oktober 1926 führte. Aus Furcht vor Racheakten war Jacob bereits 1932 nach Straßburg übersiedelt, von wo aus er die zweisprachige Presse-Korrespondenz »Unabhängiger Zeitungsdienst« herausgab. 1935 wurde er in die Schweiz gelockt und von dort von der Gestapo nach Deutschland entführt. Unter dem Druck einer von emigrierten Antifaschisten inszenierten Pressekampagne mußte Jacob auf Intervention der Schweizer Regierung freigelassen werden. (Lion Feuchtwanger hat diesen spektakulärsten Fall von Entführung und Auslandsaktivitäten der Gestapo in seinem Roman »Exil« literarisch verarbeitet.) 1939 wurde Jacob wie alle Emigranten interniert und in das berüchtigte Lager Le Vernet gebracht. (s. a. Anm. 27)

27 Jacob wurde ein zweites Mal entführt (zur ersten Entführung s. Anm. 26), nach Berlin verschleppt und dort in Gefängnishaft gehalten. Er starb an den Folgen der Mißhandlung am 26. 2. 1944 im Israelitischen Krankenhaus zu Berlin.

28 Freier hat das Vernichtungslager überlebt und lebt heute in Paris.

29 Largo Caballero wurde bei Kriegsende von alliierten Truppen aus dem KZ Oranienburg befreit; er starb am 25. 3. 1946 in Paris.

30 Mehring kehrte am 26. 2. 1953 verbittert und vollkommen mittellos zurück und lebte danach meist in München oder Zürich, wo er am 3. 10. 1981 starb. (Vgl. dazu auch text + kritik, Heft 78, »Walter Mehring«, München 1983)

Nachwort

»Oh, there are ways, you know ...«

Es beginnt allmählich in das allgemeine Bewußtsein einzudringen, in welch erheblichem Umfang Wissenschaft und Kultur der USA nach 1933 durch den Zustrom antifaschistischer europäischer Intellektueller profitiert haben. Ob es sich nun um Physik, Psychoanalyse oder Medizin handelt, um Volkswirtschaft, Sozialwissenschaften oder Philosophie, um Architektur, Kunst, Kunstgeschichte, Musik oder Film – in all diesen Bereichen haben in den USA »Illustrious Immigrants«[1] Hervorragendes geleistet. Eine Organisation, die an der Rettung dieser Intellektuellen vor dem Zugriff des europäischen Faschismus maßgeblich beteiligt war, ist das New Yorker Emergency Rescue Committee (ERC). Das vorliegende Buch des amerikanischen Journalisten Varian Fry (1907–1967) – es erschien 1945 in New York unter dem Titel ›Surrender on Demand‹[2] – berichtet von den Rettungsaktionen des ERC in Vichy-Frankreich in der Zeit von August 1940 bis zum August 1941. Als Hauptakteur ist Varian Fry besonders qualifiziert, über diese Rettungsaktionen zu berichten.

Das ERC wurde am 25. Juni 1940, drei Tage nach Abschluß des deutsch-französischen Waffenstillstands, in New York gegründet.[3] Ziel der Gründung war es, namhaften europäischen Schriftstellern, Journalisten, bildenden Künstlern, Musikern, Komponisten, Schauspielern, Wissenschaftlern, Gewerkschaftsführern und Politikern, die vor faschistischer Verfolgung nach Frankreich geflohen waren und sich im Verlaufe des deutschen Westfeldzuges in den Süden des Landes, das vorerst unbesetzte Gebiet, gerettet hatten, Ausreise oder Flucht nach Übersee zu ermöglichen. Die gleiche Hilfe sollte auch gefährdeten Franzosen zuteil werden. Die Notwendigkeit raschen Handelns erkannte man insbesondere nach Bekanntwerden von Artikel 19 des deutsch-französischen Waffenstillstandsabkommens, in dem sich die französische Regierung unter Mißachtung des Asylrechtes verpflichten mußte, alle Personen aus dem Hoheitsbereich der deutschen Regierung auf Verlangen auszuliefern[4]. Die Gründer beabsichtigten darüber hinaus, die Rettungsaktionen mehrerer privater Hilfsorganisationen zu koordinieren und in Fragen der Visumsbeschaffung die Interessen der Klienten gegenüber den amerikanischen Bundesbehörden zu vertreten.

Die Leitung des ERC übernahm Frank Kingdon, der Präsident der University of Newark. Dem Exekutivausschuß gehörten ferner an: L. Hollingsworth Wood, David F. Seiferheld und Ingrid Warburg. Das ›National Committee‹ setzte sich aus folgenden prominenten amerikanischen Persönlichkeiten zusammen: Mrs. Emmons Blaine (bekannt durch ihre philanthropische Tätigkeit; Witwe des Gründers der School of Education der University of Chicago), Alvin Johnson (Präsident der New School for Social Research), William Allen Neilson (Präsident des Smith College in Massachusetts), Charles Seymor (Präsident der Yale University), George Shuster (Präsident des Hunter College in New York), Raymond Gram Swing (Journalist und Rundfunkkommentator) und Dorothy Thompson (Journalistin).

Versucht man, Einzelheiten der Gründung des ERC zu rekonstruieren, versucht man insbesondere, den Anteil einzelner Personen und Organisationen beim Zustandekommen des ERC zu bestimmen, so stößt man auf Schwierigkeiten. Einmal geben die Akten des ERC so gut wie keine Auskunft darüber[5]. Eine weitere Schwierigkeit bei der Klärung dieser Frage ist in der Tatsache zu suchen, daß viele der damals beteiligten Personen nicht mehr am Leben sind. Aber selbst wenn man Auskünfte bekommt, ist Vorsicht geboten, da die Beteiligten begreiflicherweise dazu neigen, den Anteil ihrer eigenen Organisation oder ihres speziellen Kreises, mitunter auch ihre eigene Rolle, zu überschätzen.

Folgt man Frank Kingdon, dem Vorsitzenden des ERC, so ist ein entscheidender Impuls von einem Treffen im New Yorker Hotel Commodore am 22. Juni 1940 ausgegangen. Bei dieser

Zusammenkunft, auf der Raymond Gram Swing gesprochen habe, sei es zunächst um die Rettung französischer Künstler gegangen. Jedoch sei man sich sehr bald darüber einig gewesen, daß man angesichts der akuten Gefährdung so zahlreicher bedeutender Persönlichkeiten des kulturellen und politischen Lebens aus vielen Ländern Europas den Kreis der zu Rettenden nicht auf Franzosen begrenzen dürfe.[6]

Die American Friends of German Freedom (Präsident: Reinhold Niebuhr), die in enger Verbindung zu der linkssozialistischen Gruppe Neu Beginnen unter Paul Hagen (d. i. Karl Frank) standen, scheinen am Zustandekommen des ERC mitgewirkt zu haben. So behaupten etwa Harold Oram, der »Campaign Director« des ERC, sowie Joseph Buttinger (Pseudonym: Gustav Richter), ein führender sozialistischer Exilant aus Österreich, der damals u. a. der International Relief Association angehörte, daß der Anstoß zu den Rettungsaktionen von den American Friends of German Freedom ausgegangen sei.[7] Varian Fry schließlich erwähnt in seinem Buch zwar nicht ausdrücklich die American Friends of German Freedom, hebt aber die Rolle Paul Hagens bei der Gründung des ERC hervor.[8]

Nach Schaffung der organisatorischen und finanziellen Grundlagen galt es, mit der eigentlichen Rettungstätigkeit zu beginnen. Im ERC erkannte man, daß man zu diesem Zweck einen Vertreter nach Frankreich entsenden müsse. Die Suche nach einem geeigneten Kandidaten verlief nicht ohne Schwierigkeiten, denn man brauchte jemanden mit umfänglichen Sprach- und Landeskenntnissen, mit Organisationstalent und der Befähigung zu konspirativer Tätigkeit. Schließlich war auch ein nicht unbeträchtliches Maß an Mut erforderlich, denn die Rettungsarbeit war nicht ohne persönliches Risiko. Die Situation wurde ferner dadurch kompliziert, daß die amerikanische Regierung von Reisen nach Vichy-Frankreich dringend abriet. Die Wahl fiel schließlich auf den Journalisten und Redakteur Varian Fry.

Varian Fry, 1907 in New York geboren, absolvierte 1931 sein vierjähriges Grundstudium mit dem Grad eines Bachelor of Arts an der Harvard University. In den Jahren 1933-1936 sowie 1937-

1938 belegte Fry an der Columbia University in New York Vorlesungen und Seminare im Fach Politikwissenschaft mit dem Schwerpunkt Außenpolitik. In der Hauptsache jedoch war Fry in jenen Jahren nacheinander als Redakteur bei verschiedenen Zeitschriften tätig, *Consumer's Research* (1931-1932), *Scholastic Magazine* (1933-1935) und *The Living Age* (1935–1937). Zum Zeitpunkt seiner Ernennung durch das ERC war er Herausgeber der Headline Books der Foreign Policy Association. Seine eigenen Publikationen um diese Zeit bezeugen großes Interesse für außenpolitische Probleme.[9] Um seine Rolle zugunsten der vom europäischen Faschismus bedrohten und verfolgten Intellektuellen zu verstehen, muß man wissen, daß Fry der Befürworter einer demokratischen und sozialen Politik war.[10] Außerdem war er ein entschiedener Verfechter der Menschenrechte, wofür seine Mitgliedschaft und aktive Mitarbeit in der American Civil Liberties Union (ACLU), der führenden Bürgerrechtsorganisation der USA, spricht. Von der Verletzung der Menschenrechte im nationalsozialistischen Deutschland bekam Fry bereits im Verlaufe einer Europareise im Jahre 1935 einen unmittelbaren Eindruck. Fry wurde Zeuge von antijüdischen Ausschreitungen in Berlin im Juli 1935 und berichtete darüber in der amerikanischen Presse.[11]

Fry gehört somit in den Kreis liberaler amerikanischer Intellektueller, die vornehmlich in den großen Städten des Nordostens der USA zu Hause waren und denen die Rettung der vom europäischen Faschismus verfolgten Intellektuellen eine Herzenssache war. Dabei war nicht allein politische Solidarität ausschlaggebend. Hinzu kam eine starke kulturelle Affinität, die Bindung an europäische Literatur und Kunst. Es ist ferner durchaus typisch, daß Fry zu jenen gehörte, die in den Tagen und Wochen nach dem Zusammenbruch Frankreichs in amerikanischen Regierungskreisen das Bewußtsein für die Notwendigkeit von Rettungsaktionen zu wecken versuchten. So hatte Fry am 25. Juni 1940 zusammen mit Paul Hagen (d. i. Karl Frank) eine Unterredung mit Eleanor Roosevelt, der einflußreichen und aktivistischen Frau des amerikanischen Präsidenten. Eleanor Roosevelt war es auch, deren Fürsprache mithalf, die Ausstellung eines Reisepasses für Fry zu beschleunigen und die Erlaubnis der amerikanischen Regierung für die nicht ungefährliche Reise nach Vichy-Frankreich zu erwirken.[12]

Am 4. August 1940 verließ Fry per Flugzeug New York in Richtung Lissabon. Nach kurzem Aufenthalt in der portugiesischen Hauptstadt reiste er nach Marseille weiter, wo er – versehen mit Geld und den Namenslisten der zu Rettenden – von seinem Hotelzimmer aus die Arbeit aufnahm. Fry erkannte recht bald die Notwendigkeit, die Rettungsarbeit weitgehend illegal durchzuführen und gründete – vornehmlich zur Tarnung der illegalen Arbeit – das Centre Américain de Secours, eine Wohltätigkeitsorganisation zur Unterstützung von notleidenden Flüchtlingen. Der Umfang der Arbeit wuchs schon in kurzer Zeit so sehr, daß die Eröffnung eines regulären Büros im Zentrum der Stadt notwendig wurde. Um sich gegen die Übergriffe der mißtrauischen Vichy-Behörden zu sichern und den Charakter der Legalität zu betonen, gewann Fry die moralische Unterstützung prominenter Franzosen. Dem »Comité de Patronage« der Organisation, dessen Mitglieder auf dem Briefbogen aufgelistet wurden, gehörten vor allem Vertreter des kulturellen Lebens an, so etwa André Gide, Jean Giraudoux, Aristide Maillol, Henri Matisse, Blaise Cendrars, Emmanuel Mounier, Georges Duhamel, Charles Messager Vildrac, Wladimir D'Ormesson und Dunoyer de Segonzac. Es versteht sich von selbst, daß Fry der aktiven Mithilfe anderer zur Durchführung seiner Arbeit bedurfte, und in seinem Buch kann man nachlesen, wie er in kurzer Zeit fähige und selbstlose Mitarbeiter aus den Kreisen der Hitler-Flüchtlinge und unter den Franzosen gewann. Die Hilfsorganisation bestand weiter, als Fry am 29. August 1941 durch die Vichy-Behörden verhaftet und einige Tage später aus Frankreich ausgewiesen wurde. Ihre Tätigkeit endete erst am 2. Juni 1942. An diesem Tag wurde das Büro in Marseille von der Polizei wegen »subversiver« Tätigkeit geschlossen.[13]

Die illegale Tätigkeit Frys und seiner engeren Mitarbeiter bestand darin, seinen Klienten die Flucht aus Frankreich zu ermöglichen – Fry ließ sie zumeist über die Pyrenäen nach Spanien schmuggeln – und ihnen für die Durchreise durch Spanien nötigenfalls gefälschte Pässe und Visa zu beschaffen, wenn sie es aufgrund ihres Engagements für die spanische Republik nicht wagen durften, unter ihrem eigenen Namen durch Franco-Spanien zu reisen. Ein französisches Ausreisevisum war – von einer mehrmaligen kurzfristigen Aufhebung des Ausreiseverbotes abgesehen – nicht zu erhalten. Im übrigen scheuten viele der exponierten und von der Gestapo gesuchten Flüchtlinge davor zurück, von den gelegentlichen legalen Ausreisemöglichkeiten Gebrauch zu machen. Frys Organisation half ferner bei den Vorbereitungen für die Land- und Seereise, sobald ein amerikanisches oder ein anderes überseeisches Visum sowie ein spanisches und portugiesisches Durchreisevisum erteilt waren.

Die Beschaffung eines gültigen US-Visums war – neben der Beschaffung von Geldern – die Hauptaufgabe des ERC in New York. Da die amerikanische Einwanderungspolitik in jenen Jahren der nur langsam abklingenden Weltwirtschaftskrise noch immer sehr restriktiv war, erforderte die Visumbeschaffung einen erheblichen Arbeits- und Zeitaufwand.[14] Für die Klienten des ERC ging es zumeist um Sonder- oder Notvisa (Special Emergency Visitors' Visa), da für Quotenvisa in den meisten Fällen Wartezeiten von mehreren Jahren notwendig gewesen wären. Um ein solches Visum zu bekommen, waren folgende Unterlagen nötig: ein oder mehrere Gutachten zur Person mit ausführlichen biographischen Angaben, in welchen der Nachweis der akuten Gefährdung dieser Person durch den Faschismus erbracht werden mußte, ein »Affidavit of Sponsorship« (eine eidesstattliche Erklärung eines – meist prominenten – US-Bürgers, in der sich dieser für die politische und moralische Integrität der gefährdeten Person verbürgte), sowie ein »Affidavit of Support« (eine eidesstattliche Erklärung, in der der Bürge – er mußte US-Bürger sein oder die Erlaubnis zum Daueraufenthalt [permanent residence] in den USA besitzen – einen Überblick über den Stand seiner finanziellen Verhältnisse geben und sich zugleich verpflichten mußte, im Notfall mit seinem gesamten Vermögen für die zu bürgende Person einzustehen.) Beide Affidavits waren in jenen Jahren auch für ein Quotenvisum erforderlich.

Es gab naturgemäß erhebliche Schwierigkeiten bei der Beschaffung dieser Unterlagen sowie der notwendigen Reisegelder. Aber das ERC löste nicht alle Probleme allein. Es arbeitete vielmehr mit zahlreichen Organisationen zusammen, etwa mit der International Relief Association, dem Unitarian Service Committee, der New School for Social Research, dem Museum of Modern Art, dem European Film Fund, der Hebrew Sheltering and Immigrant Aid Society und der American Guild for German Cultural Freedom. Doch das ERC fungierte dabei als Koordinationsstelle. Es leitete, sobald alle Unterlagen vorhanden waren, die jeweilige Akte an das President's Advisory Committee on Political Refugees in New York weiter. Dieses Komitee, dessen Mitglieder im März 1938 von Präsident Roosevelt ernannt worden waren, wirkte als eine Art Vorinstanz. Billigte es einen Antrag auf Einreise, so schickte es die Akte zur weiteren Überprüfung an das Justizministerium nach Washington. War diese Überprüfung positiv, so ging die Akte dann zwecks Erteilung eines Visums an das Außenministerium.

Nach der Einreise in die USA war das ERC seinen Klienten insofern behilflich, als es sie an amerikanische Hilfsorganisationen empfahl und ihnen in der neuen Welt bescheidene Orientierungshilfe gab. Doch dieser Teil der Tätigkeit trat gegenüber der Hauptaufgabe, der Rettung, in den beiden ersten Jahren zurück.

Die Exilanten, die schon in Sicherheit waren, empfanden es als selbstverständliche Pflicht, ihren Kollegen, die noch gefährdet waren, zu helfen. Sie taten es dadurch, daß sie das ERC auf die rettungswürdigsten Personen hinwiesen, kurze Bio- und Bibliographien dieser Personen zusammenstellten und Vorschläge machten, wer eventuell als »Sponsor« für die jeweilige Person in Frage kam. Selbst Bürge zu sein, war für die Exilanten zumeist nicht möglich. Ein »Affidavit of Sponsorship« konnte nur von einem US-Bürger abgegeben werden, ein »Affidavit of Support« von einem US-Bürger oder einer Person mit ständigem Wohnsitz in den USA. Entweder hatten die bereits geflohenen Exilanten diesen Status noch nicht, oder es fehlte ihnen an den materiellen Voraussetzungen für ein finanzielles Affidavit.

Es waren insbesondere die Exilschriftsteller, die die Arbeit des ERC unterstützten. So wirkte etwa Thomas Mann bei der Gründung des ERC wie auch bei der Beschaffung von Geldern mit, wobei ihm zeitweilig ein Teil der dabei anfallenden Kleinarbeit von Erika Mann abgenommen wurde. Hermann Kesten fungierte zeitweilig als ehrenamtlicher Berater im ERC in New York, eine Aufgabe, die viel Arbeit verlangte. Da Kesten – nicht zuletzt aufgrund seiner Tätigkeit im Exilverlag Allert de Lange – die meisten Exilschriftsteller gut kannte, war er als Mittelsmann zwischen den Schriftstellern und dem ERC besonders gut geeignet. Einen besonderen Beitrag leistete der Schriftsteller Hans Sahl: Bis zu seiner Flucht aus Frankreich im März 1941 gehörte er zu den Mitarbeitern Frys im Centre Américain de Secours. Fry stellte ihn als »Interviewer« für Schauspieler, Maler und Künstler an und beteiligte ihn auch an der illegalen Arbeit.[15]

Von besonderer Bedeutung für den Ablauf der Arbeit in Europa war die enge Zusammenarbeit des ERC (insbesondere des Centre Américain de Secours) mit dem Büro des Unitarian Service Committee in Lissabon. Das im Mai 1940 gegründete Unitarian Service Committee, eine Hilfsorganisation der amerikanischen Unitarier, betreute in Lissabon u. a. die Klienten des Centre Américain de Secours, denen die Ausreise bzw. Flucht aus Frankreich geglückt war (vgl. auch S. 317-320). Es kümmerte sich im Auftrag des ERC auch um die Schiffsreise, eine Aufgabe, die in den Jahren 1940-1942 mit großen Mühen verbunden war.[16]

Organisationsgeschichtlich ist über das ERC nachzutragen: Weniger als zwei Jahre nach seiner Gründung schloß sich das ERC mit der International Relief Association, die schon 1933 zur Unterstützung der Opfer des Faschismus gegründet worden war, zum International Rescue and Relief Committee zusammen. Datum der amtlichen Eintragung in das Vereinsregister des Staates New York ist der 23. März 1942. Nach Auskunft von Charles Sternberg, dem Executive Director des jetzigen International Rescue Committee, fand der eigentliche Zusammenschluß bereits einige Wochen vor diesem Datum statt.[17] Es ist schwer, vierzig

Jahre später alle Details dieses Zusammenschlusses zu rekonstruieren, denn die beteiligten Persönlichkeiten beider Organisationen richteten ihre Aufmerksamkeit ganz auf die Rettungsarbeit, nicht auf Dinge, die einmal organisationsgeschichtlich interessant werden könnten. Maßgebend scheint bei diesem Zusammenschluß gewesen zu sein, daß beide Organisationen im Grunde die gleichen Ziele verfolgten.

In der personellen Zusammensetzung des International Rescue and Relief Committee zeigte sich die Tatsache der vollzogenen Fusion. Frank Kingdon wurde Vorsitzender. Von den vier Vizepräsidenten kamen zwei, L. Hollingsworth Wood und Ingrid Warburg, aus dem ERC, die beiden anderen, Sterling D. Spero und Freda Kirchwey, aus der International Relief Association. David Seiferheld, der Schatzmeister des ERC, übte dieses Amt auch in der neuen Organisation aus. Sheba Strunsky, Exekutivsekretärin der International Relief Association, hatte im International Rescue and Relief Committee dieselbe Funktion. Am 4. Januar 1949 erfolgte dann nach Auskunft des Department of State in Albany (US-Staat New York), das alle amtlichen Eintragungen in das Vereinsregister des Staates New York erfaßt, die Umbenennung in International Rescue, und am 3. Mai 1951 nahm die Organisation den Namen an, unter dem sie noch heute in vielen Teilen der Welt tätig ist: International Rescue Committee.

Leider ist es nicht möglich, anhand der einschlägigen Akten und sonstiger Materialien die genaue Zahl der Geretteten sowie der in Marseille vom Centre Américain de Secours im Zeitraum von 1940-1942 Unterstützten zu bestimmen. In einer Broschüre des ERC von Ende Juli 1941[18], in der ein Tätigkeitsbericht über die Arbeit des ersten Jahres gegeben wird und in der Frank Kingdon nachdrücklich an weitere private amerikanische Hilfsbereitschaft appelliert, wird die Zahl der aus Frankreich Geretteten mit 602, die Zahl der unterstützten »political and intellectual refugees« mit mehr als 3500 angegeben. Eine – leider undatierte – Namensliste mit dem Titel »Liste Complète des Clients du Centre Américain de Secours. 2e liste par ordre alphabétique« enthält knapp 2000 Namen.[19] Die Gesamtzahl dürfte indessen höher gewesen sein. Es handelt sich hier offenbar nur um die Zahl der Klienten zum Zeitpunkt der Zusammenstellung der Liste.

Die Wichtigkeit der Arbeit des ERC spricht weniger aus der Zahl als aus der Bedeutung der Geretteten. Die Broschüre »602 Lives« des ERC nennt einige der prominentesten Persönlichkeiten, denen das ERC im ersten Jahr seines Bestehens zur Flucht nach Übersee verholfen hat: André Breton, Marc Chagall, den italienischen Schriftsteller Nicolai Chiaromonte, Max Ernst, Leonhard Frank, Hans Habe, Konrad Heiden, den französischen Bildhauer Jacques Lipchitz, Heinrich Mann, den rumänischen Historiker und Philosophen Valeriu Marcu, den französischen Maler André Masson, den spanischen Journalisten Jaime Miravittles, Franz Werfel und den polnischen Schriftsteller Josef Wittlin.

Aus der Reihe dieser Namen spricht die europäische Orientierung des ERC. Daß das ERC in seiner Rettungs- und Hilfstätigkeit ganz bewußt eine nationale Begrenzung vermied, wird auch in der Zusammensetzung seines Advisory Committee deutlich, dem u. a. Max Ascoli, Thomas Mann, Jacques Maritain und J. Alvarez Del Vayo angehörten.

Für die deutsche Exilliteratur haben Varian Fry und das ERC eine sehr wichtige Rolle gespielt. Dazu zunächst einige Zahlen: Von den knapp 2000 Namen auf der bereits erwähnten Liste des Centre Américain de Secours sind über 100 in dem bekannten Handbuch ›Deutsche Exil-Literatur 1933-1945. Eine Bio-Bibliographie‹ von Sternfeld/Tiedemann verzeichnet[20] und lassen sich damit generell dem Bereich »Deutsche Exilliteratur« zuordnen. Und von den insgesamt etwa 170 deutschsprachigen Exilanten, von denen es im Archiv des ERC noch eine Personalakte gibt, sind 35 im Sternfeld/Tiedemann vertreten. Die wichtigsten Schriftsteller, Verleger und Journalisten aus dem deutschsprachigen Raum, deren Rettung das ERC bewerkstelligte bzw. an deren Rettung aus Frankreich es mitwirkte, sind: Georg Bernhard, Alfred Döblin, Paul Elbogen, Lion Feuchtwanger, Leonhard Frank, Hans Habe, Iwan Heilbutt, Berthold Jacob,

Annette Kolb, Siegfried Kracauer, Golo Mann, Heinrich Mann, Hans Marchwitza, Walter Meckauer, Walter Mehring, Carl Misch, Hans Natonek, Alfred Neumann, Ernst Erich Noth, Max Osborn, Karl Otto Paetel, Hertha Pauli, Franz Pfemfert, Alfred Polgar, Hans Sahl, Anna Seghers, Hans Siemsen, Wilhelm Speyer, Friedrich Torberg, Fritz von Unruh, Walter Victor, Franz Werfel, Paul Westheim, Kurt Wolff, Friderike Zweig und Guido Zernatto.

Die Geschichte der Rettungsaktionen des ERC, die Fry in seinem Buch geschrieben hat, ist ein Dokument der Geschichte des antifaschistischen Exils wie auch der intellektuellen Emigration in die USA. Doch hat Fry mit diesem Buch nicht nur ein historisches Dokument hinterlassen, sondern zugleich ein Werk von einiger literarischer Qualität. Fry erweist sich – ohne dadurch die Realitätstreue seines Berichtes in Frage zu stellen – als spannender Erzähler. Das gilt insbesondere für die Schilderung seiner konspirativen Tätigkeit. Er verlebendigt viele Situationen durch dialogische Gestaltung und zeigt sich als Meister der Charakterisierung. Es gelingt ihm auch, viel Atmosphärisches einzufangen und die Jahre 1940-41 in Vichy-Frankreich lebendig vor dem Leser erstehen zu lassen. Ungeachtet des großen Ernstes der Situation, einer deprimierenden Weltlage und des Scheiterns verschiedener Rettungsaktionen – man lese z. B. bei Fry über das Schicksal von Rudolf Breitscheid und Rudolf Hilferding nach –, erzählt Fry häufig mit Witz und Komik. Im übrigen erhöht an vielen Stellen typisches angelsächsisches Understatement die Lesbarkeit seines Berichtes.

Es ist heute nur schwer nachzuvollziehen, welche Wirkung die Rettungsaktionen Frys – des »guten Engels von Marseille«[21] – und des ERC auf die Betroffenen gehabt haben. Die selbstlose Hilfe, die ihnen zuteil wurde, hat nicht nur das Verhältnis zu ihren unmittelbaren Wohltätern – wie etwa Varian Fry –, sondern oft auch zu Amerika auf nachhaltige Weise bestimmt. Hans Sahl hat in seinem autobiographischen Roman ›Die Wenigen und die Vielen‹[22] Varian Fry und dem ERC ein literarisches Denkmal gesetzt. An einer Stelle dieses Romans wird der Held, Kobbe (alias Hans

Sahl), von Bekannten darüber befragt, wie er denn aus Marseille entkommen sei. Kobbe erzählt:

Nun also, ein Freund kam an meinen Tisch (in einem Café in Marseille), ein sehr witziger Mensch, und sagte mir leise, ein Mann wäre im Hotel Splendide abgestiegen, ein Amerikaner, mit einem Haufen Dollar und einer Liste von Leuten, die gerettet werden sollten. »Ihr Name steht auch drauf. Rufen Sie sofort an. Er wartet auf Sie.« Ich sagte, mir wäre nicht nach Witzen zumute, aber dann rief ich doch im Hotel an und fragte nach jenem geheimnisvollen Herrn. Er meldete sich sofort. »Wie war Ihr Name? Oh, yes, Kobbe, kommen Sie sofort herüber, ich warte auf Sie!« Als ich zehn Minuten später im Hotel ankam, standen zwei deutsche Offiziere in der Halle. Ich ging an ihnen vorbei, zum Fahrstuhl, fuhr hinauf, und als ich die Tür öffnete und eintrat, kam mir ein freundlicher junger Mann in Hemdsärmeln entgegen, legte den Arm um mich, stopfte mir einige Geldscheine in die Tasche, zog mich zum Fenster und wisperte, wie ein nicht sehr guter Schauspieler, der eine Verschwörerrolle spielen soll: »Wenn Sie mehr brauchen, kommen Sie wieder. Inzwischen werde ich Ihren Namen nach Washington kabeln. Wir werden Sie herausbringen. Es gibt Wege, Sie werden sehen, oh, es gibt Wege . . .« Er goß mir ein Glas Whisky ein. »Übrigens brauchen Sie einen neuen Anzug. Sie können nicht mehr so herumlaufen. Wir werden Ihnen morgen einen hübschen Sommeranzug kaufen.« Ich goß den Whisky herunter und sagte abwechselnd »Thank you very much, Sir« und »Danke vielmals« und »Merci, monsieur«. Sie müssen sich vorstellen: die Grenzen waren gesperrt, man saß in der Falle, jeden Augenblick konnte man von neuem verhaftet werden, das Leben war zu Ende – und nun steht da plötzlich ein junger Amerikaner in Hemdsärmeln, stopft dir die Taschen mit Geld voll, legt den Arm um dich und zischelt mit schlecht gespielter Verschwörermiene: »Oh, es gibt Wege, Sie herauszubringen«, während dir, verdammt nochmal, die Tränen über die Backen laufen, ja, scheußliche, richtige, dicke Tränen, und der Kerl, der gemeine, übrigens ein ehemaliger Harvard-Student, nimmt nun auch wirklich sein seidenes Taschentuch aus der Jacke, die über dem Stuhl hängt, und sagt: »Hier, nehmen Sie. Es ist nicht ganz sauber. Sie müssen schon entschuldigen.« Und sehen Sie, seitdem liebe ich Amerika, weil es diese Dinge so nebenbei und doch mit Umsicht und praktischem Verstand tut und weil da doch immer, wenn es nicht mehr weiterzugehen scheint, irgendein Mann in Hemdsärmeln vor dir steht und sagt: »Oh, there are ways, you know...«[23]

Wolfgang D. Elfe

Ich stütze mich im Nachwort teilweise auf Ausführungen, die ich gemacht habe in: »Das Emergency Rescue Committee«, in: Deutsche Exilliteratur seit 1933, Bd. I. Kalifornien, hg. von John M. Spalek und Joseph P. Strelka (Bern und München: Francke Verlag, 1976), S. 214-219.

Ich danke an dieser Stelle dem Committee on Research and Productive Scholarship der University of South Carolina für finanzielle Unterstützung. Diese Unterstützung hat mir einen Forschungsaufenthalt in New York ermöglicht, in dessen Verlauf ich insbesondere Gelegenheit hatte, den Nachlaß Varian Frys in der Butler Library der Columbia University zu sichten.

1 Der Begriff stammt von Laura Fermi, die der intellektuellen Immigration in die USA eine maßgebliche Studie gewidmet hat: Laura Fermi, *Illustrious Immigrants. The Intellectual Migration from Europe 1930-1941* (Chicago and London: The University of Chicago Press, 1968). Eine wichtige deutsche Publikation zu diesem Thema ist: Joachim Radkau, *Die deutsche Emigration in den USA. Ihr Einfluß auf die amerikanische Europapolitik 1933-1945* (Düsseldorf: Bertelsmann Universitätsverlag, 1971).

2 Varian Fry, *Surrender on Demand* (New York: Random House, 1945). Eine wesentlich kürzere Neufassung des Buches, die als eine Art Schulausgabe gedacht war, erschien unter dem Titel *Assignment Rescue* (New York: Four Winds Press, 1968).

3 In der ERC-Broschüre »602 Lives: The First Year of the Emergency Rescue Committee« wird als Gründungsdatum der 25. Juni 1940 angegeben. Datum der amtlichen Eintragung in das Vereinsregister des Staates New York ist allerdings erst der 17. September 1940.

4 Der Artikel 19 des Waffenstillstandsabkommens hat Fry zu seinem Buchtitel »Surrender on Demand«, deutsch: »Auslieferung auf Verlangen«, inspiriert.
5 Charles Sternberg, Executive Director des heutigen International Rescue Committee, äußert sich wie folgt über die Akten aus jener Zeit: »Absorbed as we have been with the task at hand, never quite able to catch up with yesterday's assignment, chronically short of money and frequently changing locations, our records are sketchy and what has been conserved is more often due to fluke than to design.« (Briefliche Auskunft vom 5. Juli 1972). – Die Akten des ERC befinden sich seit etwa 10 Jahren in der Deutschen Bibliothek in Frankfurt. Die Universitätsbibliothek der State University of New York at Albany (USA) besitzt Xerokopien aller dieser Akten.
6 Aufzeichnungen Will Schabers (*Aufbau*, New York) von einem Interview mit Frank Kingdon am 15. November 1966.
7 Mündliche Auskunft von Harold Oram in New York im Sommer 1973; briefliche Auskunft von Joseph Buttinger vom 22. Oktober 1973.
8 Vgl. Widmung; s. auch Frys wiederholte Erwähnung des Auftrages, politische Freunde Paul Hagens zu retten. – Über die Rolle sozialdemokratischer und sozialistischer Exilgruppen bei den Rettungsaktionen findet man nähere Informationen in: Albrecht Ragg, »The German Socialist Emigration in the United States, 1933-1945«, Diss. Loyola University of Chicago 1977.
9 Vgl. Varian Fry, *War in China: America's Role in the Far East*, With maps and charts by Henry Adams Grant ([New York]: Foreign Policy Association, [1938]); Varian Fry, *Bricks without Mortar: The Story of International Cooperation*, Illustrations by Delos Blackman ([New York]: The Foreign Policy Association, [1938]); Varian Fry, *The Peace That Failed: How Europe Sowed the Seeds of War*, With 15 Illustrations ([New York]: The Foreign Policy Association, [1939]); Varian Fry and Delia Goetz, *The Good Neighbors: The Story of the Two Americas*, Illustrated by Juan Oliver ([New York]: The Foreign Policy Association, [1939]); *War Atlas: A Handbook of Maps and Facts*, Maps by Emil Herlin, text by Varian Fry ([New York]: The Foreign Policy Association, [1940]).
10 In seiner Einleitung zu dem vorliegenden Buch faßt Fry seine politischen Grundanschauungen zusammen (vgl. S. 10 f).
11 S. z. B. »Eyewitness Story of Berlin Horror«, in: *New York Post* vom 16. Juli 1935 sowie »Editor [of the *Living Age*, d. i. Varian

Fry] Describes Rioting in Berlin«, in: *New York Times* vom 17. Juli 1935.

12 Näheren Aufschluß über diese Vorgänge findet man im Nachlaß von Varian Fry. – Der Fry-Nachlaß befindet sich in der Butler Library (Special Collections) der Columbia University in New York. Der Nachlaß enthält u. a. auch das Manuskript von *Surrender on Demand*. – An dieser Stelle sei auch erwähnt, daß die Fry-Mission – wie aus einem offiziellen Instruktionsschreiben der ERC-Exekutiv-Sekretärin Mildred Adams vom 3. August 1940 an Varian Fry hervorgeht (vgl. S. 311-315) – ursprünglich auf die Zeit vom 4.-29. August 1940 begrenzt war (Fry-Nachlaß). Wenn Fry statt dessen nahezu 13 Monate in Frankreich blieb, so deshalb, weil sich seine fortgesetzte Anwesenheit für die Rettungsaktionen als unbedingt notwendig erwies.

13 Über die genauen Vorgänge des 2. Juni 1942 (Durchsuchung, Schließung des Centre Américain durch die Polizei und Festnahme der Mitarbeiter) unterrichtet ein Brief Daniel Bénédites (eines Mitarbeiters von Fry, der nach Frys Ausweisung das Centre leitete) an Fry vom 7. Juni 1942. (Dieser Brief befindet sich im Fry-Nachlaß.)

14 Über die amerikanische Flüchtlingspolitik in jenen Jahren sind insbesondere die folgenden wissenschaftlichen Arbeiten hervorzuheben: David S. Wyman, *Paper Walls: America and the Refugee Crisis 1938-1941* (Amherst: The University of Massachusetts Press, 1968); Henry L. Feingold, *The Politics of Rescue: The Roosevelt Administration and the Holocaust, 1938-1945* (New Brunswick: Rutgers University Press, 1970); Saul S. Friedman, *No Haven for the Oppressed: United States Policy toward Jewish Refugees, 1938-1945* (Detroit: Wayne State University Press, 1973).

15 Mündliche Auskunft Hans Sahls in New York am 9. Juni 1972. Die Tätigkeit Sahls im Centre Américain de Secours geht auch aus den Materialien Sahls aus jener Zeit hervor.

16 Mündliche Auskunft von Charles Joy am 29. Februar 1972 in Albany (US-Staat New York). (Joy war 1940/41 Leiter des Lissaboner Büros des Unitarian Service Committee.) Hinweise auf die Mitwirkung des Unitarian Service Committee bei den Rettungsaktionen gibt auch ein Artikel von Charles R. Joy und Edward A. Cahill, »Lives Were Saved«, in: *Together We Advance*, ed. by Stephen Fritchman (Boston: The Beacon Press, 1946). Aufschlußreich sind auch einige Akten des Unitarian Service Committee, die aus jener Zeit vorhanden sind. Sie befinden sich im Archiv der Universalist Historical Society in der

Wessell Library, Tufts University, Medford (US-Staat Massachusetts).
17 Briefliche Auskunft vom 5. Juli 1972.
18 »602 Lives: The First Year of the Emergency Rescue Committee.« (Fry-Nachlaß).
19 Diese Liste befindet sich in den Akten des Unitarian Service Committee in der Wessell Library der Tufts University.
20 Wilhelm Sternfeld/Eva Tiedemann, *Deutsche Exil-Literatur 1933-1945. Eine Bio-Bibliographie*, Zweite, verbesserte und stark erweiterte Auflage. Mit einem Vorwort von Hanns W. Eppelsheimer (Heidelberg: Verlag Lambert Schneider, 1970).
21 Carl Misch, »Der gute Engel von Marseille«, in: *Aufbau* (New York), 5. September 1941.
22 Hans Sahl, *Die Wenigen und die Vielen. Roman einer Zeit* (Frankfurt: S. Fischer Verlag, 1959).
23 a.a.O., S. 256 f.

Varian Fry in seinem Büro im Centre Américain de Secours in Marseille, 1941.

Marseille 1941. Von links nach rechts: André Breton, Jacqueline Breton, Varian Fry und Max Ernst (stehend).

Daniel (Danny) Bénédite. 1940/41.
Bénédite war einer der engsten Mitarbeiter Varian Frys und Direktor des Centre Américain de Secours in Marseille nach der Ausweisung Frys aus Frankreich im September 1941. (Photo: Varian Fry)

Im Hotel in Perpignan im September 1941 unmittelbar vor Varian Frys Ausweisung aus Frankreich. Von links nach rechts: Jacques Weisslitz, Theo Bénédite, Daniel (Danny) Bénédite, Lucie Heymann, Louis Kopperman (Coppée), Maurice Verzeanu, Jean Gemahling. (Photo: Varian Fry)

Anhang

Schreiben der Paßabteilung des US-Außenministeriums mit der Genehmigung der Reise nach Europa.

Außenministerium der USA/Paßabteilung

22. Juli 1940

Memorandum für Mr. Varian Mackey Fry.

Das Außenministerium hat Ihren Reisepaß mit einer Ausreisegenehmigung für die von Ihnen avisierte Europareise versehen.

Wir bitten Sie, darauf zu achten, daß Ihr Paß am 22. Januar 1941 ungültig wird. Falls es für Sie notwendig werden sollte, länger in Europa zu bleiben, sollten Sie sich mit dem nächsten amerikanischen Konsulatsbeamten in Verbindung setzen, der genaue Instruktionen darüber hat, was in solchen Fällen in Paß-Fragen zu tun ist.

Wir nehmen an, daß Sie sich im Hinblick auf die gegenwärtige Lage in Europa ganz der Gefahren einer solchen Reise sowie der möglichen Probleme bei der Rückkehr in die USA angesichts der unzureichend vorhandenen Transportmöglichkeiten bewußt sind.

Das Außenministerium bedauert, daß es in Ihrem Paß unter »Beruf« den Zusatz »Foreign Policy Association« [Frys Arbeitgeber zu diesem Zeitpunkt] nicht bringen kann, da dies gegen die Bestimmungen des Außenministeriums verstoßen würde.

R. B. Shipley,
Direktor, Paßabteilung

Anlage: Reisepaß.

Das Schreiben des Emergency Rescue Committee vom 3. August 1940 ist das offizielle Ernennungsschreiben für Fry und benennt zugleich in detaillierter Form die Aufgaben Frys in Europa. – Interessant ist, wie sehr die tatsächliche Tätigkeit Frys in Frankreich von der hier avisierten Form abweicht. Hervorzuheben ist ferner, daß aus dem geplanten einmonatigen ein dreizehnmonatiger Aufenthalt wurde.

Emergency Rescue Committee
122 East 42nd Street
New York, NY

5. August 1940

Mr. Varian Fry
Foreign Policy Association
8 West 40th Street
New York, NY

Lieber Herr Fry,
dieses Schreiben hat eine zweifache Funktion: einmal dient es für Sie in Europa als Arbeitsplan, auf den sich dieses Komitee, das ERC, und die ihm assoziierten Organisationen geeinigt haben, und dann ist es eine vertragliche Vereinbarung zwischen uns, der Sie – so weit das möglich ist – folgen sollten. Das Komitee ist sich darüber im klaren, daß Ihr persönliches Urteil unter den obwaltenden Umständen eine wichtige Rolle spielt, was den Erfolg oder Mißerfolg Ihrer Arbeit für uns anbetrifft, und versteht daher, daß Sie einen relativ großen Spielraum für die Ausführung der Ihnen übertragenen Aufgaben benötigen.

Was Ihre Arbeit für uns in Europa anbetrifft, so sollen Sie einerseits die Lage erkunden, andererseits aber spezifische Aufträge ausführen. Sie sollen folgendes tun:

(a) Sie sollen feststellen (und uns darüber informieren), unter welchen Bedingungen die Flüchtlings- und Rettungsarbeit in den von Ihnen betreuten Gebieten durchgeführt werden kann. Dabei sollen Sie Ihr besonderes Augenmerk richten auf die Verkehrsverhältnisse, die Überweisung von Geldern, polizeiliche Überwachung, die Einstellung der amerikanischen diplomatischen Vertretungen sowie der einheimischen Behörden etc.

(b) Sie sollen versuchen, bestimmte, von uns näher bezeichnete Personen ausfindig zu machen, sie zu beraten und im Rahmen der abgesprochenen Richtlinien finanziell zu unterstützen, damit sie nach Lissabon oder Casablanca kommen, von wo aus sie leichter nach Amerika (den amerikanischen Kontinent) gebracht werden können.

(c) Sie sollen sich in großen Städten wie Lissabon, Toulouse, Marseille usw. nach geeigneten Personen umschauen, die wir möglicherweise in diesen Bevölkerungszentren zu unseren Vertretern ernennen können. In Ausführung Ihres Auftrages sollen Sie zunächst nach Lissabon und dann nach Marseille, Toulouse und andere Städte im unbesetzten Teil Frankreichs reisen, je nach den Erfordernissen der Lage bzw. nach den Anweisungen, die Sie von uns bekommen.

In Lissabon sollten Sie unserer Meinung nach folgendes tun:

(a) Sie sollten die dortige Lage analysieren. Insbesondere sollten Sie mehr über den Schiffsverkehr von und nach Lissabon in Erfahrung zu bringen versuchen, als in New York bekannt ist. Dabei sollten Sie Ihre besondere Aufmerksamkeit auf die Schiffsverbindungen zwischen Lissabon und Marseille, Lissabon und Casablanca sowie Lissabon und den Azoren richten.

(b) Sie sollen durch vorsichtige und diskrete Umfrage in Erfahrung zu bringen suchen, wie die portugiesische Regierung zu dem Vorschlag steht, Flüchtlinge nach den Azoren und von dort in die westliche Hemisphäre zu bringen.

(c) Sie sollen den amerikanischen Botschafter, den offiziellen Vertreter von JDG [American Jewish Joint Distribution Committee], HIAS [Hebrew Sheltering and Immigrant Aid Society of America], YMCA [Young Men's Christian Association] und anderen, dort etablierten Flüchtlingshilfeorganisationen aufsuchen und konsultieren.

(d) Sie sollen sich bemühen, bestimmte, von uns genannte Personen ausfindig zu machen und ihnen – so weit das möglich ist – zu helfen.

Ferner beauftragen wir Sie, uns vor Ihrer Weiterreise einen Lagebericht aus Lissabon zu schicken.

In Marseille werden Sie den amerikanischen Konsul aufsuchen und ihn – sofern das ratsam ist – darüber informieren, daß Sie an dem Wohlergehen bestimmter Personen auf der Liste der American Federation of Labor, die ihm das amerikanische Außenministerium telegrafisch übermittelt hat, interessiert sind. Wieviel Sie ihm sagen und welches Ausmaß die Zusammenarbeit zwischen ihnen annehmen kann, bleibt Ihrem Urteilsvermögen überlassen. Durch das Konsulat werden Sie auch in Erfahrung bringen, wer für die Personen auf der Liste der American Federation of Labor offiziell verantwortlich ist. Es ist sehr wichtig, daß es hier zu keinen Überschneidungen kommt. Dieser Gewerkschaftsvertreter wird theoretisch sehr froh darüber sein, daß Sie sich der Schriftsteller annehmen, die aus bloßer Freundlichkeit und Hilfsbereitschaft auf die Gewerkschaftsliste gesetzt wurden – ob er tatsächlich froh darüber ist oder ungehalten, wird von Ihnen abhängen. Wir sind an einer engen und freundschaftlichen Zusammenarbeit mit ihm interessiert.

Von Marseille aus sollen Sie nach Pau, Toulouse, Montauban, Lourdes sowie eventuell auch in andere Orte reisen, wenn das notwendig werden sollte. Dort sollten Sie Vertreter von Organisationen sowie Einzelpersonen aufsuchen, die von Interesse für uns sind. Die Frage, ob Sie die Internierungslager bereisen und dort versuchen, Kontakt mit bestimmten Personen aufzunehmen, hängt ganz davon ab, wozu man Ihnen rät und welche Situation Sie vorfinden.

In Marseille wird es Ihre Aufgabe sein, Verkehrsmöglichkeiten zu erkunden, insbesondere was die Verfügbarkeit kleinerer Schiffe für den Einsatz zwischen Marseille und der afrikanischen Küste anbetrifft. Dabei sollten Sie erkunden, ob es möglich ist, Personen nach Algerien oder Casablanca zu bringen, oder ob es ratsam oder klug wäre, ein Abkommen zu schließen, mit dem eine Art »Flüchtlingsfähre« etabliert wird. Wenn Sie einen ehrlichen Schiffahrtsagenten finden können, dann sollten Sie ein solches Abkommen abschließen, da es in diesem Bereich häufig zu Betrügereien kommt. Wohin auch immer eine solche Flüchtlingsfähre führt – nach Casablanca, Tanger, Algier etc. –: es sollte sich dabei immer nur um eine zeitlich begrenzte Zuflucht handeln. Ziel sollte es in allen Fällen bleiben, die Flüchtlinge aus dieser relativen Sicherheit in die westliche Hemisphäre zu bringen. Was für Schritte Sie unternehmen, bleibt – gleich ob es sich um Einzelpersonen oder Gruppen handelt – Ihrem Urteilsvermögen überlassen.

Was die Internierungslager anbetrifft, so wird es vielleicht möglich sein, freundlich gesonnene französische Beamte ausfindig zu machen, in deren Macht es steht, Personen aus den Lagern zu entlassen. Es ist von allergrößter Wichtigkeit für uns, so viele Informationen wir möglich über diese Lager zu bekommen: die Zahl der Lager, die für Besucher noch immer gesperrt sind, sowie die Zustände in diesen Lagern.

Wenn sich herausstellen sollte, daß sich in einem Ort wie Montauban, der bis zu dem Zeitpunkt, als die Gewerkschafts-Visa erteilt wurden, ein Flüchtlingszentrum war, die Flüchtlinge in alle Winde verstreut haben, so haben Sie die Namen wichtiger Personen, die Ihnen Auskunft über den Verbleib dieser Flüchtlinge geben können.

Wir haben vereinbart, daß Sie New York per Flugzeug am Sonntag, den 4. August verlassen und am 29. August per Flugzeug zurückkehren. Ferner gehen wir davon aus, daß Sie von der Foreign Policy Association einen Monat bezahlten Urlaub bekommen. Sollten Sie infolge von Ereignissen, für die Sie keine Verantwortung tragen (wie z. B. Zusammenbruch des Flugverkehrs, Ausweitung des Krieges etc.) in Europa festgehalten werden, so wird das Komitee die Tatsache berücksichtigen, daß Ihnen dadurch möglicherweise Einkommensverluste entstehen. Wir werden in einem solchen Fall nach dem 31. August 1940 Ihrer Frau, Eileen A. Fry, den Teil Ihres Gehaltes ohne Verzug zahlen, den Ihnen die Foreign Policy Association aufgrund Ihrer Abwesenheit verweigert. Die zu zahlende Summe wird auf der Basis von $ 416,67 pro Monat errechnet. Doch diese Abmachung gilt nur bis zum 31. Oktober 1940.

Mit freundlichen Grüßen
Mildred Adams
Executive Secretary

Im Verlaufe des Jahres 1941 bekam Fry wegen seiner Tätigkeit in Marseille zunehmend Schwierigkeiten mit den Vichy-Behörden. Als sich die Gefahr der Verhaftung und Ausweisung aus Frankreich abzuzeichnen begann, bemühte sich Fry um die Unterstützung durch die amerikanische Botschaft in Vichy – ohne Erfolg. Ähnliche Bemühungen in Washington blieben ebenfalls erfolglos, wie das Schreiben Eleanor Roosevelts an Mrs. Fry zeigt:

The White House
Washington

13. Mai 1941

Sehr geehrte Mrs. Fry,
Miss Thompson hat mir Ihr Schreiben gegeben, und es tut mir leid, Ihnen mitteilen zu müssen, daß ich nichts für Ihren Mann tun kann.

Ich bin der Meinung, daß er nach Amerika zurückkehren muß, denn er hat Dinge getan, die die [amerikanische] Regierung nicht glaubt billigen zu können. Ich bin sicher, daß man ihm einen Reisepaß ausstellen wird, damit er nach Hause zurückkehren kann, obgleich das natürlich bedeutet, daß jemand anders hinübergeschickt werden muß, der seine Arbeit übernehmen kann.

Mit freundlichen Grüßen
Eleanor Roosevelt

Die Nachricht von der Verhaftung Varian Frys in Vichy-Frankreich am 29. August 1941 ging durch die großen amerikanischen Tageszeitungen. So berichteten etwa die New York Times, die Daily News *(New York)* und die Washington Post *am 1. September 1941* ausführlich darüber.

Daily News, Montag, 1. September 1941
›PRO-JÜDISCHER‹ YANKEE OPFER EINER FRANZÖSISCHEN SÄUBERUNG

Cerbère, Frankreich (an der spanischen Grenze), 31. August (AP). Die Säuberungsaktion in ganz Frankreich und dem von Vichy beherrschten Gebiet hat am Freitag zu der Verhaftung des amerikanischen Sozialarbeiters Varian Fry geführt, der angeklagt wird, »pro-jüdisch und anti-nazistisch« zu sein.

Fry, der Leiter des amerikanischen Hilfskomitees in Marseille, einer Flüchtlingshilfeorganisation, wurde über Nacht im Gefängnis festgehalten und dann aufgefordert, das Land am heutigen Tag zu verlassen. Er kam nach Cerbère, von zwei Polizisten und zwei Mitgliedern seines Komitees begleitet, doch die spanischen Grenzbeamten ließen ihn nicht einreisen, weil er kein spanisches Durchreisevisum hatte.

Die Gruppe wird wahrscheinlich heute abend in das nahegelegene Perpignan zurückkehren, um weitere Instruktionen abzuwarten.

Fry erklärte, ein weiterer, gegen ihn erhobener Anklagepunkt sei, daß er im Verlaufe seiner Flüchtlingshilfe-Tätigkeit einem Kommunisten Geld geschickt habe.

Ferner erklärte er, er sei unmittelbar nach der Rückkehr von einer mehrwöchigen Reise durch das unbesetzte Gebiet Frankreichs in seinem Büro verhaftet worden.

Fry erläuterte, daß das amerikanische Hilfskomitee von bedeutenden amerikanischen Organisationen, wie z. B. der New School for Social Research, unterstützt werde.

Fry ist einer der wenigen Vertreter amerikanischer Wohlfahrtsorganisationen, die Frankreich noch nicht verlassen haben.

Unter denen, die Frankreich in letzter Zeit verlassen haben, befindet sich Richard Allen vom Roten Kreuz, Howard Kirschner von der Society of Friends [American Friends Service Committee], Dr. Donald Lowrie vom YMCA [Young Men's Christian Association] und Dr. George Strode von der Rockefeller Foundation. Der Leiter des Unitarian Service Committee ist vor kurzem durch Noel Field ersetzt worden.

Alvin Saunders Johnson, der Direktor der New School for Social Research, sagte, daß Fry mit der New School zusammengearbeitet habe, um ausländischen Gelehrten und Flüchtlingen dabei zu helfen, Süd-Frankreich zu verlassen und in die USA zu kommen.

Aus Urkunden der Harvard-Universität geht hervor, daß Fry im Jahr 1930, im selben Jahr also wie James Roosevelt, der Sohn des Präsidenten, sein Studium beendete. Am 2. Juni 1931 heiratete er Eileen A. Hughes aus Boston.

Die Lissaboner Zweigstelle des Unitarian Service Committee unter der Leitung von Charles Joy hat bei den Rettungsaktionen eine wichtige Rolle gespielt (s. Frys Darstellung und Nachwort). Der Angriff des Völkischen Beobachters *(Norddeutsche Ausgabe, 4. 10. 1941) auf den Geistlichen Charles Joy und dessen humanitäre Tätigkeit ist ein Musterbeispiel für die Gehässigkeit und Aggressivität nationalsozialistischer Propaganda. Bei dem »amerikanischen Hilfskomitee« in Marseille, von dem der Verfasser spricht, handelt es sich ganz offenkundig um Frys Centre Américain de Secours.*

Der Fall Joy
Eine dunkle Geschichte aus Lissabon
Von unserem Madrider Berichterstatter R. Bayer

Charles R. Joy gibt sich in Lissabon als »Geistlicher«. Er wohnt dort ganz oben an der Rue Garett in einem Hotel. Er arbeitet dort, er empfängt dort, er geht dort seinen dunklen Geschäften nach. Die Hotelhalle ist klein, aber sie genügt Joy, um sich auszudehnen. Schräg gegenüber gibt es eine Bar, wo nur die kleinen Mädchen englisch sprechen, die Männer aber alle englisch mit amerikanischem Klang oder im reinsten Oxford-, Eton- oder Cambridge-Flüsterton. Um die Ecke ist gleich schon die andere Bar. Dort gibt es so alles, was in Geheimdiensten kreucht und fleucht. Joy lebt dort wie ein Fisch, der mit allen Wassern gewaschen ist.

Er gehört nicht zu den Geheimagenten. Er pflegt die Distanz zu ihnen, die sich gehört. Er wahrt das Gesicht des Religioso. Er hat ein ehrliches Firmenschild zur Straße hin. Sein »Job«, wie die Herren der Bar gegenüber lächelnd zu sagen pflegen, heißt Unitarian Service Committee: er ist für die Tränendrüsen bestimmt und amerikanisch organisiert.

Das Unitarian Service Committee beschäftigt sich, wie der Name sagen soll, mit der Fortbeförderung jüdischer und anderer Emigranten. Gar mancher hat das geglaubt. Er ist zu Joy gegangen und hat um Hilfe gefleht. Joy pflegt dann zu sagen:»Wer bist Du«. War es ein armes Jüdchen, dann hat Joy Mitleid an den Tag gelegt. Er hat von den schweren Zeiten gesprochen, die nunmehr hereingebrochen sind. Er hat auch nicht verfehlt darauf hinzuweisen, daß die Zeiten in Lissabon nicht minder schwer sind, als irgendwo anders. Besonders die Transportmittel sind knapp, und wenn man nur ein armes Jüdlein ist, muß man halt warten, bis man an die Reihe kommt. Und die Reihe ist so lang, so unendlich lang.

Von den Juden in Lissabon ist Joy schon lange entlarvt worden. Die Juden sind in solchen Sachen hellhörig und begreifen schnell!. Joy hatte eine ganze Masse von ihnen zum Narren gehalten. Ein Hundesohn, der Joy, sagen sie unter sich. Nur einige, die großen Juden, wissen besser Bescheid. Sie wissen, der Joy macht Unterschiede. Und wenn der Joy Unterschiede macht, dann klappt die Sache.

Joy hat von jeher einen Sinn für die Politik gehabt. Es ist ihm um die arme Menschheit zu tun, aber es muß eine solche sein, die etwas am Kerbholz hat. Staatsverbrecher fahren am Besten bei ihm. Solche, die Attentate versuchen, sind seine lieben Kinder. Er hegt und pflegt sie und deckt sie mit dem Mantel seiner Religiösität. Er versteckt sie auf dem Lande in einsamen Landhäusern. Er besorgt die Überfahrt und organisiert sogar, irgendwoher, das Geld.

Was wohl, so mag man sich bei einem Phänomen wie Joy fragen, mögen die offiziellen portugiesischen Stellen von ihm denken? Joy hat etwas an sich, das ihn auch für den klarblickendsten Leiter eines Sicherheitswesens wertvoll macht. Er besitzt ein unerhörtes Geschick, gerade die staatsgefährlichen Elemente aufzufangen und fortzuschaffen. Was z. B. will ein Polizeipräsident mehr als einen Mann, der sich diesem Geschäft freiwillig hingibt und mit Mitteln, die jedenfalls der Staatskasse nicht zur Last fallen? Joy darf sich ruhig weiterhin als Geistlicher ausgeben. Er ist ein Desinfektionsmittel, das besser und diskreter wirkt, als jeder groß und gut organisierte Apparat. Joy weiß das und promeniert seine Selbstsicherheit in der hellsten Sonne.

Joy hat internationale Verbindungen. Ihm wird von Europa und Amerika aus gekabelt. Er hat die notwendigen Deckadressen dazu. Darin heißt es in allen Schlüsselsprachen, die es gibt, wer kommt, wie gewichtig der Mann sei und was mit ihm gemacht werden muß. Joy ist eine Kopfstelle, aber wer steht hinter ihm?

Und hier liegt der Hase Joy im Pfeffer. Wer hat ein Interesse daran, Kapitalverbrecher, Attentäter und politische Intriganten aus Europa zu retten und nach dem amerikanischen Kontinent zu schaffen? Das Unitarian Hilfskomitee, für das Joy als Generalbevollmächtigter für Europa zeichnet, hat seine Zentrale in Boston, Mass. USA. Nach außen hingestellt sind dort Dr. William Emerson (Prediger seines Amtes) und Dr. Robert C. Dexter (Direktor von Beruf). Es gibt zwei Filialen in Frankreich, und zwar in Pau und in Marseille. In Marseille hat das amerikanische Hilfskomitee seinen Hauptsitz in dem amerikanischen Generalkonsulat.

Amtliche amerikanische Stellen arbeiten also mit Charles R. Joy Hand in Hand. Was das bedeutet, wird ohne Weiteres ersichtlich, wenn man das Verhältnis der portugiesischen Behörden zu Joy mit dem Verhältnis der amerikanischen Stellen zu ihm vergleicht. Die Portugiesen lassen Joy gewähren, denn er beschäftigt sich ja damit, staatsgefährliche Elemente aus Portugal fortzuschaffen. Die amtlichen amerikanischen Stellen gewähren Joy eine aktive Unterstützung, obwohl er sich damit beschäftigt, staatsgefährliche Elemente nach Amerika hinzuschaffen. Das ist ein schwerwiegender Unterschied, der auf den ersten Blick völlig unklar und unerklärlich zu sein scheint. Wieso kommt das Washingtoner State Department dazu, sich mit den Staatsverbrechern aus Europa zu belasten? Aber die näheren Untersuchungen über die Tätigkeit von Charles R. Joy in Lissabon hat auch diesen seltsamen Tatbestand aufgeklärt. Joy schafft seine Pflegekinder gar nicht oder nur ausnahmsweise nach den Vereinigten Staaten. In der Hauptsache verschifft er die politische Unterwelt Europas nicht nach Nord-, sondern nach Süd-Amerika. Die Agenten der politischen Zersetzung, die die Epoche eines gesellschaftlichen Niedergangs in zahlreichen europäischen Staaten auf den Gewissen haben, werden von Charles R. Joy systematisch mit Hilfe amtlicher nordamerikanischer Stellen in die südamerikanischen Republiken geschickt.

Seltsame Gestalten sind es gewesen, die am Tejo auftauchten und dort in sorgfältige Betreuung genommen wurden. Im Café Imperial oder Chave d'Ouro konnte man diejenigen erblicken, die Joy nicht ausdrücklich zu verstecken brauchte. Es waren die leichteren Fälle. Die Opernsängerin Alice Tray war dabei und der Maurice Fränkel, der die Pariser Revue der Judenkämpfer herausgegeben hatte. Es sind nur einige von der langen Reihe, die Joy betreute. Joy hat sie alle nach Südamerika geschickt.

Mit der Aufdeckung der Tätigkeit von Charles R. Joy in Lissabon werden nicht nur die Tätigkeit eines Agenten, sondern auch die geheimen Pläne eines Staatswesens enthüllt. Der Fall Joy beweist, daß das Washingtoner State Department systematisch auf die Zersetzung und damit die Schwächung der iberoamerikanischen Republiken hinarbeitet. Bisher hat man den Dollar in Südamerika eingesetzt und damit offenbar bei dem lebendigen Nationalbewußtsein dieser Staaten iberischer Herkunft nicht die gewünschten Erfolge erzielt. Heute wird der ewige Jude nach Südamerika geschickt, damit der dort sein Handwerk fortsetze, das ihm in Europa gelegt wurde. Das Washingtoner State Department bahnt ihm mit seinem Agenten Joy in Lissabon den Weg.

Der Brief Walter Mehrings ist (in Englisch) auf dem Briefpapier der Filmgesellschaft Metro-Goldwyn-Mayer Pictures in Culver City (Kalifornien) geschrieben.

Lieber Herr Fry,
  Da sind Sie also wieder ... siegreich zurück ... von uns allen, die in Gefahr waren, der am meisten Gefährdete.
  Und ich hoffe, daß Sie nicht allzu sehr die französische Gastfreundschaft und die Großartigkeit der Neuen Ordnung vermissen, wo Sie jetzt wieder in dem armen, kleinen und noch immer demokratischen Amerika sind.
  Kann ich damit rechnen, meinen Namen in dem Personenregister Ihres nächsten Buches zu finden:
Allein in der Wildnis.

Das Leben eines Gentleman unter Vichy-Nazis
und europäischen Schriftstellern
».. . eine Art deutscher Dichter, von der Gestapo, dem Propagandaministerium, dem Marschall Pétain und der französischen Sicherheitspolizei verfolgt, dann an der französischen Grenze verhaftet, weil er wie ein Taschendieb aussah...«
  ... so ungefähr! Nur in besserem Englisch ...
  Wenn ich Ihnen das Leben schwer gemacht habe, so habe ich meine Sünden an Bord des Schiffes abgebüßt, als Sie mich so nachdrücklich fortgeschickt haben ... glücklicherweise! Sonst wäre ich nicht mehr am Leben ...
  Wäre ich Amerikaner, dann würde ich Ihnen zurufen: Welcome!
  Doch da ich noch immer Ausländer bin, sage ich: meine besten Wünsche

Ihnen, lieber alter Mr. Fry, dem Schutzengel der ganzen Sippe exilierter
Intellektueller und Poetaster ...

                          Mit freundlichen Grüßen
                          Walter Mehring
                          vormals vermißt
                          12. November 1941

                          The Bedford
                          118 East 40th Street
                          New York
                          16. Dezember 1941

Lieber Herr Fry,
vor zwei Tagen habe ich Ihre großartige Rede im Rundfunk gehört. Nichts
ist über die Franzosen seit deren Unglück gesagt worden, was der Einsicht, der Wahrheit und dem Adel Ihrer Worte vergleichbar wäre. Ich
wünschte, ich hätte keines Ihrer Worte versäumt; doch der Empfang war
zeitweilig gestört, so daß ich nicht alles hören konnte. Ich möchte gerne
wissen, ob ich Ihre Rede gedruckt sehen kann. Denn gedruckt sollte sie
werden wegen ihrer großen Bedeutung. Ich hoffe, daß Sie in der Welt, der
Sie so viel Gutes tun, mehr und mehr Anerkennung finden werden. Mir ist
bekannt, wie viel Sie getan haben, aber jetzt weiß ich, daß Ihre intellektuellen Leistungen von der gleichen guten Qualität wie Ihre Taten sind.
Ich gehöre zu den Vielen, die Ihnen Dank schulden; lassen Sie mich noch
einmal dafür danken.

                          Mit den besten Wünschen bin ich
                          Ihre
                          Annette Kolb

*Unter dem Titel »What has happened to them since« berichtet Varian Fry
im Börsenblatt des amerikanischen Buchhandels, in ›Publishers Weekly‹ vom
22. 6. 1945, von den Erfolgen, die einige seiner Schützlinge in den USA mit
ihren Büchern hatten. Die von Fry angeführten Beispiele sind freilich die
große Ausnahme. Autoren wie Walter Mehring z. B. wären ohne die Hilfe von
Kollegen – im Falle Mehrings vor allem George Grosz – verhungert.*

WAS SIE SEITDEM ERLEBT HABEN

Von allen Schriftstellern, denen ich bei ihrer Flucht aus Frankreich half, hat Franz Werfel, seit er hier ist, den größten Erfolg. Er hatte sich schon mit seinem Roman über den armenischen Helden Musa Dagh »The Forty Days of Musa Dagh« [Die vierzig Tage des Musa Dagh] (Viking, 1934), in Amerika einen Namen gemacht, ganz zu schweigen von »Embezzled Heaven« [Der veruntreute Himmel] (Viking, 1940). Mit »The Song of Bernadette« [Das Lied von Bernadette] (Viking, 1942) ist er dann zu einem der populärsten Schriftsteller unserer Generation geworden. Auch wenn ich es in »Surrender on Demand« nicht erwähnt habe, aber in einem der zwölf Koffer, die die Werfels unbedingt über die Grenze mitnehmen wollten, als ich sie aus Frankreich herausbrachte, war das noch nicht abgeschlossene Manuskript dieses unglaublich erfolgreichen Romans. Werfel hatte die Idee zu dem Buch, als er sich in Lourdes vor der Gestapo versteckte. Er begann unverzüglich zu schreiben, und er arbeitete intensiv daran, als ich ihn das erste Mal in Marseille traf. Er beendete den Roman ungefähr ein Jahr nach seiner Ankunft in den Vereinigten Staaten. Seit der Veröffentlichung bei Viking 1942 wurden in verschiedenen Ausgaben mehr als eine Million Exemplare verkauft. Und Twentieth Century Fox hat den sehr erfolgreichen Film daraus gemacht.

Inspiriert von seinen eigenen Erfahrungen bei dem Versuch, einen Weg aus Frankreich heraus zu finden, schrieb Werfel auch ein Theaterstück, »Jacobowsky and the Colonel« [Jacobowsky und der Oberst]. Viking veröffentlichte den Text 1944, und S. N. Behrmann bearbeitete ihn für die Theatre Guild Produktion, die fast ein Jahr lang lief. Werfel lebt jetzt in Kalifornien, wo er an einem neuen, umfangreichen Roman arbeitet.

Nicht ganz so erfolgreich wie Werfel, aber immer noch mit akzeptablen Verkaufszahlen ist der deutsche Anti-Nazi-Romanautor Lion Feuchtwanger, Autor von »Success« [Erfolg] (1930), »Josephus« [Josephus-Trilogie] (1932), »The Oppermanns« [Die Geschwister Oppermann] (1934) und »Josephus and the Emperor« [Josephus-Trilogie] (1942), die alle bei Viking veröffentlicht wurden. Das erste Buch, das Feuchtwanger in Amerika schrieb, war ein Bericht über seine eigenen Erfahrungen im Internierungslager. Viking publizierte ihn 1941 unter dem Titel »The Devil in France« [Der Teufel in Frankreich]. Vielleicht ging das Buch nicht so gut, weil es das letzte einer ganzen Reihe von Büchern zu diesem Thema war (Koestlers »Scum of the Earth« [Abschaum der Erde], Habes »A Thousand Shall Fall« [Ob Tausend fallen] und Lanias »Darkest Hour«). Viking gibt die

Verkaufszahlen mit zwischen fünf- und zehntausend Exemplaren an. Danach (1942) folgte ein Roman über Hitler-Deutschland, »Double Double Toil and Trouble«, von dem Viking nicht mehr sagt, als daß der Verkauf »bescheiden« war.

Feuchtwanger fand zu seiner alten Meisterschaft zurück, als er 1944 »Simone« veröffentlichte. Der Roman wurde ein Auswahlband der Literary Guild, der Buchhandelsverkauf ging in die Hunderttausende. Wie Werfel lebt Feuchtwanger nun in Kalifornien und arbeitet an einem neuen Roman. Es wird ein historischer Roman werden, der zeigt, wie sich die amerikanische Revolution auf die französische ausgewirkt hat. Der größte Teil des Buches spielt in Frankreich. Das Manuskript wird nicht vor dem nächsten Jahr fertig werden.

Damit Sie nicht meinen, nur Viking hätte den Rahm all meiner Bemühungen, Europas führende literarische Köpfe zu retten, abgeschöpft, möchte ich als nächstes einen Houghton Mifflin Autor erwähnen. Er steht an nächster Stelle mit seinem Ruhm und Erfolg. Es ist Konrad Heiden, Autor von »Der Führer«. Heiden war bereits vor dem Krieg hier sehr bekannt dank einer kurzen Hitler-Biographie, die 1936 bei Knopf veröffentlicht wurde. Sobald er nach einer Reise mit falschem Paß durch Spanien in New York ankam, ließ er sich nieder, um eine große Studie über den Mann zu schreiben, der damals nahe daran war, die ganze Welt auszulöschen. Das Ergebnis, »Der Führer«, wurde dann vom Book-of-the-Month-Club auf die Empfehlungs-Liste gesetzt. Vielleicht war das Buch zu dick (fast 800 Seiten), jedenfalls war der Verkauf über den Buchhandel nicht so gut wie erwartet. Dennoch wurden 20 000 Exemplare abgesetzt.

Trotz der Rezension in den Book-of-the-Month-Club-News, in der bewundernd von der genauen Behandlung der Ereignisse kurz vor Ausbruch des Krieges die Rede war, endet »Der Führer« de facto mit einem Bericht vom ›Röhm-Putsch‹ am 30. Juni 1934.

Heiden lebt heute in Cape Cod und arbeitet an der Fortsetzung, bis zum mysteriösen Tod des Führers in einem Berliner Bunker. Heiden nimmt an, daß Hitler tatsächlich tot ist. Nach einem Leben mit allen Machtbefugnissen könne der Führer, so Heiden, die Frustrationen eines Lebens im Verborgenen gar nicht aushalten.

Leo Lania habe ich bereits erwähnt, wenn auch nur in einem Nebensatz. Auch er ist einer ›meiner‹ erfolgreichen Schriftsteller-Schützlinge. Er war in Amerika schon durch seinen Roman »Land of Promise« bekannt (Macmillan, 1935), bevor ich ihn in Marseille ausfindig machte und über die

Grenze schickte. Die beiden Bücher, die er seitdem hier geschrieben hat, sind »Darkest Hour« (1941) und »Today We Are Brothers« (1943); beide sind bei Houghton Mifflin erschienen. Lania arbeitet derzeit an einem Roman, der in New York spielt (»The Unheard Melody«), und hofft, ihn noch dieses Jahr fertigzustellen. Anders als Werfel, Feuchtwanger und Heiden, die deutsch schreiben und ihre Bücher übersetzen lassen, hat Lania gelernt, seine Bücher auf englisch zu schreiben. Wenn Sie denken, daß das nichts Besonderes ist, dann versuchen Sie sich vorzustellen, wie lange Sie dafür bräuchten, bis Sie gelernt hätten, publizierbare Bücher auf deutsch zu schreiben.

Alle diese Schriftsteller hatten Bücher in den Vereinigten Staaten veröffentlicht, bevor sie überhaupt daran dachten, selber in dieses Land zu kommen. Das machte es ihnen sicher leichter, als sie hier ankamen. Aber viele Autoren, die ich »gerettet« habe, waren hier nur den ganz wenigen Eingeweihten bekannt, die die Literatur der wichtigsten europäischen Sprachen verfolgten: Französisch, Deutsch, Tschechisch, Italienisch, Spanisch und Polnisch. Für diese Schriftsteller war es viel schwieriger, sich einen Platz zu erobern und sich bei den amerikanischen Buchhändlern und dem amerikanischen Lesepublikum einen Namen zu machen.

Einer, dem dies gelungen ist, ist Hans Natonek, viele Jahre lang Autor einer literarischen Kolumne für die Neue Leipziger Zeitung. Obwohl er in der Zeit zwischen der Flucht aus Deutschland und dem Anklopfen an meiner Zimmertür im Hotel Splendide in Marseille mehrere Bücher veröffentlichte, war er in Amerika völlig unbekannt. Aber kaum war er hier, schrieb er über seine Erfahrungen während der ersten Wochen seines neuen Lebens in Amerika ein Buch auf englisch. Es erschien 1944 bei Putnam (»In Search of Myself«) und ist eines der lustigsten Bücher über einen eingewanderten Neuankömmling, das jemals geschrieben wurde. Natonek lebt in der Nähe von Tucson in Arizona und schreibt – ebenfalls auf englisch – ein Buch über die Wüste von Arizona und ein weiteres, »Bluebeard, Marshal of France« [»Blaubart, Marschall von Frankreich«], über einen Franzosen aus der Zeit der Jungfrau von Orleans, der wie sie auf dem Scheiterhaufen verbrannt wurde. Beide Bücher werden vermutlich bei Putnam herauskommen.

Die zierliche Hertha Pauli war Schauspielerin in Wien, bevor sie daran dachte, Schriftstellerin zu werden. Bis zum ›Anschluß‹ hatte sie in Österreich zwei Bücher geschrieben und veröffentlicht, natürlich beide auf deutsch. Als ich sie 1940 kennenlernte, konnte sie kaum ein Wort Englisch. Aber seit sie in den USA ist (1940), hat sie hier drei Bücher veröffentlicht und alle drei auf englisch geschrieben. Es sind: eine Biographie von Alfred Nobel – »Alfred Nobel, Dynamite King, Architekt of Peace« (L. B. Fischer, 1942) – und zwei Jugendbücher, »Silent Night, The Story of a Song« (Knopf, 1943) und »The Story of the Christmas Tree« (Houghton Mifflin, 1944). Die beiden Jugendbücher wurden in einer Kurzfassung in Readers Digest veröffentlicht. Hertha Pauli lebt jetzt in New York und arbeitet an einem dritten Jugendbuch, das Houghton Mifflin diesen Herbst unter dem Titel »St. Nicholas Travels« veröffentlichen wird.

Am 3. Juli 1967 bittet Fry Lisa Fittko »von der Fluchthilfe-Außenstelle Banyuls« um Detailinformationen, die er für ein Jugendbuch über die Ereignisse benötigt. Es erschien 1968, nach dem Tod Frys, unter dem Titel ›Assignment: Rescue‹, bei Four Winds Press in New York und liest sich wie eine um alle politisch brisanten Fragen bereinigte Fassung von ›Surrender on Demand‹.

Sehr geehrte Frau Fittko,

Scholastic Book Services hat mich gebeten, ein Jugendbuch über unsere gemeinsame Arbeit zu schreiben, als wir Flüchtlingen ein Entkommen aus Vichy-Frankreich ermöglichten. Nun versuche ich, die Feststellungen, die ich in meinem alten Buch »Surrender on Demand« gemacht habe, zu bestätigen oder zu korrigieren und einiges neue Material hinzuzufügen.

Dina Vierny, die bei Maillol Modell gestanden hat, behauptet, daß sie häufig unsere Flüchtlinge in Maillols Studio in Banyuls aufgenommen hat, sie mit Wohnung und Nahrung versorgt und dann in mondlosen Nächten über die Grenze geführt hat.

Unglücklicherweise kann sie sich aber an keinen einzigen Flüchtling namentlich erinnern, dem sie angeblich auf diese Weise geholfen hat – noch kann sie irgendeinen unserer Kuriere benennen.

Die Kuriere – Albert Hirschmann, Jean Gemahling und Marcel Verzeanu – sagen alle, daß sie absolut nichts von irgendeiner Tätigkeit wissen, mit der Dina zur Hilfe für unsere Flüchtlinge – oder irgendwelcher anderer Flüchtlinge – beigetragen hat.

Seit wann und für wieviel Monate sind Sie und Ihr Mann in Banyuls gewesen? Mir ist eingefallen, daß Sie vielleicht mit Dina gearbeitet haben. Wenn dem so ist, wäre ich sehr dankbar, wenn Sie mir einen Brief schreiben und mir etwas über die Rolle, die sie und Maillol spielten, sagen könnten.

Unabhängig davon, ob Sie nun mit Dina zusammengearbeitet haben oder nicht, wäre ich Ihnen ebenfalls sehr dankbar, wenn Sie mir einen Brief schrieben und mir genau erzählten, was Sie und Ihr Mann gemacht haben. Meiner Erinnerung nach haben Sie ein kleines Haus am Rand von Banyuls gemietet, wir haben Ihnen dorthin die Flüchtlinge geschickt und Sie haben sie mit Unterkunft und Essen versorgt und dann über die Grenze gebracht. Ich glaube mich sogar zu erinnern, daß Sie manchmal in den Weinbergen gearbeitet haben und manchmal Flüchtlinge bei der Arbeit dabeihatten. Ich glaube mich auch zu erinnern, daß wir die beiden Hälften eines Blattes Papier benützten, um einen Flüchtling zu identifizieren, eines hatten Sie und das andere gaben wir dem Flüchtling mit. Wenn die zwei Stücke am Riß in der Mitte genau zusammenpaßten, wußten Sie, daß der Flüchtling wirklich von uns geschickt und kein Doppelagent war.

Für jede Hilfestellung, die Sie mir geben können, um die Geschichte der heldenhaften Arbeit von Ihnen und Ihrem Mann detaillierter darzustellen, bin ich Ihnen äußerst dankbar.

Bitte teilen Sie mir auch mit, wann Sie mit der Grenzarbeit begonnen haben, wann Sie aufgehört haben und wer Ihr Nachfolger war. Bis heute kenne ich nur den Anfangsbuchstaben seines Familiennamens, S.

Mit freundlichen Grüßen, Varian Fry

28. Juli 1967

Sehr geehrter Herr Fry,

es tut mir leid, daß ich Ihren Brief nicht eher beantworten konnte. Selbstverständlich gebe ich Ihnen sehr gerne alle Informationen, die Ihnen helfen können.

Zuerst möchte ich Ihre Fragen beantworten. Ich kann mich nicht erinnern, jemals von Dina Vierny gehört zu haben. Ich bin sicher, daß sie nichts mit der Arbeit zu tun hatte, die wir damals in Banyuls gemacht haben. Wir besuchten Maillol manchmal in seinem Studio, aber das hatte nichts mit unserer Arbeit zu tun, und soviel wir wissen, wurden dort nie Flüchtlinge aufgenommen, mit Unterkunft oder Nahrung versorgt. Nebenbei haben wir niemals jemanden in mondlosen Nächten über die Grenze geführt – das wäre sehr unsicher gewesen. Es ist selbstverständlich möglich, daß sie mit einem »privaten Unternehmen« Verbindung hatte – Perpignan war zu dieser Zeit voll von Leuten, die Geschäfte damit machten, Leute nach Spanien zu bringen. Die meisten von ihnen nahmen von den Flüchtlingen fantastische Geldbeträge; sie führten sie nicht selbst, sondern ließen Leute für sich arbeiten, die im Grenzgebiet wohnten. Diese »Organisationen« waren bekannt dafür, sehr unzuverlässig zu sein, und es gab viele Fälle, wo die Flüchtlinge beim Versuch, die Grenze zu überqueren, festgenommen wurden – es gab auch Fälle, wo ihr Gepäck verschwand und sie mitten in den Bergen allein zurückgelassen wurden. Sie wissen vielleicht, daß mehrere französische Schriftsteller Romane veröffentlicht haben, die sich um diesen Flüchtlingsschmuggel über die Pyrenäen ranken.

Der Name des Mannes, den wir als unseren Nachfolger einarbeiten, ist Suchowolsky. Er blieb nach unserer Abreise nur einige Wochen und hatte sich uns in Cassis angeschlossen. Soweit ich mich erinnere, half er während dieser Wochen zwei weiteren Leuten (oder Paaren) über die Grenze, aber ich entsinne mich nicht, wer sie waren. Irgendwie meine ich mich zu erinnern, daß einer von ihnen ein berühmter und schwieriger Fall war – vielleicht Berthold Jacob? Ich habe keine Ahnung, wo Suchowolsky jetzt ist.

Ich glaube, wir waren sieben Monate in Banyuls, von September bis April.

Ihre Erinnerung an die zwei Papierstücke, die zum Identifizieren dienten, ist richtig. Das wurde vor allem bei Leuten gemacht, die mein Mann oder ich nicht persönlich kannten. Es gab einen ziemlich regelmäßigen Kontakt zwischen Marcel Verzeanu und uns und wir wußten oft vorher, wen wir zu erwarten hatten.

Zu dem Haus, in dem wir lebten: Es war ein sehr großes Haus mit vielen Zimmern, ein altes Haus im mediterranen Stil, direkt am Strand, es gehörte irgendeinem französischen Doktor, der während des Krieges irgendwie verschwunden war. Als wir zuerst nach Banyuls kamen, besprachen wir unsere Pläne mit dem großen alten Mann, Mr. Azéma, später Bürgermeister von Banyuls, der uns mehr als nur tatkräftig helfen wollte. Er erklärte dieses Haus zum zeitweiligen Gemeindeeigentum und machte es zu einem »centre de réfugiés«, wo wir und unsere »Gäste« die einzigen Flüchtlinge waren. Er »legalisierte« uns auch als Flüchtlinge aus der verbotenen Zone und versorgte uns mit Lebensmittelkarten, was zum Überleben unbedingt notwendig war. Später wurde er natürlich von einem Vichy-Mann ersetzt und die Lage wurde etwas schwieriger. Wir zogen in ein kleines möbliertes Appartement, das direkt über der Zollstation lag – mein Mann glaubte, daß das der sicherste Platz sei. Die Zöllner und wir wurden gute Freunde und sie halfen uns tatsächlich in einem schwierigen Fall.

Wenn wir jemanden über die Berge brachten (das war manchmal mehrmals in der Woche), gingen wir immer gegen 5 Uhr morgens los, kurz vor Sonnenaufgang, wenn die Winzer hinausgingen, und wir mischten uns unter sie. Es war sehr wichtig, daß wir und die Flüchtlinge so angezogen waren und genauso aussahen wie die anderen Leute und nichts anderes trugen außer dem üblichen Brotzeitbeutel; ihr Gepäck wurde von uns über die Grenze gebracht und wartete auf sie in Spanien – aber das ist eine andere Geschichte. Wir arbeiteten nicht wirklich in den Weinbergen, sondern wir taten in gefährlichen Augenblicken nur so als ob. Meist sammelte mein Mann auf seinem Rückweg Holz, das er als Alibi zurückbrachte.

Ich könnte Ihnen stundenlang über diese 7 Monate erzählen. Aber zuerst würde ich gerne wissen, woran Sie interessiert sind – an unseren Methoden und den Einzelheiten, wie wir die Arbeit organisiert haben, oder wollen Sie auch etwas über die zahlreichen Zwischenfälle wissen? Wollen Sie etwas über den griechischen Eisenbahningenieur wissen, der Versehrte in seinem Zug durch den internationalen Tunnel brachte? Oder über die Beförderung des Flüchtlingsgepäcks mit Hilfe des Bürgermeisters von Cerbère? Oder wie mein Mann den achtzehnjährigen Sohn des Nobelpreisträgers Meyerhof dafür gewann, uns zu helfen, und die Familie Hirschfeld von den Zöllnern aufgehalten wurde, weil sie entgegen unseren Anweisungen einige Stücke Gepäck mitgenommen hatte? Und wie mein Mann sie aus der schwierigen Lage befreite. Wie ich den deutschen Philosophen Walter Benjamin über die Berge brachte – trotz seines anfälligen Herzens. Als er in Port Bou ankam, wurde ihm gesagt, er würde nach Frankreich zurückgeschickt werden. In der Nacht nahm er sich das Leben. Die Schwierigkeiten, die wir mit diesen hochgewachsenen, blonden britischen Piloten hatten, die Sie uns später schickten und die wir verstecken mußten wegen ihres Aussehens. Und Georg Bernhard, der darauf bestand, mit seinen schlecht gefälschten Papieren herumzuspielen. Es gibt so viel zu erzählen, Sie müssen mir sagen, was Sie wissen wollen. Übrigens: als ich 1960 in Europa war, fuhr ich noch einmal nach Banyuls und sah einige unserer alten Freunde – es war wirklich ein Erlebnis.

Ich erwarte Ihre Nachricht, bevor ich genauer auf die Details eingehe.

Mit freundlichen Grüßen, Lisa Fittko

Ein unbesungener Held starb
Varian Fry half Tausenden von Flüchtlingen

Sommer 1940. Paris war in den Händen der Nazis. In Vichy herrschte Pétain. Tausenden von politischen Flüchtlingen in Frankreich drohte Haft und Tod. Von Tag zu Tag fühlten sie den immer stärker werdenden Druck der gigantischen Doppelzange, mit der die Gestapo und die Kollaborateure nach ihnen griffen. Schwarz auf weiß stand es in dem Artikel 19 des Waffenstillstandsabkommen, das die Pétain-Leute unterschrieben hatten: Die französische Regierung ist verpflichtet, auf Verlangen alle von der deutschen Regierung benannten Personen auszuliefern ... Und die Gestapo hatte ihre Listen fertig.

In New York fühlte man die brennende Not der Stunde. Um die gefährdeten europäischen Sozialisten bemühte sich bereits das Jewish Labor Committee. Rasch wurde eine neue Organisation gegründet, die sich im besonderen die Rettung der Intellektuellen – Wissenschaftler, Künstler, Dichter, Publizisten – zum Ziel setzte. Sie nannte sich »Emergency Rescue Committee«. Frank Kingdom stand an der Spitze, Thomas Mann war ihr mächtigster Helfer. Außerordentliche USA-Besuchervisa wurden von Washington zugesichert – trotz erheblicher interner Widerstände im Außenministerium, das Vichy anerkannt hatte.

Wer aber sollte die Aktion an Ort und Stelle leiten? Die Wahl fiel auf Varian Fry. Fry hatte noch kurz vor dem Zweiten Weltkrieg am Berliner Kurfürstendamm selbst die Brutalität der Nazis gegenüber den Juden beobachtet. Auch hatte er, der keiner Partei angehörte, das Werk der Wiener Sozialisten schätzen gelernt. Manche zweifelten aber daran, daß dieser stille junge amerikanische Liberale, Sohn wohlhabender Eltern, Harvard-Graduierter, der in Ovid soviel mehr zu Hause war als in der Politik, der Aufgabe gewachsen sein würde.

Aber die Zweifel verstummten rasch. Denn Fry besaß das Entscheidende: das Bewußtsein, daß keine Zeit zu verlieren war. Mit einer Liste der zu Rettenden bewaffnet, etablierte er sich im Hotel Splendide in Marseille und wob ein engmaschiges Netz von Kontakten. Wer den Flüchtlingen helfen konnte, war ihm willkommen. Keine Methode, mit der man die Gestapo und Vichy überlisten konnte, wurde außer Betracht gelassen. Wo es auf die Rettung von Menschen ankam, durfte man sich nicht den Luxus moralischer Skrupel erlauben: Gangstern konnte man nicht mit Glacéhandschuhen entgegentreten.

Fry durchschaute bald den Widerstand, den gewisse reaktionäre oder übervorsichtige amerikanische Konsularbeamte ihm entgegensetzten. Einen warmherzigen Verbündeten fand er jedoch in dem amerikanischen Vizekonsul in Marseille, Harry Bingham. Es war eine buntgewürfelte Gesellschaft, die Fry für seine Sache rekrutierte: Mary Jane Gold, die idealistische amerikanische Millionärin; den sozialistischen Flüchtling, der sich unter dem Namen »Beamish« tarnte und heute der Harvard-Professor Albert Hirschmann ist; Männer der Sûreté Nationale, deren humanes Gewissen stärker war als das Gebot Vichys; Unterwelttypen, die ihn über die Pläne der Vichy-Polizei auf dem laufenden hielten; den österreichischen Zeichner, der Amtsstempel mit erstaunlicher Präzision fälschte, und andere, die Fry mit gefälschten chinesischen, tschechoslowakischen und dänischen Reisepässen versahen.

Einer der von Fry Geretteten ist der heute in New York lebende Dichter und Publizist Hans Sahl. In seinem autobiographischen Roman »Die Wenigen und die Vielen« hat Sahl sein Erlebnis geschildert. In einem Marseiller Café raunte ein Freund ihm zu, ein Amerikaner wolle ihn retten, er solle sich sofort melden. Sahl, der die Sache für einen schlechten Witz hielt, rief die angegebene Nummer an. »Wie war Ihr Name?« antwortete ihm eine Stimme. »Oh yes, kommen Sie sofort herüber. Ich warte auf Sie!« Sahl ging in der Halle des Hotels an zwei deutschen Offizieren vorbei, fuhr im Fahrstuhl hinauf und traf einen jungen Mann in Hemdsärmeln, der ihm einige Geldscheine in die Tasche steckte und sagte: »Wenn Sie mehr brauchen, kommen Sie wieder. Inzwischen werde ich Ihren Namen nach Washington kabeln. Wir werden Sie herausbringen. Oh, there are ways, you know! ... Übrigens brauchen Sie einen neuen Anzug. Wir werden Ihnen morgen einen hübschen Sommeranzug kaufen.«

Das war Varian Fry. Mit einem nagelneuen dänischen Paß verließ Sahl Marseille. Als er in Madrid ankam, meldete er sich verabredungsgemäß bei einem Dienstmann mit einer bestimmten Nummer, der ihn in einer kleinen Pension unterbrachte. Ebenso glatt war der Weg nach Lissabon, wo das Visum aus Washington eingetroffen war. Fry hatte auch die »railroad« über die Pyrenäen nach Portugal organisiert, und er arbeitete immer wieder an der Verbesserung des Geleites für die Flüchtlinge.

So gelang es ihm und seinen Freunden, die meisten ihrer Schützlinge in Sicherheit zu bringen: Heinrich und Golo Mann, Alfred Döblin, Lion Feuchtwanger, Franz Werfel und seine Frau, die frühere Alma Mahler, Hermann Kesten, Walter Mehring, Alfred Polgar; Konrad Heiden (der als »David Silbermann« reiste); die Cembalistin Wanda Landowska; den Nobelpreisträger Otto Meyerhof; Marc Chagall, Max Ernst, Jacques Lipchitz und viele andere.

1941 kamen die Vichy-Leute ihm auf die Spur. Fry wurde aus Frankreich ausgewiesen. Auf seine Frage: »Warum?« erwiderte der Marseiller Polizeiintendant: »Weil Sie Juden und Anti-Nazis beschützt haben!«

Aber Fry hinterließ eine wohlfunktionierende Organisation, die noch bis in das Jahr 1942 hinein wirkte.

In der vergangenen Woche starb Varian Fry in Easton, Conn. Er war nur 59 Jahre alt geworden.

Mit dem Schmerz um seinen Tod verbindet sich tiefe Dankbarkeit für seine einzigartige Leistung, gleichzeitig aber auch ein Gefühl der Enttäuschung darüber, daß Amerika, das zur ständigen Heimat vieler der von ihm geretteten Kinder Europas wurde, für seinen eigenen Sohn keine Stelle fand, die seines Geistes und Talents würdig gewesen wäre. Varian Fry pendelte nach dem Krieg von einem »job« zum andern. Eine Zeitlang unterhielt er in New York einen Radio-Abhördienst; später produzierte er kommerzielle Filme für das Fernsehen; zum Schluß war er Lateinlehrer an einer Schule.

Seine heroische Rolle (die er bescheiden in einem 1945 erschienenen, kaum beachteten Buch »Surrender on Demand« geschildert hat) war nahezu vergessen. Nur die französische Regierung erinnerte sich der Tage von Marseille, indem sie Varian Fry im vergangenen Frühjahr [1966] zum Chevalier der Légion d'Honneur erhob.

Noch einmal hatte Fry in den letzten Jahren die Verbindung mit einigen seiner alten Schützlinge aufgenommen. Er reiste nach Europa, um Marc Chagall, Max Ernst und andere Künstler zu bitten, zugunsten des »International Rescue Committee« (des Nachfolgers des »Emergency Rescue Committee« von 1940) Originallithographien zu schaffen. Die Bitte wurde erfüllt. Ein Dienst für die Flüchtlinge unserer Zeit war die letzte Tat des Menschenfischers von Marseille.

Will Schaber

(»Aufbau«, New York, 22. 9. 1967)

Register

Alexander, Edgar (d. i. Edgar Alexander Emmerich, geb. 1902), katholischer Publizist; ›Der Mythos Hitler‹, ›Deutsches Brevier‹. 1933 Exil (Vatikan, Frankreich, USA). – [276]

Allen, Jay Cooke (1900-1972), amerikanischer Journalist, maßgeblich beteiligt an der Aufklärung der Bombardierung von Guernica (26. 4. 1937) durch deutsche Truppen. 1941 als Nachfolger Varian Frys als Leiter des Centre Américain de Secours in Marseille vorgesehen. – [183, 184, 244]

Apfel, Alfred (1882-1940), vor 1933 berühmter deutscher Strafverteidiger (u. a. Max Hölz, George Grosz, Friedrich Wolf, Carl v. Ossietzky, Berthold Jacob); Autobiographie ›Les dessous de la justice allemande‹. 1933 Exil (Frankreich). – [208, 209]

Archambault, G. H., amerikanischer Journalist, Korrespondent der ›New York Times‹ in Vichy. – [193]

Aufricht, Ernst Josef (geb. 1898), Schauspieler u. Theaterleiter; 1927 Gründung des Theaters am Schiffbauerdamm, erste Inszenierung ›Dreigroschenoper‹. 1933 Exil (Schweiz, Frankreich, USA). – [220]

Ball, Richard, Mitarbeiter Frys. – [69, 70, 75, 79-82, 86, 87, 103, 112, 113, 129, 132-137]

Barellet, 1940/41 Chef der Ausländerpolizei in Marseille. – [65-67, 100, 103]

»Beamish« (d. i. Albert O. Hirschmann, geb. 1915), verließ Deutschland aus politischen Gründen, Teilnahme am Spanischen Bürgerkrieg, Freiwilliger der französischen Armee. Nach dem Kriege Professor in Harvard, heute am Institute of Advanced Studies in Princeton. – [7, 37-43, 49, 51, 53, 55-58, 60-63, 99, 102, 108, 110-112, 125, 126, 130, 131, 133-135, 139, 148, 151, 158-160, 179-182, 249, 279, 280, 283, 325, 330]

Behrendt, Heinz (1914-1944), Sozialist, verließ Deutschland nach Verhaftung und Illegalität. Gefallen als Soldat der amerikanischen Armee im Süd-Pazifik. – [279]

Bénédite, Daniel (»Danny«), Mitarbeiter Frys. – [123-125, 140-142, 146, 147, 150, 151, 153, 161, 168, 171, 176-178, 213, 215, 230-232, 234, 238-241, 243, 245, 247-252, 254-260, 264, 266, 268-271, 277, 278, 304, 307, 308]

Bénédite, Theodora (»Theo«), Frau von D. Bénédite. – [124, 141, 142, 212, 250, 251, 259, 267, 278, 308]

Benninghaus, Walter (geb. 1898), deutscher Gewerkschaftsfunktionär. 1937 Exil (Niederlande, Belgien, Großbritannien), Mitarbeiter der ›Deutschland-Berichte der Sopade‹. – [239]

Bernanos, George (1888-1948), franz. Schriftsteller (›Die Sonne Satans‹, ›Die großen Friedhöfe unter dem Mond‹), ab 1938 Exil in Brasilien, Rückkehr nach Frankreich 1945. – [189]

Bernhard, Georg (1875-1944) deutscher Publizist und Wirtschaftspolitiker, 1909-1930 Chefredakteur der ›Vossischen Zeitung‹, 1928-1930 Reichstagsabgeordneter der Deutschen Demokratischen Partei. Im Exil Gründer und Chefredakteur der ›Pariser Tageszeitung‹ (vorher ›Pariser Tageblatt‹), Mitarbeit im Pariser Volksfrontausschuß. ›Die deutsche Tragödie‹, ›Meister und Dilettanten am Kapitalismus‹. – [66, 103, 114, 118, 134, 135, 197, 226, 227, 230, 232-234, 236, 237, 239, 284, 299, 328]

Biermann, Erika, Tochter von Hermann Müller (SPD, 1920 u. 1928 Reichskanzler), Sekretärin von Rudolf Breitscheid. – [18, 19, 22, 23, 34, 35, 204, 205, 222]

Bingham, Hiram (»Harry«) (1887-1955), amerikanischer Vizekonsul in Marseille. – [21-23, 73, 89, 107, 108, 110, 111, 175, 252, 330]

Blum, Léon (1872-1950), französischer sozialistischer Politiker, 1936/37 und 1938 Ministerpräsident der Volksfront, 1940 von der Vichy-Regierung verhaftet, 1943-1945 in Deutschland interniert, 1946/47 erneut Ministerpräsident. – [119]

Bohn, Frank (1878-1975), amerikanischer Journalist, Beauftragter der amerikanischen Gewerkschaftsbewegung (American Joint Labor Committee) zur Rettung gefährdeter europäischer Gewerkschaftsführer – [17-23, 34-36, 47, 48, 54, 67, 70-73, 76, 77, 100, 101, 111, 114, 115]

Boyle, Kay, geb. 1903, amerikanische Schriftstellerin. – [217]

Braun, Max (1892-1945), saarländischer sozialdemokratischer Journalist und Politiker, emigrierte 1935 nach dem Anschluß des Saarlandes nach Frankreich, dann nach England. Mitarbeit im Pariser Volksfrontauschuß. – [66, 67]

Brauner, Victor (1903-1966), rumänischer Maler, Surrealist, lebte in Paris. – [142]

Breitscheid, Rudolf (1874-1944), sozialdemokratischer Politiker, 1918/19 als unabhängiger Sozialist preußischer Innenminister, ab 1920 Außenpolitischer Sprecher der SPD-Reichstagsfraktion. 1933 Emigration. Nach der Auslieferung an die Gestapo am 11. 12. 1941 zunächst nach Berlin

verbracht, später KZ Sachsenhausen u. Buchenwald. – [20, 22, 34-36, 55, 66, 67, 71, 75, 76, 100, 115, 197, 198, 200-210, 223-227, 233, 287, 300]
Breitscheid, Toni (geb. 1878), aktiv in der Frauenbewegung, Frau von Rudolf B. – [34, 35, 100, 204-206, 287]
Breton, André (1896-1966), Schriftsteller, Mitbegründer und Theoretiker des französischen Surrealismus. Im USA-Exil (bis 1945) Mitarbeiter von ›Radio France libre‹. – [140-142, 144, 163-165, 167, 169, 171, 212, 221, 258, 279, 288, 299, 308]
Breton, Jacqueline, Frau von A. Breton – [141, 142, 221, 308]
Brooks, Howard, Leiter des Hilfsdienstes der Unitarier in Marseille. – [257]

»*Carlos*«, spanischer Gewerkschafter, Fluchthelfer. – [231, 232, 234, 236-239, 241, 274]
Caspari, deutscher Emigrant, Teilnahme am Spanischen Bürgerkrieg. – [227, 229, 230]
Castro, Professor de, spanischer Wissenschaftler. – [220]
Chagall, Marc (1887-1982), Maler russisch-jüdischer Herkunft, kunstamtliche Tätigkeit während der russischen Revolution, 1923 endgültige Übersiedlung nach Frankreich, 1941-1947 im USA-Exil. – [10, 157, 220, 242, 243, 279, 299, 331]
Chaminade, Marcel, konservativer französischer Diplomat, Mitarbeiter Frys. – [124, 125, 130, 131, 151, 170, 259]
Ciana, Alberto, italienischer Politiker. – [280]
Companys, Luis, spanischer Gewerkschaftsführer, Präsident der Landesregierung von Katalonien, Flucht nach Frankreich, dort von der Gestapo verhaftet und an Spanien ausgeliefert; mit der Garotte hingerichtet. – [24]

Darlan, François (1881-1942), franz. Admiral, ab Frühjahr 1942 Mitglied der Vichy-Regierung, Opfer eines Attentats nach Übernahme der Regierungsgewalt in franz. Besitzung in Afrika mit US-Unterstützung. – [245, 260]
Davenport, Miriam, Mitarbeiterin Frys. – [53, 54, 108, 142]
Dentas, Sousa, brasilian. Botschafter. – [154]
Diaz, Alfonso, span. Republikaner, Mitarbeiter Frys. – [245, 266]
Dimitru, Figur der Marseiller Halbwelt, deren Hilfe Fry gelegentlich in Anspruch nahm. – [61-63, 200, 201, 246-248, 251, 254, 255]
Dobos, Ladislas, von der Gestapo gesuchter ungarischer Antifaschist. – [239]
Dohrn, Klaus (geb. 1909), deutscher Journalist, im Exil Mitbegründer der

»Deutschen Front gegen das Hitlerregime« (kath.-kons.), nach 1945 europ. Berater für »Time/Life«. – [121, 122, 134, 135]
Dominguez, Oscar (geb. 1906), span. Surrealist. – [142]
Drach, Frederic, Figur der Marseiller Halbwelt und Agentenszene, Paßhändler, von Deutschen erschossen. – [58-60, 103, 274, 278]
Dubois, Capitaine (Ps.?), Mitarbeiter der Sûreté Nationale in Marseille. – [110, 111, 113, 159, 176-179, 244, 330]
Duchamp, Marcel (1887-1968), franz. Maler, Vorläufer des Dadaismus u. Anreger des Surrealismus, wurde berühmt mit seinen »Ready Mades«. – [276]
Duhamel, Georges (1884-1966) franz. Arzt u. Schriftsteller (›Chronique des Pasquier‹), ab 1935 Mitglied der Académie Française. – [256, 294]

Ehrmann, Heinrich (geb. 1908), Dr. jur., Hochschullehrer, im franz. Exil Mitarbeiter verschiedener Zeitschriften. – [46]
Einstein, Carl, 1885-1940 (durch eigene Hand), Schriftsteller, Kunsthistoriker, Mitarbeiter bei ›Pan‹, ›Aktion‹, ›Weiße Blätter‹. Teilnahme am Berliner Spartakistenaufstand und am Spanischen Bürgerkrieg. Ab 1933 Exil in Frankreich. – [45]
Ernst, Max (1891-1976), Mitbegründer der Gruppe Dada und des Surrealismus (La Femme à 100 têtes‹), ab 1922 in Paris, 1941-1949 USA, 1949 Rückkehr nach Paris. – [10, 217, 218, 220, 248, 279, 299, 308, 331]

Fawcett, Charles, (»Charlie«), Mitarbeiter Frys. – [52, 69, 70, 114, 132, 158, 159, 177, 182, 183]
Fendler, Eduard (geb. 1902), Dirigent. 1933 Exil in Frankreich, 1941 über Martinique in die USA. – [222]
Feuchtwanger, Lion (1884-1958), Autor international erfolgreicher historischer (›Jud Süß‹) und Zeitromane (›Erfolg‹, ›Geschwister Oppermann‹, ›Exil‹), neben H. u. Th. Mann zentrale Figur des antifaschistischen Exils. (Mithg. ›Das Wort‹, Volksfrontausschuß). 1933-1940 Exil in Frankreich, dann bis zu seinem Tode in Pacific Palisades, Kalifornien. – [10, 22, 23, 71, 73-76, 79, 99, 282-285, 289, 299, 322-324, 331]
Figuière, Schiffsmakler und panamesischer Honorarkonsul in Marseille. – [103]
Fishman, Lena, Mitarbeiterin Frys. – [49, 50, 53, 55, 58, 89, 93, 95, 99, 100, 114-116, 123, 153, 156, 158, 161-163, 165, 166, 169, 176-178, 244, 245, 279]
Fitch, Captain, brit. Militär, verantwortlich für den Rückzug des Britischen Expeditionskorps. – [128, 129, 132, 134-136, 160]

Fittko, Johannes (Hans), (1903-1960), Journalist, Sozialist, Exil in der Tschechoslowakei, Schweiz, Holland, Frankreich, Kuba, USA, hat zusammen mit Lisa Fittko gut hundert Nazigegner illegal über die franz. Grenze geführt. – [148-150, 160, 180, 181, 233, 235, 236, 238, 287, 325-328]
Fittko, Lisa (geb. 1909), bereits als Schülerin antifaschistische Widerstandsarbeit. Exil in der Tschechoslowakei, Schweiz, Holland, Frankreich, Kuba, USA. Lebt in Chicago. Erinnerungen: »Mein Weg über die Pyrenäen«, Hanser: München 1985. Führte u. a. Walter Benjamin über die Pyrenäen und die franz. Grenze. – [148-150, 160, 180, 181, 287,325-328]
Frank, Leonhard (1882-1961), pazifistischer, sozialkritischer Autor (›Der Mensch ist gut‹, ›Das Ochsenfurter Männerquartett‹, Autobiographie: ›Links, wo das Herz ist‹). 1933 Exil (Schweiz, Frankreich, USA), 1950 Rückkehr in die BRD. – [46, 299]
Frankel (Maurice), preußischer Bankier, im Exil angeblich Financier des ›Neuen Tage-Buchs‹. – [61, 319]
Freier, Bill, Wiener Karikaturist, lebt heute in Paris. – [60, 148, 149, 159, 244, 278, 289, 330]

Garandel, franz. Polizeibeamter. – [266-269]
Garetto, Giuseppe, sizilianischer Romancier. – [276]
Garow, Captain, brit. Militär, beteiligt an der Evakuierung des Britischen Expeditionskorps. – [246]
Gaulle, Charles de (1890-1970), gründete nach dem franz. Zusammenbruch 1940 das Londoner Komitee »Freies Frankreich« und wurde Anführer der franz. Widerstandsbewegung, von Vichy-Frankreich zum Tode verurteilt; 1945/46 Präsident einer provisorischen Regierung, 1958-69 Staatspräsident. – [19, 102, 132, 180, 181, 230, 243]
Gemahling, Jean, Mitarbeiter Frys. – [124, 141, 147, 161, 168, 176, 180, 181, 184, 195, 196, 212, 214, 217, 226, 227, 229, 230, 233, 238, 241, 246, 250, 251, 255, 259, 263, 267, 269, 277, 308, 325]
Gerlier, Pierre-Marie, Kardinal von Lyon. – [274]
Gide, André (1869-1951), franz. Schriftsteller (›Die Falschmünzer‹, ›Die enge Pforte‹, Autobiographie: ›Stirb und werde‹), 1947 Nobelpreis. Vielfältige Unterstützung der deutschen Exilierten. – [186-190, 256, 264, 294]
Glasberg, Abbé, Mitarbeiter von Kardinal Gerlier. – [274]
Gold, Mary Jayne, wohlhabende Amerikanerin, half Fry bei schwierigen Missionen. – [108, 124, 142, 165, 173, 174, 179, 218, 330]
Goldberg, Oscar, Hebraist. – [221]
Gruss, Anna, Mitarbeiterin Frys. – [123, 130, 177, 266, 278]

Grynszpan, Herschel (1921-?], ab 1936 Exil in Frankreich; verübte am 7. 11. 1938 das Attentat auf den Nazidiplomaten Ernst vom Rath, das von den Nazis als Vorwand für die »Reichskristallnacht« genommen wurde (s. a. Anm. 11, S. 284). – [68, 284]

Guggenheim, Peggy (1898-1979), Galeristin u. Kunstsammlerin; seit 1922 in Europa, ging 1941 zusammen mit Max Ernst (den sie später heiratete) nach Amerika zurück. 1938-39 Guggenheim Jeune Art Galery (London), 1942-46 Art of the Century Galery (New York), 1951-70 Museo Palazzo Venier de Leoni (Venedig). – [218]

Gumbel, Emil J. (1801-1966), militärpolitischer Publizist und Mathematiker, vor 1933 Profesor in Gießen, dann Lyon, zuletzt Columbia University, N.Y., Mitarbeit im Volksfrontausschuß. – [46]

Hadamard, Jacques (1865-1963), franz. Physiker und Mathematiker, 1941 bis Kriegsende Exil in den USA. – [220]

Hagen, Paul (d. i. Karl B. Frank, 1893-1969), Journalist, bis 1928 Mitarbeiter am KPD-Pressedienst; seit 1933 SPD; im Exil führendes Mitglied der linkssozialistischen Gruppe »Neu Beginnen«; seit Ende 1939 in den USA. Hat wesentlichen Anteil an der Gründung des Emergency Rescue Committee (vgl. Nachwort, S. 292). – [5, 20, 25, 292, 293, 303]

Hasenclever, Walter (1890-1940, durch eigene Hand in einem franz. Internierungslager), Dramatiker ›Der Sohn‹, ›Ein besserer Herr‹, ›Ehen werden im Himmel geschlossen‹; autobiographischer Roman ›Die Rechtlosen‹. Seit 1932 Frankreich. – [45]

Heiden, Konrad (1901-1966), Historiker, beschäftigte sich seit 1920 mit dem Nationalsozialismus (›Geschichte des Nationalsozialismus‹, ›Geburt des Dritten Reiches‹) Verf. der ersten maßgeblichen Hitler-Biographie. Ab 1933 Exil (Saar, Frankreich, USA). – [22, 46, 279, 299, 323, 324, 331]

Heine, Bedrich (Friedrich), (geb. 1904), Parteifunktionär, 1933 Exil (CSR, Frankreich, England) Mitglied des Exil-Vorstandes der SPD; 1946 Rückkehr nach Deutschland. 1946-1957 Mitglied des Parteivorstandes und Pressesprecher der SPD. – [18, 19, 21-23, 115, 200-205, 223, 239, 280, 287]

Hermant, Albert, s. Beamish.

Herzog, Wilhelm (1884-1960), Übersetzer, Publizist, Schriftsteller (›Die Affäre Dreyfus‹; Autobiographie: ›Menschen, denen ich begegnete‹); 1933 Exil (Schweiz, Frankreich, Trinidad, USA), 1952 Rückkehr in die BRD. – [222]

Hildebrand, Dietrich von (1889-1977), Professor für Philosophie; 1933 Exil (Italien, Österreich, Frankreich, USA). 1942-1960 Fordham University New York. – [41]
Hildebrand, Franz von (»Franzi«), (geb. 1912), Sohn von D. v. H., Mitarbeiter Frys. – [40-43, 50, 53, 55, 93, 124, 279]
Hilferding, Rudolf (1877-1941), Arzt, Redakteur (›Vorwärts‹), Politiker: 1923 u. 1928/29 Reichsfinanzminister, Theoretiker des Austromarxismus (›Das Finanzkapital‹); 1933 Exil (CSR, Schweiz, Frankreich), 1941 von der Vichy-Regierung an die Gestapo ausgeliefert (zus. mit R. Breitscheid). – [20, 22, 34-36, 55, 66, 67, 71, 75, 76, 100, 115, 197, 198, 200-210, 223-227, 233, 300]
Hilferding, Rose (1884-1959), Ehefrau von R. H. – [34, 209, 210, 222]
Himmler, Heinrich (1900-1945), nationalsozialistischer Politiker, seit 1929 »Reichsführer der SS«, ab 1936 Chef der deutschen Polizei; organisierte den Terror der Gestapo und die Massentötung der Juden. – [116, 117, 120, 210]
Hirschmann, Albert, s. Beamish.
Hoare, Sir Samuel (1880-1959), brit. Politiker, 1937/39 Innenminister, 1940-44 brit. Botschafter in Spanien. – [91, 95-97, 128, 134, 245, 246]
Hull, Cordell (1871-1955), 1933-1944 US-Außenminister, Berater Roosevelts bei den Konferenzen von Moskau u. Teheran, 1945 Friedensnobelpreis für seine Mitarbeit bei der Gründung der Vereinten Nationen. – [74]

Itor-Kahn, Erich (1905-1956), Komponist und Pianist; 1933 Exil in Frankreich, ab 1941 in den USA. – [151, 222]

Jacob, Berthold (d. i. Berthold Salomon), (1898-1944), militärpolitischer Publizist, Mitarbeiter der »Weltbühne«; 1935 zum ersten-, 1941 zum zweitenmal von Gestapo-Agenten entführt und nach Deutschland verschleppt, 1941-44 KZ-Haft (s. a. Anm. 26, 27, S. 289). – [233, 235-238, 274, 275, 289, 299, 327]
Jacques, korsischer Bandenführer und Figur der Marseiller Halbwelt. – [62, 63, 196-201, 246, 255]
Jolles, Heinz (1902-1965), Pianist, bis 1933 Lehrer an der Hochschule für Musik in Köln, 1933 Exil (Frankreich, Brasilien), ab 1952 Prof. in Sao Paulo. – [276]
Joy, Charles, europ. Beauftragter des Unitarian Service Committee of Boston. – [93, 129, 317-319]
Keun, Irmgard (1910-1982), Schriftstellerin (›Das kunstseidene Mädchen‹,

›Gilgi – eine von uns‹, ›Nach Mitternacht‹, autobiographische ›Bilder und Gedichte aus der Emigration‹), 1933 Schreibverbot, 1935 Exil (Belgien, Holland), 1940 Rückkehr nach Deutschland, wo sie illegal unter falschem Namen überlebte. – [45, 283]

Kingdon, Frank (1894-1972), Journalist, Schriftsteller, Theologe. Präsident der University of Newark 1936-1940; 1940/41 Vorsitzender des Emergency Rescue Committee in New York. – [5, 291, 298, 303, 329]

Kleber, General, verantwortlich für die Evakuierung poln. Exil-Truppen aus Frankreich. – [127, 128]

Klepper, Otto (1888-1957), Jurist u. Politiker, 1931/32 preuß. Finanzminister, 1933 Exil (China, USA, Skandinavien, Frankreich, Mexiko) 1947 Rückkehr nach Deutschland, Geschäftsführer der FAZ und Rechtsanwalt in Frankfurt. – [276]

Kracauer, Siegfried (1889-1966), Architekt, Soziologe, Redakteur der Frankfurter Zeitung, Schriftsteller (›Die Angestellten‹, ›Jacques Offenbach und das Paris seiner Zeit‹, ›Von Caligari bis Hitler‹), 1933 Exil (Frankreich, USA), Mitarbeiter der Filmbibliothek des Museum of Modern Art. – [220, 299]

Lam, Wilfredo (geb. 1902), cuban. Maler, Schüler von Picasso, bis 1940 Frankreich, lebt in Havanna. – [142]

Landowska, Wanda (1879-1959), poln. Cembalistin, Lehrtätigkeit an der Königl. Hochschule für Musik Berlin, Meisterkurse in Basel, Paris u. a.; ab 1941 USA. – [276, 279, 331]

Lania, Leo (1896-1961), Journalist, Schriftsteller (›Land im Zwielicht‹, ›Willy Brandt, mein Weg nach Berlin‹); Exil 1933 in Frankreich, 1934-36 England, 1941 USA, 1946 Rückkehr nach Deutschland – [323, 324]

Largo Caballero, Francisco (1869-1946), span. Politiker u. Gewerkschaftsführer, 1918-37 Generalsekretär des sozialistischen Gewerkschaftsbundes (U.G.T.); 1936/37 Ministerpräsident der span. Volksfrontregierung. Exil in Frankreich, von der Gestapo ins KZ Oranienburg verschleppt, bei Kriegsende befreit. – [76, 185, 197, 252, 253, 278, 289]

Laval, Pierre (1883-1945; hingerichtet), franz. Politiker, 1934-36 Außenminister, Ministerpräsident (1940, ab 1942 der Kollaborationsregierung) 1945 von US-Truppen an die neue franz. Regierung ausgeliefert. – [24, 152, 153, 185, 286]

Leonard, Lotte (geb. 1884), Sängerin; 1933 Exil (Frankreich, USA), Lehrtätigkeit am Conservatoire International Paris u. an der Juilliard School of Music New York, ab 1968 Israel. – [220]

Leslau, Wolf (geb. 1906), Orientalist; vor 1942 Lehrtätigkeit in Frankreich, danach in den USA. – [151]
Limousin, Beamter des Vichy-Innenministeriums, verantwortlich für franz. Internierungslager. – [154]
Lipchitz, Jacques (1891-1973), Bildhauer, surrealistische Plastiken und Bildwerke an Gebäuden, seit 1909 Paris, seit 1941 USA. – [10, 220, 279, 299, 331]
Lipnitzki, Photograph in Paris. – [222]
Llopis, Rodolfo, span. Politiker, persönlicher Freund von Largo Caballero und 1936/37 dessen Kabinettchef, Exil in Frankreich. – [76]
Lowrie, Donald, amerikan. YMCA-Vertreter in Frankreich, bis zur Okkupation der CSR Abgesandter der American Friends of Czechoslowakia in Prag. – [30, 31, 100]
Lubienski, Michal, Oberbefehlshaber der poln. Exil-Truppen in Frankreich. – [127]
Lussu, Emilio (1890-1975), ital. sozialistischer Politiker, unter Mussolini 1926-29 interniert, Exil in Frankreich, 1943 Rückkehr nach Italien, Minister des ersten Nachkriegskabinetts. – [77, 78, 90, 92, 98, 132, 158, 181, 224, 234-237, 239-241, 252, 272-274, 280]

Mahler-Werfel, Alma (1879-1964), seit 1902 mit Gustav Mahler verheiratet; nach dessen Tod heiratete sie 1915 Walter Gropius, 1929 Franz Werfel. 1938 Exil (Italien, Frankreich, USA). Autobiographie: ›Mein Leben‹. – [16, 17, 74-76, 79, 82, 83, 86, 87, 89, 90, 94, 98, 121, 285, 331]
Maillol, Aristide (1861-1944) franz. Bildhauer u. Graphiker, angeregt durch Gauguin, nach Kleinplastiken auch größere Figuren und Holzschnittillustrationen. – [256, 294, 325, 326]
Malaquais, Jean, franz. Arzt und Romancier. – [276]
Malraux, André (1901-1976) franz. Schriftsteller (›So lebt der Mensch‹, ›Die Hoffnung‹, ›Antimemoiren‹) und Politiker; Teilnahme an der chines. Revolution, Organisator der republikanischen Luftwaffe im Spanischen Bürgerkrieg, Brigadeleiter in der franz. Résistance; 1945/46 Informations-, 1959-69 Kulturminister. – [186, 189]
Mann, Golo (geb. 1909), Historiker (›Deutsche Geschichte des 19. u. 20. Jhts.‹, ›Geschichte u. Geschichten‹), 1933 Exil (Schweiz, Frankreich, USA), 1958 Rückkehr in die BRD. – [75, 79, 82, 83, 86-89, 92, 299, 331]
Mann, Heinrich (1871-1950) Schriftsteller (›Professor Unrat‹, ›Der Untertan‹, ›Henri Quatre‹, Autobiographie: ›Ein Zeitalter wird besichtigt‹, 1931-33 Präsident der Preußischen Akademie der Künste (Sektion Dicht-

kunst). 1933 Exil (Frankreich, 1940 USA), führend in der Volksfrontbewegung, Symbol- u. Integrationsfigur der antifaschistischen Literatur. 1950 zum Präsidenten der Deutschen Akademie der Künste (Berlin/DDR) gewählt. – [71, 72, 75, 76, 79, 81-83, 86-89, 93, 94, 98, 283-286, 299, 331]
Mann, Nelly (1898-1944, durch eigene Hand), Ehefrau von Heinrich Mann. – [75, 76, 79, 82, 83, 86-89, 93, 94, 98]
Mann, Thomas (1875-1955), Schriftsteller (›Buddenbrooks‹, ›Der Zauberberg‹, Joseph-Tetralogie, ›Doktor Faustus‹), 1929 Nobelpreis, 1933 Exil (Schweiz, USA), 1940-45 Rundfunkansprachen über BBC an deutsche Hörer, 1952 Rückkehr nach Europa, ab 1954 Kilchberg/Zürich. – [75, 87, 151, 285, 297, 299, 329]
Marcu, Valeriu (1899-1942), Historiker, Philosoph (›Die Vertreibung der Juden aus Spanien‹, ›Machiavelli‹), lebte bis 1933 in Berlin, 1933 Exil (Frankreich, USA). – [186, 190, 220, 299]
Masson, André (geb. 1896), franz. Maler u. Grafiker, 1941-46 im amerikan. Exil, danach wieder in Frankreich. – [222, 279, 299].
Matisse, Henri (1869-1954), franz. Maler, Bildhauer und Zeichner, Mitbegründer der Gruppe der ›Fauves‹. – [186, 187, 256, 264, 294]
Mehring, Walter (1896-1981), Schriftsteller, Satiriker (Arche Noah SOS‹, ›Der Kaufmann von Berlin‹, ›Müller‹, Autobiographie: ›Wir müssen weiter‹, Fragment; ›Die verlorene Bibliothek‹; Mitarbeiter der ›Weltbühne‹ und des ›Tagebuchs‹, 1933 Exil (Österreich, Frankreich, 1941 USA), 1953 Rückkehr nach Europa. – [53, 64, 65, 69, 93, 100, 104, 105, 114, 124, 125, 134, 135, 205, 206, 279, 284, 289, 300, 320, 321, 331]
Mendizabel, Alfredo, span. Gelehrter, Professor für Philosophie. – [276]
Meyerhof, Otto (1884-1951), dt. Biochemiker, 1922 Nobelpreis für Medizin, 1938 Exil (Frankreich, USA), ab 1940 University of Pennsylvania. – [46, 328, 331]
Mirkine-Guetzévitch, Boris (1892-1955), Rechtswissenschaftler. 1919 Frankreich, 1941 Exil in USA. Nach 1945 Völkerrechts-Experte der UNO, Lehrtätigkeit in Paris. – [220]
Modigliani, Giuseppe (1872-1947), ital. Politiker u. Anwalt, Mitbegründer der Partito socialisto unitario; 1925 Exil in Frankreich, nach der dt. Besetzung in der Schweiz; 1944 Rückkehr nach Italien, sozialistischer Abgeordneter in der Nationalversammlung. – [20, 22, 35, 36, 71, 76, 115, 277, 279]
Müller, Heinrich, dt. Antifaschist. – [223]
Münzenberg, Willi (1889-1940), kommunistischer Politiker 1924-33 Reichtagsabgeordneter; vor 1933 Leiter der ›Kommunistischen Jugendinternationale‹, Aufbau der ›Internationalen Arbeiterhilfe‹ u. des ›Mün-

zenberg-Konzerns‹ (Zeitungsverlage, Buch- u. Filmgesellschaften); 1933 Exil (Frankreich), Gründung des Verlags »Édition du Carrefour«, 1937 wegen Kritik an Stalin aus KPD ausgeschlossen. Der gewaltsame Tod M.'s ist bislang nicht aufgeklärt worden. – [45]
Murphy, Captain, brit. Militär, verantwortlich für Rückzug des Britischen Expeditionskorps. – [195, 196, 200, 201, 226, 227, 245-247, 251]
Murzi, Rechtsanwalt, beteiligt an Mehrings Rettung. – [65]

Natoli, Aurelio (geb. 1888), ital. Journalist, Exil in Spanien, Frankreich, USA; 1946 Rückkehr nach Sizilien, Abgeordneter. – [222]
Natonek, Hans (1892-1963), tschech. Schriftsteller u. Publizist (›Der Schlemihl‹, Autobiographie: ›In Search of Myself‹), seit 1917 Leipzig, Mitarbeiter der ›Neuen Leipziger Zeitung‹ und der ›Aktion‹; 1933 Exil (CSR, Frankreich, 1940 USA). – [46, 324]
Neumann, Alfred (1895-1952), Schriftsteller (›Der Teufel‹, Napoleon-Trilogie; ›Es waren ihrer sechs‹) 1933 Exil (Italien, Frankreich, 1940 USA), 1949 Rückkehr nach Italien. – [186, 187]
Niemeyer, dt. Kunststudent, an dt. Behörden ausgeliefert. – [186]
Nouguet, Mme., Haushälterin Frys. – [147, 165, 168, 215, 216]

Oppenheimer, Heinz Ernst (»Oppy«), dt. Emigrant, Mitarbeiter Frys. – [50, 51, 53, 55, 203]
Oram, Harold, führendes Mitglied des Emergency Rescue Committee in New York. – [5, 292, 303]

Pacciardi, Randolfo (geb. 1899), ital. Journalist u. Politiker, 1926 Flucht in die Schweiz, 1933 ausgewiesen; Vorsitzender der Exil-Republikaner, im Spanischen Bürgerkrieg Kommandant des Garibaldi-Bataillons; 1940 USA, 1945 Rückkehr nach Italien, stellvertr. Ministerpräsident u. Innenminister. – [132, 134, 136, 224, 225, 279]
Palmer, Margaret, als Mitarbeiterin von Jay Allen für die Nachfolge von Fry vorgesehen. – [183, 184, 186]
Pauli, Hertha (1909-1973), Schauspielerin und Schriftstellerin (Autobiographie: ›Der Riß der Zeit geht durch mein Herz‹), 1933 Exil (Österreich, Schweiz, 1938 Frankreich, 1940 USA). – [46, 284, 300, 324, 325]
Péret, Benjamin (1899-1959), Schriftsteller, Mitbegründer des Surrealismus und mit André Breton einer der wenigen Bewahrer surrealistischer Ideen; Teilnahme am Spanischen Bürgerkrieg, 1941 Exil in Mexiko; nach dem Krieg Rückkehr nach Frankreich. – [142, 276]

Pétain, Henri Philippe (1856-1951), franz. Marschall, 1934 Kriegsminister, ab Juni 1940 Ministerpräsident der franz. Kollaborationsregierung; 1944 interniert, 1945 wegen Hoch- und Landesverrat zum Tode verurteilt, jedoch zu lebenslanger Haft begnadigt. Mitglied der Académie Française. – [110, 120, 146, 152, 160, 161, 167, 172, 173, 175, 183, 185, 245, 256, 264, 267, 320, 329]
Peyrouton, Marcel (1887-195?), franz. Politiker, 1940/41 Innenminister der Vichy-Regierung. – [154, 176]
Pittaluga, Gustav (1876-1956), ital. Mediziner u. Politiker, Vizepräsident der Gesundheitskommission des Völkerbundes. – [276]
Polgar, Alfred (1873-1955) österr. Schriftsteller u. Kritiker (›Ja und Nein‹, ›Handbuch des Kritikers‹); 1925-33 Berlin, Mitarbeiter der »Weltbühne«; 1933 Rückkehr nach Wien, 1938 Exil (Schweiz, Frankreich, 1940 USA), 1948 Rückkehr nach Europa. – [46]
Poliakoff-Litovtzeff, Solomon (1875-1945), Schriftsteller, Journalist, Auslandskorrespondent russ. Zeitungen; 1941 USA. – [220]
Pringsheim, Peter (1881-1963) dt. Physiker, 1930-33 Professor in Berlin, 1933 Exil (1941 USA); Schwager von Thomas Mann. – [151, 220]
Purslow, Donald, (keine Daten zu ermitteln) – [228]

Reder, Bernard (1897-1963), rumän. Bildhauer u. Graphiker, Exil: 1937 Frankreich, 1943 USA. – [276]
Reich, Vatroslav, franz. Gaullist. – [239]
Reiner, österr. Emigrant, Urkundenhändler. – [58, 60]
Rodellec du Porzic, de, Polizeipräsident von Marseille. – [259-261, 263, 265, 331]

Sahl, Hans (1902-1993), Kritiker, Schriftsteller, Übersetzer (u.a. Th. Wilder, T. Williams; autobiographischer Roman: ›Die Wenigen und die Vielen‹), 1933 Exil (CSR, Schweiz, Frankreich, USA), lebte seit 1941 in New York, seit 1989 in Tübingen. – [220, 288, 297, 300, 304, 305, 330]
Schiffrin, Jacques (gest. 1950), franz. Verleger (Éditions de la Pleiade); 1941 USA, Geschäftspartner Kurt Wolffs bei den Pantheon Books. – [222]
Schnek, Johannes, österr. Antifaschist. – [241, 272, 273]
Séjourné, Laurette, Freundin von Victor Serge. – [142]
Serge, Victor (1890-1947), ›Beruf: Revolutionär‹ (Titel d. Autobiographie); 1912 in Paris wegen anarchistischer Betätigung verurteilt, 1917 Sowjetunion, Mitarb. d. ›Nord-Kommune‹, 1922 Westeuropa-Redakteur der ›InPreKorr‹, 1928 Parteiausschluß, 1933 in der SU verhaftet, nach inter-

nationalen Protesten jedoch 1936 Ausreise nach Paris, ab 1941 Mexiko. Ein Einreisevisum in die USA wurde V. S. mehrfach verweigert. – [140-142, 146, 162, 163, 165, 174, 221, 287, 288]
Siemsen, Hans (1891-1969), Schriftsteller (›Die Geschichte des Hitlerjungen Adolf Goers‹), 1934 Exil (Frankreich, 1941 USA), 1948 Rückkehr nach Deutschland. – [220]
St.Exupéry, Consuelo de, Ehefrau des Schriftstellers Antoine de St.E. (1900-1944; ›Wind, Sand und Sterne‹, ›Der kleine Prinz‹). – [217]
Stampfer, Friedrich (1874-1957), sozialdemokrat. Politiker, 1920-33 Reichstagsabgeordneter, seit 1925 Mitglied des Parteivorstandes; Chefredakteur des ›Vorwärts‹; 1933 Exil (CSR, Frankreich, 1940 USA), 1948 Rückkehr nach Deutschland (Autobiographie: ›Erfahrungen und Erkenntnisse‹). – [46, 287]
Starhemberg, Ernst Rüdiger Prinz von (1899-1956), Führer der (faschistischen) österr. Heimwehren; 1923 Beteiligung am Hitler-Putsch, 1930 Verhandlungen mit Mussolini über Staatsstreich in Österreich; 1934-36 österr. Vizekanzler; 1938 Exil, 1942 Südamerika, 1955 Rückkehr nach Österreich. (Autobiographie: ›Between Hitler and Mussolini‹). – [66, 67, 284]
Stirling, Charles, Kunsthistoriker u. Museumsleiter. – [276]
Strauss, Bruno, Psychiater. – [276]
Suchowolsky, »Nachfolger« der Fittkos in Banyuls. – [327]

Thälmann, Ernst (1886-1944), kommunist. Politiker, 1924-33 Reichtagsabgeordneter, ab 1925 Parteivorsitzender der KPD; 1933 verhaftet, dann in verschiedenen KZs, 1944 in Buchenwald ermordet. – [210]
Thumin, Ornithologe. – [138, 143-146, 211, 213, 214, 266]
Thyssen, Fritz (1873-1951), Industrieller, der die NSDAP seit 1923 mit hohen Summen unterstützte (Autobiographie: ›I paid Hitler‹), 1931 Partei- und Reichstagsmitglied, 1939 Bruch mit Hitler und Emigration; Ende 1940 gemäß Art. 19 ausgeliefert; 1945 von US-Besatzung interniert, 1948 Emigration nach Argentinien. – [190-192, 194, 197]
Thyssen, Amélie (1877-1965), Ehefrau von Fritz Thyssen. – [190-192, 194, 197]
Torr, Major, brit. Militärattaché in Madrid. – [90-92, 95-98]
Treacy, Captain, brit. Militär, beteiligt am Rückzug des Britischen Expeditionscorps. – [160, 181, 195]

Verzeanu, Marcel (»Maurice«), Mitarbeiter Frys. – [125, 126, 180, 181, 184, 186, 227-236, 238-241, 259, 263, 267, 269, 273, 274, 279, 308, 325, 327]

Vierny, Dina, Modell bei dem franz. Bildhauer Aristide Maillol. – [325, 326]

Vochoč, Vladimir, tschech. Diplomat, 1938-41 Konsul in Marseille (vgl. Anm. 5, S. 283) – [30, 31, 100, 102, 244, 283, 286]

Warburg, Ingrid, Mitglied des Emergency Rescue Committee in New York. – [5, 291, 298]

Weiss, Ernst (1882-1940; durch eigene Hand), tschech. Arzt und Schriftsteller (›Der arme Verschwender‹, ›Ich – der Augenzeuge‹), seit 1921 Berlin, 1933 Rückkehr nach Prag, seit 1934 Paris. Sein Selbstmord literarisch verarbeitet in Anna Seghers' Roman ›Transit‹. – [45]

Weisslitz, Jacques, franz. Jude, Mitarbeiter Frys, von den Deutschen in ein poln. Vernichtungslager verschleppt. – [278, 308]

Werfel, Alma, s. Mahler-Werfel.

Werfel, Franz (1890-1945), nach Anfängen als expressionistischer Lyriker in der Zwischenkriegszeit erfolgreicher Romancier und Dramatiker (›Der Abituriententag‹, ›Der veruntreute Himmel‹, ›Das Lied von Bernadette‹, ›Jacobowsky und der Oberst‹), 1933 Ausschluß aus der Preußischen Akademie der Künste, 1938 Exil (Italien, Frankreich, 1940 USA). – [10, 16, 17, 22, 23, 71, 72, 74-76, 79, 81-83, 86, 87, 89, 90, 94, 98, 121, 279, 281, 286, 299, 300, 322-324, 331]

Westheim, Paul (1886-1963), Kunstkritiker u. Schriftsteller (›Rassenschande‹, ›Heil Kadlatz‹), vor 1933 Hg. der Zeitschriften ›Das Kunstblatt‹ u. ›Die Schaffenden‹; 1933 Exil (Frankreich, Mexiko), in Mexiko Professor für Kunstgeschichte. – [151, 276, 300]

Weygand, Maxime (1867-1965), franz. General, 1940 Oberbefehlshaber der franz. Armee, Verteidigungsminister der Vichy-Regierung; nach dem Kriege wegen Kollaboration verhaftet, später rehabilitiert. – [183]

Wolff, Arthur, vor 1933 Strafverteidiger in Berlin. – [100, 225-230, 232, 233, 235-238, 274]

Wolff, Charles, franz. Journalist, Mitarbeiter Frys. – [218, 256, 259, 278]

Wolff, Theodor (1861-1943), »Meister des politischen Feuilletons in Deutschland«, 1906-33 Chefredakteur des ›Berliner Tageblatts‹, Mitbegründer der Deutschen Demokratischen Partei, 1933 Exil (Frankreich), Gründer u. Hg. des ›Pariser Tageblatts‹; 1942 an die Gestapo ausgeliefert, 1943 im Israelitischen Krankenhaus in Berlin gestorben. – [186, 187]

Ylla, Photograph in Paris. – [222]

Inhalt

Vorwort
9

1. Kapitel
Verschwörung im Hotel Splendide
13

2. Kapitel
Ich finde Verbündete
32

3. Kapitel
Fälschen ist eine hohe Kunst
55

4. Kapitel
Ich werde britischer Agent
73

5. Kapitel
Die Tür fällt ins Schloß
99

6. Kapitel
Das Phantom-Schiff
116

7. Kapitel
Die Villa Air-Bel
138

8. Kapitel
Reise in die Nacht
148

9. Kapitel
Der Besuch des Marschalls
157

10. Kapitel
Entführung in Cannes
179

11. Kapitel
Zur Hinrichtung ausgeliefert
194

12. Kapitel
Frühling in der Provence
211

13. Kapitel
Mit Geheimauftrag durch Spanien
219

14. Kapitel
Die Anklage
242

15. Kapitel
Abschied
263

16. Kapitel
Nach vielen Leiden
276

Anmerkungen
281

Nachwort
290

Anhang
309

HANSER

Ein schonungsloser Roman
über ein Opfer, das zum Täter wurde

Vilko Lamian, der verfolgte Jude, schlägt sich als Kapo auf die Seite der Unterdrücker. Nach dem Krieg wird er seine Ängste und Obsessionen nicht mehr los. Vor allem das Bild einer Frau, Helena Lifka, die er im Lager gequält hat, läßt ihn nicht mehr los. Er beschließt, sie zu suchen, um Ruhe und Vergebung zu finden. Tišma zeigt uns die verheerende Innenansicht des Opfers, das zum Mörder wurde, weil es überleben wollte. »*Kapo* ist wieder ein Meisterwerk ... Wer ein Buch von Aleksandar Tišma gelesen hat, wird süchtig, möchte sie alle lesen, die kunstvoll verstrickten und oft lakonisch erzählten Werke des großen Europäers.« *Aspekte*

ALEKSANDAR TIŠMA
KAPO
ROMAN / HANSER

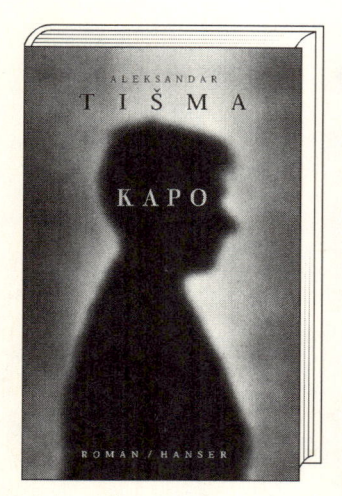

Aus dem Serbokroatischen von Barbara Antkowiak
344 Seiten. Leinen, Fadenheftung